오성원예취미시리즈 [12]

가정원예

최주견/저

오성 출판사

춘파 1~2년 초화

과꽃 p261 참조

▲ 매리골드 (공작초) p266 참조 　　　▼ 매리골드 (만수국)

▲ 색앙배추 p260 참조

▲ 나팔꽃 p263 참조

▲ 누홍초 p265 참조

▲ 샐비아   p271 참조

▲ 신경초   p242 참조

▲ 봉선화 p269 참조　　　　　　　　▲ 아프리카봉선화 p284 참조

▲ 맨드라미　p267 참조

해바라기　p283 참조 ▶

◀ 분꽃　p270 참조

◀ 일일초　P273 참조

p268 참조　백일초 ▶

◀ 콜레우스 P277 참조

채송화 p274 참조 ▶

◀ 페튜니아 p279 참조

▲ 코스모스 P275 참조

풍선초 p281 참조 ▶

▲ 풀솜꽃 p280 참조

▲ 한련화 p282 참조

춘식 구근류

칼라 p299 참조

▲ 다알리아 p291 참조

▲ 구근베고니아 P286 참조

칼라디움 p300 참조 ▶

▲ 글라디올러스   p288 참조

▲ 아미릴리스　p295 참조　　　▲ 칸나　p297 참조

▲ 글록시니아 p289 참조

▲ 수련 p294 참조

추파 1~2년 초화

독일엉겅퀴 P306 참조

▲ 스토크 p314참조

▲ 시네라리아 p315 참조

▲ 애기냉이꽃 p318 참조

캘리포니아앙커비 p321 참조 ▶

▲ 패랭이꽃   p322 참조

▲ 팬지 p323 참조

▼ 주머니꽃 p320 참조

▼ 풀등꽃 p324 참조

▲ 스위트피　p311 참조

금잔화　p303 참조 ▶

▼ 물망초　p309 참조

◀ 스타티스　p313 참조

수레국화　p310 참조 ▶

◀ 로벨리아　p307 참조

▲ 안개초 p316 참조

◀ 숙근안개초 p325 참조

▼ 서양 달맞이 꽃 p309 참조

▲ 금붕어 꽃 p002 참조

▲ 종꽃 p319 참조

애기금붕어꽃 p317 참조 ▶

추식 구근류

수선 p330 참조

▲ 크로커스 p337 참조

▲ 아네모네 p334 참조

시클라멘 p331 참조 ▶

▲ 구근아이리스 p327 참조

▲ 라넌큘러스 P336 참조

▲ 튜울립　p339 참조

▲ 히아신스　p341 참조

▲ 백합　p328 참조

노지숙근초화

꽃창포 p345 참조

▲ 은방울꽃 p359 참조

▲ 아가판서스 p357 참조

▲ 리아트리스 p353 참조

▲ 꽃도라지 p367 참조   ▲ 숙근플록스 p355 참조

▲ 도라지꽃 p351 참조

▼ 용담 P368 참조   톱날꽃 p364 참조 ▶

▲ 트리토마 p365 참조

▲ 피소스테지아 p366 참조

◀ 국화 p336 참조

▲ 작약   p361 참조

▲ 꽃잔디   p344 참조

◀ 샤스타 데이지   p361 참조

◀ 자란 p360 참조

아르메리아 p358 참조 ▶

▲ 거베라 p360 참조

▲ 극락조화　p373 참조

▲ 프리뮬러 폴리안사　p384참조

▲ 프리뮬러 마라코이데스 p382 참조

▲ 헬리오트로프

◀ 사철채송화
p376 참조

▲ 카네이션 p381 참조

◀ 군자란　p371 참조

◀ 마아거리트　p374 참조

p377 참조　아프리칸바이로렛 ▶

관엽 식물

아나니스 (파인애플)

▲ 헤데라 p410 참조

▲ 드라세나 p390 참조

▲ 몬스테라 p392 참조

▲ 아레카 야자

▲ 관음죽

▲ 훼닉스

◀ 안스리움 p403 참조

◀ 베고니아렉스 ▶
p393 참조

◀ 호야 p411 참조

▲ 필로덴드론   p408 참조

▲ 스킨답서스   p397 참조

▲ 아스파라거스   p401 참조

▲ 쉐프렐라   p413 참조

◀ 산베비에리아 p395 참조

▲ 고무나무 p397참조

▲ 칼라데아 p406 참조

◀ 파키라 p412 참조

▲ 공작선인장

▲ 게발 선인장

▲ 선인장의 각종

▲ 선인장접목묘의 각종류

◀ 비모란 접목광경 ▶

난 류

▲ 춘란   덴드로 비움 ▶

▲ 동양란

▲ 심비디움

▲ 파레높시스 (호접란)

◀ 덴파레

파피오페달리움 ▶

◀ 케틀레아

잔디 가꾸기

▲ 골프장의 잔디

▲ 잔디정원

◀ 수국 P458 참조

꽃 치자나무 p467 참조 ▶

◀ 개나리 p449 참조

▲ 명자나무 P452 참조

모란 p453 참조 ▶

▲ 철쭉 P465 참조

P459 참조 유도화 ▶

◀ 무궁화 P457 참조

◀ 자목련 p455 참조
▼ 백목련

▲ 포인세티아 p468 참조

◀ 천리향 p464 참조

p469 참조 후쿠시아 ▶

▲ 장미 p461 참조

머 리 말

  화훼원예는 경제성장과 문화생활의 향상에 따라 발전하며 다른 농산물과 같이 인간 생존의 차원보다는 쾌적한 생활환경을 조성하여 사람의 마음을 아름답게 만들고 건강에 도움을 주는 분야로서 그 나라의 문화생활과 비례해서 발전하고 있다.
  현대사회는 도시의 팽창과 더불어 생활공간이 점점 줄어들고 실내에서 생활하는 시간이 많아 자연과의 접촉이 적으므로 식물을 가꾸어 미적 정서적인 공간을 만들고자 하는 가정이 점점 늘어나고 있다.
  식물은 푸르름이 주는 청량감과 계절의 감각을 일깨워 주며 실내의 아름다운 분위기 창조와 더불어 공기정화, 건강관리에도 큰 도움을 주고 있다.
  꽃을 잘 기르기 위해서는 식물이 생육하기 좋은 감 만들어 주어야 한다. 몇가지 예를 들면 식물은 햇볕을 받아야 하고, 반그늘을 만들어 주기도 해야 하며, 겨울철에는 동해를 입지 않도록 보온을 해주고 식물이 요구하는 물도 생육에 알맞도록 관수를 해 주어야 한다. 또한 1년에 1회 정도는 분갈이를 해 주고 가끔 비료도 주어야 한다.
  특히 관엽식물은 잎을 물로 씻어 주거나 물수건으로 깨끗이 닦아서 윤택이 나도록 해준다.
  이와 같이 부지런하게 손질을 잘 해 주면 식물은 웃으면서 꽃도 피고 잎이 윤택도 나고 잘 자란다. 일반적으로 행복한 가정일수록 꽃이 더욱 아름답게 피는 법이다.
  이 책은 꽃을 좋아하는 사람들에게 다소나마 꽃가꾸기에 길잡이가 되었으면 하는 마음으로 기술하였으며 책이 완성되기까지 오성출판사의 김 중영 사장님과 직원들에게 고마움을 표한다.

저자 최 주 견

차 례

원색화보 … 2

머리말 … 65

가정원예의 기초지식 … 73

1 용토의 사용법 … 74

   1. 좋은 흙의 조건 … 74
   2. 좋은 흙 만들기 … 76
   3. 여러 가지 흙 … 77
   4. 원예 용토의 혼합비 … 80
   5. 산성토의 개량 … 81

2 물주기 … 82

   1. 물의 작용 … 82
   2. 물주기의 요령 … 83
   3. 뿌리의 형태와 흡수력 … 80

3 비료의 사용법 … 89

   1. 비료의 성분과 작용 … 89

2. 비료의 종류와 특징…91
3. 비료주기의 일반적 주의사항…92

4 원예식물의 번식…95

1. 원예식물의 여러 가지 번식…95

5 병해와 해충의 방제법…105

1. 가정에서 사용하는 농약의 선택법…105
2. 원예식물의 주된 병해와 충해…107
3. 농약살포의 주의사항…112

6 원예식물의 개화조절법…115

1. 빛에 의한 개화의 조절…115
2. 온도에 의한 개화의 조절…122
3. 절화방법과 절화수명보존…123
4. 약품에 의한 개화조절…125

7 흙을 쓰지 않고 꽃가꾸기…126

1. 모래로 가꾸는 법…126
2. 물로 가꾸는 법…128

8 새로운 원예약품의 이용…132

1. 흙을 개량하는 약품…132
2. 생장을 조절하는 약품…133

9 테라리움…136

1. 식물의 생리작용…137
2. 테라리움의 계획과 준비…138
3. 테라리움에 심어넣기…144
4. 테라리움의 유지관리…155
5. 어항 내의 원예…158
6. 편리한 테라리움…160
7. 수중원예…163

가정원예의 관리와 이용…165

① 베란다의 꽃가꾸기…166

1. 재배의 조건…166
2. 관리의 포인트…170
3. 베란다의 원예를 즐기는 법…177
4. 베란다 원예에 적합한 꽃…185

② 좁은 뜰의 꽃가꾸기…190

1. 재배 조건…190
2. 관리요령…193
3. 좁은 뜰의 원예를 즐기는 법…196
4. 좁은 뜰 원예에 알맞는 꽃… 206

③ 옥상·장독대에서의 꽃가꾸기…208

1. 재배조건… 208

2. 관리 요령…209
3. 옥상원예를 즐기는 법…211
4. 옥상·장독대 원예에 알맞는 꽃…218

4 창가에서의 꽃가꾸기…219

1. 재배 조건…219
2. 관리 요령…223
3. 창가원예를 즐기는 법…226
4. 창가원예에 알맞는 꽃…230

5 실내에서의 꽃가꾸기…233

1. 재배조건…233
2. 관리 요령…234
3. 실내원예를 즐기는 법…237
4. 실내원예에 알맞는 꽃…243

6 작은 화단에서의 꽃가꾸기…244

1. 아파트·연립단지의 화단 만들기…244
2. 길가의 화단…248
3. 옥상의 화단…250
4. 작은 화단에 알맞는 꽃…250

7 기타 장소에서의 꽃가꾸기…251

1. 점포 앞…251
2. 아파트·빌딩의 통로, 계단…255

여러품종의 꽃가꾸기 ·················· 259

1 춘파 1~2년 초화 ·················· 260

· 색양배추 · 과꽃 · 나팔꽃 · 누홍초 · 매리골드 · 맨드라미 · 백일초
· 봉선화 · 분꽃 · 샐비어 · 신경초 · 일일초 · 채송화 · 코스모스
· 콜레우스 · 페튜니아 · 풀솜꽃 · 풍선초 · 한련화 · 해바라기 · 아프리카 봉선화

2 춘식 구근류 ·················· 286

· 구근베고니아 · 글라디올러스 · 글록시니아 · 다알리아 · 수련
· 아마릴리스 · 칸나 · 칼라 · 칼라듐

3 추파 1~2년 초화 ·················· 302

· 금어초 · 금잔화 · 데이지 · 독일엉겅퀴 · 로벨리아 · 물망초
· 서양달맞이꽃 · 수레국화 · 스위트피 · 스타티스 · 스토크
· 시네라리아 · 안개꽃 · 애기금붕어꽃 · 애기냉이꽃 · 종꽃
· 주머니꽃 · 캘리포니아 양귀비 · 패랭이꽃 · 팬지 · 풀등꽃 · 숙근안개초

4 추식 구근류 ·················· 327

· 구근아이리스 · 백합 · 수선 · 시클라멘 · 아네모네 · 라넌큘러스
· 크로커스 · 튜울립 · 히아신스

5 노지숙근초화 ·················· 344

· 꽃잔디 · 꽃창포 · 국화 · 도라지꽃 · 독일꽃창포 · 리아트리스

· 샤스타데이지 · 숙근 플록스 · 아가판서스 · 아르메리아 · 은방울꽃
· 자란 · 작약 · 톱날꽃 · 트리토마 · 꽃도라지 · 용담 · 피소스테지아

6 온실숙근초화 …………………………………………… *370*

· 거베라   · 군자란   · 극락조화   · 마아거리트   · 사철채송화
· 아프리칸 바이오렛   · 제라늄   · 카네이션   · 프리뮬러 마리코이데스
· 프리뮬러 폴리안사   · 헬리오트로프

7 관엽식물 ……………………………………………… *387*

· 고무나무 · 드라세나 · 몬스테라 · 베고니아 렉스 · 산세비에리아
· 스킨답서스 · 아나나스 · 아스파라거스 · 안스리움 · 야자류
· 칼라데아 · 필로덴드론 · 헤데라 · 호야 · 파키라 · 쉐프렐라

8 선인장 ………………………………………………… *414*

· 선인장과 · 백합과 · 번행과 · 용설란과 · 쪽의 비름과
· 등대풀과 · 박주가리과

9 난 류 ………………………………………………… *422*

· 동양란 · 서양란

10 잔디 가꾸기 …………………………………………… *445*

11 화목류 ………………………………………………… *449*

· 개나리 · 동백 · 명자나무 · 모란 · 목련 · 무궁화 · 수국
· 장미 · 유도화 · 천리향 · 철쭉 · 치자나무 · 포인세티아 · 후크시아

부록 : 꽃종류별 꽃말 …………………………………… *481*

가정원예의 기초지식

1 용토(用土)의 사용법

1. 좋은 흙의 조건

(1) 통기성(通氣性)이 좋을 것

식물의 뿌리는 살아 있기 때문에 흙 속에서 산소호흡을 한다. 그러므로 만약 흙의 통기성이 좋지 못하면 뿌리의 활동이나 생장이 나빠진다.

(2) 배수(排水)가 잘 될 것

통기성이 좋은 흙은 배수도 잘 되는 것이 보통이다. 수생식물(水生植物) 등 일부의 것을 제외하고는 대부분의 식물 뿌리는 물속에서는 호흡할 수가 없어 질식해서 죽는다.

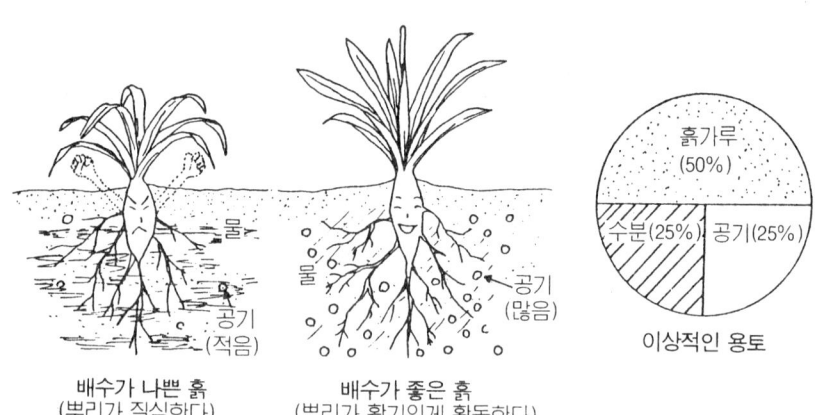

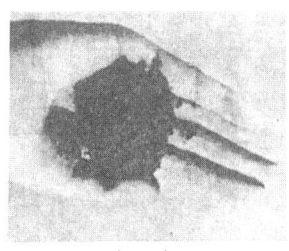 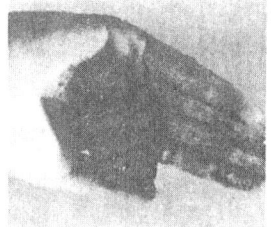 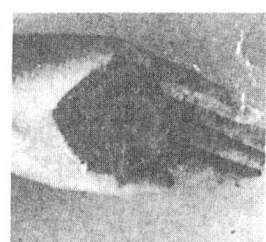

① 적습(適濕) 토양　　② 과습토양　　③ 건조토양

　배수가 나쁜 흙에 심었을 때 뿌리썩음이 일어나는 것은 이 때문이다. 이와는 반대로 배수가 잘 되는 흙은 건조하기 쉬우므로 수분 보급에 유의하여야 한다.

(3) 보수력(保水力)이 좋을 것

　배수가 너무 잘 되는 흙은 건조의 피해가 있으므로 언제나 물주기를 할 필요가 있다. 그래서 배수가 잘 됨과 동시에 어느 정도 보수력이 있는 흙이 바람직하다.

　이와 같은 이상적인 흙은 그렇게 흔하지 않다. 실제로는 유기질(有機質) 비료를 주거나, 여러 가지 흙을 배합해 줄 필요가 있다. 원예는 흙만들기부터라고 해도 지나친 말이 아니다.

　일반적으로 흙은 전 용적의 절반이 틈새이고, 다시 그 틈새의 절반이 물, 나머지 절반이 공기로 충만되어 있는 것이 식물의 생육에 이상적인 상태라고 한다.

(4) 양분을 충분히 지니고 있을 것

　이른바 흙이 비옥해야 한다는 말이다. 이는 비료의 항에서 자세히 언급하기로 한다.

(5) 병충해가 적은 흙일 것

　이것도 필요한 조건이 된다. 따라서 토양소독을 해서 사용하도록 한다.
 이들 조건이 갖추어진 흙이라면 좋은 흙이라고 할 수 있다.

2. 좋은 흙 만들기

(1) 뜰이나 화단의 흙만들기

 흙의 통기성이나 배수를 좋게 하기 위해서는 흙 입자(粒子)의 틈을 많게 할 필요가 있다. 딱딱한 흙은 파서 뒤집음으로써 부풀고 부드러운 흙이 되지만 그것은 일시적이고 얼마동안 비바람을 맞으면 도로 딱딱해지고 만다.
 그래서 파 일으킬 때 퇴비, 피이트(peat), 낙엽 등의 유기물을 섞어주면 부드러운 상태를 오래 지속할 수 있게 된다. 부엽토(腐葉土) 등은 그 좋은 예이다.

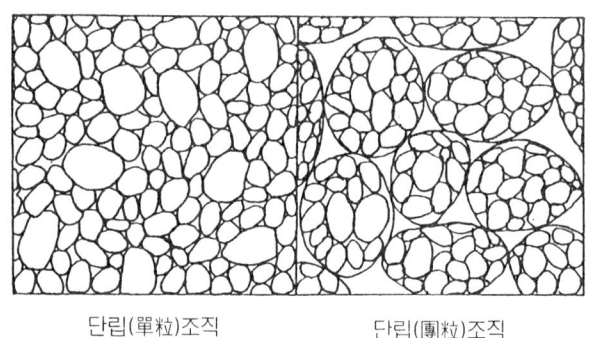

단립(單粒)조직   단립(團粒)조직

토립의 구조

 유기물(有機物)은 흙속에서 부식(腐植 ; 유기물이 썩어서 된 것)되어 이것이 흙의 작은 입자를 잡아 당겨서 단립조직(團粒組織)을 만들어 많은 틈이 생긴다. 그러나 이것도 오랜기간 동안 조금씩 분해되어 식물의 양분이 되므로 원래의 단립조직(單粒組織)으로 돌아간다. 따라서 적어도 1년에 1회는 유기물의 보급이 필요하다.

(2) 화분의 흙만들기

정원의 흙을 그대로 분에 담아 쓰는 것은 좋지 않다. 화분의 용토를 별도로 만들어서 심어야 한다.

일반적으로 잘 사용되는 흙은 비옥한 흙(5), 부엽토(3), 모래(2)의 비율로 혼합하여 사용한다. 그러나 식물의 성질이나 종류에 따라서 여러 가지로 달라진다. 아무튼 흙의 미립자(微粒子)는 체로 쳐서 버리고 나머지를 대·중·소의 입자로 나눈다. 이렇게 해서 분의 밑바닥일수록 큰 입자의 흙을 넣고 심는다.

3. 여러 가지 흙

(1) 밭 흙(田土)

쌀알 정도에서 콩알 정도의 입상(粒狀)을 하고 있는 하층토이다. 한 번 건조하면 비교적 잘 부서지지 않는다.

(2) 황 토(黃土)

황갈색의 점질토로서 체로 쳐서 대립·소립으로 갈라서 쓴다. 단용(單用)하거나 밭흙이나 강모래와 혼합해서 쓰기도 한다.

(3) 논 흙(畓土)

찰기가 있는 논흙으로서 건조하면 딱딱하게 굳어진다. 보수력(保水力), 보비력(保肥力)이 강하므로 황토나 강모래, 썩은 잎과 섞어서 용토로 한다. 수련·연꽃·창포 외에 국화·나팔꽃·프리뮬러 등의 흙에도 적합하다.

반드시 1mm목의 체로 미립자를 쳐버리고(부드러운 흙을 제거할 것)

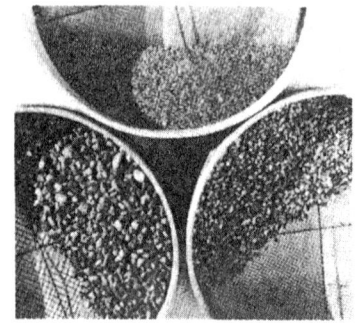
용토를 체로 쳐서 가르기

분에 흙을 넣는 법

쓰도록 한다.

(4) 강모래
강의 상류에서 채취되는 각(角)이 많은 깨끗한 모래다. 배수가 좋으므로 삽목 용토 외에 소나무류·관음죽·동양란·만년청 등의 용토에 흔히 쓰여진다. 단용도 되지만 각종 용토와 혼합해서 쓰는 수가 많다.

(5) 산모래
산모래로서 배수가 좋고 보수력도 강하므로 산야초(山野草)를 심을 때나 만년청·난·선인장 등의 다육(多肉) 식물의 용토나 또는 황토와 섞어서 송백류(松栢類)의 용토로서 쓰여진다.

(6) 버미큘라이트(Vermiculite)
질석(蛭石)을 고열처리한 운모(雲母)같은 가벼운 용토로서 흡수력이 매우 강한 것이 특징이다. 통기, 배수, 보수성이 풍부하여 토양 개량제로서 다른 용토와 혼합한다. 또 비료 성분을 함유하지 않으므로 파종이나 삽목 용토로도 적합하다.

(7) 퍼얼라이트(Perlite)
진주암(眞珠岩)을 분쇄하여 고열처리한 회백색의 것으로서 원석의 약 10배의 용적이 된 가벼운 용토다. 버미큘라이트와 마찬가지로 쓰인다.

(8) 수 태(水苔 ; 물이끼)
산에서 나는 이끼의 일종으로서 신선한 것을 말려서 보존한다. 보수력이 크고 통기성이 매우 좋다. 물을 충분히 흡수하게 한 뒤 휘묻이(取木)·삽목용에 사용하며 난이나 관엽식물을 심는 데 쓴다.

(9) 피이트(Peat)
연못 하층에서 나오는 흑색단립성(黑色團粒性) 흙으로서 수태·양치류·사초(莎草) 등이 습지에서 퇴적해서 변질된 것이다. 보수력, 통기성이 풍부하고 퇴비나 부엽(腐葉)과 마찬가지로 다른 용토와 섞어서 쓴다. 산성이므로 사용할 때는 석회를 가할 필요가 있다.

(10) 오스만다(Osmanda)
고비나 고사리 등 양치류의 뿌리층을 말린 것으로서 배수력이 좋고, 수태와 섞어서 양란의 용토로 사용한다.

(11) 훈 탄(燻炭)
왕겨를 태운 것으로서 국화·나팔꽃·선인장의 용토에 혼합하여 쓴다.

(12) 부엽토(腐葉土)
이름 그대로 낙엽을 모아서 썩인 것으로서 흙과 퇴적하여 발효시켜서 부엽토로 쓴다. 침엽수(針葉樹)보다는 상수리나무·졸참나무·밤나무·모밀잣밤나무·떡갈나무 등의 낙엽이 좋다. 다른 용토와 섞으면 흙의 개량에 도움이 되고, 분해되면 비료로도 사용할 수 있으므로 화분식물에는 없어서는 안될 용토다.

4. 원예용토의 혼합비(混合比)

원예용토를 혼합하는 비율은 심는 식물에 따라서, 또 사람과 지방에 따라서 여러 가지로 달라진다. 다음 표를 참고하기 바란다.

〈원예용토의 혼합예〉　　　　　　　　　　　　　　　수는 용적비

식물의 종류 \ 용토의 종류	황토	밭흙	모래	연못흙	수태	피이트	오스만다	훈탄	부엽	퇴비	소석회
관엽식물					10						
양란					7		3				
국화		3	2						4	1	
영산홍				6	4						
일반화분식물		5	2						3		소량
선인장			7			2		1			소량
소나무(분재)	5		5								
수생식물					7		3				

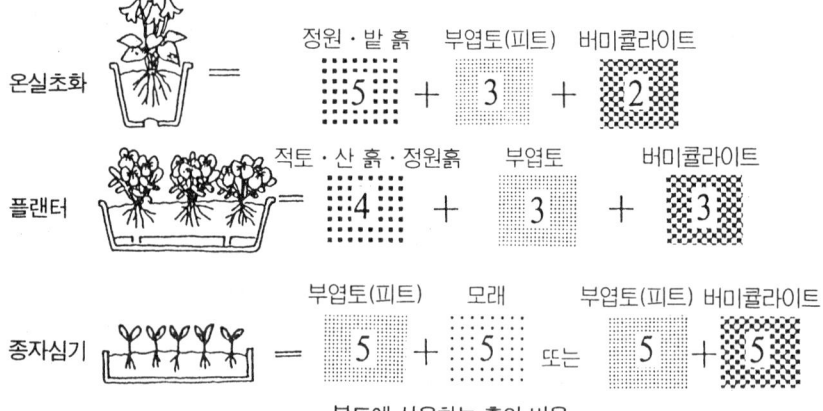

분토에 사용하는 흙의 비율

5. 산성토의 개량

빗물에 씻겨지면 흙속의 알칼리 물질이 흘러나가 흙은 산성이 되기가 쉽다. 또 산성비료에 의해서도 산성이 강해진다.

이와 같이 산성이 강한 흙에서는 흙속의 칼리·칼슘·마그네슘 등의 성분이 적어지게 된다. 또 점토(粘土)에서 알루미늄이 녹아서 식물의 뿌리를 상하게 하거나 인산(燐酸) 결핍이 생기므로 식물의 생육에 좋지 않은 영향을 미친다. 그래서 산성이 강한 흙에는 반드시 농용석회(農用石炭)나 소석회(消石炭, 또는 탄산칼슘)를 살포하여 흙을 중화해서 식물의 생육을 도와줄 필요가 있다.

〈산성토와 식물의 생육〉

pH	잡 초	초 화 와 꽃 나 무	과 수
산성에 강한것	쇠뜨기·제비꽃·질경이·나무딸기·흰명아주	치자나무·영산홍·서양진달래(아잘리아)·로드덴드롱·베고니아·은방울꽃·칼라	밤나무
산성에 약간 강한것	떡쑥·애기수영·창질경이	국화·장미·주머니꽃·시클라멘·포인세티아·백합·프리뮬러·글라디올러스	복숭아 사과
산성에 약간 약한것	점나도나물·서양가새풀·등대풀	과꽃·매리골드·마아거리트·팬지·카네이션·스토크·물망초	감귤·감·배
산성에 약한것	별꽃·벼룩이자리·별봄맞이꽃·시양메꽃·개불꽃·긴잎소루쟁이	금잔화·스위트피이·시네라리아·거베라	포도·무화과

흙의 산성도를 식별하는 법은 주위에 나 있는 잡초를 조사해 보는 방법이 가장 간단하다. 가령 쇠뜨기·질경이·나무딸기 따위의 잡초가 많고 다른 잡초의 생육이 약한 곳은 거의가 강산성토로 보아도 된다.

2 물 주기

1. 물의 작용

(1) 식물 성분으로서의 물
식물은 그 체내에 50~60% 이상, 과실 등은 80~90%의 물을 함유하고 있다. 따라서 식물의 생명은 거의 물에 의하여 유지되고 있는 셈이므로 물이 떨어지게 하지 않는 것이 중요하다. 더구나 한편에서는 식물의 잎면에서 매일 다량의 물이 대기중으로 증발되고 있는데, 그 양은 토마토 한그루가 1일 4ℓ라고 한다.

(2) 탄소동화작용 원료로서의 물
대부분의 녹색식물(綠色植物)은 뿌리에서 빨아올린 물과 잎에서 호흡하는 공기속의 이산화탄소를 원료로 해서 태양에너지를 이용하여, 잎에서 탄수화물(炭水化物 ; 전분이나 당분)을 만들어 자기의 생활을 위한 에너지원으로서 체내에 저장한다.
탄수화물은 분해해서 에너지를 방출하거나 단백질의 합성재료로도 되는 중요한 영양분이다. 그 원료가 되는 물이야말로 식물의 생활과 생장의 근원이라 할 수 있다.

(3) 물질 운반에 도움이 되는 물
질소·인산·칼리를 비롯하여, 토양 속의 비료 성분은 모두 물에 녹아서 뿌리에서 식물의 체내에 흡수된다. 따라서 흙의 수분이 부족한 상태에서는 비료도 식물 체내에 들어가기가 어려워진다. 비료를 흡수

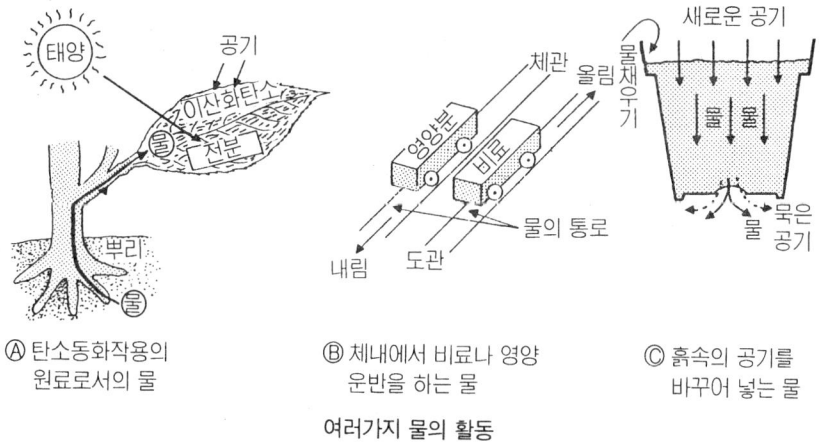

여러가지 물의 활동

하기 위해서는 물이 중요한 역할을 하게 된다.

또 탄소동화작용(炭素同化作用)에 의하여 잎에서 만들어진 당분 등이 식물체의 필요한 장소에 옮겨질 때에도 물에 의해 운반된다.

(4) 흙속의 공기를 바꾸어 넣는 물

물이 흙속을 내려갈 때 반드시 뒤에서 새로운 공기가 끌려 들어간다. 물은 흙속의 공기를 바꾸어 넣는 데도 도움이 되는 셈인데, 이것은 뿌리의 호흡작용에 있어 중요한 의미를 지니는 것이다.

2. 물주기의 요령

식물을 가꾸는 일 중에서 물주기는 가장 간단한 것처럼 보이지만 실은 매우 어려운 기술이다.

다육(多肉)식물과 같이 거의 물을 주지 않아도 고사(枯死)하지 않는 식물이 있는가 하면, 수련과 같이 물에서 꺼내면 고사해 버리는 것도 있다. 또 계절이나 재배 양식에 따라서도 물의 요구량이 달라지게 된다. 이것을 무시하고 주면 식물을 고사시키거나, 반대로 물을 너무

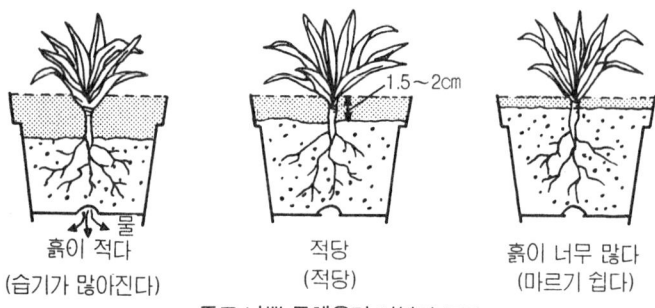

좋고 나쁜 물채우기 여분의 공간

주어서 뿌리썩음으로 고사하는 수가 많다.

예로부터 "물주기 3년"이라고 해서 적어도 물주기를 3년간 경험하지 않으면 제대로의 원예가로 인정받지 못했던 것이다.

(1) 화분의 물주기

분(盆)의 흙은 보통 가장자리에서 약간 덜 채워 넣는다. 이것은 물을 줄 때 물이 괴는 곳으로서 워터 스페이스(Water space)라고도 한다. 이 워터 스페이스가 너무 크면(흙이 적으면) 다량의 물이 바닥구멍으로 흘러나와 분토(盆土)의 비료를 많이 유출하는 결과가 되므로 분토의 양을 바르게 넣는 것이 중요하다.

또 계절이나 날씨에 따라서도 물주기의 양을 가감한다. 겨울에는 다량의 물을 주면 분토의 온도가 내려가서 동해(凍害)를 입거나 뿌리썩음을 일으킬 수도 있으므로 물주기의 횟수를 적게 한다. 여름에는 흙이 마르기 쉬우므로 충분한 물을 준다.

■ 물을 주는 방법

물뿌리개를 사용하는 경우 너무 세게 뿌리면 분토의 표면이 굳어져서 공기나 물의 전달을 나쁘게 하므로 가는 눈의 물뿌리개를 쓰도록 한다.

관엽식물 등 일부의 것 이외에는 머리에서 물을 뿌리면 병에 걸리기 쉬우므로 오히려 물통의 물을 국자로 조용히 뿌리부분에 부어 주는 것이 좋다. 호스를 쓸 경우에도 마찬가지로 조용히 주도록 한다.

분토를 망가뜨리지 않는 가장 좋은 방법은 요수법(腰水法)이다. 이 방법은 물통이나 대야에 물을 채우고, 거기에 분을 넣어 분바닥에서 물을 흡수하게 해서 분토의 상부까지 물이 올라가면 꺼내어 물이 빠지게 하는 것이다.

또 며칠간 여행을 갈 때는 얕은 접시에 물을 채우고 거기에 분바닥을 대어 놓거나, 분 채로 흙속에 묻어 놓으면 된다. 단, 오랫동안 물에 담가 놓으면 뿌리썩음을 일으킬 우려가 있다.

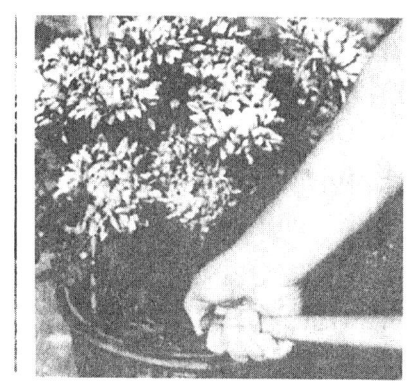

잘 주는 물주기

잘못주는 물주기

얕은 접시의 물주기

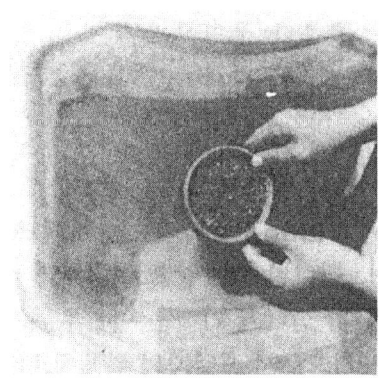

요수법(腰水法)

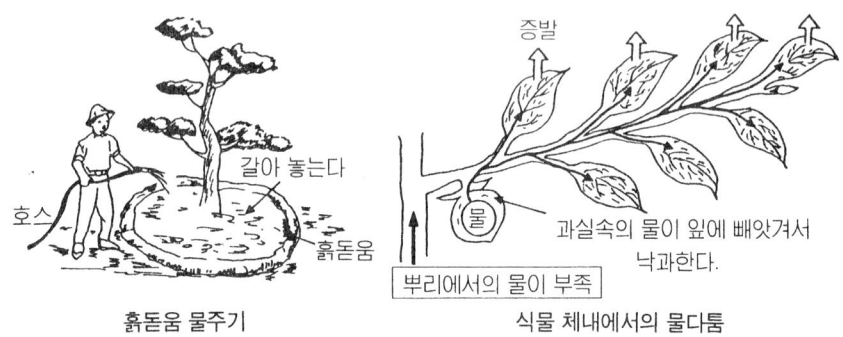

흙돋움 물주기   식물 체내에서의 물다툼

(2) 꽃밭에 물주기

꽃밭일 경우는 심을 당시와 여름의 건조기가 중심이 된다. 꽤 깊이까지 물이 스며들지 않으면 물주기의 효과가 적다는 것을 항상 염두에 두는 것이 중요하다.

호스로 표면에 물을 뿌리는 외에 이랑 사이에 물을 흘려 보내서 스며들게 하는 방법도 행해지고 있다. 정원수나 과실의 경우는 나무 둘레에 물주기를 위해 흙을 돋구어(盛土) 놓고 그 안에 물을 부어넣어 천천히 스며들도록 한다. 또 겨울의 시비용(施肥用)으로 사용한 구덩이에 토관(土管)을 세우고 이 속에 호스로 주입시켜 관수하는 구덩이 관수법도 효과적이라 할 수 있다.

3. 뿌리의 형태와 흡수력(吸水力)

(1) 뿌리의 형태

뿌리가 흙속의 물을 흡수하는 것은 거의 뿌리털(根毛) 부분에서이다. 뿌리털은 육안으로는 보기 어렵지만 그림에서와 같은 잔뿌리(細根)의 선단에 가까운 어린부분의 표피세포가 변형해서 옆으로 튀어나온 것으로서 흙입자의 틈새에 단단히 박혀 있게 된다.

길이는 겨우 몇 미크론에서 1mm 정도이지만 세포의 수는 몇 억개라

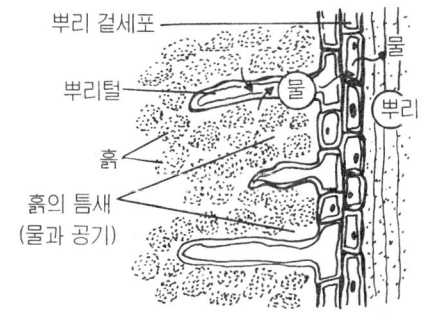

콩의 뿌리털   뿌리털의 상태

고 한다. 뿌리와 흙의 접촉면적이 현저히 확대되어 있어 흡수하기 쉽게 되어 있다.

(2) 뿌리의 흡수력

일반적으로 뿌리가 흙속의 수분을 흡수하는 구조는 엽면(葉面) 증발에 의해 생기는 흡인력(吸引力)과 뿌리세포의 삼투압(滲透壓 ; 물이 농도가 낮은 쪽에서 높은 쪽으로 이동하려고 해서 반투막을 미는 힘)에 의한 것이라고 생각되고 있다.

이와 같은 뿌리의 흡수력에 대하여 토립(土粒)에도 자기 주위에 물을 흡착해 놓고자 하는 힘이 있다. 흙속의 수분이 충분히 있을 때는 토립의 수분흡착력이 약하므로 뿌리는 쉽게 물을 흡수할 수도 있다. 반대로 흙속의 물이 적어지면 토립의 수분흡착력도 강해져서 마침내 뿌리의 흡수력으로는 도저히 물을 빨아들이지 못할 상태가 되어 식물은 시들어버리고 만다.

식물의 입장에서 생각하면 모래는 수분흡착력이 약하므로 흡수에는 짝짓기 쉬운 상태이고, 점토는 반대로 수분흡착력이 강하므로 어려운 상태라고 할 수가 있다. 아무튼 이와 같은 상태가 되기 전에 물을 주는 것이 중요하다.

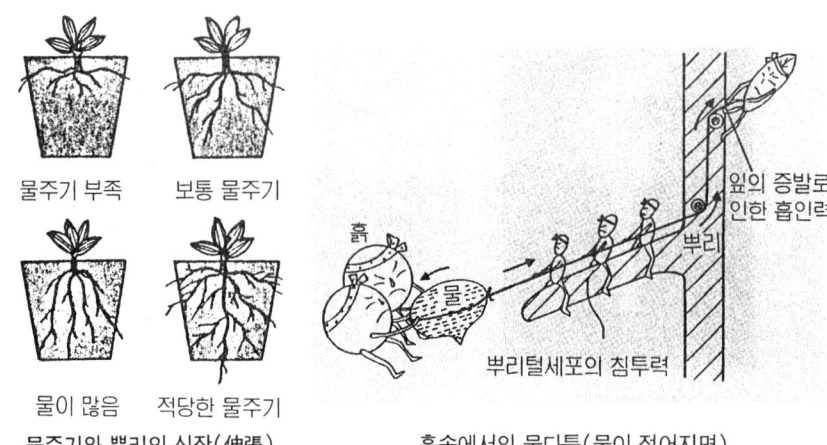

물주기와 뿌리의 신장(伸張)   흙속에서의 물다툼(물이 적어지면)

 또 물주기 뿐만 아니라 흙속의 수분을 잃지 않도록 제초, 김매기, 짚 깔기 등을 행함과 동시에 유기물을 주어서 토질을 개량하는 것도 중요한 일이다.

3 비료의 사용법

1. 비료의 성분과 작용

잡초는 흙속에 있는 비료분(肥料分)을 흡수하여 거침없이 생육한다. 그러나 개량된 원예식물은 여러 가지 양분이 갖추어지지 않으면 흡수하지 않는다. 부족한 비료를 고르게 잘 주어야 비로소 훌륭한 꽃이나 열매를 맺어 준다.

비료성분 중에서 가장 흡수량이 많은 것은 질소(N)·인산(P)·칼리(K)이다. 이것을 비료의 3요소라고 부른다. 최근에는 칼슘(Ca)과 마그네슘(Mg)을 가하여 5요소로 하는 수도 있다.

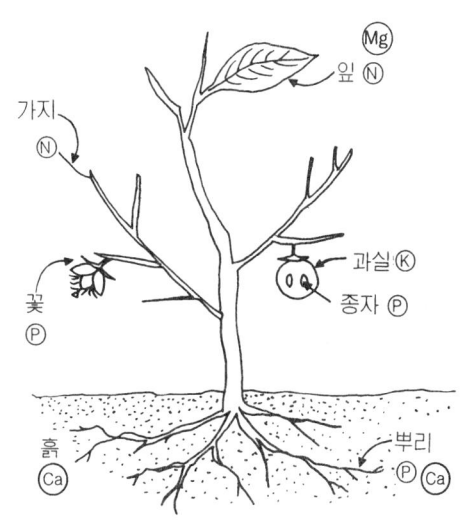

식물에 필요한 비료성분

■ 질소의 작용

질소는 체내에서 단백질을 만드는 질소동화작용 원료 중 하나로서 세포의 분열이나 증대에 없어서는 안될 성분이다. 또 엽록소(葉綠素)의 성분이기도 하다. 질소를 주면 잎의 녹색이 진하게 되는 것은 이 때문이다. 그래서 질소는 잎비료(葉肥)라든가 가지비료(枝肥)라고 해서 채소가꾸기에 특히 중요한 성분이다.

그러나 이것만 주어서는 안된다. 사람의 영양과 마찬가지로 질소뿐만 아니라 인산·칼리·칼슘 등을 고르게 주지 않으면 식물의 영양도 완전하다고 할 수가 없다.

■ 인산의 작용

인산은 뿌리의 발육이나 성숙 촉진에 도움이 될 뿐만 아니라 꽃이나 과실, 종자의 형성에 빠뜨릴 수 없는 성분으로서 뿌리비료(根肥)라든가 종자비료(種肥)라고도 일컬어지고 있다. 꽃가꾸기에 특히 중요한 성분이다. 또 과실 속의 산(酸)을 줄이고 단맛을 늘리는 효과도 있다.

■ 칼리의 작용

칼리는 체내의 탄수화물이나 단백질의 합성·이동·축적 등의 생리작용에 중요하고, 개화·결실을 촉진하는 과실만들기에도 가장 중요한 성분이다. 열매비료(實肥)라고도 일컬어진다. 한편 추위나 병충해에 대한 저항력을 증대시키는 작용도 한다.

■ 칼슘의 작용

조직을 공고히 하는 체질구성 물질로서 중요한 외에, 엽록소의 생성, 뿌리의 발육과도 관계가 깊고 유해 물질의 중화에 도움이 된다. 또 흙의 산성중화 등 토질 개량제로도 중요하다. 소석회(消石灰) 등은 이에 해당하는 비료다.

■ 마그네슘의 작용

엽록소의 중핵(中核) 성분이므로 결핍되면 엽록소의 생성 불량이 되어 잎의 기능을 나쁘게 한다. 이밖에 체내에서의 물질 이동에도 관계한다. 황산마그네슘·탄산마그네슘 등이 이에 해당하는 화학비료다.

■ 기 타

이밖에 때로는 붕소(B)·망간(Mn)·철(Fe)·아연(Zn) 등의 미량요소의 결핍증도 있다. 이것들은 보통 흙속에 함유되어 있는 양으로도 충분하다. 그러나 화학비료만 쓰면 결핍되기 쉬우므로 시비에 있어서는 유기질비료도 함께 주어야 한다.

2. 비료의 종류와 특징

(1) 화학비료

질소비료나 황산암모늄, 중과석, 칼리비료 등 화학적으로 형성된 무기질(無機質) 비료로서 일반적으로 물에 바로 녹고 효과가 빨리 나타난다. 반면 물에 잘 녹기 때문에 흙속에서 유실되는 양도 많아서 곧 비료 두절이 되는 결점도 있다.

밭이나 마당에서는 단용하지만 분심기에는 보조적으로밖에 쓰지 않

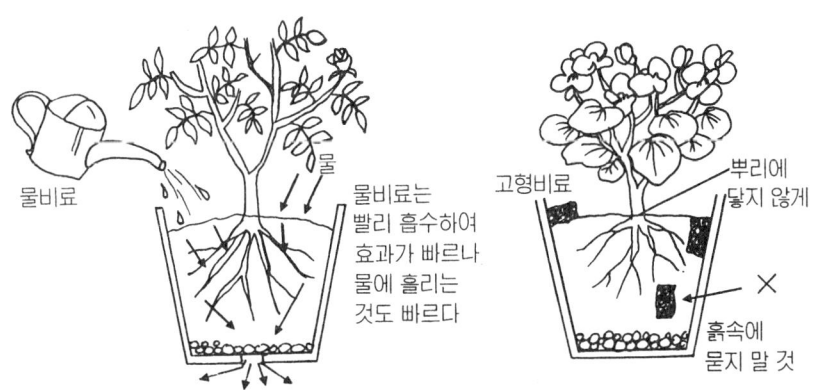

비료효과의 지속성

는다. 진한 것을 한번에 많이 주면 비료중독을 일으키므로 희석하거나 퇴비 등에 섞어서 주도록 한다.

최근에는 질소·인산·칼리를 갖가지 비율로 혼합해서 입제로 만든 복합비료나 물에 희석한 액체비료도 있다.

(2) 천연 유기질비료

깻묵이나 생선찌꺼기, 닭똥 등이 유기질비료다. 이들 비료는 흙속에서 조금씩 발효 분해하여 흡수되는 것이 특징이다.

속효성(速效性)의 화학비료에 대해 지효성(遲效性)비료다. 비효(肥效)가 오래 지속되며 비료중독의 염려가 적고 토질개량이나 미량요소의 공급원으로 원예용 비료로서 적합하다.

반면 미리 썩혀야 하고 발효중에는 악취가 난다는 등의 결점이 있다. 유기질비료는 비료 성분량이 적으므로 화학비료를 보조적으로 쓰면 효과적이다.

3. 비료주기의 일반적 주의사항

(1) 물비료주기(液肥)

다음 그림과 같이 깻묵에 5배량의 물을 가하여 1.8ℓ 들이 병에 넣고 그늘에 두면 여름이면 20~30일, 겨울이라도 30~60일이면 발효 분해한다. 그 위에 뜬 맑은 물을 다시 10~20배로 희석하여 10일 간격으로 준다. 위에 뜬 물이 없어져도 2~3회 물을 가하여 쓸 수

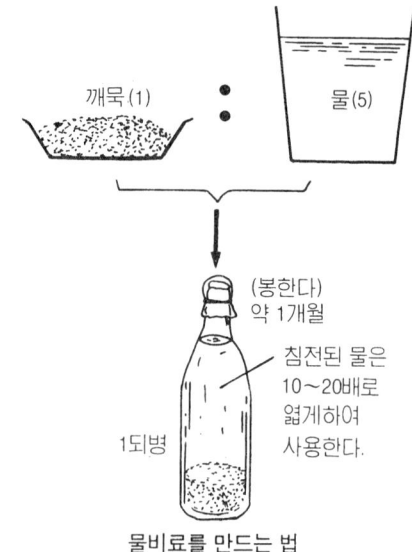

물비료를 만드는 법

가 있다.
 물비료는 오래된 것일수록 좋다. 깻묵이나 쌀겨도 마찬가지로 썩혀서 쓴다.

〈초화의 시비예〉(밭)

종 류	시비량(복합비료)	
	N : P : K	3.3㎡당
국 화	7- 7- 7	300g
스위트피	5-10- 5	300g
다알리아	5-10- 5	300g
수 선	4- 8-10	250g
모 란	4-12- 4	100g

(2) 고형비료(固形肥料)

 깻묵에 소량의 물을 붓고 항아리 같은 데 넣어 두면 1~2개월이면

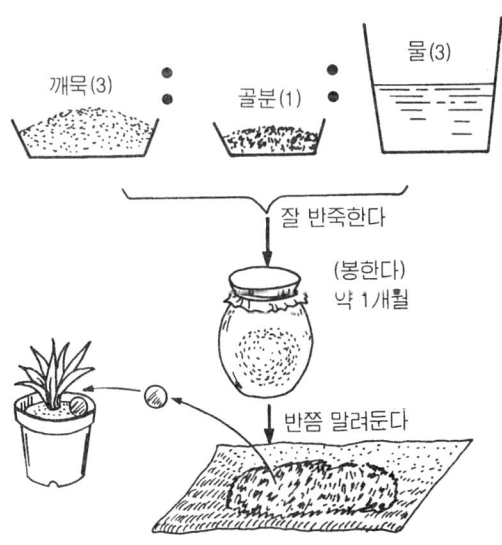

고형비료를 만드는 법

화분의 시비

완전히 썩어서 냄새가 덜 나게 된다. 이것을 말려서 반쯤 마른 것을 손가락 끝 정도의 크기로 만들어서 분 가장자리에 놓는다. 또 말려서 보존해 두면 편리하다.

골분(骨粉)·어박(魚粕)·초목회(草木灰) 등을 가하면 더욱 이상적인 비료가 된다.

(3) 퇴비(堆肥)

흙을 부풀게 하고 비료의 분해를 돕기 위해서는 중요한 비료다. 볏짚·낙엽·야채부스러기 등에 물을 뿌려서 썩인 것이다. 도중 한번 뒤집기를 해 두면 100일 정도면 완숙한다. 비를 맞지 않도록 비닐로 씌워 둔다.

3.3㎡당 1.5~2kg정도 살포하면 충분하다.

4 원예식물의 번식

1. 원예식물의 여러 가지 번식

산야에 자생하는 식물은 그 대부분이 종자에 의해 번식(種子繁殖)하고 있다. 원예식물도 물론 종자번식이 많지만 이밖에 포기나누기(分株)・휘묻이(取木)・꺾꽂이(揷木)・접목(接木) 등이 쓰여지고 있다. 이들 방법을 무성번식(無性繁殖)이라고 한다.

여기서는 식물의 종류에 따라 누구나 할 수 있는 대표적인 번식법을 소개하기로 한다.

(1) 파종법(播種法)

밭에 직접 파종하는 외에 값비싼 종자나 귀중한 종자, 발아가 잘 되지 않는 종자, 작은 종자 등은 상자파종이나 분파종해서 모를 기른다.

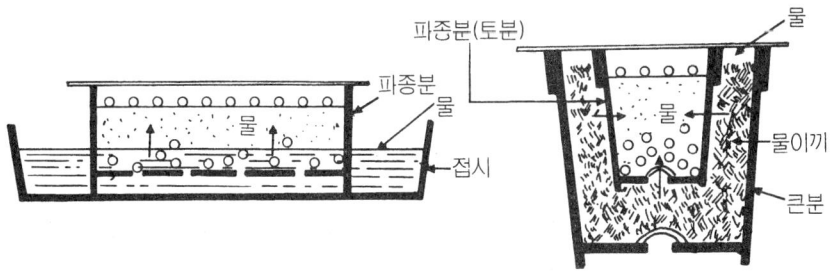

이중 화분에 의한 흡수법

 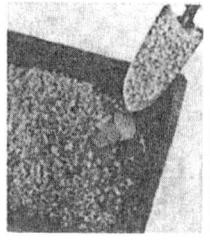 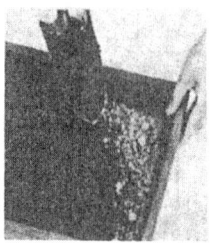 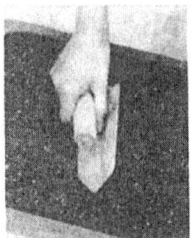

① 화분 조각을 넣는다.　② 거친 모래를 넣는다.　③ 고운 모래를 넣는다.　④ 흙손으로 고르게 한다.

⑤ 흙을 적신다.　⑥ 고르게 뿌린다.　⑦ 얇게 덮는다.　⑧ 유리 위에 종이를 놓는다.

사진은 위와 같은 조건인 경우와 파종법의 한 예로서 파종분(播種盆)을 사용하였다. 용토는 버미큘라이트처럼 부풀게 하여 배수가 좋게 하고, 일정한 습도를 오래 유지할 수 있는 무균토(無菌土)가 좋다.

일반적으로는 밭바닥 흙에 부엽토와 모래를 섞어서 만든다. 이 경우 배수가 잘 되게 하기 위해 고운 체로 쳐서 미립자를 버린 것을 쓰도록 한다.

베고니아·글록시니아와 같이 작은 씨앗은 복토하지 않고 판자로 가볍게 누르며 물주기는 바닥구멍으로의 흡수법이나 이중분에 의한 저면 흡수법을 쓴다.

(2) 휘묻이법

어미나무 가지의 일부분에 발근시키는 처리를 해서 뿌리를 내리게 한 뒤 잘라내어 번식하는 방법이다.

6월 하순에 처리하고 건조하지 않도록 가끔 물을 뿌려 주면 40~50

일이면 발근한다. 수태 외에 뿌리가 자라면 어미나무에서 떼어내어 수태 그대로 분이나 밭에 심는다. 또 그대로 관리하여 10월경에 잘라내어 심어도 된다.

이 방법은 꽤 굵은 가지도 할 수 있으므로 1년안에 큰 식물을 만들수가 있어서 분재가꾸기에 많이 이용된다.

■ 수평 휘묻이(水平取木)

지면(地面)에 가까운 가지를 세게 눌러서 구부리고 흙속에 묻어 두면 각 마디에서 발근·발아하여 휘묻이가 될 수 있는 방법이다. 수국·나무딸기·덩굴장미·개나리 등에 적합하다.

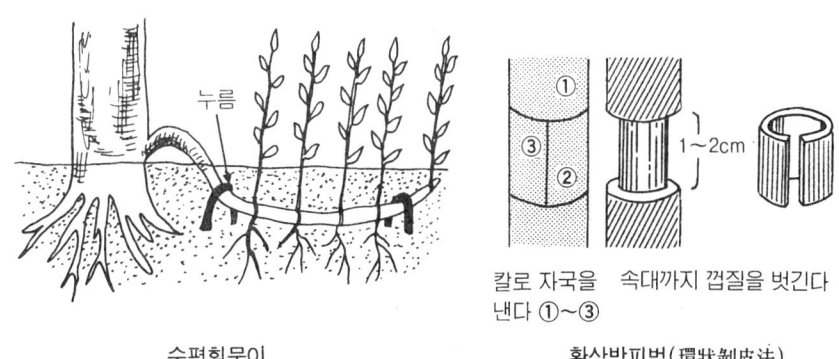

수평휘묻이   환상박피법(環狀剝皮法)

■ 기 타

이밖에 가지끝만 묻으면 끝휘묻이, 뿌리 부분에 성토를 하는 성토(盛土)휘묻이 등의 방법이 있다. 식물에 적합한 방법으로 행한다.

(3) 포기나누기법(分株法)

눈나누기(分芽), 뿌리나누기(分根)라고도 일컬어지며 숙근초(宿根草)나 저목(低木) 등의 포기를 분할하여 심는 방법이다. 또 너무 번식하여 포기가 약해졌을 때 활력을 부활시켜 모습을 바로잡을 목적으로 행하는 수도 있다.

■ 포기나누기의 순서

숙근초의 경우 심어서 3년쯤 지난 큰포기를 뿌리 부분의 눈을 상하지 않게 꺼내어, 한 포기에 3~5눈을 붙이고 가위나 칼로 잘라내어 번식시킨다.

뿌리가 완전히 퍼진 다음 싹 2~3개씩을 자른다   우엉뿌리는 칼로 짜갠다
포기나누기의 방법

■ 포기나누기의 시기

일반적으로 생육 개시 전이 그 식물의 포기나누기의 적기라고 한다. 여름부터 가을에 걸쳐 꽃이 피는 숙근초는 초봄에, 봄에 피는 것은 가을에 하도록 한다. 꽃나무류는 거의가 봄에 새눈이 돋아나기 전을 적기라고 한다.

또 마란타·양치류·아나나스(Ananas)·페페로미아 등의 관엽식물은 5월에 포기나누기를 한다.

(4) 구근나누기법(分球法)

구근(球根) 등의 자구(子球)를 떼어내어 번식시키는 방법이다. 글라디올러스·튤립·크로커스 등과 같이 재배중에 자연히 생긴 자구를 쓰는 것, 히아신스·아마릴리스와 같이 자연분구(自然分球)가 적으므로 인공조작에 의해 자구의 착생을 촉진하는 것, 또는 칸나·다알리아와 같이 눈이 있는 부분을 붙여서 칼로 자르는 것 등 여러가지가 있다.

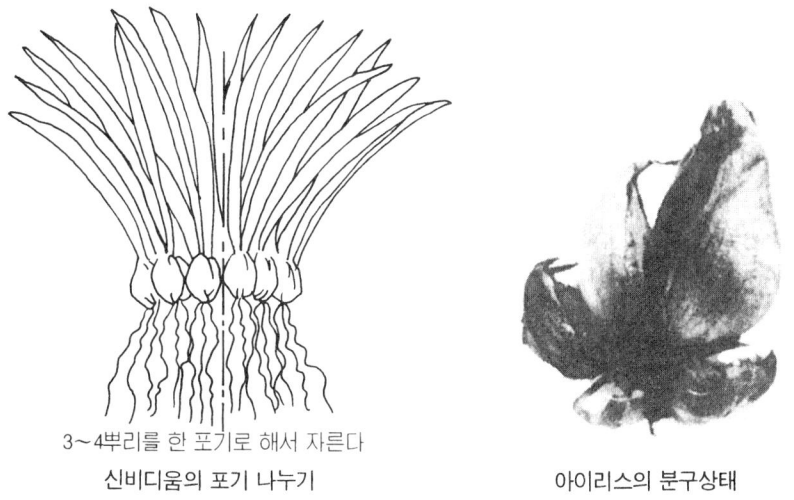

3~4뿌리를 한 포기로 해서 자른다
신비디움의 포기 나누기   아이리스의 분구상태

■ 히아신스의 인공번식법

히아신스·아마릴리스와 같이 자연분구가 적은 것은 노칭(Notching)이나 도려내기(Scooping)한다.

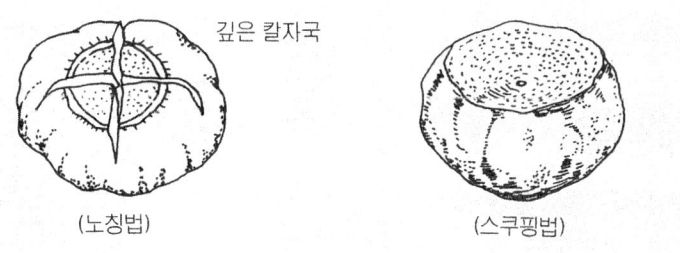

깊은 칼자국
(노칭법)   (스쿠핑법)
히아신스의 인공번식법

■ 노칭법

구근의 발근 부위에 구근 높이의 $\frac{1}{2} \sim \frac{2}{3}$ 깊이로 칼자국을 넣는

다. 구근의 크기에 따라서 칼자국을 하나만 넣든가, 둘(十자)을 넣든가 한다. 7월 상순에 이 조작을 하여 벤 자국을 말린 뒤, 실내에 놓아 두면 소구(小球)가 발생하게 된다. 이것을 10월 하순에 모구(母球)를 거꾸로(바닥을 위로) 해서 심어 두면 이듬해 봄에는 잎이 나와서 자구가 커진다. 이러한 구근은 4~5년이 경과하면 개화구가 된다.

■ 도려내기법(Scooping)

구근 높이의 $\frac{1}{4}$ 정도의 깊이에 바닥의 발근부를 도려내어, 노칭법과 마찬가지로 처리한다. 자구의 수는 50~60개로 많이 생기지만 모양이 작은 것이 결점이다.

(5) 꺾꽂이법(插木法)

식물의 재생력을 이용한 번식법으로서 식물의 종류에 따라서 가지꽂이 · 잎꽂이 · 눈꽂이 · 뿌리꽂이 등이 있다.

삽수(插穗), 즉 꽂이감은 충실한 것을 쓴다. 삽목용토는 통기성이 좋고 보수력이 좋은 것을 쓴다. 용토(用土)로는 모래 · 황토 · 논흙 등을 쓰며, 다시 습기를 많이 필요로 하는 것은 수태 · 퍼얼라이트 · 버미큘라이트 등을 쓴다.

꺾꽂이의 적기는 식물에 따라서 다르다.

■ 잎눈꽂이

새로 나온 가지끝이 굳어지는 장마철에 그림과 같이 몇 마디를 붙여서 꽂는다. 잎 하나에 줄기의 일부를 붙

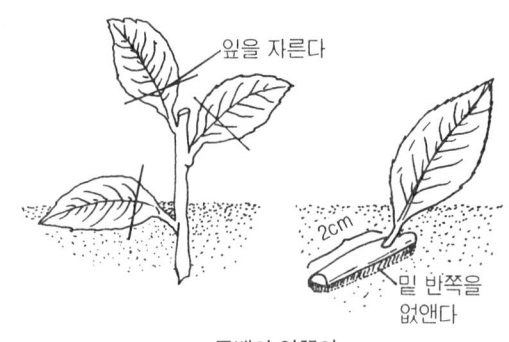

동백의 잎꽂이

여서 꺾꽂이 하는 수도 있다.

■ 가지꽂이

그림에서와 같이 2~3마디를 붙인 삽수(插穗)를 만들어 비스듬히 꽂으면 활착이 된다. 삽수는 겨울에 전정(剪定)한 것을 모래 속에 저장해 두었다가 3월경에 꺾꽂이한다.

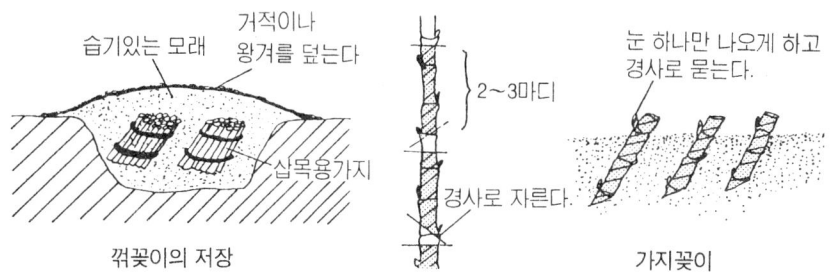

꺾꽂이의 저장   가지꽂이

■ 눈꽂이

눈꽂이는 장마철에, 봄에 자란 새줄기의 끝을 5~7cm 잘라내어 선단의 2~3잎을 남기고 나머지 잎을 따내고 기부(基部)를 $\frac{2}{3}$ 정도 흙에 꽂는 방법이다.

눈꽂이는 국화・카네이션과 같이 윗부분의 생장점이나 곁눈이 5~6cm 자란 것을 잘라내어 꽂는 방법이다.

■ 잎꽂이

산세베리아 같이 잎을 7~8cm 길이로 자르고 꽂는다. 이윽고 절단면에서 발근・발아하게 된다. 시기는 5~6월이 적기다.

■ 뿌리꽂이

3월 하순~4월 중순에 어미포기를 상하지 않게 굵기 1cm 이상의 뿌리를 파내어, 10cm 정도 길이로 절단하고 하부를 비스듬히 잘라서 흙

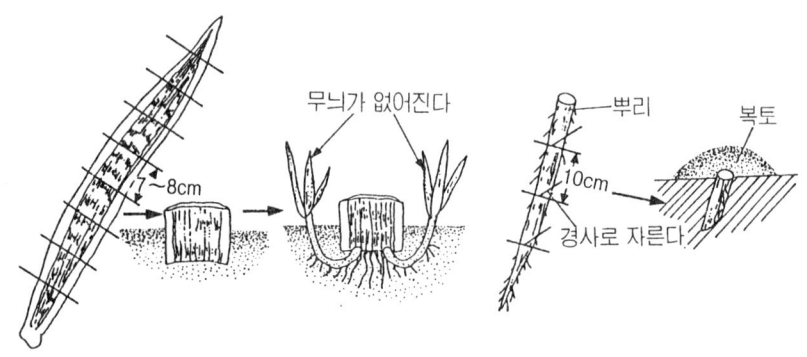

산세베리아의 잎꽂이　　　아메리카 에리스리나의 뿌리꽂이

속에 비스듬하게 꽂는다. 흙을 덮어 두면 5월경에 발아하게 된다.

〈꺾꽂이로 증식하는 주된 원예식물〉

초화류	눈꽂이	카네이션·국화·아프리카봉선화·글록시니아·코스모스·샐비아·코리우스·샤스타 데이지·제라늄·패랭이꽃·베고니아·페튜니아·포인세티아·마거리트·매리골드
	잎꽂이	글록시니아·산세베리아·센트포리아·베고니아·렉스, 카란코에·페페로미아·개발선인장
	뿌리꽂이	작약, 개양귀비·스토게시아·일본앵초·페랄고니움

(6) 접목법(接木法)

　접목은 꺾꽂이와 마찬가지로 식물의 재생력을 이용한 것으로서, 대목(台木)은 접수(接穗)와 인연이 가까운 것을 사용한다. 즉 친화력이 있는 식물끼리 접을 한다.

　접목의 요령은 대목과 접수의 형성층(形成層 : 분열조직이 왕성한 녹색 부분)을 밀착시켜 마르지 않도록, 또 빗물이 들어가지 않도록 비닐테이프 등으로 단단히 묶어놓는 것이다.

　봄에 행하는 절접(切接)·할접(分割接) 외에 여름부터 가을에 걸쳐 행하는 눈접(芽接) 등이 주된 방법이다.

■ 절 접

절접은 접목의 기본이다. 초봄에 그림에서와 같이 대목(들장미 : 찔레나무의 實生)의 한쪽을 얇게 내리깎고, 준비한 접수(接穗)를 깎아서 넣어 양자의 형성층을 맞춘 뒤, 비닐끈이나 짚, 또는 실로 고정한다. 마르지 않도록 흙을 덮어 두면 이윽고 활착·발아한다.

대개의 식물은 이 방법으로 번식한다.

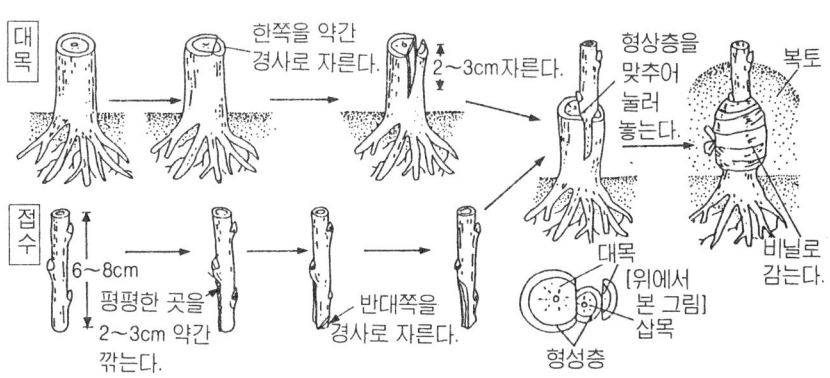

장미의 절접법(切接法)

〈절접으로 번식시키는 주된 원예식물〉

숙근초	숙근안개초 크레마티스
꽃나무 과 수	화수목·매화·앵도·영춘화·해당·감·포도·복숭아·배·감귤·밤·사과·석류·벚나무·올동백·진백·태산목·동백·장미·백목련·목련·철쭉·라일락

■ 눈 접

활착 후의 생육이 좋다는 점과, 기술이 간단하여 접수가 한 눈이면 된다는 등의 이점에서 많이 쓰여진다. 또 활착의 판정을 1주일쯤이면 할 수 있으므로 실패하면 다시 할 수 있어 능률적이고 경제적이기도 하다.

장미·복숭아·감귤·배·감 등에서는 이 방법을 많이 이용한다.

장미의 절접법 그림에서와 같이 대목에 만든 T자형 주머니 속에 방패 모양으로 도려낸 접눈을 꽂아넣고 비닐테이프로 단단히 묶으면 된다. 잎은 잎자루 부분을 남기고 1주일쯤 지나서 가볍게 건드려서 뚝 떨어지면 활착된 증거다.

  시기는 박피(剝皮)가 용이한 8~9월이 적당하며, 대목은 재배품종의 실생을 쓴다.

  이밖에 선인장의 안장접(鞍接), 단풍나무·늦동백 등의 녹지접(綠枝接), 석류의 부름접(呼接), 감귤의 뿌리접(根接) 등의 방법도 있다

5 병해와 해충의 방제법

1. 가정에서 사용하는 농약의 선택법

(1) 특별한 경우를 제외하고는

현재 우리 나라에서 사용되고 있는 농약은 독성이 강한 것이 많이 포함되어 있어 60%가 독극물(毒劇物)로 되어 있다. 독극물에 속하지 않는 농약을 보통물(普通物)이라고 부르고 있다. 마라티온, 제충국(除虫菊) 등이 이것인데 우선 안전하게 사용할 수는 있으나 이것도 절대로 안심할 수 있는 것은 아니다. 저독성이라고 할 뿐이며 다량으로 쓰면 역시 위험을 수반하게 된다.

(2) 가장 적합한 농약을 고를 것

농약에는 각기 특성이 있다. 살충제 중에서도 진딧물에 잘 듣는 것, 털벌레에 잘 듣는 것, 응애에 효과가 큰 것 등 여러 가지다. 적응 해충이나 병해를 잘 조사하여 가장 적합한 것을 골라야 한다.

식물이 약해졌을 때는 약해(藥害)가 나기 쉬우므로 연하게 해서 뿌리도록 한다. 또 식물의 종류에 따라서 본질적으로 약한 것도 있다. 가령 복숭아·앵두·감은 동제(銅劑)에 약하고, 콩류·복숭아·매화나무는 비소제(砒素劑)에, 오이류·토마토·가지·배추의 어린 모는 지금은 사용 금지가 된 BHC에 약하여 약해가 나는 수가 많으므로 그와 같은 농약의 사용은 피해야 한다.

농약에는 살균제, 살충제 외에 제초제, 쥐약(殺鼠劑), 전착제(展着劑)로서 살포액에 타서 쓰는 것도 있다.

또 식물 생육조절제로서 식물호르몬류나, 씨없는 포도를 만드는 지벨레린, 국화 등의 왜화제(矮化劑)인 B-9 등도 농약으로 다루어지고 있다.

〈독물·극물에 해당하는 농약〉

특 정 독 물	파라티온·메틸파라티온·메틸지멘튼·TEPP·모노풀올초산나트륨·모노풀올초산아미드제
독 물	비산연·비산석회·엔드린·EPN·황산니코틴(10%이하 제외)·청산제·수은제·동수은제·황산제
극 물	다이아지논·인화아연·클로르피크린·아나바신·델드린·DEP·알드린·로테논·린덴·황산니코틴(10%이하)·송진합제·황산동·PCP제

〈안전한 가정용 살균제·살충제 및 적용병해충〉

농 약 명		주 된 적 용 병 해 충	비 고
살균제	보르도액	역병·버짐병·탄저병·흑두병·흑점병·낙엽병·갈반병·적성병·회색곰팡이병 등	약해가 나기 쉬운 것이 있어 요주의
	동수화제	위와 같음	보르도액보다 약간 못하다.
	수화유황제	흰가루병·흑성병·녹병·붉은 곰팡이병 등	약해없음
	석회유황합제	흑성병·오갈잎병·흰가루병·녹병·갈반병 등(겨울의 살포는 월동해충에도 효과있음)	약해가 나기 쉬운 것 있어 요주의
	지네브제 (다인세)	탄저병·흑반병·역병·녹병·적성병 등	약해 없음
	캡탄제(옥소사이드)	흑반병·탄저병·역병·회색곰팡이병·늦썩음병 등	알칼리에 분해되기 쉽다
	다이호르탄제	흑반병·흑성병·갈반병·덩굴마름병·역병·곰팡이병·탄저병 등	알칼리에 분해되기 쉽다. 피부가 문들어지는 수가 있다.

농 약 명	주 된 적 용 병 해 충	비 고
카아밤제 (베에팜)	덩굴쪼김병·입고병·오갈병 등	토양소독제
제충국유제 (除蟲菊乳劑)	진딧물·배추벌레·군배충·매미충· 무우심식충·털벌레 등	
마라티온유제	진딧물·총채벌레·응애·배추벌레· 야도충·군배충·가루깍개충·심식충 등	저독성 유기인제
켈셀유제	과수·야채·꽃의 잎응애류의 알·유충·성충	분제·수화제도 있다
MEP제 (스미티온)	진딧물·총채벌레·뽕잎가루깍개충· 심식충·잎말이충·군배충·굴파리의 유충 등	저독성 유기인제
황산니코틴	진딧물·총채벌레·잎벌·심식충·솜벌레·군배충·나무이 등	극물
기계유제	과수류의 깍개충·녹응애·잎응애와 기타 월동란	60, 80, 95%의 것 있음

(살충제)

2 원예식물의 주된 병해와 충해

〈원예식물의 주된 병해와 방제법〉

병 명	병 징	피 해 식 물	방 제 법
입고병 (立枯病)	지면의 어린뿌리에서 짐입도관을 상승하여 지상부를 고사시킨다. 줄기에 병반.	아스타, 카네이션, 백합, 작약, 오이류, 토마토, 가지 등	캡탄제로 종자소독, 클로르피크린·카밤제로 흙소독, 밀식을 피한다.
녹병 (銹病)	잎뒷면에 회백색, 갈색, 흑색 등의 작은 병반을 만든다.	팬지, 아스타, 아이리스, 프리뮬라, 장미, 철쭉, 복숭아, 딸기, 잔디 등	시린지과다에 주의. 밀식을 피한다. 질소비료를 피한다. 다이센·만네브다이센 500배액 살포

병 명	병 징	피 해 식 물	방 제 법
흰가루병 (白澁病)	잎에 터부룩한 백색반점이 나타나서 점차 퍼져서 흰곰팡이 모양이 된다. 줄기나 꽃봉오리에도 붙는다.	스위트피, 국화, 작약, 다알리아, 개미취, 해바라기, 봉선화, 백일초, 장미, 벚나무, 사철나무, 복숭아, 포도, 딸기, 외풀류 등	일조·통풍을 좋게 한다. 수화유황제의 500배액, 만네브다이센 500배액살포, 유황화의 살분도 좋다.
흑성병 (黑星〈点〉病)	잎에 처음으로 담갈색의 작은 얼룩반점이 생기고 이윽고 흑갈색의 둥근 병반이 된다. 낙엽되기 쉬워지고 줄기·봉오리·과실에도 생긴다.	장미, 카네이션, 국화, 콩류, 외류, 감귤, 감, 복숭아, 매화, 배 등	잎물은 피한다. 다이센·만네브다이센 500배액을 1주일마다 살포(잎뒤에 잘 뿌린다)
노균병 (露菌病)	잎표면에 불명료한 회백색 반점이 생기고 뒷면에는 흰 곰팡이가 생겨서 낙엽이 된다.	해바라기, 팬지, 장미, 외류, 배추, 파, 포도 등	병엽을 빨리 제거하고, 낮에는 통풍을 좋게 한다. 다이센·만네브다이센 500백액 살포 보르도액이 좋다.
탄저병 (炭疽病)	잎·줄기·꽃·과실에 흑갈색의 약간 움푹한 반점을 만든다. 병반의 중심은 회백색을 하고 있다.	거베라, 코스모스, 팬지, 스토크, 백합, 모란, 스위트피, 고무나무, 선인장, 사철나무, 감, 복숭아, 외류, 콩류 등	병부의 제거, 다이센 500배액살포, 보르도액의 살포
흑반병 (黑斑病)	원형, 부정형의 흑갈색 병반이 주로 하엽에서 생긴다. 낙엽의 원인이 된다. 경계명료	팬지, 국화, 아이리스, 채소, 파류, 우엉, 고구마, 배 등	다이센·만네브다이센 500배액 살포. 다이센스텐레스 1,000배도 유효. 과실은 봉지 씌우기
균핵병 (菌核病)	주로 줄기에 발생하여 하엽부터 시들어서 고사한다. 줄기에는 흰 곰팡이가 밀생하고 쥐색 균씨가 보인다. 동백은 꽃에 생긴다.	금어초, 페튜니아, 스위트피, 카네이션, 거베라, 작약, 글라디올러스, 히아신스, 수선, 동백, 야채 등	피해포기는 빨리 뽑아 태워버린다. 정식전에 클로르피크린으로 흙을 소독. 연작하지 않는다.

병 명	병 징	피 해 식 물	방 제 법
회색곰팡이병(보토리커스병)	잎·꽃·줄기에 담황백색의 둥근 반점이 생기고 마르거나 구부러지거나 한다. 피해부는 들어가고 회황색 분생포자가 보인다.	팬지, 앵초, 카네이션, 스톡크, 시네라리아, 튜울립, 베고니아, 감, 포도, 딸기, 파류, 외류 등	연작하지 않는다. 병포기는 흙과 함께 제거. 만네브다이센 500~800배, 트리아진의 수화제 500배액 몇번 살포
바이러스병(모자이크병)	잎에 농담의 반점·주름이 생기고 모양은 부정형·위축형이 되고 생육 불량이 된다.	1~2년초, 숙근, 구근, 양란, 꽃나무, 정원수, 야채의 대부분	바이러스에 의한 병해로서 유효한 약은 없다. 진딧물의 매개때문이 많으므로 살충제의 살포, 병주의 제거
역 병 (疫病)	뿌리·줄기·잎·과실 등에 발생, 암갈색의 병반이며 이윽고 썩어서 곰팡이가 생긴다.	카네이션, 거베라, 작약, 백합, 선인장, 감자, 토마토, 외류, 무화과 등	병주제거. 토양소독(클로로피크린 등) 다이센 500배액, 캡탄제, 보르도액등이 유효
진 딧 물	유충이 새눈에 부착하여 즙액을 빨아 생육을 해친다. 다수의 종류가 있다. 검댕이병의 유발이나 바이러스병을 매개한다. 다수군생.	장미, 튜울립, 시클라멘, 백합, 배추, 가지, 매화, 복숭아, 밤, 벗나무, 기타 다수	일조·통기를 좋게 한다. 무당벌레 등의 천적 보호. 마라티온, 스미티온 1000~2000배액살포, 개미는 진딧물의 번식을 도우므로 구제한다.
총채벌레	성충은 1㎜ 정도의 담황갈색 벌레로서 유충은 날개가 없다. 일견 먼지가 붙은 것처럼 보인다. 주로 잎을 갉아 먹어 기형잎을 만든다.	백합, 카네이션, 국화, 시클라멘, 스토크, 파류 등	습기를 싫어하므로 강력한 시린지를 한다. 제충국유제 1000배액 살포.
야 도 충 (夜盜虫)	봄·가을 2회 발생, 2~3령까지 청색, 그 후 흙색이 된다. 커지면 낮에는 땅속에 숨고 밤에 잎을 식해한다.	다알리아, 카네이션, 국화, 꽃양배추, 콩, 가지, 양배추, 무우, 감자 등	스미티온 1000~1500배액이 좋다. 크게 발생했을 때는 도랑을 만들어 이동을 방지한다.

병 명	병 징	피해식물	방제법
심식충 (芯食虫)	잎얼룩밤나방, 조밤나방 등의 유충의 피해. 생장점 부근에 산란하여 생육을 저해한다. 과실속에 들어가는 것도 있다.	과꽃, 다알리아, 스톡크, 꽃양배추, 국화, 꽃창포, 무우, 배추, 벚나무, 복숭아, 배 등	심부의 유충을 빨리 포살.
잎응애 (붉은응애)	잎뒤·생장점·봉오리 등으로 즙액을 빤다. 아주 작은 먼지모양의 붉은응애. 뿌리에 붙는 응애류도 있다(구근 등).	카네이션, 국화, 스톡크, 쿠로톤, 팬지, 프리뮬러, 스위트피, 프리지어, 외류, 가지 등. 꽃나무, 과수, 분재에도 붙는다.	마라티온 2000배액 살포. 켈센유제, 수화제가 유효·강력한 시린지를 반복한다.
깍지벌레류 (介殼虫類)	잎·줄기·가지·과실에 붙어서 즙액을 빤다. 조개껍질 같은 것, 흰가루 같은 것, 납 물질의 것 등, 여러종류가 있다.	양란, 아나나스, 고무나무 야자류, 본스텔라, 크로톤, 선인장, 꽃나무, 과수, 정원수류	발생초기는 칫솔로 문질러 낸다. 초봄에 석회유황 합제, 겨울에 기계유제 살포, 유충발생기에 스미티온 500~1000 배액 살포
풍뎅이	풍이 및 바구미라고도 일컬어지며 성충은 봄, 여름에 날라와서 잎, 눈, 꽃을 가해한다.	국화, 글라디올러스, 장미가지, 콩류, 포도 등	이른아침에 성충을 포살한다. 흙속에 석회질소를 갈아넣어 유충을 죽인다. 정식전에는 비산연을 살포.
배추벌레 털벌레	아름다운 나비나방의 유충으로서 종류도 많다. 주로 잎을 식해한다.	꽃양배추, 페튜니아, 프리뮬러, 양배추, 무우, 벚나무, 매화, 복숭아 등	비산연 300~400배, 제충국유제 1000배액, 스미티온 1000배액 등 유효. 초기 털벌레가 군생하고 있는 곳을 태워죽인다.
하늘소류의 유충	각종 하늘소의 유충이 줄기속에 침입 식해한다.	국화, 장미, 아카시아, 조팝나무, 무화과	성충은 발견 즉시 포살한다. 비산연을 가용한 석회유를 발라서 산란방지.

병 명	병 징	피 해 식 물	방 제 법
선 충 (네 마 토 다)	1~2mm의 가늘고 긴 작은 벌레로서 뿌리혹선충, 잎마름선충 등이 있다. 전자는 뿌리에 혹을 만들고 후자는 담황갈색의 반점이 생기고 식물을 약화시킨다.	시클라멘, 아스타, 페튜니아, 카네이션, 국화, 평지 이외의 야채, 포도, 감귤 등	흙의 소독(카밤제를 3.3㎡에 150~300cc 주입, 1주일후 가스를 빼고 1~2주일 후에 심는다). 잎에는 스미티온 1500배액 살포.
거 세 미 나 방	낮에 흙속이나 분밑, 돌밑에 숨는다. 밤에 줄기잎을 갉아먹어 해친다.	다알리아, 시클라멘, 베고니아 외에 온실의 난, 아나나스류, 국화 등	야간에 포살한다.

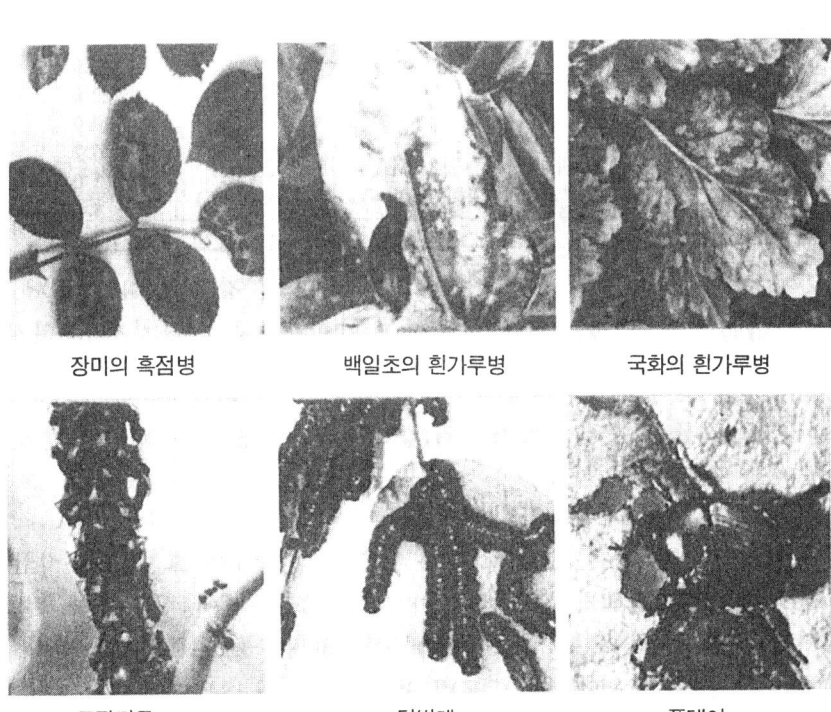

장미의 흑점병   백일초의 흰가루병   국화의 흰가루병

큰진딧물   털벌레   풍뎅이

3. 농약살포의 주의사항

(1) 살균제는 조기(早期)에 뿌린다

살충제는 해충을 본 뒤에 뿌려도 되지만, 병해는 발병하면 그 피해도 크고 때로는 낙엽이 되는 수도 있으므로 조기에 발견해서 살균제를 뿌리는 것이 중요하다. 특히 봄부터 여름에 걸쳐서는 예방할 생각으로 일찍 살포하도록 한다.

(2) 농도는 정확히 조제한다

무엇보다도 각 약품의 설명서를 잘 읽어보고 정확한 용액을 만든다. 농도조절을 잘못하면 식물을 모조리 죽이는 결과를 초래하기도 한다.

〈농약의 희석조견표〉

희석배수	물1ℓ에 대한 약g(cc)	물2ℓ에 대한 약g(cc)	물5ℓ에 대한 약g(cc)	물10ℓ에 대한 약g(cc)
100배	10.0	20.0	50.0	100.0
200배	5.0	10.0	25.0	50.0
400배	2.5	5.0	12.5	25.0
500배	2.0	4.0	10.0	20.0
1,000배	1.0	2.0	5.0	10.0
1,500배	0.7	1.3	3.4	6.7
2,000배	0.5	1.0	2.5	5.0
2,500배	0.4	0.8	2.0	4.0
3,000배	0.3	0.7	1.7	3.3

또 농도는 정확해도 뿌리는 양이 너무 많은 경우에 식물을 죽일 수 있다. 특히 살균제는 잎뒤에 살짝 살포하도록 하고 결코 지나치게 뿌려서는 안된다. 잎끝에서 약물이 떨어질 정도면 너무 뿌린 것이므로 여분의 약물은 흔들어 떨어뜨리도록 한다. 살충제는 해충에 충분히 뿌리는 것이 중요하다.

(3) 기상 조건에 주의한다

보르도액과 같은 보호살균제나 살충제의 독약은 오랫동안 식물에 부착시켜 둘 필요가 있으므로 비가 오지 않는 날에 살포한다. 기타의 것은 날씨에 그다지 구애될 필요는 없다. 분제(粉劑)를 비가 그친 다음에 뿌릴 때는 잎이 잘 마른 뒤에 한다.

일반적으로 고온다습한 때나 강한바람, 큰 비로 식물이 상하면 약해를 일으키기 쉽다.

(4) 혼용에 주의한다

농약 살포의 능률을 올리기 위해 2종류 이상의 농약을 섞어 쓰는 것도 있으나 섞지 못하는 것도 있다.

가령 보르도액이나 석회황합제(石灰黃合劑)와 같은 알칼리성 약제와, 유기인제(有機燐劑)·제충국제 등의 알칼리성으로서 분해되기 쉬운 약제와의 혼용은 좋지 않다.

(5) 취급상의 주의

가정에서 쓰는 농약은 비교적 독성이 약하다 하더라도 잘못하여 입이나 눈에 들어가거나 피부에 묻은 그대로 두면 위험하다. 절대로 손을 대지 않도록 한다. 살포시에는 마스크나 장갑을 착용해야 한다.

(6) 보관상의 주의

가정에서는 반드시 열쇠로 잠가서 보관할 필요가 있다. 즉, 어린이들의 손이 닿지 않는 곳에 보관한다.

농약을 희석할 때 식품용 용기를 쓰는 것도 위험하다. 우유병 등은 절대로 쓰지 않도록 한다.

농약의 보관은 변질을 막기 위해 건조한 냉암소(冷暗所)가 좋고, 유제(乳劑)나 에어졸류의 것은 환기가 없는 곳에 저장한다. 동제제(銅製劑)·비산연 등은 상당히 오래 두어도 효력이 변하지 않지만 제충

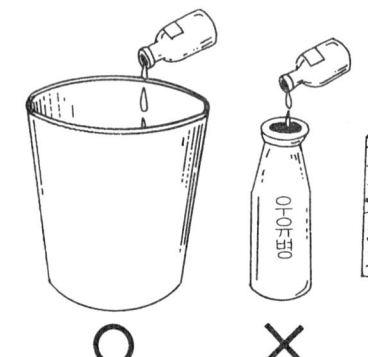
혼합할때는 정해진 그릇을 사용한다.
(식기를 용기로 사용하면 사고의 원인)
희석하는 용기의 가부

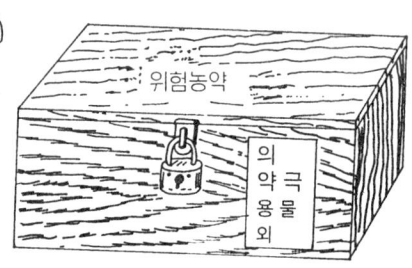
(꼭 자물쇠를 잠그자)
농약의 보관

국제나 유기인제는 너무 오래된 것은 쓰지 않는 것이 좋다. 농약의 라벨(label)에 기재되어 있는 최종 유효기간에 주의해서 사용하고, 나중에 곤란한 일이 없도록 라벨이나 사용설명서는 보존해 두도록 한다.

약제의 살포

6 원예식물의 개화조절법

식물의 생육은 그 환경 조건에 따라 현저한 영향을 받는다. 이를 반대로 응용함으로써(빛이나 온도), 인공적으로 식물의 생육을 조절할 수가 있다.
여기서는 원예식물의 여러 가지 생육조절법을 소개하기로 한다.

1. 빛에 의한 개화(開花)의 조절

(1) 일반재배

모든 녹색식물은 태양광선의 에너지를 이용해서 생활하고 있으나, 그 필요량은 식물의 종류에 따라서 다르다.

식물은 원생지의 기후 조건에 따라서 양수(陽樹)와 음수(陰樹)로 구별하고 있다. 따라서 그 식물에 적합한 조건으로 재배해야 한다. 가령 튜울립이나 스위트피 등은 햇빛이 잘 드는 곳을 좋아하고, 반대로 수국이나 양란은 강한 햇빛을 싫어한다. 초화류의 생육조절은 개화기

〈양생식물과 음생식물(초화 · 화목)〉

구 별	초 화	화 목
양생식물 (陽 樹)	채송화, 나팔꽃, 맨드라미, 꽃잎맨드라미, 꿩의 비름, 미모사, 샐비아, 백일초, 일일초	잣나무, 배롱나무, 자귀나무, 무궁화, 장미, 복숭아, 매화
음생식물 (陰 樹)	앵초, 맥문동, 조팝나무, 아스파라거스, 복수초	죽절초, 백량금, 종려죽, 관음죽, 철쭉, 동백, 천리향(심정화), 치자

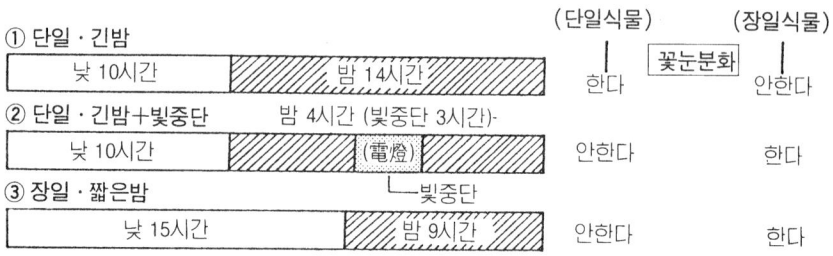

낮길이와 꽃눈분화의 관계

를 조절하는 것이 제일이다. 이것은 일조 시간의 장단과 깊은 관계가 있다.

일반적으로 장일식물(長日植物 ; 일조의 시간이 12시간 이상일 때 꽃눈이 분화하는 것. 봄~초여름에 개화하는 초화나 야채로서 대부분은 월년성식물(越年性植物)과, 단일식물(短日植物 ; 낮의 길이가 12시간 이하일 때 꽃눈이 분화하는 것. 늦여름·가을·늦가을에 피는 초화나 야채류), 중간식물(中間植物 ; 꽃눈 분화가 일조 시간에 그다지 관계하지 않는다)로 구별되어 있다.

장일식물은 일조 시간이 길수록 꽃이 붙는 것이 빠르고, 개중에는 밤이 없는 연속조명을 해도 좋은 것도 있다. 이 야간의 보광(補光)은 낮의 1만분의 1의 빛이라도 효과가 있다.

또 광중단(光中斷)이라고 해서 밤의 중간에 단시간 빛을 주는 것만으로도 장일처리(長日處理)를 받는 것과 마찬가지로 꽃을 붙이는 성질이 있다. 가령 이 성질을 이용하여 봄에 피는 세네라리아·스토크·주머니꽃·프리뮬러 등을 겨울부터 1일 3시간 이상 인공광선을 줌으로써 촉성개화(促成開花)시킬 수가 있다.

반대로 단일식물(短日植物)에 대하여 광중단을 하면 단일의 효과(밤이 긴 것)가 사라져서 꽃눈 분화를 하지 않게 된다. 대표적인 단일식물인 국화는 인공적으로 단일처리(短日處理)를 하면 봄부터 여름의 장일 계절에 꽃을 피게 할 수가 있다.

⟨장일·단일·중간식물⟩

장 일 식 물	단 일 식 물	중간식물
금잔화, 도깨비부채, 시네라리아, 공작, 국화, 안개초, 꽃양귀비, 플록스, 데이지, 글라디올러스, 나팔나리, 완두콩, 무, 무우청, 시금치, 감자	나팔꽃, 국화, 포인세티아, 프리지어, 코스모스, 카란코에, 샐비어, 다알리아, 콩, 연초	아스파라거스, 토마토, 팬지, 시클라멘, 카네이션, 튜울립

샐비어(短日)　　　튜울립(중간)　　　금잔화(長日)

반대로 늦가을부터 전등재배(電燈栽培)를 해서 인공적으로 장일을 유지하면 꽃이 피는 것을 늦출 수도 있다.

또 나팔꽃의 모에 검은 비닐을 씌움으로써 1일 9시간 정도의 일조로 제한(아침 8시~저녁 5시까지 햇빛을 받게 하고 그 뒤는 검은 비닐을 씌워둔다)하며, 이것을 3주일 정도

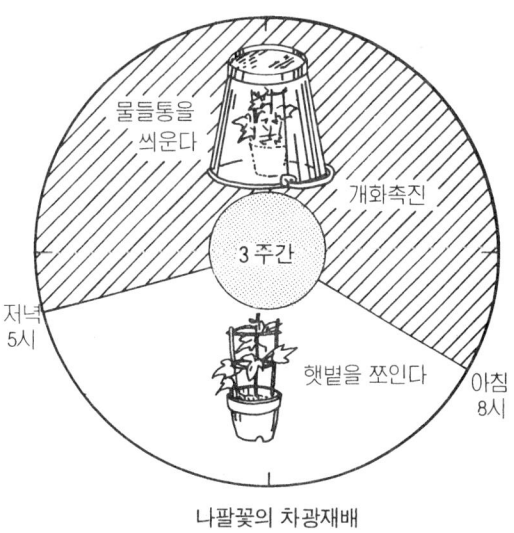

나팔꽃의 차광재배

계속 하면 6월 상순에는 꽃을 볼 수가 있을 것이다.
 이와 같은 성질을 이용하여 여러 가지로 연구해서 개화기를 빠르게 하거나 늦게 하는 것도 재미있다.

(2) 차광재배법과 그 이용

 가을국화 등의 단일성식물(해가 짧아지면 꽃이 되는 것)을 해가 긴 여름에 꽃이 피게 하고 싶을 경우, 아침 저녁의 몇 시간을 암흑상태로 두어 인공적으로 짧게 해주면 된다. 이것을 차광재배(遮光栽培)라고 한다.

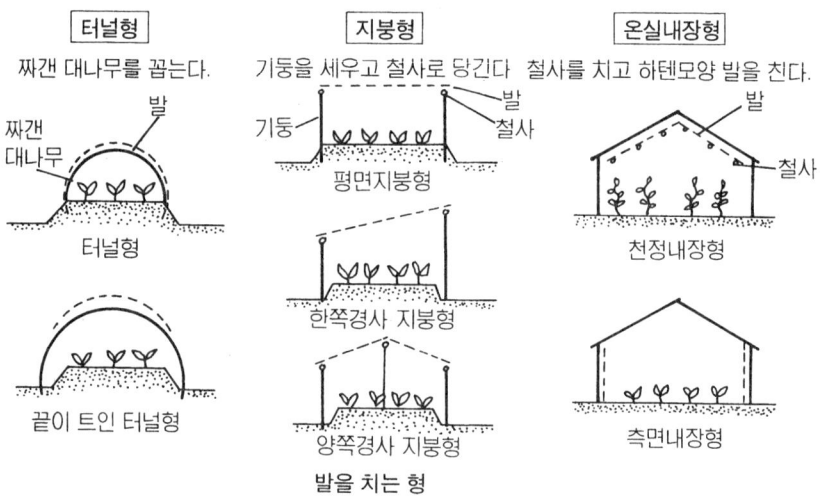

 차광에는 암막(暗幕)·검은 비닐·실버 비닐 등의 자재를 써서 매일 치고 걷는 데 편리하도록 고안한다. 화분의 수가 적을 경우는 있는 재목이나 골판지 상자에 검은 비닐을 깔아 대형 암상자를 만들어 분을 입출하거나, 상자를 씌우거나 걷도록 한다.
 땅에 심었을 경우는 밭에 말뚝이나 대나무로 틀을 짜서 볕이 들지 않도록 씌운다. 지붕에 빗물이 고이지 않도록 주의한다.

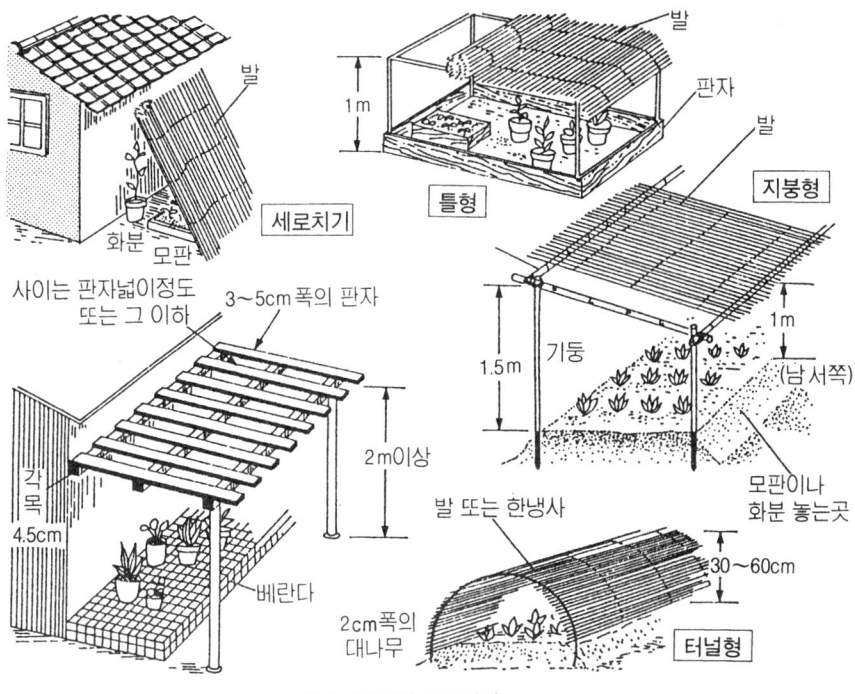

햇빛가리개의 여러가지

■ 가을국화의 예

7~8월에 피게 하려면 개화시키고 싶은 시기의 50~55일 전부터 차광을 시작한다. 하루의 밝은 시기를 10시간 이내로 제한하여 30일 이상은 매일 빠뜨리지 않고 계속하여야 한다.

이 방법은 나팔꽃·코스모스의 개화를 촉진하는 방법이며, 봄오이의 암꽃 개화를 좋게 하는 데에도 응용할 수 있다.

(3) 전등재배(Light culture)와 보광재배(補光栽培)

식물을 가꾸기 위해 전등을 이용하는 방법에는 2가지가 있다.

그 하나는 전등조명에 의해 해의 길이를 조절하여 초화의 개화를 이르게 하거나 늦추거나 하는 방법으로서 이것을 전등재배(電燈栽培)라고 한다.

다른 하나는 실내나 응달 등, 항상 빛이 부족한 장소에서 빛을 보충하면서 초화의 생육을 도와 주는 방법으로서 보광재배(補光栽培)라고 한다.

① 전등재배

전등조명에 의해 밝은 시간을 길게 하면 단일성 초화는 꽃이 피는 것이 늦어지고, 장일성 초화는 빨리 꽃이 핀다.

일반적으로는 일몰 전부터 오후 1시경까지 60와트의 백열등을 1m 위에서 조명한다.

국화의 전등재배

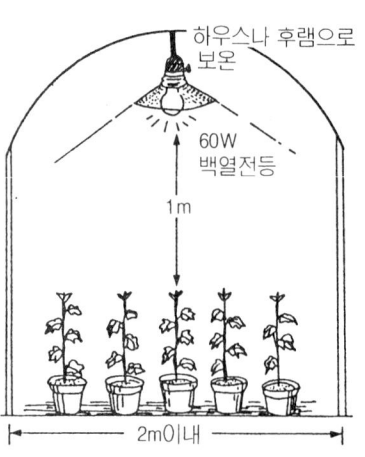
국화의 간이 전등재배

■ 국화의 예

가을이 되어 해가 짧아지면 꽃눈이 붙으므로 꽃눈이 생기기까지, 즉 8월 중순경부터 전등조명을 시작한다.

전등은 $4m^2(2 \times 2m)$에 60W, $9m^2(3 \times 3m)$라면 100W의 백열등을 하나씩 달고 1m 위에서 조명한다. 조명시간은 일몰 전부터 오후 1시경까지(일조 시간 15시간 이상)면 충분하다. 이 조명을 중지하면 10~15일 후에 꽃눈이 생기고 그로부터 50~60일이면 꽃이 핀다.

따라서 꽃을 피게 하고 싶은 시기에 따라서 조명의 중지시기를 결정하면 되며, 10월 중·하순에 조명을 그만두면 12월 중·하순에 개화시킬 수가 있다. 다만 이 사이에 온도가 10℃ 이하로 되지 않도록 온실을 보온하는 것이 중요하다.

조명전등의 점멸(點滅)에는 입절(入絶) 2동작의 타임 스위치를 부착하면 편리하다.

② 보광재배

태양광선이 부족한 곳에서 원예를 즐기려면 식물육성용 형광등의 이용을 고찰해 보기로 하자.

식물육성용 형광등은 식물의 생육에 필요한 적색과 청색빛을 강하게 나게 만들어진 것으로서 태양광선이 부족한 곳에서도 이 등을 이용하면 초화나 채소를 훌륭히 가꿀 수가 있다.

그러나 강한 광선을 요구하는 종류의 초화나 채소를 이 전등빛으로만 키우기는 어려우므로 가급적 밝은 곳을 택하여 전등을 쓰도록 한다.

전혀 태양광선이 들지 않는 실내에서의 원예는 약한 광선에 견딜 수 있는 센트포리아, 베고니아·아나나스·칼라듐 등의 관엽식물, 양란·동양란·양치류 등이다.

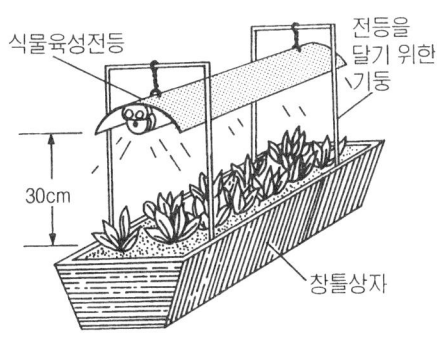

보조빛의 이용

실내용 정원상자

조명법은 식물의 바로 위 30~40cm 높이에 40와트의 식물육성용 전등을 50×100cm에 2등 정도 부착한다. 조명 시간은 1일 16시간 정도가 생육에 좋다. 그러나 단일성의 초화(국화)는 꽃이 달리지 않고 장일성 채소(시금치 등)는 꽃대가 빨리 나오므로 이런 경우에는 조명 시간을 12시간 이내로 멈추게 한다.

양란이나 관엽식물 등 겨울의 보온이 필요하고, 특히 먼지의 부착을 싫어하는 것은 보온상자를 이용하면 좋은 결과를 얻을 수 있다.

2. 온도에 의한 개화의 조절

앞에 기술한 일조 시간의 길이 외에 꽃눈 분화에 커다란 영향을 주는 것은 온도 조건이다.

봄에 피는 2년생 초화나 숙근초 등은 자연 상태에서는 겨울을 지나 봄에 따뜻해지면 꽃이 핀다. 실은 이 겨울을 넘기는 것이 꽃눈을 만드는 조건이 되는 것이다. 예컨대 국화는 저온을 맞은 뒤의 동지눈(冬至芽)을 꽃이눈(插芽)으로 일반적으로 쓰고 있다. 또 완두콩이나 귀리는 0℃~5℃에서 저온처리하면 개화가 빨라진다.

1932년, 소련의 생물학자 루센코씨가 소맥으로 실험하여 이것을 춘화처리(春化處理)라고 명명하였다.

지금 스토크를 4월에 파종했다고 하면 그 해에는 꽃이 피지 않고 자라지만, 가을파종을 하면 초봄에는 꽃이 피게 된다. 이것은 어린 모일 때 저온을 만나면 꽃눈이 분화되는 한 예다. 반대로 구근류나 꽃나무류, 1년초나 가을에 개화하는 숙근초에서는 비교적 고온을 만나면 꽃눈 분화가 일어난다. 예를 들면 튜울립의 구근은 꽃이 끝나서 휴면하고 있는 사이에 꽃눈이 만들어진다. 그 고온은 종류에 따라서 다르지만 가을심기 구근은 약 20℃가 적온이다. 화목류(花木類)·과수류의 대부분은 7~8월에 꽃눈이 달리는데 감귤은 1~2월에 꽃눈이 달린다.

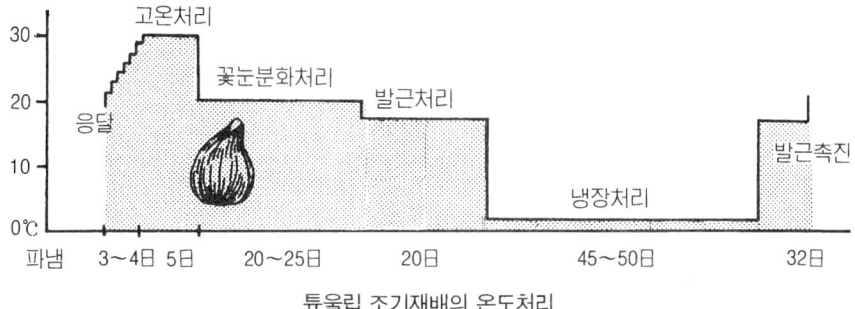

튜울립 조기재배의 온도처리

■ 구근류의 저온냉장

튜울립·수선·백합 등의 가을심기 구근을 촉성의 목적으로 여름에 냉장하는 수가 있다. 이것은 겨울철 휴면을 여름 동안에 인공적으로 끝마치려고 하는 것이다.

온도처리하는 구근은 초여름에 꽃눈이 형성된 뒤, 중온(中溫 ; 10~15℃)에서 발근처리와 꽃눈이 발육을 촉진한 다음에 저온(1~3°)에 냉장한다. 저온냉장은 약 45~50일이면 휴면타파(休眠打破)의 효과가 있다. 그 뒤는 온실에 심으면 이윽고 눈이 나와서 개화한다.

3. 절화방법과 절화수명보존

줄기를 두들겨 물올리기를 좋게 한다.

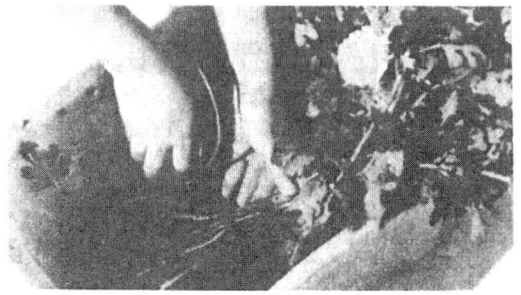

물속에서 줄기를 자르면 물올리기가 좋다.

〈절화의 보존〉

두 는 장 소		서늘하고 습기가 많으며 바람을 받지 않는 곳이 좋다. 햇빛을 받아 온도가 높으면 절화의 신진대사가 왕성해져서 식물체의 소모가 빠르다. 그러나 겨울에 온실식물을 5℃이하의 곳에 두는 것은 좋지 않다.
절화(切花)의 보 존	역 수 (逆水)	역수를 잎뒤에 뿌리고 안개를 뿌려서 기름종이, 젖은신문지 등으로 싸서 서늘한 곳에 둔다.
	밤이슬	여름철에는 바람없고 흐린날 밤, 화분마다 밤이슬을 맞게 하면 이상하게도 원기가 회복된다.
	꽃가루	꽃은 수정하면 시들어 버리므로 백합, 수선 등은 약이 터지기 전에 따버리면 오래 갈 수 있다.
물 속 자 르 기		꽃을 자를 때, 즉시 자른자리를 물에 담그고 도관내에 공기가 들어가지 않도록 한다. 즉시 물속에서 다시 자르면 된다. 가위에 물을 묻혀서 자르는 것도 한 방법이다.
단면적확대법 (斷面積擴大法)		절단면이 물에 접하는 부분을 넓게 하기 위해, 화목류(花木類)에서는 단면에 가위질을 해서 나무조각을 물리게 하거나 줄기에 칼자국을 만든다. 초화류는 줄기밑동을 두들겨서 비빈다.
침 지 법 (侵漬法)		수압을 이용한 물올리기로서 튼튼한 종류에 행하여진다. 시들고 있는 경엽 전체를 몇분간 물속에 담근다.
줄기 밑 부분 태우기(澆莖法)		벤 자리를 태움으로써 공기를 빼고, 또 탄화시켜서 흡수를 좋게 하여 부패를 막는다. 숯불, 촛불, 가스불 등으로 급속히 태운다. 이때 벤자리만 태우고 아랫잎은 젖은 헝겊으로 싸서 화상을 입히지 않도록 한다.
뜨거운 물에 담그기(煮莖法)		위와 마찬가지로 2~3분간 뜨거운 물이나 증기에 쬐인다. 이때 물은 끓어야 하며 소금, 명반 등을 넣고 하면 더욱 좋다.
진 약 법 (瑱藥法)		풀식물 등은 벤자리를 두들겨서 소금, 소다, 구운 명반, 후추 등을 문질러 넣으면 좋다.
침 약 법 (浸藥法)		초산은 황산 등의 희석액에 2~3분간 담그거나 나무재, 석회 등의 알칼리액에 담갔다가 일시적으로 탈수하여 벤자리 세포의 침투압력을 높인다. 후추·박하·고추·옥도정기 등에 의한 절구(切口)자극, 알콜·명반·장뇌 등에 의한 방부(防腐), 암모니아·에텔 등의 침투제가 있다.
펌 프 법		수련, 개연꽃 등의 수초는 물 또는 초산연, 알칼리 300배액을 주입한다.

4. 약품에 의한 개화조절

　최근에는 새로운 약품이 차례차례로 나오고 있다. 예컨대 생장촉진, 생장억제, 휴면타파, 개화조절, 꺾꽂이의 발근촉진 등에 이용되고 있다.
　이에 대해서는 다음에 설명하기로 한다.

7 흙을 쓰지 않고 꽃가꾸기

최근에는 흙 대신 모래나 자갈을 쓰거나 물만으로 초화나 채소를 가꾸고 있는데, 그 방법은 여러 가지가 있다. 이것을 응용하면 흙이 없는 가정에서도 꽃가꾸기를 즐길 수가 있다.

흙을 쓰지 않는 여러가지 재배법

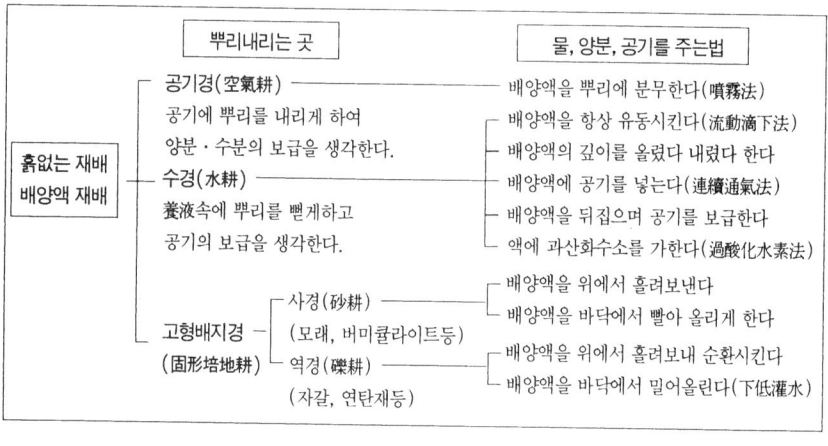

1. 모래로 가꾸는 법

강모래를 넣은 모판에 물이며 액비(液肥)를 주어 초화나 채소를 가꾸는 방법이다. 재배방법이 흙과 비슷하므로 쉽게 할 수가 있고 성적도 좋으므로 권장할 만하다.

(1) 모판만들기

소형의 초화나 채소를 가꾸려면 적당한 나무상자를 쓰거나 플라스틱 상자를 이용한다. 창가나 처마밑에서 가꿀 수가 있다.

정원에 설치하는 지상(地床) 모판의 깊이는 15~20cm, 폭은 80~100cm로 하면 쓰기가 쉽다. 모판의 측벽은 판자나 콘크리이트 블록을

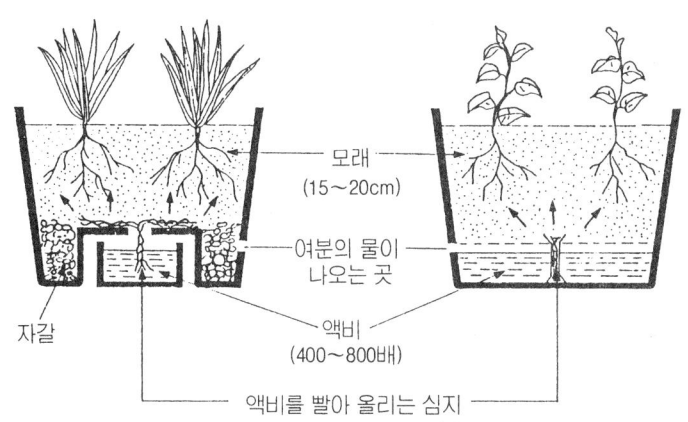

모래재배용 플라스틱 모판의 사용법

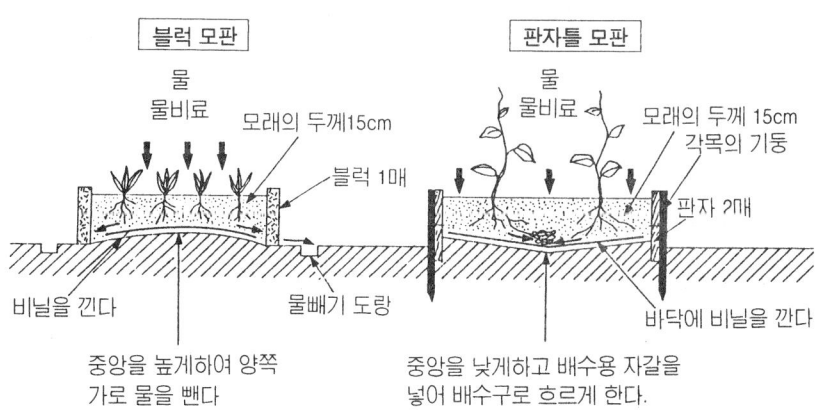

모래재배용 모판을 만드는 법

쓰는데, 블록쪽이 내구력도 강하고 배열 여하에 따라서 모판의 모양도 여러 가지로 바꿀 수가 있어 편리하다. 어느 것이나 지면 위에 구축하고 모판 바닥에 물이 괴지 않도록 한다. 블록은 이음눈을 시멘트로 붙여서 고정시킨다.

판자로 둘러싼 모판은 1m 간격으로 3cm각의 말뚝을 박고 안쪽에 판자를 상하 2장 겹쳐서 박아 붙이면 된다.

모래는 강모래가 가장 좋다. 산모래를 쓸 경우는 특히 점토분이 적은 것을 고른다. 모래의 깊이는 15cm정도면 충분하다.

(2) 가꾸기

모래 모판에서 초화나 채소를 가꾸는 요령은 보통 밭의 경우와 큰 차이가 없다. 파종이나 모를 심을 당초는 건조되기 쉬우므로 계속해서 물주기를 반복하고 완전히 뿌리가 활착하면 모래의 표면이 허옇게 마르기 시작할 때마다 물을 준다.

(3) 비 료

액체비료를 400~800배로 희석하여 1주일에 1~2회 준다. 비료주기나 물주기의 양은 모래의 건조도나 생육 상태를 보면서 가감하는 것은 말할 것도 없다.

여름에는 특히 마르기 쉽고 모래가 타서 땅의 온도가 높아지기 쉬우므로 한랭사나 덮개 혹은 멀칭을 해서 건조와 지온의 상승을 막도록 한다.

모래재배는 특히 물주기가 중요하므로 살수 기구나 액비혼합기 등을 이용하는 것이 좋다.

2. 물로 가꾸는 법

식물이 자라기 위해 필요한 모든 양분을 물에 풀어 넣은 것이 배양액(培養液)이다. 흙 대신 이 배양액으로 초화나 채소를 가꾸는 방법을 수경재배라고 한다. 이 방법은 여러 가지 설비가 필요하며, 지금까지의 흙재배와는 다른 지식이나 기술을 요한다. 여기에는 가정에서 간단히 할 수 있는 몇 가지를 소개하기로 한다.

(1) 구근류의 물병재배

흙도 비료도 쓰지 않고 물만으로 가꾸는 가장 간단한 방법이다. 구근류는 이미 봄에 피는 꽃눈을 지니고 있고 그것을 키울 양분도 충분히 저장하고 있기 때문에 배양액을 쓰지 않고 물만으로도 잘 자란다.

히아신스·크로커스·사프란·무스카리(Muscari)·수선·스노우드롭(Snowdrop) 등의 구근을 수온이 15~17℃가 되는 10월 중순경에 물재배용의 병에 심는다.

처음에 물을 구근 바닥에까지 차게 넣고 어둡고 서늘한 곳에 둔 뒤 5~7일마다 물을 갈아 준다. 뿌리가 자라게 되면 뿌리 길이의 $\frac{1}{3}$ 정도가 공기에 닿도록 물을 줄인다. 뿌리가 충분히 자란 뒤에는 창가 등

개화한 히아신스의 물병재배

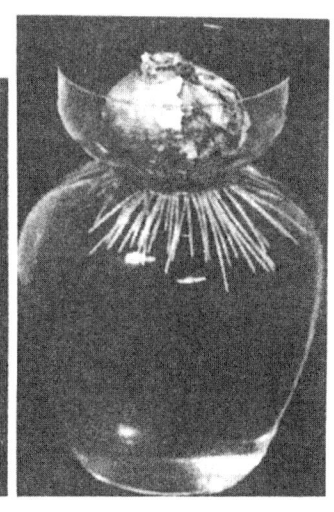

히아신스의 물병재배

의 양지바른 따뜻한 곳에 놓고, 겨울에는 물이 얼지 않도록 주의하면 봄에 훌륭한 꽃이 핀다.

(2) 모종·작은 초화·채소 가꾸기

초화나 채소의 모종, 작은 초화, 반디나물(참나물), 쑥갓, 파세리, 샐러드 채소 등과 같은 소형 채소를 단기간 키우는 데 적합한 방법이다.

용기는 깊이 10cm 정도의 나무상자에 비닐을 안에 깔거나 적당한 플라스틱제 용기를 이용한다. 토분(土盆)이나 비닐분(지름 6~9cm)에 팥알 크기의 자갈을 잘 씻어서 넣고 그 분을 용기 안에 늘어 놓는다.

배양액은 표에 표시한 약품을 물에 풀어서 만들어 용기내에 분 하부가 2cm 정도 담겨지도록 부어 넣는다. 액의 양은 각 분에 300㎖ 정도가 필요하다. 초화나 채소는 분에 직접 파종해도 되지만 발아에 날짜가 걸리는 것은 다른 모래 상자에 파종하여 싹이 튼 것을 옮겨심는 것이 좋다.

파종이나 심은 후에는 용기 내에 물을 부어서 분의 자갈면이 물에 담겨질 정도로 한다. 그후 액체는 점차 증발하여 수면을 내려간다. 이에 따라 뿌리도 점차 자라서 자갈속으로 퍼지므로 당분간은 그대로 방치해 둔다.

배양액이 분바닥 2cm 정도의 곳까지 줄어들면, 그때부터는 이따금 물을 부어서 항상 액체가 분바닥 2cm 정도의 깊이가 되도록 관리하면

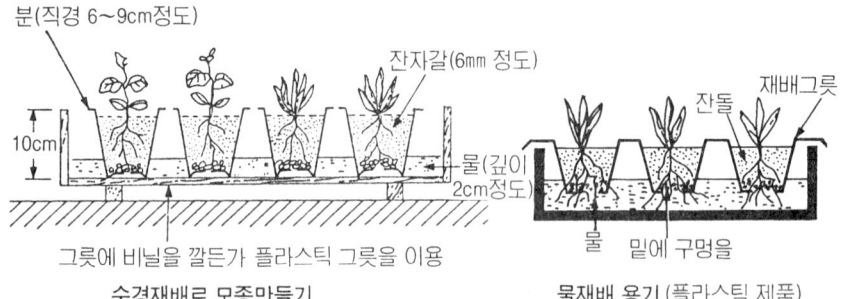

수경재배로 모종만들기   물재배 용기 (플라스틱 제품)

순조롭게 자란다. 배양액은 15~20일마다 새것을 갈도록 한다.

(3) 대형 초화·채소 가꾸기

크게 자라는 초화나 채소는 뿌리도 길게 뻗으므로 커다란 모판과 배양액의 순환설비가 필요하게 된다.

모판은 길이 15~20cm의 것이 필요하고 따로 배양액을 저장하는 수조(水槽)와 배양액을 모판에 보내는 소형 펌프 및 펌프를 시간적으로 움직이는 타임스위치를 준비한다. 모판에는 자갈을 채우고 액체가 흐르는 홈을 만들어 수조는 파이프나 호스로 연결하여 둔다.

모는 전항의 요령으로 키운 것을 자갈 속에 심어 놓는다. 심는 당시에는 1~2시간마다 배양액을 흘려넣어 활착을 도와 주고, 모가 자라기 시작하면 낮에만 1일 3~4회, 3시간 간격으로 흘려넣어 자갈을 충분히 적시고 1시간 정도에서 완전히 배양액을 끊는다.

배양액이 모판에 오래 괴어 있으면 산소 부족이 되어 뿌리썩음이 되고, 배양액을 부어 넣는 횟수가 적으면 건조해서 시들어 버리므로 기후나 생육 정도를 보아서 주는 횟수를 가감한다.

배양액은 줄어들 때마다 물을 가하여 일정량으로 한다. 넣은 물의 양을 항상 기록해 두었다가 그 합계가 처음에 만든 배양액과 같은 양이 되었을 때, 새로운 배양액과 갈아 넣는다.

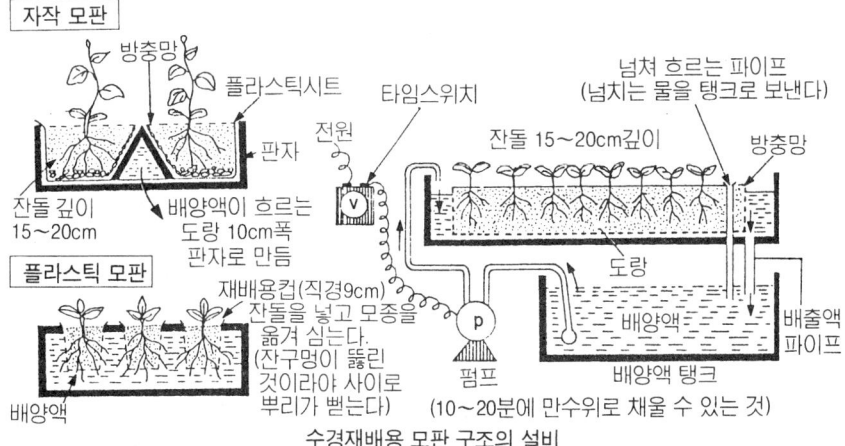

수경재배용 모판 구조의 설비

8 새로운 원예약품의 이용

1. 흙을 개량하는 약품

흙이 나쁜 곳에서는 만족한 원예를 할 수 없다. 이럴 경우 포바르, 소이락, EB-a 등의 토량개량제의 사용을 권장한다.

토양개량제는 점토분이 많고 굳어지기 쉬워 배수나 통기가 나쁜 흙을 부드러운 흙으로 개량하므로 배수, 보수(保水), 비료분의 흡수 등이 잘 되어서 무엇이든 가꾸기 쉬워진다.

〈토양개량제와 그 사용법〉

종류 흙의 상태	포 발(가루) 1㎡ 살 포 량	EB-a (액 체)		소 일 락
		1㎡ 액 량	희 석 배 수	
무 거 운 흙	40~50g	0.3~0.5ℓ	100~200배	포발과 같다
보 통 의 흙	20~30g	0.2~0.3ℓ	200~300배	
가 벼 운 흙	15~20g	0.1~0.2ℓ	300~400배	
사 용 법	살포하여 흙과 잘 섞는다	물뿌리개로 뿌리고 흙과 잘 섞는다		

사용법은 흙에 적당한 습기(60%=꽉 쥐면 경단처럼 뭉치고 두들기면 부스러질 정도)가 있을 때 적정량(표 참조)을 살포하여 깊이 갈이를 하여 흙과 가급적 잘 혼합한다.

개량제는 비료가 아니다. 사용 후에는 다른 비료를 충분히 준다.

2. 생장을 조절하는 약품

약품을 사용함으로써 꽃이눈의 발근, 줄기의 신장, 초화의 개화, 과실의 결실을 촉진하거나 좋게 할 수가 있다. 이 약을 생장조절물질이라고 한다. 그 중에서도 쓰기 쉽고 효과가 있는 것은 옥신류와 지베렐린(gibberellin)으로서 다음과 같은 경우에 쓴다.

(1) 삽수의 발근

정원수, 꽃나무, 과수 등의 가지를 꺾꽂이로 번식할 경우, α-나프탈렌초산(NAA)이나 β-인돌초산(IAA)의 희석된 용액에 다시 삽수의 기부를 1주야쯤 담갔다가 꺾꽂이하면 빨리 뿌리가 내려서 활착이 잘 된다.

약의 농도는 나무의 종류나 꺾꽂이하는 시간에 따라서 다른데, 대체로 1~5만배 정도다. 또한 요즈음 많이 이용되고 있는 것은 루톤(Rooton)으로 꺾꽂이 발근제로서 많이 이용되고 있다.

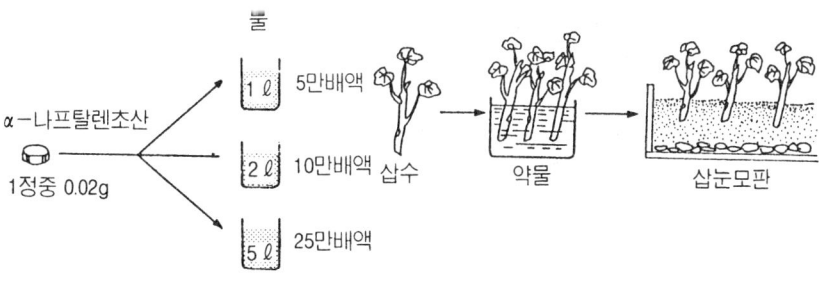

삽수의 약품처리법

(2) 초화의 개화를 촉진하기 위해

지베렐린액은 초화의 꽃을 빨리 피게 하는 데도 도움이 된다.

■ 시클라멘

9월 중·하순에 꽃망울이 있는 눈의 중심부에 지베렐린 50만배 액을 살포해 준다.

■ 프리뮬러

11월 상순경, 꽃망울이 나오기 시작하면 곧 포기중심부에 지베렐린 5~10만배 액을 살포한다.

토마토꽃에 대한 약제살포

(3) 초화나 채소의 생장 억제

식물의 생장을 억제함으로써 꽃과 줄기의 균형을 좋게 하거나 채소

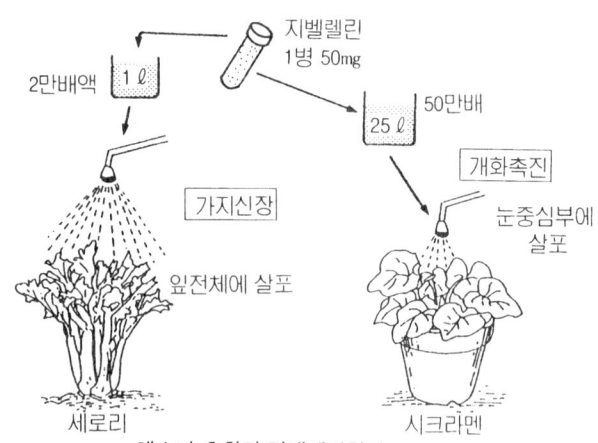

채소나 초화의 지베렐린처리

의 추대를 막을 수가 있다.

꽃의 줄기를 얕게 하는 왜화제에는 아모 1618, CCC, B-나인 (B-995), 포스폰 D 등이 실용화되고 있다.

가령 B-나인으로 처리한 국화의 분재배 등은 키는 작지만 큰 꽃이 피기 때문에 관상 가치를 높일 수가 있다.

9 테라리움(Terrarium)

 테라리움은 식물을 다루는 데 익숙하지 않은 사람이나 전혀 처음인 초보자가 푸른 자연의 즐거움을 유리병 속에서 맛볼 수 있는 실내원예의 한 방법이다. 유리나 플라스틱 용기의 크기에 맞추어서 용기 내에 꾸며진 정원이 만들어진다. 테라리움은 그 자신이 환경과 수분의 순환을 유지하고 내부의 온도를 안정시킨다.

 살균한 흙과 해충류를 방제한 모를 사용하고 다시 용기속에서 격리시키므로 해충류나 병해의 공격을 최소한으로 줄일 수 있다. 마치 부화기와 같은 이상적인 상태가 유지된 테라리움은 용기 내의 식물을 바깥 세계로부터 보호한다.

입이 작은 20 ℓ 들이 유리병은 연한 녹색으로 착색되어 있어서 넓은 잎의 식물에 알맞다.

아파트나 도시주택의 한정된 공간은 거의 얼마 안 되는 규모의 조원(造園)밖에 허용되지 않는다. 그러나 옥외의 훨씬 규모가 큰 조원, 즉 정원만들기의 원리를 적용하면 얼마든지 자연을 즐길 수 있다.

1. 식물의 생리작용

식물의 일생을 통하여 2개의 상호 의존하는 작용, 즉 광합성(光合成)작용과 호흡작용이 이루어지고 있다.

광합성이란 식물이 그 자신을 위한 영양을 제조하는 작용을 말한다. 식물은 태양이나 다른 광원(光源)에서 에너지를, 공기 속에서 이산화

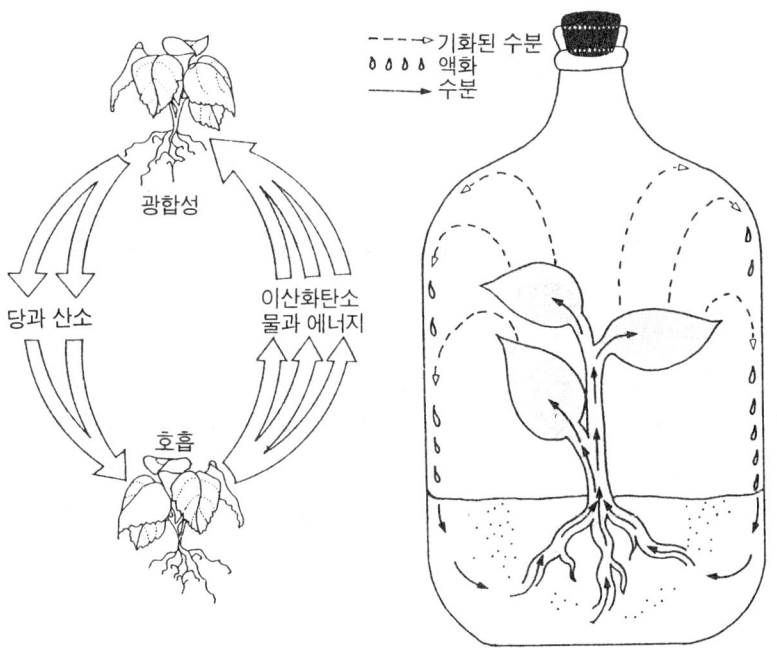

위의 식물은 광합성을 표시하고 있다.
아래 식물은 호흡작용을 표시한다.
화살표는 생산물의 상호이동을 표시한다.

화살표는 수분순환의 과정을 표시한다.
흙속에 있는 수분에서 공기속의 수증기, 그리고 응집된 물방울로 돌아가기까지의 설명이다.

탄소(二酸化炭素)를, 흙에서 수분을 흡수한다. 그리고 이들 요소에서 식물당(植物糖)이 합성된다. 이것은 즉시 식물에 에너지를 공급하고 나중의 이용을 위하여 저장되며 혹은 성장물질로도 쓰여진다.

흙속에서 흡수된 영양소는 식물의 성장 뿐만 아니라, 이들 식물당을 만들 때에도 도움이 된다.

광합성이 작용하고 있는 동안에 호흡작용도 행해진다. 식물당은 모두 식물 기능에 영향을 공급하기 위해 태워진다.

테라리움 용기의 내부에서 이들의 작용은 소규모로 행해지고 있다. 광합성의 반응은 태양 혹은 다른 광원이 에너지를 공급하고, 이산화탄소는 용기속의 공기에서 섭취된다. 또 습기는 수분의 순환에 의해 항상 보급된다. 용기내에서의 원예에는 완만한 성장이 요망되므로 토양 속에 함유되는 영양소는 극히 제한된 양으로도 충분하다.

테라리움 원예는 자연보호의 입장을 주장하는 사람들의 이상경(理想境)이다. 왜냐하면 그것은 생물이 필요로 하기 위해 거기에 존재하는 모든 요소를 이용해서 재이용하기 때문이다. 그러므로 밀폐된 테라리움 용기 속에 충분한 수분이 들어가면 수분순환이 시작된다. 수분은 뿌리의 조직을 통해서 식물 속에 들어가 증발에 의해 잎에서 배출됨으로써 공기속으로 확산된다.

폐쇄된 용기 내의 환경은 이 과잉 수분을 흡수할 수는 없으므로 수분은 유리나 플라스틱 측면에 안개처럼 이슬이 맺힌다. 이슬이 맺혀 물방울이 생기면 그것은 고운 구름처럼 되어서 수분을 비처럼 내리게 하여 흙에 복귀시킨다. 이런 과정은 몇번이고 되풀이된다.

이와 같이 용기 내에 이슬이 맺혀지는 동안에는 충분한 수분이 있는 것이다. 만일 이슬이 없어지면 그때 물을 다시 줄 시기가 되는 것이다.

2. 테라리움의 계획과 준비

테라리움에 식물을 무턱대고 심어 넣기 전에 미리 결정하지 않으면 안되는 몇 가지 일을 생각할 필요가 있다. 다음 질문 전부를 종합적으로 생각해 보도록 한다.
- 용기는 어디에 둘 것인가?
- 어떤 종류의 용기가 방안에 악센트를 주고 재배하는 데 가장 적합한가?
- 몇 개를, 그리고 어떤 종류의 식물을 재배하고자 하는가?

이때 고려해야 하는 또 하나의 중요한 요소는 토양이다. 테라리움이 성공하는가의 여부에 대하여 절대로 필요한 것으로서 용기속에 넣는데 알맞는 여러 종류의 흙의 요소는 후에 기술하기로 한다. 거기에는 용기에 넣는 특별한 혼합토를 만드는 법도 언급될 것이다.

(1) 놓을 장소의 선정

회화나 조각과 마찬가지로 테라리움은 어떤 방에도 예술적인 느낌을 준다. 방안과 테라리움의 쌍방에 있어서 가장 좋은 효과를 얻을 만한 장소를 이용하도록 한다.

각 식물은 빛에 대한 다양한 요구를 갖고 있다. 테라리움을 놓는 장소는 충분한 빛을 공급할 수 있어야 하며, 광합성을 위해 충분한 에너지가 얻어지는 곳이어야 한다. 초화류나 무늬가 있는 잎을 지니는 식물은 다른 관엽식물보다도 훨씬 빛을 필요로 한다.

그것은 태양의 직사광선이 아니라 확산된 빛이 좋을 것이다(擴散光線이란 얇은 커어튼을 통해서 나오는 빛이다. 북쪽창에서의 빛을 기준으로 생각해 볼 것).

직사광선의 결점은 용기 내의 온도를 몇 배나 올려서 식물을 시들게 하는 것이다.

테라리움을 놓는 가장 좋은 장소가 만일 어두운 구석일 경우는 다음의 2가지 해결법이 있다. 인공적인 빛을 주는 것이 그 하나이고, 다른 하나는 매일 일정 시간(약 10~12시간) 빛이 잘 드는 장소에 옮기는 것이다.

다음에 위치를 선정하는 둘째 문제는 적정한 온도다. 식물의 대부분은 인간보다 서늘한 온도를 즐기지만 보통 실내온도에 곧 적응하는 경향이 있다. 하지만 급격한 온도 변화나 틈바람에는 견디지 못하므로 주의한다.

테라리움 재배는 이 문제를 해결한다. 용기속에서는 내부의 온도를 일정하게 유지하고 용기의 벽이 틈바람을 방지한다. 그러나 열원(熱源) 근처에는 놓지 않도록 한다. 열원이 가까우면 밀폐된 용기내의 온도는 삽시간에 식물이 숨막힐 정도로 높아지기 때문이다.

고산(高山)식물이나 삼림(森林)식물 등을 심은 테라리움은 온도 일정의 법칙에 해당되지 않는다. 이들 식물은 따뜻한 주간과 서늘한 야간의 조합에 의해서 보다 잘 자라는 것이다. 만일 이들 식물을 어느 기간 유지하려고 한다면 이들의 자연의 자생지 환경을 재현하기 위해 밤에는 서늘해지는 곳에 두는 것이 가장 좋다. 그 서늘한 장소란 난방이 없는 차고, 창고, 얼어붙을 위험이 없다면 옥외라도 무방하다.

(2) 용기의 선택

테라리움의 용기를 고를 때는 자신의 상상력을 마음껏 구사해 본다. 용기로 될 수 있는 것은 식물의 생명을 유지하기 위한 흙을 충분히 넣을 수 있는 것으로서 투명하거나 연한 색깔이 있는 유리 혹은 플라스틱 등의 재질로 만들어진 것이라면 무엇이든지 좋다. 습기가 있는 환경을 간단히 만들 수 있도록 밀폐할 수 있는 것이 좋다.

일반적으로 용기는 큰 양주병이나 큰 병 또는 어항, 기타 설탕병, 플라스틱병을 이용하면 된다.

색깔이 있는 용기는 속의 식물을 희미하게 보이게 하므로 큰잎의 식물이나 돋보이는 잎의 식물을 넣고 햇볕이 잘 드는 곳에 두는 것이 요령이다. 이것은 용기를 통해서 보는 매력적인 정원이 된다.

(3) 식물의 선택

테라리움용 식물의 충분한 생육을 바란다면 이국적인 종류나 진귀한 형태를 지닌 것보다는 서로의 조화나 환경이 어울리는 것이 중요하

용기의 수집 상단: 좌로부터 우로, 조합유리의 입방체; 자기제 잼넣기; 투명유리의 포도주병; 구식 약병; 투명유리의 비스켓병

중단: 사과주용 손잡이병; 큰브랜디용 글라스; 금속뚜껑이 있는 과자병; 연한 색깔의 포도주병; 입이 큰 용기

하단: 20ℓ 들이의 변형 물병; 어항; 20ℓ 들이의 물병

다. 높은 습도, 축축힌 흙, 일정한 온도, 그리고 테라리움의 용기에 의해 약화된 광선 등에 적응할 수 있는 식물을 고르도록 한다.

또한 테라리움 식물은 성장 속도가 느린 것이 효과적이다. 이들 필요 조건에 맞는 식물이라면 어떤 종류라도 설계(계획)를 만족시켜 줄 수 있다.

심지어 용기속 식물의 수도 그 용기의 크기에 의해 정해진다. 키가 큰 식물, 중간의 것, 지면을 포복하는 낮은 식물 등으로 변화가 많은 조합이 테라리움의 원칙이다.

식물을 살 때는 용기를 꽃집에 가지고 가는 것이 좋다. 그래서 용기의 크기에 맞는 식물의 수, 크기 등을 견주어 두면 식물을 심을 때 편리하다.

잘 꾸며진 일반 정원에는 다양한 식물이 있는데 이와 같은 원리를 테라리움 원예에도 응용하도록 한다. 식물을 높이, 모양, 잎색, 그리고 잎이 넓은 것인가 가는 것인가에 따라서 변하므로 주된 식물을 선출하고, 그런 뒤 둘레에 다른 식물을 배열하도록 한다.

용기와 어울리는 식물을 고르려면 식물을 구할 때 용기를 가져가는 것이 좋다.

식물을 심기전에 조경을 검토하여 본다. 즐거운 디자인을 하기 위하여 우선 식물을 분에 넣은채 배열해 보도록 한다.

한편 병해나 충해로부터 보호하기 위해 테라리움에 심기 전에 이들 식물을 따로 격리하도록 한다. 검역(檢疫)의 2가지 효과적인 방법은 토분에 심은 식물에 걸이형(吊鍾形)의 유리뚜껑을 덮어 씌우거나 약제용 플라스크나 유리제 항아리에 식물을 옮겨심는 것이다. 식물은 그대로 격리한 환경 속에 2~3주일 방치하여 두면 병해나 충해는 이 기간에 표면에 나타난다.

이와 같은 검역 방법은 어떤 식물이 테라리움 용기 속에서의 환경에 적합한가의 여부를 아는 데 도움이 된다.

(4) 많이 이용되는 식물

용기 균형에 맞는 크기의 식물을 골라 심고, 습도가 80% 내외의 조건과 그늘에 견디는 항상 푸른 열대 원산의 식물이 바람직하며, 이들은 모두 뿌리가 잘 나와 있는 것들을 이용해야 한다. 식물의 예를 들면 다음과 같다.

베고니아류, 드라세나류, 카라데아류, 마란타류, 페페로미아류, 피레아, 헤데라, 어린 야자류(특히 테이블 야자), 피토니아, 스킨답서스, 신고니움, 스페티필럼, 안스리움, 알로카시아, 아그로네마, 크리프탄사스, 석창포, 고사리류, 난류, 에피스시아, 코롬네아, 애란, 글록시니아, 아프리칸 바이올렛, 돌단풍, 필로덴드론, 호야, 삭시프라가, 선인장류 등 작은 식물들이 많이 이용된다.

(5) 토 양(土壤)

식물 다음에는 토양이 테라리움에 있어서도 중요한 요소가 된다. 왜냐하면 흙은 식물이 생존하고 성장하는 매체가 되는 것이기 때문이다.

처음부터 올바른 용기용 혼합토를 사용함으로써 흙의 혼합이 잘못되었다든가 배수가 불충분하기 때문에, 단기간 내에 모처럼 심은 식물을 제거하지 않으면 안되는 등의 사태를 피할 수가 있다. 그래서 외국(미국)에서는 살균한 혼합토를 꽃가게에서 시판하기도 한다. 이 살균된 혼합토는 초보자에게는 흙이 이미 살균되어 있으므로 해충이나 잡초의 씨앗도 함유되어 있지 않고 흙에 병균도 없기 때문이다.

　대부분의 식물은 테라리움의 환경에 곧 적응하여 버리므로 비료는 식물의 성장을 바라지 않는 크기로까지 촉진시키는 셈이 되어, 식물을 가냘프게 성장시키거나 급속히 용기 밖으로까지 삐져 나와버리게 하는 원인이 된다. 너무 성장해서 테라리움 내를 정글처럼 만드는 것만큼 보기흉한 것은 없다.

　테라리움은 상층토에 상당량의 영양소가 함유되어 있으므로 그것이 수분에 녹아서 하층토로 옮겨진다. 영양소를 너무 준 식물은 또 비료 중독이 되기도 한다. 그러므로 비료는 과용해서는 안된다.

　한편 스스로 테라리움용 혼합토를 만들려면 같은 양의 굵은 강모래 · 밭흙, 정원에 심는 표층에 가까운 양질토 · 부엽토를 섞는다. 이 혼합토 $\frac{1}{2}$ 에 대하여 숯과 퍼얼라이트를 각각 $\frac{1}{2}$ 컵 가한다. 이것을 철판에 펴서 100℃로 가열된 오븐 속에서 30분간 살균하도록 한다. 이때 냄새가 고약하므로 환기에 주의한다.

　혼합토 외에 테라리움에는 배수층과 목탄층이 필요하다. 수태의 층은 있든 없든 상관이 없다. 여분의 수분이 상층토를 통해서 배수층에 떨어진다면 흙은 질퍽거리지 않으므로 뿌리가 썩지 않는다. 목탄도 어느정도 배수층의 역할을 한다.

　배수용 재료는 강모래, 자갈, 토분을 깨뜨린 조각 등이다. 절대로 필요한 것은 아니지만 수태의 층은 흙이 배수층 속으로 혼입되지 않도록 하는 데 도움이 된다. 또 다소의 유기물을 함유하는 성분을 흙에 준다. 목탄은 부패에 의해 발생하는 유해물을 흡수한다.

3. 테라리움에 심어넣기

　모든 준비가 갖추어지면 이윽고 심어넣게 되는데, 테라리움내에 심어 넣을 때 특히 유리병일 때는 생각지 않은 일이 생기게 된다. 충분한 시간의 여유를 갖고 실수하지 않게 신중히 한다.

(A) 금속제 깔때기
(B) 물뿌리개
(C) 향수분무식 분무기
(D) 면도날을 끝에 붙여서 베는막대
(E) 둥근막대
(F) 선단이 고리로 된 철사
(G.H) 길이가 다른 집게
(I) 플라스틱 가는 막대
(J) 벨브바스터
(K) 전구형 분무기
(L) 스푼

테라리움용 기구

(1) 용기의 준비

용기는 적어도 심기 하루 전에는 살균해 두도록 한다. 방법은 미지근한 비눗물로 씻고 세제가 완전히 없어질 때까지 충분히 물로 씻는다.

용기는 완전히 건조시킨다. 물기가 있으면 흙이 안벽에 달라붙어서 심은 뒤에는 제거하기가 어렵기 때문이다. 병에 심을 때는 특히 주의한다.

(2) 용구류(用具類)

테라리움에 심을 때에 편리한 용구는 여러 가지가 있다. 시판하는 것도 있는가 하면 직접 만들어야 하는 것도 있는데, 그것은 사진에 소개하는 바와 같다.

(3) 토양을 넣는다

최초의 용기에 넣는 재료는 ①배수용재, ②목탄, ③혼합토의 순이다. 용기의 약 $\frac{1}{4}$ 공간이 토양으로 채워지도록 한다. 용기의 $\frac{1}{4}$ 공간을 토양으로 채우는 것은 초보자에게는 좋은 기준이 된다. 가령 30cm병에서는 7~8cm의 토양 깊이가 필요하다. 흙의 층을 배수층 2cm, 얇은 목탄층(배수층을 덮기에 충분한 만큼), 얇은 층의 수태, 혼합토 등을 5~6cm로 배분하도록 한다.

그런데 우선 배수층이 되는 강모래, 자갈, 퍼얼라이트, 경석(輕石), 토분 조각을 부수고 혼합해서 사용한다. 다음에는 목탄, 즉 숯을 얇게 깔고 배수 재료를 완전히 덮을 만큼 충분하게 천천히 부어 넣는다. 그런 뒤에 심을 혼합토를 넣도록 한다. 물뿌리개나 종이 원추(円錐)를 만들어 천천히 부어 넣는다. 흙은 다소 습기가 있는 것이 다루기가 쉽다.

B 종이 혹은 은박지를 말아서 원추형으로 만든다(左)
C 토양을 넣을 때 이것을 쓴다(右)

(A) 테라리움용 혼합토
(B) 숯(목탄)
(C) 배수용재의 3층이 식물이 육성 될수 있는 토층을 구성하고 있다.

최소한으로 필요한 토양이 들어갔으면(용기의 1/4공간이 메워진 상태), 조경(造景) 디자인을 생각하도록 한다. 즉 높이가 다른 경사면, 대지(台地), 혹은 중앙의 동산(東山)에 심어진 식물은 단순히 평평한 지면에 심는 것보다는 더욱 흥미가 있다.

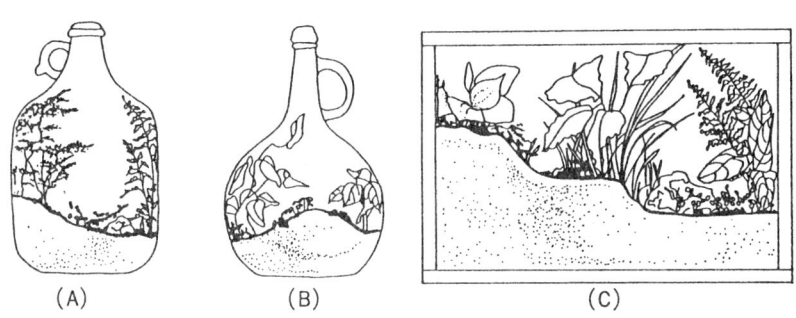

혼합토를 보충해서 조경한다. (A) 경사면 (B) 동산 (C) 계단 등이 가장 일반적이다.

(4) 테라리움에 심어넣기

심어 넣는 순서는 조경(造景) 디자인에 따라서 정해진다. 가장 간단한 방법은 맨처음에 초점이 되는 식물을 심는 것이다(보통 키가 가장 큰 것). 그런 뒤 둘레의 식물을 심도록 한다.

덩굴식물, 바위, 굽어진 유목(流木), 기타의 첨경물(添景物)이 조경상 빠뜨릴 수 없는 요소라면 그것을 먼저 적당한 위치에 놓도록 한다. 유리병일 경우는 입을 통하는 크기가 어떤가를 반드시 확인한다.

이제 포인트가 되는 식물을 심는다. 우선 막대로 흙에 구멍을 뚫는다. 재배용 화분에서 식물을 꺼낼 때는 분의 둘레를 가볍게 툭툭 치고 꺼내도록 한다. 이때 식물은 손에 받치고 화분을 비스듬히 거꾸로 해서 꺼낸다.

뿌리 둘레의 흙은 그대로 남겨 둔다. 뿌리덩이를 종이로 감고 흙의 심을 만든다. 손으로 집거나 선단이 고리로 된 철사로 우선 뿌리부터 식물을 용기에 넣는다. 그리고 뚫어 놓은 구멍속에 넣고 조심스럽게

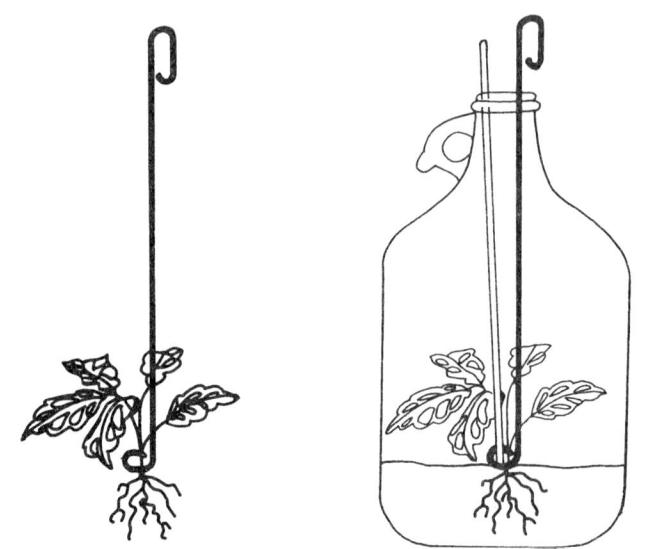

끝이 고리로 된 철사의 사이로 식물의 줄기가 들어가도록 한다. 뿌리부터 삽입한다. 그리고 미리 뚫어 놓은 구멍속에 질러 넣는다. 막대로 식물을 누르고 철사를 벗긴다.

뿌리 둘레의 흙을 두들겨서 굳혀 놓도록 한다.
  한편 다루기 어려운 모양의 입이 있는 병이나 용기에 심어넣을 경우는 식물의 잎이 그 잎을 통하는 데 충분할 만큼 매끄러운가 아닌가를 확인하도록 한다.
  다른 식물을 더 넣기 전에 맨처음의 식물은 단단히 심어졌는가의 여부를 확인한다. 그림에서와 같은 방법으로 나머지 식물을 심는다. 이 때 주의할 것은 식물을 너무 빽빽하게 붙여심지 않도록 하여 성장의 여지를 남겨 두어야 한다.
  병에 심어넣을 때, 경우에 따라서는 하나의 식물을 단단히 심으려고 하는 동안에 먼저 심은 식물의 뿌리를 뽑아놓는 수가 있을지도 모른다. 이럴 때 근기(根氣)를 잃어서는 안된다. 뿌리가 빠진 식물을 조심스럽게 원래의 장소에 단단히 꽂아 심고 다시 다음 일을 계속하도록 한다.

〈병을 테라리움 용기로 이용하는 법〉

① 필요한 재료를 모두 마련하여 심을 준비를 한다. 깨끗이 씻은 용기, 심을 식물, 용구, 여러 성질의 흙

② 물뿌리개나 원추형으로 만든 종이를 써서 병의 내벽을 더럽히지 않게 해서 숯을 직접 병속에 넣는다.

③ 대나무막대나 철사는 토양의 표면을 고르는데 편리하다. 경사지게 하거나 여러가지로 변형하는 데 쓴다.

④ 식물을 분에서 뽑으려면 분을 받침대에 가볍게 툭툭 치고 식물은 손을 대고 조심스럽게 뽑아낸다.

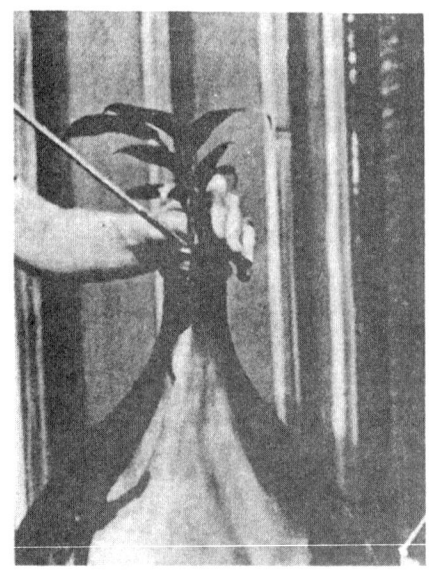

⑤ 픽업으로 우선 뿌리부터 먼저 병속에 질러 넣는다. 입을 지날 때 잎에는 충분히 조심한다.

⑥ 식물을 정히여진 위치에 단단하고도 살며시 질러 넣는다. 키가 큰 순서로 심는다.

⑦ 잎에 묻은 흙과 먼지를 털기 위해 막대로 조심스럽게 잎을 두들긴다. 땅덮기식물을 전체에 잘 편다.

⑧ 아주 약간씩 병속에 물을 넣도록 한다. 내부 씻기 위해 측면에 물이 흐르게 조절한다.

 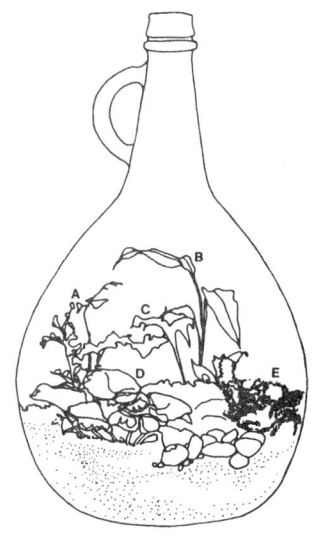

색깔이 있는 병에는 돋보이는 모양의 잎의 식물이 필요하다. 식물은 (A) 프테리스 Pteris (B) 싱고늄 포도필룸 Syngonium podophyllum (C) 헤데라헬릭스 Hedera helix (D) 색시프라가 사멘토사 Saxifraga sarmentosa (E) 셀라지넬라 Selaginella

식물은 이 물병이 부여하는 이상적인 조건속에서 잘 자라고 있다. 식물은 (A) 필리아카디리 Pilea cadierei (B) 드라세나 산데리아나 Dracaena sanderiana (C) 코디아엠 아큐베아폴륨 Codiaeum aucubeafolium (D) 셀라지넬라 Selaginella

목이 긴 물병은 속이 잘보인다. 심을 곳도 넓고 테라리움에는 좋은 용기이다. 식물은 (A) 카마에도리아 엘레간스 Chamaedorea elegans (B) 헤데라 헬릭스 Hedera helix (C) 아스파라거스·세타세우스 Asparagus setaceus (D) 페페로미아·카페라타 Peperomia caperata

변형된 병에 심어 넣은 장식적인 정원은 꽃집에서 사온 인공수태와 여러가지 바위가 조합되어 있다. (A) 판손이 나무 Fatsia Japonica (B) 아글라네마·모데스텀 Aglaonema modestum (C) 셀라지넬라 Selaginella

걸이형(吊鍾形)뚜껑(왼쪽)과 뚜껑 있는 과일병은 테라리움과 같은 환경을 만든다. 어느 것이나 습기의 증발을 막는다.

계란형 유리그릇은 기발한 테라리움이 된다. 상부를 벗기면 속에 손을 넣을 수 있다. 식물은 젖꼭지나무이다.

50 ℓ 들이 병은 큰 양치류에 적합하다. 전방의 보통 병과 크기를 비교해 보라.

상하로 겹친 2개의 수조는 큰 식물을 위한 테라리움이다. 이 용기에는 난이 있다.

(5) 수분 순환의 확립

수분 순환에 필요한 수분을 가하는 것이 테라리움 속에 심어 넣는 마지막 일이 된다. 이 최초의 물의 공급은 특히 병속 원예의 경우에 중요하다.

테라리움 내의 배수는 한정되어 있어 수분이 없어지는 일은 거의 없으므로 여분의 물을 제거하는 것은 곤란하다. 만일 물을 너무 많이 주면 식물의 뿌리는 산소를 얻지 못해 문자 그대로 "수사(水死)"하고 만다. 그래서 물의 지나친 급여는 테라리움 실패의 주된 원인이 된다.

만일 심어 넣는 혼합토가 처음부터 습기가 있을 경우는 4ℓ, 혹은 그 이하의 용기에 대하여 최대량 50cc를 주고, 그 이상 크기의 용기에 대해서는 100cc의 물을 주도록 한다. 만일 혼합토가 건조되어 있으면 충분히 적시도록 한다.

축축한 정도는 손을 넣을 수 있는 용기라면 간단히 손가락으로 시험해 볼 수 있다. 흙의 표면에서 2~3cm 밑이 건조되어 있으면 물을 줄 시기이다. 밀폐되고 손을 넣을 수 없는 용기의 경우라면 주의깊은 관찰이 필요하다. 만일 식물이 시들기 시작했거나 흙이 거의 건조해 보

옆으로 눕힌 상태의 테라리움은 「병속의 배」와 흡사하다. 투명한 포도주 병에 원예를 만드는 것은 숙련자용이다. 여기에는 받침대가 필요하다. 식물은 필리아 테프렛사 Pilea depressa이다.

인다면 물을 약간 더 주도록 한다.

사용하는 물은 수돗물을 방안 온도와 같게 해서 준다. 물뿌리개나 다른 용기에 필요한 양을 알맞게 넣고 그것을 방안 온도와 같게 하기 위해 몇 시간을 그대로 두면 된다.

용기내의 물주기에 있어서는 가늘게 안개처럼 나오는 분무기가 가장 적합하다. 이것은 어떤 1개소에 물을 너무 주는 일이 없이 고르게 주기 때문이다. 물을 다소 많이 주었을 때, 그 징후는 유리나 플라스틱 안 벽면에 붙는 아주 가늘게 나오는 안개로 알 수가 있다. 이렇게 되었을 경우의 한 가지 조치법은 보통 상태로 건조되기까지 테라리움의 뚜껑을 열어 두어 빨리 여분의 수분을 증발시키는 것이다.

4. 테라리움의 유지관리

테라리움의 관리는 잔디깎기, 낙엽 청소, 풀뽑기 등을 늘 해 주어야 하는 정원의 관리에 비하면 문제가 되지 않을 정도로 수월하다. 왜냐하면 심어 넣기와 물주기가 끝난 뒤에는 테라리움 자체가 내부의 온도 조절이나 습도의 정도를 일정하게 유지할 수 있기 때문이다. 나머지는 관리인이 할 일이다.

적당한 빛이 들고 있는가, 습기가 적당한가 등에 대하여 정기적인 확인이 필요하다. 동시에 너무 자란 식물은 전정을 하고, 병에 걸린 식물은 다른 것으로 바꾸어 심는다거나, 또는 충해의 점검도 필요하다. 유리를 통해 들여다보는 아주 귀여운 '에덴의 동산'도 관리를 잘못하면 삽시간에 '지옥'으로 변하고 만다.

(1) 적당한 조명법

건전한 정원을 유지하려면 올바른 조명이 필요하다. 자연의 광선은 계절마다 항상 변한다. 만일 테라리움의 광선량이 현저히 줄어들었다면 보다 밝은 곳에 옮기거나, 혹은 인공적인 빛을 주도록 한다.

빛에 관련된 또 하나의 문제는 식물의 빛에 대한 굴절(빛이 오는 방향으로 구부러지는 성질)이다. 이 굴절로 인해 테라리움 속의 식물이 피사의 사탑처럼 기울기 시작하는데 이를 바로 잡으려면 용기 위에서 인공적인 조명을 주어야 한다. 언제나 빛이 고르게 분배되면 식물은 균형이 잡힌 똑바른 성장을 계속한다.

(2) 물의 공급

밀폐된 테라리움은 몇 개월 동안 물을 보급할 필요가 없다. 손을 넣을 수 있는 용기라면 약 2개월에 1회 정도 정기적으로 흙을 손으로 만져서 점검하도록 한다. 표면에서 2~3cm 속의 흙이 건조한 것 같으면 물을 보급한다. 만일 물을 준 후 여분의 결로(結露)를 발견하였다면 수분을 용기에서 제거한다.

초보자에게 있어 가장 확실한 방법은 시각(視覺)에 호소하는 방법이다. 만일 이슬이 용기의 안벽에 붙어 있다면 수분 환경이 잘 되어 있다는 증거다. 이슬이 적다는 것은 그 이상의 건조의 징후를 주의깊게 관찰하라는 주의 신호다.

식물이 만일 말랐거나 마른 것처럼 보인다면 물을 주어야 한다. 또 평소부터 흙색에 주의하여 마른 흙색과 수분이 충분할 때의 흙색과의 차이를 잘 기억해 두는 것도 중요하다.

용기내의 과잉한 결로에 주의하도록 한다. 만일 안의 식물이 희미한 정도로밖에 보이지 않는다면 수분 과잉의 표시다. 이럴 때는 테라리움의 뚜껑을 열어 놓아 빨리 여분의 수분을 증발시키도록 한다.

■ 주 의

물을 주는 것이 테라리움의 병을 고치는 특효약은 아니다. 한두 개의 식물이 시든 것처럼 보여도 다른 것이 건강해 보인다면 물을 주기 전에 다른 원인을 생각해 보아야 한다. 누렇게 된 잎, 쭈구러진 잎의 끝, 시들기 등의 증상은 여러 가지 문제의 원인이 있을지도 모른다. 가령 광선과다, 광선 불충분, 해충의 발생, 병해, 수분과다, 수분부족 등이다. 물을 주기 전에 문제점을 완전히 조사하도록 한다.

(3) 식물의 전정(剪定)과 이식

테라리움 내에서 식물의 활발한 성장은 결코 바람직한 것은 아니다. 식물은 심어 넣을 때는 작은 것을 쓰므로 처음에 의도한 디자인 대로 되려면 어느 정도의 성장이 필요하다. 그리고 그것이 완성됨에 따라서 모양이 가꾸어지게 되는 것이다. 그러나 이따금 식물은 최초의 계획보다도 너무 자라서 보기 흉한 모양이 되기가 쉽다.

전정은 손이 속에 들어갈 수 있는 용기라면 간단하다. 손이나 가위로 할 수 있으며, 보기에 흉한 잎이나 가지는 잘라 버리도록 한다.

병의 경우는 전정이 다소 성가시다. 식물에 손이 닿지 않기 때문에 필연적으로 집게나 면도칼 등을 붙인 막대 등 특별한 기구를 사용해야 되며, 조심스럽게 다루어야 한다.

손을 넣을 수 있는 경우는 손으로 뽑거나, 스푼으로 제거하고 대신 신선하고 건강한 식물을 그곳에 심도록 한다.

병해일 때는 집게나 끝을 고리로 만든 철사로 꺼내도록 한다.

(4) 병충해

테라리움 원예에서는 용기가 외부와 격리되어 있으므로 해충의 피해로부터 원예를 지킬 수 있다. 충해가 생기는 원인의 대부분은 식물과 함께 옮겨지는 데 있다. 해충이 뿌리덩이 속에 숨어 있거나, 혹은 벌레알이 수태나 다른 식물에 묻어 있을지도 모른다. 심기 전에 약간 따뜻한 물과 연한 비눗물로 식물을 씻으면 해충의 피해를 막는 데 도움이 된다. 간단히 잎사귀 뒤를 훑어보거나 살균된 흙을 쓰는 것과 알콜이나 소독약을 뿌리는 것도 예방법의 하나다.

곰팡이(Mold ; 회색균류의 하나)는 테라리움내의 병해 중에서 가장 흔히 보이는 것이다. 이의 최대의 원인은 물주기의 과다이다. 또한 곰팡이의 균에 이미 감염되어 있는 식물이나 테라리움의 환경에 적합하지 않은 식물에 발생이 된다.

테라리움 내에서 조성되는 수분과 습기 있는 환경은 곰팡이가 번식하는데에는 말할 수 없이 좋은 환경이다. 그런 만큼 더욱 빨리 조처하지 않으면 식물은 곧 곰팡이의 피해를 받고 만다.

곰팡이에 대한 가장 좋은 대책으로는 균이 묻은 식물을 곧 제거해 버리는 것이다. 만일 널리 퍼졌을 때는 병에 걸린 식물 전부를 바꾸거나 테라리움 전체를 폐기하고 새로이 다시 만들어야 한다. 감염된 식물은 전부 버린다.

만일 곰팡이가 계속 식물에 침범한다면 식물을 심기 전에 분말살균제를 분무기로 뿌리고 병속의 식물에는 안벽에 묻으면 닦기가 곤란하므로 직접 분무하지 않도록 한다. 종이 같은 것으로 안벽을 보호할 수가 있다면 직접 뿌려도 된다. 분무 후에는 증발시키기 위해 한동안 용기의 뚜껑을 벗겨 놓도록 한다.

5. 어항 내의 원예

어린아이가 잡은 개구리나 금붕어 가게의 거북이를 원할 경우, 아이들의 자연에 대한 흥미와 테라리움 원예를 조화있게 맞추어 보도록 한

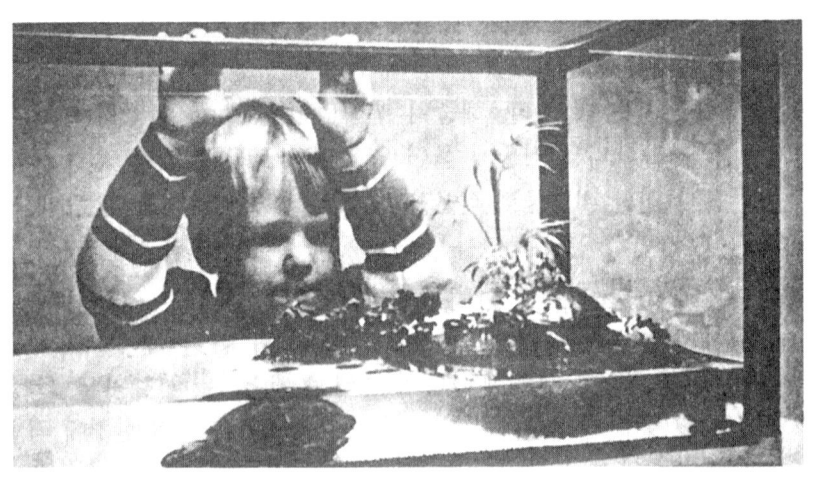

물을 넣은 테라리움원예는 거북을 위해서도 좋은 자연환경을 만들어낸다.
어린이의 예리한 관찰력을 양성하는 멋진 교재도 된다.
식물은 필리아 데프렛사 Pilea depressa, 테이블 야자 Chamaedorea elegans이다.

다.

　테라리움 속에 작은 동물(도마뱀, 악어, 개구리 등)을 넣어서 식물과 동시에 관상한다. 이것을 비바리움(Vivarium)이라고 한다.

　동물 사육에 가장 적합한 용기는 커다란 열대어용 어항(水槽)이다. 20~60ℓ 들이 정도의 크기가 좋은데, 커다란 유리 혹은 플라스틱 용기라면 무엇이든지 쓸 수 있다.

　테라리움과 마찬가지로 심는 방법은, 잘 씻은 용기의 맨밑에 모래자갈을 넣고 그 위에 살균이 끝난 혼합토를 넣은 뒤 자갈을 덮는 것이다. 기어들어가는 것을 좋아하는 동물을 키울 때는 모래를 두껍게 깔 필요가 있다.

■ 삼림(森林) 형태의 원예

　답답하지 않을 정도의 습기가 필요하다. 이 환경에는 반그늘이나 인공광선이 적당하며 적당한 온도와 약 50%의 습도도 필요하다. 피토니아(Fittonia)와 같은 습기를 좋아하는 테라리움 식물이나 대부분의 열대식물이 잘 자란다.

■ 수중(水中) 테라리움

　개구리·거북이·올챙이 따위와 같은 양서(兩棲)동물이나 물을 즐기는 동물을 위해 물과 육지를 조합해서 만든다. 이들 동물들은 일광욕을 하는 장소 뿐만 아니라 헤엄치는 곳이 필요하다. 식물과 동물 양쪽이 만족하도록 물과 육지를 따로 구획한다.

　용기의 바닥에서 수면까지 유리로 구획하고 둘레를 고무제의 시일로 바르는 것도 좋겠다. 구획하는 또 하나의 방법은 모래속에 수생식물을 심고, 일광욕을 하거나 기어오르게 하기 위한 커다란 돌출된 바위를 놓는 것이다. 이런 식의 동물 사육기(飼育器)는 물이 항상 깨끗하지 않으면 안된다. 이것은 자갈 밑에 수조여과기(水槽濾過器)를 놓으면 도움이 되지만 그래도 이따금 물을 갈아 주어야 한다.

6. 편리한 테라리움

만일 온실이 없을 경우, 묘목이나 꺾꽂이를 육성하는 데 있어, 뚜껑이 있는 유리상자는 습기를 유지하고 외기(外氣)에서 보호함으로써 도움이 된다. 더구나 내버려 두어도 문제없고, 싹을 트게 하거나 콩나물 같은 것도 수확할 수가 있다.

■ 자생번식(自生繁殖)의 응용

종자에서 발아시키는 데 실패하는 가장 일반적인 이유는 충분한 수분이 없기 때문이다. 섬세한 종자의 경우는 특히 그러하다. 광선이 통하는 유리나 비닐덮개가 이 문제의 이상적인 해결책이다.

종자를 파종하기 전에 모판을 충분히 축축하게 하고 그것을 다져놓는다. 섬세한 종자일 경우는 부수어 놓은 수태를 써서 그 위에 종자를 뿌리도록 한다. 종자를 뿌렸으면 용기에 뚜껑을 덮고 밝은 곳에 놓는다. 그러나 직사광선이 드는 곳은 피하도록 한다. 이대로 두면 싹이 날 때까지 물을 더 줄 필요는 없다.

종자에서 싹이 트면 덮개를 벗기고 필요할 때 분무기로 물을 주고 보온을 위해 밤에는 덮개를 덮어 놓는다.

선인장류는 균류의 피해를 특히 받기 쉬우므로 살균한 수태나 균류를 접근시키지 않는 벽돌가루를 쓰도록 한다. 그 위에 종자를 뿌리고 유리나 비닐뚜껑을 덮는다. 모를 심은 뒤에도 문제없다고 할 만한 상태가 되기까지는 1년쯤 걸리므로 4개월 정도는 비료를 약간 준다.

■ 실내식물에 응용

얼마 동안 집을 비우게 될 때 실내의 식물이 염려되는 경우는, 일시적으로 만든 비닐 커버로 1개월쯤 식물에 습기를 준다.

처음에 흙을 충분히 적시고, 여분의 수분은 흘려 보내도록 한다. 화분마다 비닐주머니에 넣고 주머니 상부를 비틀어 놓거나 잡아매서 밀

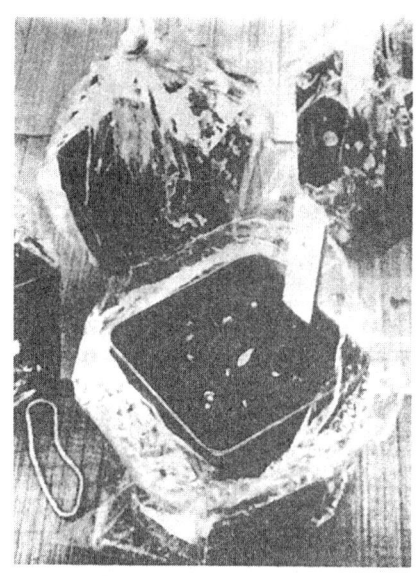 

①비닐주머니에 밀폐되면 종자는 발아한다. 주머니는 테라리움과 마찬가지로 습기와 수분을 유지한다.

②삽목하려면 흙을 비닐주머니에 넣고 수분을 가하고 밀폐해 놓는다. 새눈이 나기 시작하면 분에 옮긴다.

봉한다. 세탁물을 넣는 비닐주머니처럼 큰 주머니의 경우는 흙에 막대를 꽂아서 받쳐 놓으면 잎이 상하지 않고 큰 화분이나 몇개의 화분을 한 곳에 넣을 수 있어 편리하다.

■ 꺾꽂이에 응용

대부분의 식물은 꺾꽂이함으로써 번식시킬 수 있는데 이 경우에도 항상 뿌리에 수분을 줄 필요가 있다.

뿌리쪽에서 아랫잎(下葉)은 따버리고 특히 큰 잎은 제거하도록 한다. 잎이 너무 많으면 삽목이 흡수할 수 있는 양 이상의 물이 필요하게 되어 결과적으로 식물 전체를 시들게 하기 때문이다.

만일 유리나 비닐에 붙는 이슬이 너무 많을 것 같으면 환기 구멍을 내도록 한다. 그리고 완전히 뿌리가 내리기까지 서늘한 그늘에 두어

② 흙으로 싼 뿌리목을 종이나 헝겊 위에 놓고 심지로 하기 위해 조심스레 감도록 한다.

① 재배용 분에서 식물을 뽑아낸다. 여분의 흙은 털어내고 나머지 흙으로 뿌리의 둘레를 가볍게 싼다.

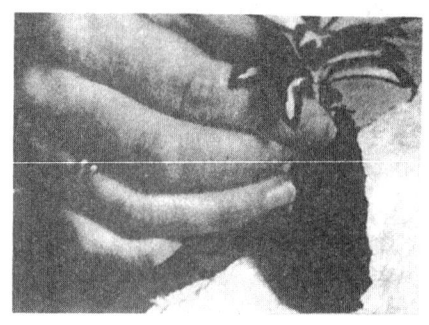
③ 심지가 단단하게 되었으면 헝겊을 벗긴다. 단단히 뭉친 심지는 간단히 용기속에 넣을 수 있다.

수분을 계속 준다.

■ 신선한 새싹기르기

　유리상자의 채소밭은 1년 내내 가족에게 신선한 식물을 공급해 줄 수 있다. 콩이나 보리, 기타의 종자는 유리의 큰입 병속에서 간단히 싹이 나서 그 싹은 여러 가지 요리에 쓰인다.

　이들 종자를 1〜2ℓ 들이 큰입 병속에 넣고 그 종자가 잠길 정도로 물을 부은 뒤, 하룻밤 지나서 아침이 되면 물을 전부 버리도록 한다. 병뚜껑은 헝겊으로 덮고 고무밴드로 고정시킨다.

　헝겊을 통해서 찬물을 넣고 하루에 2회 종자를 흔들어 놓는다. 물은

발아한 새싹은 여러가지 요리에 쓸수 있다.
병속에 넣고 마개를 막으면 간단히 싹이 튼다.

넓은 입의 병이나 컵을 거꾸로 씌운다.
습기와 수분으로 병이 나아질지도 모른다.

매회 완전히 쏟아버리고 병을 도로 놓는다. 싹이 나오면 활기를 주기 위해 햇빛을 더 주도록 한다. 그러나 이 경우 직사광선이 드는 곳은 피하고 대부분의 싹이 나왔을 때 냉장고에 넣으면 1주일쯤은 유지된다.

7. 수중원예(水中園藝)

어항(水槽)에서의 수중원예는 물고기가 그 속에 있든 없든 흥미있는 것이다. 화분 식물과 같이 넣어 두면 화분에 필요한 습기를 공급할 수도 있다. 만일 그 속에 물고기가 들어 있으면 식물은 그 모습이 보다 자연스럽게 보이며, 물고기나 알이 숨을 장소를 마련해 주고 과도한 조류(藻類)의 번식을 막을 수도 있다.

수중 정원에 심을 때는 자갈이나 굵은 모래를 잘 씻어서 용기바닥에 10~15cm 두께로 펴도록 한다. 또 첨경물(添景物)로서 석화(石化)된

나무나 수조용 바위, 혹은 유목(流木) 등을 넣는 것도 좋다.

두꺼운 종이로 모래나 자갈을 첨경물의 둘레에 붓고 누른 뒤, 수조의 $\frac{1}{3}$까지 천천히 물을 주입한다. 모래 속에 수조용 식물의 뿌리를 넣으면서 군식(群植)하고, 전체의 모양이 원하는 모습이 되면 팔굽 깊이의 정도까지 물을 채워 넣는다. 부유(浮遊)식물은 언제든지 어항에 넣을 수 있다.

만일 어항 속에 식물만 넣을 경우는 뚜껑은 필요 없다. 수온은 20℃ 전후인데 물고기를 넣었을 경우는 30℃ 전후의 수온이 요구된다. 어항의 크기에 맞는 특별한 조명기구가 시판되고 있지만 식물은 자연광선만으로도 잘 자란다. 그러나 태양광선을 너무 쪼이면 조류(藻類)가 유리면에 번식하는 원인이 된다.

이따금 조류를 유리면에서 닦아내고 수조 내의 식물을 전정하거나, 증발해 버린 물을 보충하는 정도면 수중정원의 관리는 수월하다.

수중에서 자라는 식물은 수조 안이 정상적인 환경은 아니더라도 조건만 갖추어 준다면 잘 자란다.

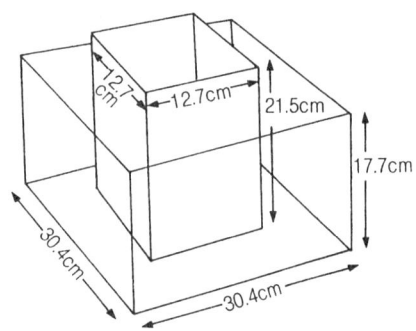

▲ 그림은 플라스틱으로 만든 길이의 치수이다.

◀ 유리(플라스틱)으로 2중 어항을 만들어 그 속에 식물을 심으면 투영되어 금붕어 노는 것을 같이 보게 된다. (식물은 아이언텀)

가정원예의 관리와 이용

1 베란다의 꽃가꾸기

　대도시의 인구 집중, 과밀화가 진전됨에 따라 아파트 단지나 연립주택이 많이 늘어나게 되었다. 이와 같은 곳에서 꽃가꾸기를 즐길 수 있는 장소로는 베란다(Veranda)가 가장 좋을 것이다. 따라서 정원다운 장소가 없는 독립가옥에서도 2층에 베란다를 만들어 꽃가꾸는 생활을 즐기는 가정이 많아졌다.
　가령 베란다에 넓은 공간이 있다 하더라도 정원에 비하면 흙이 적으므로 재배조건이 불리하다. 이제부터 베란다의 꽃가꾸기에 있어서 성공으로 이끌기 위한 방법을 알아보기로 하자.

1. 재배의 조건

(1) 공간(space)

　콘크리트에 둘러싸인 주택단지 안에서 해방감을 맛볼 수 있는 유일한 장소가 베란다. 그러나 햇빛이 잘 드는 이 베란다는 빨래를 말리는 건조장으로 만들어진 것이므로 꽃가꾸기를 위한 장소로는 거의 생각지도 않았을 것이다.
　그러므로 그 넓이는 겨우 폭이 1m에서 1.5m 정도이고 길이는 5~7m 이내인 것이 많다. 게다가 빨래나 장독을 갖다 놓게 됨으로써 여간 좁은 것이 아니다. 이와 같이 좁은 공간을 어떻게 하면 잘 정리해서 이용하는가 하는 것이 베란다의 꽃가꾸기를 위한 포인트의 하나라고 할 수 있겠다.

(2) 햇빛

아파트 단지나 연립주택에서 베란다는 대체로 양지바른 쪽(南向)에 마련하고 있으나, 반나절 정도밖에 햇빛이 들지 않는 곳에서부터 북향으로 전혀 햇빛을 볼 수 없는 곳까지 있다.

즉 동향·서향·북향·남향 등으로 크게 나눌 수가 있는데, 여기서 남향의 베란다를 기준으로 하여 계절별로 햇빛이 드는 것을 표시하면 왼쪽 그림과 같다.

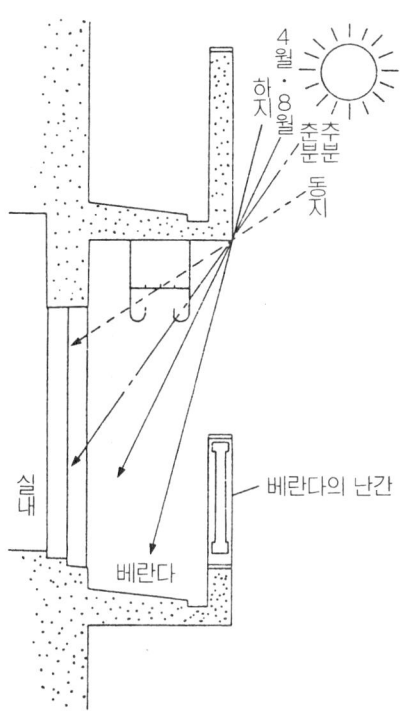

▲ 계절에 따른 일조(日照)의 변화
위 그림은 남향 베란다의 일조의 변화를 표시한 것이다. 태양이 높아지는 상층 베란다의 그늘이 되어 일조가 나빠지지만, 겨울에는 방안 깊숙이 햇빛이 드는 것을 알 수 있다 (정오의 햇빛).

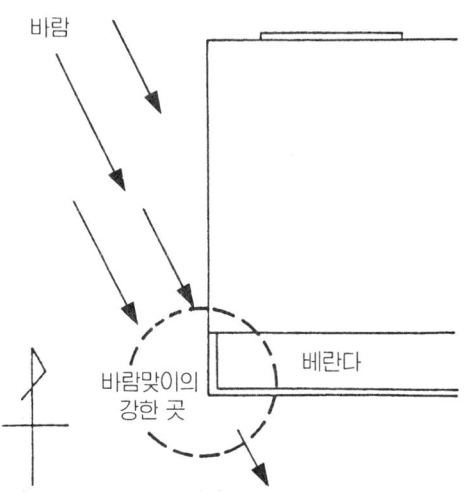

베란다에서 특히 바람맞이가 강한 부분
베란다에서도 건물의 코너에 해당하는 부분은 바람이 세게 불어 꽃 가꾸기에 조건이 나쁘기 때문에 방풍의 연구가 필요하다.

(3) 바람맞이

4, 5층 단지, 10층 이상의 고층단지, 맨션 등 그 높이나 베란다의 방향은 여러 가지이지만, 이와 같은 차이에 의하여 바람을 받는 것도 여러 가지다. 바람의 강도는 베란다의 형식이나 그 위치에 따라서도 상당히 다르고, 건물 주위의 상황에 따라서도 다르다. 또한 고층 아파트에서는 강한 바람도 염두에 두어야 한다.

베란다에서 특히 바람을 많이 받는 부분은 건물의 코너 부분이다.

(4) 베란다의 형식

베란다에서의 재배 조건은 그 넓이와 방향만으로 정해질 것 같지만, 실제로 재배할 때는 그 형식이 재배조건이나 일반관리에도 영향을 주게 된다. 편의상 베란다의 형식을 오픈형, 세미클로스형, 클로스형, 베이발코니형, 그리고 일반주택의 베란다 식으로 크게 분류하기로 한다. 그것은 베란다의 형식에 따라서 일조(日照)나 통풍 등의 재배조건이 다르기 때문이다.

■ 오픈형

베란다의 난간이 모두 철책으로 되어 있는 형식으로서 햇빛은 물론 바람의 통과도 자유로와서 꽃가꾸기를 충분히 즐길 수 있다. 그 대신 통풍이 잘 되는 만큼 여름에는 서늘하지만 겨울에는 햇빛으로 따뜻해질 사이도 없이 바람에 의해 공기가 바뀌어지므로 바람이 강한 날에는 곤란한 경우가 있다.

■ 세미클로스형(Semi-close)

난간의 절반 혹은 그 일부분은 철책이지만 나머지는 눈가림을 하는 콘크리트 혹은 패널(Panel)로 되어 있는 것을 말한다. 여기에는 철책 부분에만 화분을 놓을 수 있고, 나머지는 콘크리트의 난간 위에 늘어놓거나 선반을 만들어 그 위에 놓아야 한다.

어느 베란다이든 꽃가꾸기를 충분히 즐길 수 있다.

각종 베란다의 형식

■ 클로스형(Close)

베란다의 난간이 모두 콘크리트 혹은 패널로 둘러싸인 형식이다. 이 경우는 대부분 플라워 박스를 갖다 놓는 수가 많다. 물론 난간 앞쪽은 해가 들지 않으므로 선반 등을 만들어 늘어 놓을 수밖에 없다.

같은 클로스형이라도 맨션에서 보는 것처럼 그물이 있는 유리를 쓴 것은 밝으므로 그 안에서 꽃가꾸기는 되지만 불투명유리이므로 다소 웃자라며 팬지처럼 직사광선을 좋아하는 것은 꽃이 덜핀다.

■ 베이 발코니 형(Bay balcony type)
베란다가 안으로 쑥 들어가 있어 마치 유리창문을 떼어낸 창문과 같은 느낌의 것이다. 장소도 좁고 아무리 햇빛이 들어도 둘레가 갇혀져서 어두우므로 식물은 밝은 쪽으로 기울게 된다.
따라서 통풍이 잘 되지 않아 여름에는 가장 꽃가꾸기가 어려운 베란다이지만, 이런 곳에서도 계절의 꽃을 아름답게 가꾸기도 한다.

■ 일반주택의 베란다
일반주택의 대개 베란다는 난간이 철책이고 차양(遮陽)도 적어서 옥상과 마찬가지로 일조·통풍이 좋고 공간도 충분히 있으므로 기능적으로도 가꾸기가 쉬운 곳이다. 다만 철책이 튼튼하지 않은 것도 있으므로 난간에 꽃상자 같은 것을 부착할 경우는 강도를 충분히 확인하도록 한다.

2. 관리의 포인트

(1) 물 주 기
햇볕과 통풍이 좋고 더구나 상층 베란다가 차양 대신이 되어서 비도 제대로 뿌려지지 않는 베란다에서는 무엇보다도 물주기를 잘 해야 한다.

■ 물주기는 부지런히 하며 습도 유지에 노력한다
바람의 방향에 따라서 난간 너머로 비가 뿌리치는 베란다라도 젖는 것은 철책을 따라서 늘어놓은 화분이나 플랜터(플라스틱으로 만든 장방형 화분) 심기뿐이며, 그것도 비스듬히 뿌려 들어오므로 대개는 잎

잎의 더러움을 제거하고 습도유지 효과도 있으므로 가끔 주도록 하고 꽃에는 뿌리지 않도록 주의한다.

잎에 물뿌리기

만 젖을 경우가 많다. 그러므로 비가 와도 물주기에는 큰 도움이 되지 못한다. 언제나 조심하고 마르면 충분히 물주기를 한다. 시멘트바닥에도 가끔 물을 뿌려 준다.

또 베란다는 통풍이 좋을 뿐만 아니라 주위의 벽이나 바닥면 등이 잘 마르므로 분이나 플랜터가 아무리 젖어 있어도 공기가 건조하여 진딧물의 발생이 잘된다.

이 때문에 화분 선반에 기포(氣泡)고무를 깔거나 바닥면에 인조잔디를 깔므로써 가급적 공기의 건조를 방지하게 하는 것도 한 방법이다. 또 비를 맞추기가 힘들므로 이따금 더러워진 잎을 물뿌리개나 스프레이로 씻어 주도록 한다. 이것은 습도 유지를 위해서도 필요하다.

■ 겨울의 물주기

여름에는 잘 건조하므로 물주기에 신경을 써서 잊지 않도록 한다. 그런데 겨울에는 춥기 때문에 베란다에 나가는 횟수도 적어져서 그만 물주기를 잊고 바짝 말려 버리는 수가 종종 있다. 겨울이라도 양지바른 곳은 따뜻하므로 의외로 잘 마르는 경우가 있다. 그러므로 특히 물주기에 주의해야 한다. 물주기를 잊고 말려죽이는 일은 여름보다 겨울쪽이 많다는 것을 명심하기 바란다.

겨울의 물주기는 원칙적으로 오전중에 하고 심하게 건조했을 때는 오후라도 얼 염려가 없는 한 물주기를 잊지 말아야 한다.

■ 물을 줄 때의 주의

화분 선반이나 베란다의 바닥에 직접 진열해 놓은 분심기에는 반드시 분접시를 받쳐 놓도록 한다. 그렇게 하지 않으면 물이 흘러내릴 뿐만 아니라 분 바닥에서 물과 함께 흙모래가 흘러나와 베란다의 배수구를 막아버리기 때문이다.

또 물주기를 잘못하여 유리창문에 흙탕물을 튀기거나 베란다 밖에 뿌려져서 아래층이 젖는 수가 있으므로 충분히 주의해야 한다.

물주기는 물뿌리개 보다도 물주전자로 살짝 주는 것이 좋다.

또 오픈형 베란다에서는 물을 줄 때, 난간에 비닐을 씌우고 물이 튀기는 것을 막는 등 세심한 주의를 기울이도록 한다.

물주기는 물뿌리개보다 물주전자로 주는 쪽이 주위에 흘려지지 않는다. 또 분접시를 반드시 쓸 것.

물주기의 요령

(2) 비료주기(施肥)

상하 좌우가 벽으로만 되어 있는 베란다에서는 옆집에 끼치는 피해를 생각해서 냄새가 심한 비료는 줄 수가 없다. 아무리 좋아도 콩깻묵이나 생선깻묵을 물에 썩여서 줄 수는 없는 일이다. 그러나 그런 것이라도 입자(粒子)로 하거나 고형으로 만들면 그다지 냄새가 나지 않으

추비… 개화기가 긴 초화에 비료부족은 금물이다. 월1회는 주어야 하는데 잎이나 눈에 묻지 않도록.

치비(置肥)…입자나 고형비료라면 치비를 준다. 가급적 뿌리에서 떨어져 주도록 한다.

비료주기의 요령

므로 치비(置肥)로 쓸 수가 있다.

분심기나 플랜터 등의 한정된 용기에 심는다. 마르기 쉽고 물주기의 횟수도 자연히 많아지는 베란다 재배에서는 비료의 유실도 다른 곳보다는 많아진다. 따라서 앞에 말한 치비(놓는 비료)와 병용해서 이따금 배합비료를 물에 희석하여 추비(追肥)로 주도록 한다.

또 배합비료 중에는 비효(肥效)가 빠르고 오래 유지되는 것이 있으므로 이런 것을 흙에 섞거나 추비로 1개월에 1회 주면 힘도 덜 들고 효과도 있다.

비교적 개화기가 긴 초화류(草花類)를 교대로 기르고 싶은 베란다 재배에서는 비료가 부족하면 절대로 안된다. 대개의 것은 꽃이 순간에 나빠지는 경우가 많다.

비료 입자(粒子)는 숟갈 등으로 잎이나 생장섬에 묻지 않도록 주고, 액비(液肥)의 경우도 가급적 잎에 묻지 않도록 주전자 등으로 약간씩 자주 주도록 한다.

(3) 해가리개

사계절을 통하여 양지바른 베란다에서는 특히 여름의 오후 뜨거운

오픈형의 베란다는 바람받이가 강하므로 서남쪽 코너에 발을 쳐두는 것이 좋다.
여름에는 서쪽 햇빛을 막을 수도 있어 일거양득이 된다.

발의 이용

이 방법은 자연물인 만큼, 평온한 푸르름의
공간을 만들어낸다.

덩굴식물을 이용한 해가리개

직사광선을 차단할 필요가 있다. 특히 서향 베란다에서는 정면으로 오후의 뜨거운 햇빛이 비치므로 이를 반그늘로 만들어 주거나 차단하는 것도 때로는 필요하게 된다.

해가리개로는 발이 가장 효과적으로 차광률이 너무 좋아서 그늘을 좋아하는 관엽(觀葉)식물이나 특히 더위에 약한 식물에는 좋지만 그밖의 식물의 해가리개로서는 너무 어둡다. 이에 대신하는 것으로서 농업용 한랭사(寒冷沙)가 있다.

　이들 해가리개를 베란다 전부에 걸치면 답답한 느낌이 들므로 부분적으로 걸치거나 난간 부분에만 걸치는 등, 장소에 따라서 좋은 방법을 연구하도록 한다.

　또 나팔꽃이나 누홍초 등의 덩굴식물을 이용하여 그늘지게 하면, 그것 자체의 꽃이나 푸르름을 즐길 수 있어 효과적이다.

　어느 경우이든 해가리개를 걸쳐 둔 채로 방치해 두면 식물이 웃자라거나 꽃이 나빠지므로 흐린 날에는 덩굴식물 이외에는 벗겨내어 밝게 해 주도록 한다.

(4) 바람막이

　특히 바람받이가 강한 쪽에 있는 베란다가 아닌 한 특별한 바람막이를 할 필요가 없다. 그러나 오픈형 베란다로서 양쪽 옆이 철책인 곳은 바람이 빠져 나가므로 바람막이의 대책을 할 필요가 있다.

　여름에는 양쪽 옆에 발이나 한랭사를 쳐 두면 된다. 바람을 완전히 차단하지 말고 약화시킬 정도로 한다. 겨울에는 비닐이나 파일론판을 쳐서 바람을 통과시키지 말고 양지를 만들어 준다.

　한편 태풍이 있을 경우에는 바람의 방향에 따라서 집안에 들여다 놓아야 하는 경우가 많다.

(5) 월동 대책 : 온실, 프레임(Frame) 만들기

　양지바른 쪽의 베란다라도 추위에 약한 것의 월동은 안전하다고 할 수 없다. 또 겨울 동인에도 꽃을 피게 하려는 뜻으로 베란다의 일부분을 이용해서 온실을 만들거나 태양실로 개조하는 수도 있다.

　그런데 베란다에 온실을 만들게 되면 여러 가지로 문제가 있다. 원래 베란다는 꽃의 재배 장소가 아니라 빨래를 말리거나 비상시에는 옆집으로의 피난 통로로도 되는 곳이다. 이것을 온실로 막는 데는 외관상의 문제도 있으므로, 아파트 단지에서는 금지하는 곳도 있다. 따라서 이런 면은 사전에 알아보고 처리하도록 한다.

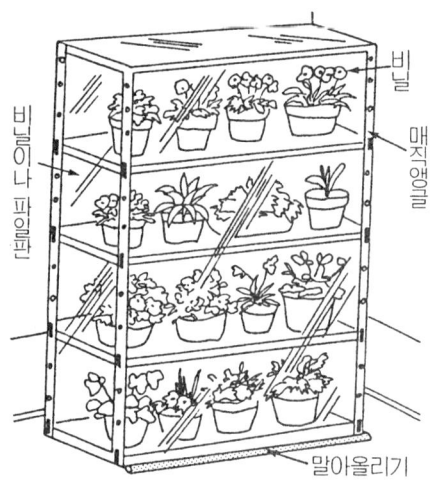

세로형의 선반에 투명비닐을 씌워서 만든다.
좌우로 매직랜드로 멈추어 개폐를 쉽게 한다.

화분선반의 간단한 비닐프레임

베란다에 만들어진 프레임

 외관상의 문제만 해결된다면 조립·해체가 가능한 간단한 온실(높이 175cm, 폭 192cm, 안길이 100cm, 0.58평의 것)이 적당하다.
 베란다의 공간에 따라 하나 정도는 프레임을 겸한 화분선반이 필요하다. 이 프레임이 있으면 초봄부터 파종을 하거나 삽목도 할 수 있으며, 초여름부터 가을에는 그늘이 되므로 강풍을 싫어하는 각종 베고니아 관엽식물의 일부를 재배할 수가 있다.

(6) 프레임의 관리

 좁은 프레임일수록 온도차가 심하고 다루기가 어려운 법이다. 낮에는 추운 날이라도 날씨가 좋으면 반드시 프레임의 문을 약간 열거나 틈을 내어 통풍이 잘 되도록 한다.
 따뜻할 때는 창문을 많이 열어 주고, 특히 초봄에는 활짝 열어 놓기도 한다. 그 대신 오후 3시경 아직 햇빛이 비치는 동안에는 뚜껑을 닫아 속의 온도를 올리고 다시 방한용 비닐이나 헌 모포를 씌워 준다.

3. 베란다 원예를 즐기는 법

(1) 전체의 조화를 생각하여 효과적인 꽃가꾸기

꽃을 즐기는 사람이라면 가꾸고 싶은 꽃도 여러 가지가 있을 것이다. 이것저것 좋아하는 꽃을 모아가고 있는 동안에 좁은 베란다는 발을 디딜 장소도 없을 정도로 가득 차게 될 것이다.

여러 가지 꽃이나 푸른 식물의 화분이 복잡하게 늘어져 있는 베란다의 풍경을 나쁘게 말하면 식물의 잡동사니 방치장이라는 느낌이 드는데 오히려 그런 점에 친근미가 느껴진다.

우리 나라의 경우 유럽의 베란다 원예처럼 어느 베란다나 같은 색깔로 가꿈으로써 전체에 통일된 아름다움을 발휘하는 스타일을 그대로 도입하는 것은 무리일지도 모른다. 그러나 개인 각자가 즐긴다고 하더라도 각각의 베란다에 제각기 통일된 아름다움을 보여줄 것이 요망된다.

가령 A의 베란다에서는 페튜니아가 현애(縣崖)와 같이 드리워져서 적색이며 핑크, 흰색의 꽃이 가득 피어 있는가 하면, B의 베란다에서는 매리골드의 노랑색이 더욱 선명하고, C의 베란다의 난간에는 베고니아의 빨간꽃이 플랜터에 넘쳐 흐르듯이 피고 있는, 그런 가을의 베란다 풍경은 상상만 해도 즐거운 풍경이다.

또 초여름에는 어느 베란다나 합의라도 한 듯이 제라늄의 붉은 꽃이 일제히 피는 것도 재미있고, 혹은 각층 베란다의 일부를 한 가지 꽃으로 통일하는 식의 방법도 취할 수 있다.

이와 같은 약간의 마음가짐이나 아이디어가 있다면 아파트 단지와 같은 공동생활 터전에서도 매우 즐거운 분위기를 조성할 수 있다. 이것이 이른바 전시적인 꽃가꾸기다.

(2) 정돈의 요령

① 같은 꽃을 정돈해서 심는다

같은 건물에는 동일한 꽃을 심는다.   화초 비슷한 꽃을 심는다.   성질을 보아 배열한다.

　여러 가지 꽃을 각각 베란다에 늘어놓는 것보다는 가령 5, 6포기라도 같은 꽃을 플랜터나 큰 분에 모아서 심어 놓는 것이 훨씬 화려하고 아름답게 보이는 법이다. 베란다에 언제나 꽃이 가득찬 분위기를 조성하려면 이와 같은 품위가 있는 집단의 아름다움을 만드는 것이 중요하다.

　단 하나의 플랜터라도 거기에 심어진 페튜니아가 새빨간 꽃을 피우면 단지 내의 흰벽에 비쳐서 먼 곳에서도 화려하게 돋보인다. 베란다에서의 작은 집단은 화단 이상의 효과를 준다.

　② 화초의 성질을 생각하고 심는다.

　베란다에서 화초를 재배하면 꽃이 대부분 밖을 향함으로써 바깥쪽에서 꽃의 정면을 볼 수 있어 아름답지만 안쪽에서는 뒷모습을 보게 되어 그다지 꽃을 즐길 수 없다는 문제가 있다.

　이것은 대부분의 화초가 빛을 향해 뻗는 성질이 있어 밝은 바깥쪽을 향해 생장해 가기 때문이다. 특히 제라늄이나 페튜니아 등, 꽃줄기가 잘 뻗는 것은 철책 사이의 밖으로 꽃줄기를 뻗게 된다. 그러므로 실내에서 화초를 보고 즐기고 싶은 사람은 전체적으로 둥글게 자라는 팬지, 베고니아, 매리골드 따위를 심어야 한다. 이런 것은 베란다 원예를 할 경우 반드시 고려해야 하는 기본적인 사항이다.

(3) 플랜터, 상자의 놓는 법

① 한줄로 늘어놓는다.

오픈형의 베란다에서는 난간의 철책을 따라 일렬로 늘어놓는 것이 일반적인 방법이다. 이 경우 개개의 플랜터에 종류나 꽃색이 다른 화초를 심어도 충분히 효과가 있는데, 같은 종류로서 꽃색도 같은 것을 모으면 한층 효과적이다.

② 선반을 만들어 얹는다.

난간을 따라서 일렬로 늘어놓는 대신에, 선반을 만들어 화분이며 플랜터를 2단으로 늘어놓는 것도 흔히 볼 수 있다.

좁은 베란다에 많이 늘어놓으려고 한다면 이와 같이 입체적으로 놓을 수밖에 없다. 다음 그림을 참조하기 바란다.

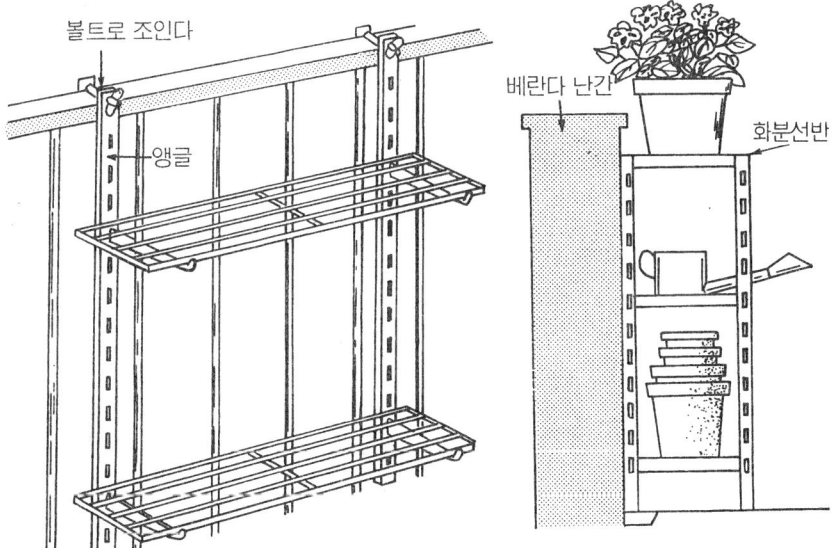

널판보다 파이프 선반이 그늘이 적어 좋다. 난간이 쇠로 되었을 때에는 조립앵글을 사용해서 선반을 만들고 2단 정도가 좋다.

조립앵글의 화분선반

윗단에는 화분을 밑단에는 용구를 놓으면 좋다. 난간이 콘크리트 경우에는 락앵글로 조립선반으로 부착하는 것이 좋다.

선반을 조립하여 베란다를 장식

③ 난간에 부착한다

난간이 철책으로 되어 있는 오픈형 베란다라면 매다는 쇠장식을 이용하여 플랜터나 화분을 부착하여 상하로 꽃을 장식한다. 다만 난간 밖으로 플랜터를 부착하는 것은 1층으로 물이 흐르거나 떨어질 위험도 있으므로 삼가해야 한다.

한편 플랜터를 상하로 부착할 경우는 중단이나 상단에는 소형이나 중형의 것을 놓고 만일 이불을 말릴 때는 플랜터만 벗기면 된다.

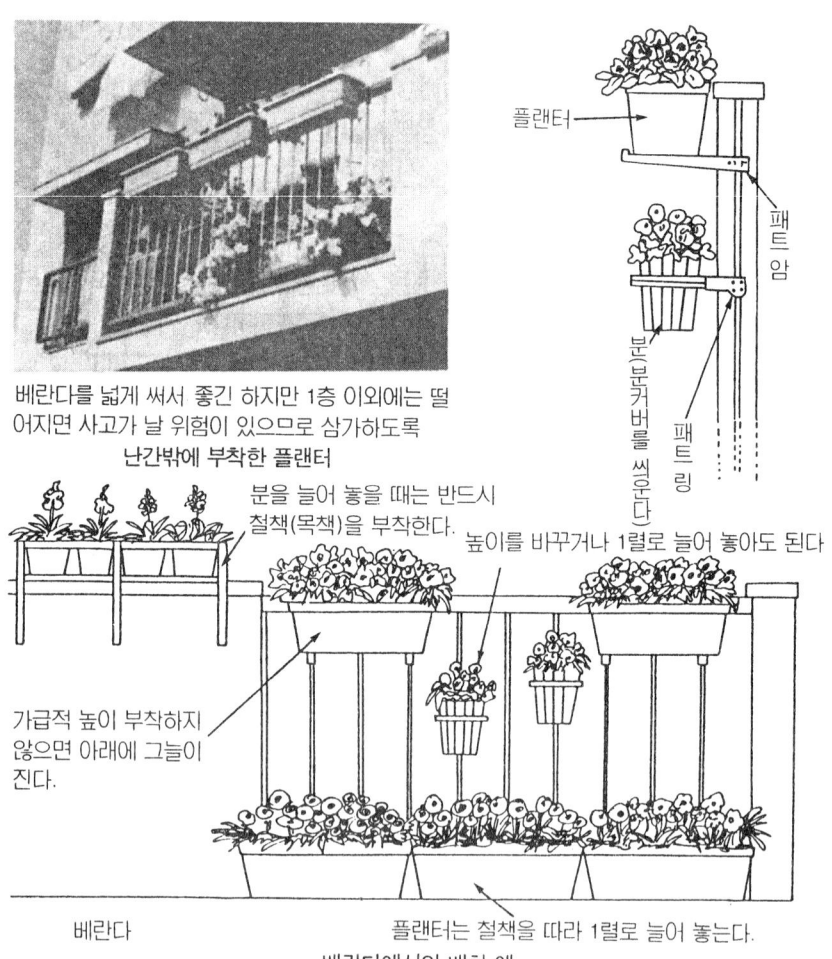

④ 난간에 얹어놓는다

철책에 패널이나 유리창을 두른 베란다라면 매다는 쇠장식을 이용할 수 있으나, 그것이 콘크리트일 경우는 안쪽 선반을 이용하거나 20cm 전후의 두께가 있는 난간 위에 놓을 수밖에 없다.

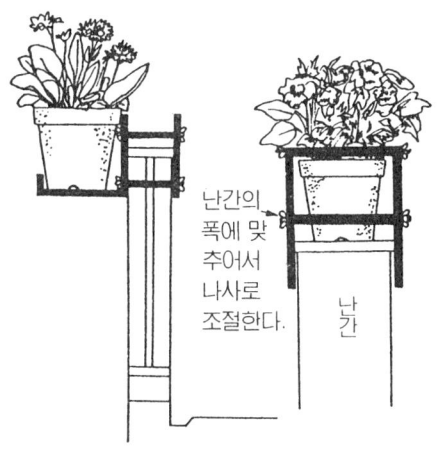

난간 밖에 부착하는 것은 1층 이외에는 삼가할 것, 난간에 놓는 것도 1층 이외에는 위험하다.

난간에 놓는 미니 플랜터. 위험하므로 낙하방지 쇠장식으로 고정할 것

낙하방지의 쇠장식

베란다에 부착한 멋진 화분선반   부엌용 그물선반의 이용예

위의 2예는 어느 것이나 1층 베란다에서 쓰는 것이 안전하다.

난간에 얹어놓는 방법

⑤ 넓은 공간의 베란다

 일반 주택이나 맨션아파트 등, 넓은 공간이 있는 곳에서는 원형의 꽃밭이나 대형 플랜터 혹은 박스 등을 이용할 수 있어 한층 효과를 얻을 수가 있다. 반원형이나 커브가 있는 베란다에서는 그림과 같은 플랜터를 이용하는 것이 알맞다.

 그러나 플랜터뿐만 아니라 큰 화분이나 폴리에틸렌 통에 약간 키가 커지는 튜울립이나 수선, 여름에는 칸나나 다알리아 등의 꽃나무를 심으면, 넓은 베란다에서 악센트로서 효과를 거둘 수 있다.

(4) 베란다용 화분선반의 종류와 사용법

 시장에 가면 여러 가지 철제 선반이 시판되고 있다. 마음에 드는 것이 없으면 특별히 주문하거나 직접 만드는 방법도 있다.

■ 화분선반

 보통 볼 수 있는 것은 3단 정도의 계단식이다. 화분을 늘어 놓거나 손질하기에는 편리하지만 비교적 장소를 많이 차지한다. 그러므로 좁은 베란다에서는 오히려 측면의 난간을 등으로 해서 두는 것이 좋다.

 이런 것은 알루미늄이나 철, 플라스틱을 쓰는 것이 보통인데, 철제는 칠을 잘 못하면 녹이 슬어 버리므로 선택에 주의해야 한다.

■ 꽃 스탠드
이것도 메이커에 따라서 여러가지 디자인이 있으며 베란다의 구석에 놓을 경우에 알맞다. 가급적 외관보다도 화분을 많이 놓을 수 있는 것을 고른다.

■ 철제 조립선반
상품이나 재료를 얹어 놓게 만든 선반으로서 매우 튼튼하게 되어 있다. 거기에 흰 락카칠을 하면 더욱 좋다.

■ 상품진열 선반
상품을 진열하는 것이므로 디자인도 멋지고 잘 만들어져 있어 가장 쓰기 쉬운 선반이다. 이동도 가능하게 되어 있으나 다만 값이 좀 비싼 것이 결점이다.

■ 철망 선반
부엌에서 냄비나 소쿠리를 얹어 놓는 선반으로도 쓴다. 이것을 베란다에 매달아 놓으면 작은 화분을 올려놓을 수도 있다.

자기가 직접 만들 수 있는 화분선반

■ 기타의 선반

자기가 직접 만드는 솜씨를 발휘하면 마음에 맞는 것을 만들 수 있다. 나무로 만들 경우는 화분을 놓기 위해 아무래도 두꺼운 재료를 쓰게 되어 외관상 투박해 보이기도 한다. 이럴 때는 보강철재를 써서 가급적 매끈하게 만들도록 한다.

■ 걸이화분(縣垂盆)

베란다의 공간을 점령하고 있는 것은 대부분이 세탁물인데, 그 공간을 유용하게 이용하기 위해 걸이 화분으로써 꽃가꾸기를 즐길 수가 있다. 보통 걸이 화분에 심는 것은 덩굴성식물이나 드리워지는 것이 많은데, 이것을 계절의 꽃으로 메우면 보다 더 아름다움을 즐길 수 있다.

멋진 걸이 화분커버

걸이 분을 많이 드리워 놓은 베란다

■ 화분선반 사용상의 주의

계단식 선반에서는 어느 화분이든 햇빛이 잘 든다. 책꽂이식의 것은 아랫단의 위쪽 선반 때문에 아무래도 그늘이 되기 쉬워 앞으로 기울어져서 자라므로, 이따금 상하로 바꾸어 놓거나 화분을 돌려 놓을 필요가 있다. 또 화분도 상단에는 햇빛을 좋아하는 꽃이나 건조에 강한 것

화분선반의 사용법…상단에는 햇빛을 좋아하는 것을, 중단에는 강한 햇빛을 싫어하는
것을, 하단은 그늘에서도 자라는 것을 놓는다

책꽂이식 화분선반의 사용법

을 놓고, 아래로 내려갈수록 그늘에 강한 것을 놓도록 하는 것도 한 방법이다.

또 물주기를 할 때 밑으로 흘러서 떨어지지 않도록 반드시 각 화분마다 접시 등으로 받아내도록 한다.

좁은 베란다를 지나갈 경우 스쳐서 화분을 떨어뜨릴 우려가 있을 때는 선반 앞면에 철사 1줄을 쳐 놓으면 된다.

4. 베란다 원예에 적합한 꽃

(1) 1~2년 초화

1~2년 초화로서는 역시 팬지(Pansy)가 대표적이다. 최근에는 겨울 피기의 새품종이 개발되었으므로 빠른 것은 연말경부터 피기 시작한다. 6월 초까지는 즐길 수가 있으므로 가능하면 거대형 송이보다 중형 송이로서 꽃붙임이 좋은 것을 플랜터에 모아 심으면 보다 효과적이다.

추위가 풀리지 않았을 때부터 개화하는 데이지(Daisy)도 베란다용으로 인기가 높다. 초봄에는 대륜(大輪)보다도 소륜(小輪)꽃이 많이 피는 품종을 미니 플랜터에 모아서 심는 것이 효과적이다.

희고 작은 꽃이 많이 개화하는 애기 냉이꽃(Sweet alyssum)도 베란다에는 귀여운 꽃이다. 여름에는 좀 쉬고 있지만 봄부터 늦가을까지 계속 피면서 어느 사이엔가 씨앗이 흩어져 여기저기의 화분에 싹이 터서 작을 때부터 귀여운 꽃을 잔뜩 피운다.

황색이나 주황색 꽃이 피는 금잔화는 플랜터에 모아 심으면 효과적이지만, 반드시 화단용의 왜성종(矮性種)을 심어야 한다. 금붕어초(金魚草)도 왜성종이 적합하다. 이것도 화분보다 플랜터에 모아 심는 것이 좋고 한번 가볍게 잘라내면 또 다시 개화한다.

아파트 단지의 베란다에서 가장 효과적인 것은 꽃철이 긴 페튜니아(Petunia)로서 5월부터 11월까지 핀다. 재래 품종은 그다지 돋보이지 않으므로 반드시 1대 잡종의 대륜종을 심도록 한다.

매리골드(Marigold)는 왜성종이 좋다. 여름에는 좀 쉬지만 가을 늦게까지 핀다. 베란다에서는 진딧물이 생기기 쉬우므로 주의하도록 한다.

이밖에 샐비어(Salvia)도 훌륭한 꽃을 피우는데 바람이 강한 베란다에서는 화단과 달라서 꽃붙임이 거칠어지므로 늦게 파종해서 가을에 피도록 하는 것이 좋다. 또 나팔꽃을 플랜터에 심으면 베란다에 가득 차게 할 수 있으므로 서향에서는 서쪽 햇빛을 막을 수가 있다.

북쪽베란다나 그늘이 지는 곳에서는 아프리카봉선화(Impatience)나 콜레우스(Coleus)가 아름다운 꽃을 보여 준다.

(2) 숙근초(宿根草)

아파트 단지에서는 매년 피어서 꺾꽂이눈(揷芽)으로 번식시킬 수 있는 숙근초가 가장 적합하다고 할 수 있는데, 그 중에서도 특히 건조에 강한 제라늄(Geranium)은 외국에서는 베란다의 꽃으로 가장 잘 가꾸어지고 있다. 겨울을 제외한 거의 연중 내내 피고 있으면서도 별로 손질이 필요하지 않다.

이 제라늄과 앞의 페튜니아와 아울러 베란다의 3대꽃이라고 일컬어지는 것이 꽃베고니아(Begonia semperflorens)다. 최근에는 신품종이 있어서 매우 가꾸기가 쉽고 꽃붙임도 좋다. 씨앗으로나 꺾꽂이로나 번식이 가능하고 온도만 유지되면 연중 꽃을 감상할 수 있다.

(3) 구근류(球根類)

베란다에서 가장 손쉽게 가꿀 수 있는 것은 구근화초다. 특히 가을심기의 경우는 좋은 구근을 골라서 심기만 하면 그 뒤는 거의 힘을 들이지 않고도 봄에 아름다운 꽃을 피워준다. 다만 심어두는 기간이 늦가을부터 봄까지로 긴 데 비해 꽃철이 짧은 것이 결점이다. 그러나 화분식물이 적은 겨울철에는 그다지 방해가 되지 않으므로, 봄의 꽃이 끝나면 다음의 구근을 이용할 생각을 말고 바로 다른 것에 자리를 양보하도록 하면 유용하게 이용할 수 있다.

그러므로 봄에 심은 것은 심어서 짧은 기간에 꽃을 볼 수 있는 반면 꽃철이 길고 많이 피는 것이 특징이다. 그 대신 시비(施肥)나 뒷손질이 가을심기의 것보다 수고가 필요하고 더구나 비교적 부피가 큰 것이 많아서 손쉽게 다룰 수는 없다.

가을심기의 것으로서 소구근성(小球根性)의 무스카리(Muscari)나 크로커스, 익시아 등은 미니 플랜터나 평분에 많이 모아서 심거나, 크로커스와 같이 물재배를 할 수 있는 것은 컵이나 식기, 재떨이 등을 이용해서 물이끼나 자갈모래로 재배하는 것도 재미가 있다.

또 히아신스나 수선·아네모네·라넌큘러스(Ranunculus) 등은 플랜터에 많이 심어서 피게 하는 것이 효과적이다. 키가 커지는 튜울립도 조생종(早生種) 품종이라면 낮게 자라므로 화분이나 플랜터로 가꿀 수 있다. 많이 심지 않으면 호화롭지 않은 다윈 튜울립이나 아이리스 등도 플랜터에 심어 놓으면 훌륭한 꽃을 볼 수 있다.

가을에 심으면 곧 꽃이 피는 사프란이나 콜시쿰(Colchicum), 스테룬벨기아 등은 삽시간에 꽃이 끝나 버린다고는 하지만 가을의 베란다를 일시에 화려하게 해주며, 옥살리스(Oxalis)는 서리가 내리지 않는 곳이라면 가을부터 겨울까지 계속 개화한다.
 부피가 큰 봄심기 구근이라도 왜성의 것을 고르면 베란다에서 충분히 만들 수 있다. 다알리아도 왜성의 것을 골라서 심는다.
 칸나는 왜성이라도 베란다에서는 약간 부피가 있는 존재이지만 큰 화분이나 플랜터로도 가꿀 수도 있으며, 아마릴리스는 분심기 외에 플랜터에 많이 심으면 매우 호화롭게 개화한다. 가급적 둥근 꽃잎의 거대륜종(巨大輪種)을 고르도록 한다. 키가 큰 글라디올러스도 칸나와 마찬가지로 가꾼다면 충분히 즐길 수 있다.
 칼라듐(Caladium)이나 구근(球根)베고니아는 분심기의 것을 구하여 칼라듐은 플랜터에, 구근베고니아는 소쿠리 같은 곳에 심어서 매달아 놓으면 좋다. 여름에는 북쪽의 서늘한 베란다에 놓고 가을에는 양지쪽 베란다에 내놓으면 잘 핀다.

(4) 꽃나무(花木)

 좁은 베란다에서도 분심기에 알맞은 꽃나무라면 대개의 것을 가꿀 수 있다. 특히 동백 같은 것은 어떤 베란다에서도 하나 둘은 볼 수 있을 정도로 가꾸어지고 있다. 봄에 화려하게 피는 철쭉은 여름의 건조에 조심만 하면 해마다 즐길 수 있다. 초봄에 볼 수 있는 왜성의 철쭉, 모란, 동백, 능금, 해당, 왜성 라일락, 개나리꽃 등은 하나쯤 있어도 좋을 것이다.
 수국은 처음 분심기의 것을 구하면 그 뒤는 묵은 포기를 이용하거나 꺾꽂이로 번식시킬 수가 있어 이듬해에도 볼 수 있다. 장미도 대륜종은 꽤 부피가 크므로 가급적 왜성으로 될 수 있는 품종을 고르도록 한다. 아주 작은 품종은 여름의 건조와 진딧물만 조심하면 5월부터 11월까지 꽃을 즐길 수 있다.
 베란다에서 의외로 흔히 볼 수 있는 것은 덩굴장미로서 난간 밖으로 뻗게 하거나, 철책에 피게 하면 좋다. 여기에는 중소륜계(中小輪系)의 것이 크게 자라지 않아서 다루기가 좋다고 본다. 특히 플로리반다계(系)에는 4계절 피는 것도 있으므로 그것을 선발해서 재배하도록 한다.

초여름부터 가을까지는 란타나(Lantana)와 무궁화가 좋겠다. 어느 것이나 양지바른 곳을 좋아하므로 여름에도 햇빛이 잘 드는 베란다에 내놓고 물도 비료도 충분히 주면 차례차례로 잘 피어난다.

이밖에 왜성의 목백일홍이나, 약간 키가 커지지만 석류꽃이 가을꽃으로는 잘 개화한다.

(5) 관엽식물(觀葉植物)

전적으로 실내용이라고 생각되고 있는 관엽식물도 5월 이후에는 베란다에 내놓는다. 고무나무・크로톤(Croton)・아카리파・드라세나 등은 양지쪽이라도 무방하지만 대부분의 것은 반그늘을 좋아한다. 따라서 반그늘이 되는 베란다의 안쪽이나 북쪽 베란다를 이용해서 여름 동안에는 줄곧 밖에서 가꾸는 것이 잘 자란다. 헤데라, 트라데스칸디아, 제브리나 등은 양지쪽이나 그늘, 어느 곳에서나 잘 자란다.

또한 강풍을 싫어하는 베고니아의 일부나 마란타, 안스리움 이외의 것은 대부분 베란다의 그늘에서 의외로 잘 자란다. 그러나 대부분의 것은 추워지면 실내에 들여다 놓고 가꾸어야 한다.

이밖에도 잎이 넓은 몬스텔라와 필로덴드롱 등이 있고 야자류도 베란다에서 재배하기에 알맞는 식물이다.

2 좁은 뜰의 꽃가꾸기

집과 집이 빽빽이 들어서서 마당이 거의 없는 도회지에서 꽃가꾸기가 될 수 있는 양지바른 곳이라고 한다면 길가나 안뜰, 처마밑·담장 밑의 작은 공간일 뿐이다. 더구나 길이라는 길은 대부분 포장되어 있으므로 베란다처럼 거의 흙과 인연이 없기 마련이다.

또한 길가라고 해도 여러가지인데 그늘쪽이나 통풍이 나쁜 골목의 구석, 혹은 넓은 길이라도 차가 빈번하게 왕래하여 먼지와 배기가스의 피해가 염려되는 장소이면 꽃가꾸기에는 결코 좋은 조건의 장소라고는 할 수 없을 것이다.

그렇지만 그런 길가에서 꽃을 가꾼 모습이 거리의 여기저기에 보이게 되면 얼마나 좋겠는가, 외국에서는 벌써 이러한 길가를 이용한 꽃가꾸기가 한창이다. 우리도 이를 본받아 길가 꽃가꾸기를 시도하여 아름다운 거리를 만들어 보는 것도 좋을 듯 싶다.

1. 재배 조건

좁은 뜰이나 길가의 원예를 즐기는 장소라고 하면 거의가 집들이 꽉 들어찬 도회지 속이므로 그 넓이나 방향 등에 따라서 조건적으로는 상당히 다른 것이 된다. 더욱이 배기가스나 먼지 등의 악조건이 가해지므로 장소에 따라서는 가꾸기가 힘든 곳도 있다.

그러나 실제로는 어떠한 장소이든 평소에 손질을 잘 하면 이들 악조건을 극복하고 재배할 수 있다.

(1) 일조(日照)

뜰은 아파트 단지나 맨션 단지의 경우와 달라서 햇빛받는 것에 상당한 차이가 있다.

■ 동서(東西)쪽으로 도로가 있는 집

도로가 북쪽에 있는 집은 앞에 높은 건물이 없는 한 충분한 햇빛이 들지만, 남쪽이 높은 건물로 막혀있는 집에서는 거의 해가 들지 않는다. 초여름부터 가을까지는 다소의 햇빛이 드는 외에, 앞의 건물이나 도로의 반사광에 의한 밝기로써 봄부터 여름의 꽃은 마찬가지로 자라나고 있다. 그러나 북쪽이라 해도 겨울에는 도로폭이나 앞집의 높이에 따라 가장 해가 짧은 계절에는 거의 햇빛이 들지 않는 곳도 있다. 겨울철에는 문제되지 않을지도 모른다.

■ 남북(南北)쪽으로 도로가 있는 집

양쪽 모두 오전이나 오후에 어느 쪽이든 반나절씩 햇빛이 들고, 나머지 반나절은 반사광의 밝기로써 일조 부족이 되는 일은 없어 광선 부족에 대한 결점은 외견상으로 그다지 느껴지지 않는다. 좁은 골목의 구석 같은 데서도 하루에 몇 시간은 햇빛이 들고, 주위의 반사광에 의한 밝기로써 양지쪽에서 자란 것에 비해 다소의 차는 있어도 특별히 햇빛을 즐기는 것 외에는 그런대로 자라서 꽃을 피우고 있다.

베란다와 같이 위층의 베란다가 해가리개 대신으로 씌워져 있는 곳에 비해 아무리 햇빛이 나쁘더라도 푸른천정(天井) 밝기의 효과는 매우 대단한 것이다.

(2) 통풍(通風)

여러 가지 주위의 상태에 따라, 또는 바람의 방향에 따라서 통풍상태는 일률적이 아니다. 그러나 어느 경우에도 부근에 고층 빌딩이 있거나 넓은 도로에 면한 곳이 아니면 바람이 그다지 염려되는 것은 아니다.

조용한 통풍이 있는 곳은 가장 혜택받은 곳이라 할 수 있다. 그런데 현관 앞이나 길가 원예에서 가장 문제로 되는 것은 앞길을 지나는 차가 내뿜는 배기가스와 먼지다. 특히 차가 빈번한 큰길에 면한 곳에서는 먼지로 인하여 잎이 뽀얗게 되어 버린다. 배기가스에 의한 장해는 물론, 이 먼지에 의한 피해가 훨씬 크다.

이를 방지하려면 물을 줄 때마다 잎에 묻은 먼지를 씻어 주는 것 외는 방법이 없다.

(3) 온도 · 습도

도회지에서는 포장되지 않은 곳이 없을 정도로 흙길이 없어졌다. 그러므로 길가 원예의 터전은 아스팔트나 콘크리트 길이라고 할 수밖에 없다.

여름의 한낮에는 도로의 반사광으로 인하여 탈듯이 뜨겁고, 밤에도 열을 흡수한 콘크리트의 방열로 인하여 언제까지나 서늘해지지 않는 것은 베란다의 경우와 마찬가지다.

겨울에는 한낮은 별도로 하고 아침나절의 바람이 없을 때는 베란다처럼 바람이 움직이지 않고 냉냉한 공기가 가라앉기만 하고 있어 더욱 차가와진다. 상층의 베란다가 서리막이를 대신하는 아파트에서는 서리가 거의 내리지 않는데, 여기서는 서리가 내리므로 서리막이가 필요하게 된다.

콘크리트의 반사에 수반하는 건조도 베란다만큼 통풍이 세지 않으므로 그다지 염려할 것은 없으나, 마당 등에 있는 화분에 비해 콘크리트나 아스팔트 위에 있는 만큼 건조가 더 잘 된다고 보지 않으면 안된다. 다만 필요에 따라 자유로이 물을 뿌릴 수 있는 도로상이므로 관수 횟수를 늘린다면 마당의 경우와 같이 가꿀 수 있다.

좁은 뜰이나 길가 원예의 재배조건은 그 배경이 되는 건물의 상태에 따라 달라진다. 가령 목조인가 콘크리트인가, 판자벽인가 블록벽인가 혹은 현관의 상태 등에서도 그 환경조건이 좌우된다.

이와 같이 그 조건은 아파트 단지에서와 같이 단순하지는 않다. 따라서 어디나 일률적으로 적용되는 것은 아니므로 자기가 살고 있는 장소의 환경을 잘 파악해서 그에 알맞는 방법으로 가꾸도록 한다.

2. 관리요령

(1) 물주기(灌水)

콘크리트나 아스팔트 길의 반사에 의한 건조도 바람맞이가 그다지 강하지 않으므로 베란다 정도는 아니지만 장소에 따라서는 베란다에서와 거의 비슷하게 건조되는 곳도 있다. 다만 좁은 뜰이나 길가에서의 꽃가꾸기이므로 물주기는 별 방법 없이도 충분히 할 수가 있다.

특히 여기서의 물주기는 전술한 바와 같이 먼지가 많이 끼므로 엽면관수(葉面灌水)가 필요하게 된다. 따라서 물을 주는 법도 물뿌리개로 살며시 주는 베란다식과는 달라서 잘 나오는 물뿌리개로 잎의 먼지를 씻어내듯이 듬뿍 주어야 한다.

언제나 잎에 물을 뿌리는 것도 염두에 두어야 한다. 개화 중의 것은 가급적 꽃에 묻지 않도록 하는 것이 관수 요령의 하나이다. 또 여름의 오후부터 저녁때까지의 아직 햇빛이 있을 때의 엽면관수는 잎뎀(葉燒)을 일으키거나 묽어지는 원인이 되기도 한다. 그리고 겨울의 오후, 특히 저녁에 가까울 때 보통 물주기와 마찬가지로 주면 얼어죽을 염려가 있으므로 금물이다.

베란다와 달라서 여기서는 비도 충분히 내리므로 비가 그친 뒤에는 마를 때까지 물을 줄 필요가 없는 것은 물론이다. 그러나 날씨가 좋은 봄이나 가을에는 잘 건조하므로 분토(盆土)가 마르면 낮에도 물을 주어야 한다. 특히 바람이 강한 오후에는 자칫하면 시들어 버리는 수도 있고 동시에 먼지도 많으므로 조심하도록 한다.

또 화분 뿐만 아니라 잘 마른 콘크리트 노면에 살수(撒水)하는 것도 습도를 유지하거나, 먼지나 부근 온도의 상승을 억제하기 위해서도 필요하다.

콘크리트계단은 반사가 강하므로 이따금 물주기를 할 것.

　이밖에 현관의 계단 등에 화분을 늘어 놓았을 경우, 골짜기처럼 된 곳은 주위의 콘크리트의 반사로 인해 매우 잘 마른다. 이 때문에 공기가 건조하여 응애의 발생이 심해지므로 계단 같은 곳에도 충분히 물을 주도록 한다.
　화분 바닥에서 흙이 흘러나와서 도랑에 차는 것을 막기 위해 베란다의 경우와 마찬가지로 분받이접시를 놓을 필요가 있으나, 비가 올 때는 물이 괴어서 오히려 뿌리썩음의 원인이 되기도 한다.

(2) 비료주기(施肥)

　냄새가 나는 비료주기는 역시 인가가 밀집되어 있는 도회지이므로 이웃에 대한 고려를 충분히 해야 한다.
　화분심기나 플랜터 가꾸기가 대부분이므로 물주기가 빈번하여 비료의 유출이 많은 것은 베란다의 경우와 마찬가지이다. 그러므로 흙에 지효성(遲效性) 입상(粒狀)비료나 기타의 고형(固形)비료를 주더라도 꽃철이 긴 것이거나 생육이 왕성한 것은 추비(追肥)가 필요하게 된다.
　약간 정도의 냄새는 참을 수 있을 것 같으면 콩깻묵과 골분을 혼합한 것을 화분 가장자리에 놓는 방법을 취하도록 한다. 그리고 입상(粒狀)의 화학비료를 화분 표면에 소량 놓고 완전히 없어지면 또 주는 방법도 좋겠다. 다만 비료가 필요한 시기와 필요하지 않은 시기로 나누어져 있는 식물도 있으므로 언제나 줄곧 비료를 놓아 두어야 하는 것은 아니다.

가령 베고니아·페튜니아·제라늄 등과 같이 계속해서 꽃이 피는 것은 비료 두절이 되지 않을 정도로 주지만, 장미와 같이 개화 전에는 일시 비료주기를 그쳤다가 꽃이 끝난 뒤에 다시 주기 시작하는 것도 있다.

또 봄에 피고 여름에 꽃눈을 맺는 꽃나무는 그 시기에는 비료주기는 물론 물주기도 덜 주는 등, 식물에 따라서 여러 가지의 시비법이 있다. 여러 가지 꽃을 혼합해서 가꾸고 있는 길가 원예에서도 각각의 꽃이 지닌 성질을 잘 조사하고 비료를 주도록 한다.

(3) 해가림과 방한(防寒)

햇빛을 좋아하는 것은 가급적 양지바른 길가쪽으로, 여름의 더운 햇빛을 싫어하는 것은 처마밑에 늘어 놓으면 된다. 오후부터 그늘이 되는 곳은 그대로 해가림이 되기도 한다. 아무튼 길가 원예에서는 특별히 해가림을 하는 광경은 그다지 구경할 수가 없다. 그러나 필요하다면 발이나 한랭사 등으로 간단한 해가림을 해 주어야 한다.

다음은 방한 문제인데 추위에 약한 것은 보호하고 화분선반 둘레를 비닐로 둘러 준다. 또 길가인 만큼 여기서는 가온할 수가 없다. 기껏해야 보온 정도인데 그것도 완전하지는 않지만 찬바람이나 서리 피해를 받는 것은 막을 수 있다.

(4) 기타

길가 원예에서 무엇보다도 곤란한 것이 도난이다. 모처럼 정성들여 피게 한 화분이 하룻밤 사이에 없어지는 수가 종종 있다. 도난방지를 위해서는 철망 등의 방호책으로 둘러싸기보다는 밤에는 집안에 들여다 놓는 것이 미관상으로 보아도 무난할 것이다.

3. 좁은 뜰의 원예를 즐기는 법

뜰안, 길가, 베란다 꽃가꾸기는 자기가 좋아하는 것을 모아서 즐기는 데서 출발한다. 그리고 여러 가지 꽃이 언제나 피고 있는 꽃의 조합법이나 장식면에서의 기법으로 발전되어 가는 것이다. 거기에는 화초를 보다 효과적으로 보이도록 하고 싶은 미적인 장식요소가 들어 있으므로, 여러 가지 아이디어나 연구를 시도한 꽃가꾸기가 더욱 즐거운 것이 되고 있기도 한다.

특히 길가 원예는 많은 사람들의 눈에 띄는 만큼, 꽃을 피게 하거나 장식하는 데 있어서도 의욕이 생기게 된다. 그래서 이들 장소에서 보다 효과적으로 즐기는 방법을 고찰해 보기로 한다.

(1) 화초의 번갈아심기

사람에 따라서 가꾸는 꽃은 여러가지이다. 영산홍을 가꾸는 사람이 있는가 하면 꽃나무나 분재, 숙근초나 구근, 거기에 1년생 화초, 다시 그것들 전부를 모으는 등, 모두가 나름대로의 즐기는 법을 시도하고 있다.

꽃이 피어서 가장 아름다운 것은 봄부터 초여름에 걸쳐서이며, 이 무렵은 어디를 가나 꽃으로 가득 차게 된다. 다음에 초여름경이 되면 여름꽃이 푸짐하게 피기 시작하는데 추석을 지날 무렵에는 생육이 좋지 않은 상태가 되어 꽃도 적어진다. 가을에는 국화꽃이 어디서나 눈에 띄게 되고, 이윽고 12월의 소리를 들을 무렵에는 꽃식물은 거의가 모습을 감추고 그 뒤는 마르거나 녹색으로 봄을 기다리게 된다. 따라서 좋아하는 꽃을 조금만 정성들여 모아 놓더라도 어느 정도의 꽃의 변화를 즐길 수가 있게 된다.

한편 여러 가지 꽃을 언제나 끊임없이 피게 하려면 여러 가지 꽃을 수집하여 재배함으로써 계절적인 꽃을 관상할 수가 있다.

■ 1년초의 번갈아 심기

좁은 뜰에서는 1년초와 같이 씨앗을 뿌려서 가꿀 만한 충분한 양묘장소도 없지만 연구 여하에 따라 어떠한 방법도 가능하게 된다. 그것도 되지 않을 경우는 계절마다 모종을 구해 그것을 심으면 된다. 번거롭고 혹은 모종을 구하는 비용이 들더라도 1년초의 꽃철이 긴 것은 2~3회의 교체로 거의 연중 내내 꽃을 볼 수가 있다. 이들 사이에 꽃철이 짧더라도 꽃이 아름다운 것이나 자기가 좋아하는 것을 끼워넣어 번갈아 심는 계획을 구상해보고 실천하도록 한다.

■ 숙근초의 번갈아심기

씨뿌리기나 모종만들기의 수고도 들지 않고, 매년 그 시기가 오면 꽃을 볼 수가 있어 그것을 잘 배치시키기만 하면 되지만 아무래도 꽃철이 초여름에 집중된다. 그러나 식물 중에는 제라늄이나 베고니아와 같이 겨울을 제외하고는 거의 꽃이 끊어지지 않는 꽃철이 긴 것도 있으므로 잘 이용하면 좋을 것이다.

또 꽃철이 짧더라도 계절적인 정취가 있는 것이거나, 화려하게 피는 것, 이를테면 봄의 꽃잔디나 초여름의 사철채송화, 가을국화 등은 한번쯤 가꾸어 보고 싶은 꽃들이다.

■ 구근류의 번갈아심기

가을에 심어서 피는 것은 봄의 한때뿐이라는 것이 대부분인 가을심기 구근(球根)도 손쉽게 가꿀 수 있는 만큼, 번갈아 심는 계획 속에 짜넣도록 하는 것이 좋다. 다만 분심기에서는 내년에도 피게 할 만한 좋은 구근이 되기가 어렵고, 꽃이 끝난 뒤에 분을 가져갈 장소도 없으므로 대담하게 버리고, 다음 것에 장소를 양보하는 것이 좋으리라 생각된다.

따라서 봄에 심는 구근은 꽃철이 길므로 잘 가꾸기만 하면 가을 늦게까지도 즐길 수 있다. 또 초여름의 한때밖에 볼 수 없지만 아마릴리스와 같은 것은 꼭 심어 보고 싶어할 것이다. 꽃이 가장 적은 늦여름부터 초가을에 피는 하수선과 같은 것은 손질도 가지 않고 푸짐하게 피는 꽃을 즐길 수가 있어 좋다.

■ 꽃나무의 번갈아심기

　분재의 것은 별도로 하고 화분가꾸기로 즐길 수 있는 꽃나무는 대단히 많지만 비교적 부피가 크므로 충분한 장소가 없는 길가에서는 그다지 많이 가꿀 수 없을지도 모른다. 품종이 많은 영산홍 등은 그것만으로도 즐길 수 있고, 장미와 같이 5월부터 11월까지 계속 피는 것은 장소만 있다면 많이 재배했으면 한다.

　아무튼 꽃나무만이라면 봄에 집중해서 피거나 짝맞춤에도 꽃철이 간격적이므로 화초와 조합해서 중심적인 효과를 얻도록 한다. 꽃은 작지만 색채가 선명한 철쭉이나 서양수국의 큰 화분가꾸기 등은 화분 하나만으로도 매우 돋보이는 존재가 된다.

　초화 이외에 정원수를 심는다면 동백이나 늦동백, 철쭉, 천리향 등의 상록의 것이 효과적이다.

(2) 뜰안·길가·처마밑의 장식법(가옥이 도로에 직면한 경우)

① 구획을 만든다.

　화분을 진열한다고 해도 그저 크고 작은 여러 가지 화분을 길가에 제멋대로 늘어 놓아서는 잡다해서 보기에 별로 아름다운 것이 못된다. 그러므로 크기가 갖추어진 가급적 큰 화분(작은 화분은 채일 염려가 있다)이나 플랜터 등을 진열하고 정리해서 앞의 선을 맞추도록 한다.

　화분이나 플랜터 이외의 것으로 구획할 수 있는 것은 벽돌이나 콘크리트블록에 화분을 놓으면 도로면에서 조금이라도 떨어지므로 먼지나 흙탕물을 뒤집어쓰는 일도 없고 아스팔트의 강렬한 반사를 완화하는 효과도 있다.

② 입체적으로 진열한다.

　화분이나 플랜터를 평면적으로만 진열해서는 몇 개밖에 놓지 못하므로 아파트의 베란다와 마찬가지로 화분선반 등을 이용해서 입체적

조립대나 기둥에 화분선반을 부착한다.   계단식으로 늘어놓는다.

진열장을 이용한 화분선반

으로 진열하는 것이 가장 좋은 방법이다. 정면의 폭이나 현관, 창, 담벼락, 벽 등의 상태는 각 가옥마다 다른 만큼, 독창적인 방법이 많이 있으리라고 본다. 또 장식법에 따라서 꽃을 다루는 법도 달라진다.

현관을 입체적으로 장식할 때는 그 양쪽이나 한쪽(현관 넓이에 따라 선택)에 세로형의 꽃스탠드를 놓고 거기에 화분을 진열하는 것이 가장 일반적이다.

현관 옆의 창밑에는 그림과 같이 기둥에 선반받이를 붙여서 선반을 만든다. 선반의 단수는 창의 높이에 따라서 결정한다. 다만 이 경우는 벽기둥 등을 이용하여 선반을 붙이

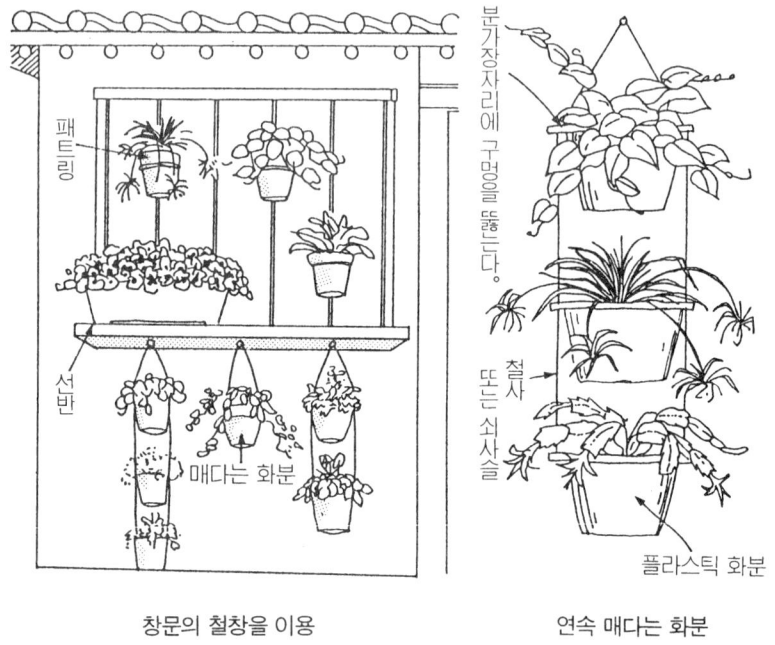

창문의 철창을 이용   연속 매다는 화분

기 때문에, 상당한 무게가 걸리는 것을 고려하여 건물에 무리가 없도록 한다.

　창밑에는 이밖에 계단식 선반을 놓거나 블록이나 벽돌을 계단식으로 쌓아올려 화분을 늘어 놓는 방법도 있다. 안깊이가 좁을 경우는 계단식으로 하기보다는 책꽂이식 선반을 건물에 기대듯이 붙여 놓는 것이 가장 무난하다.

　그림과 같이 하면 창문의 창틀을 이용해서 화분을 매달 수 있다. 이것도 3개 정도를 이어서 매달거나, 높이를 바꾸어서 매달 수도 있다.

　다시 처마끝에 화분을 매달아 놓으면 공간을 한결 유효하게 이용할 수 있으므로 가급적 이용하는 것이 좋다.

　(3) 현관 앞의 장식법(대문·담장·현관 입구가 있는 경우)
　현관에서 바로 길에 면하고 있는 곳에서는 앞의 방법으로 화분을 장

처음부터 꽃을 심을 수 있게 설계하면 좋다.

대문기둥에 주머니를 만들어 헤데라를 심은 아이디어 있는 장식법

식할 수 있으나, 길에서 계단이 되어 현관에 이어진 곳이거나, 낮은 담장, 대문이 있는 곳에서는 대개의 현관, 솟을대문의 모양을 유지하도록 만들어져 있다.

이런 장소에서는 꽃가꾸기라고 하기보다 꽃으로 장식하는 사고방식으로 화분이나 플랜터를 놓도록 연구하는 것이 좋다.

① 문기둥의 장식법

문기둥 위에 화분을 놓고 있는 것을 가끔 볼 수 있다. 그러나 이왕 놓는다면 작은 플라워(꽃) 공간까지는 못되더라도 모양이 좋은 장식분이나 디자인적인 고안을 한 용기에 심어 놓으면 훨씬 즐거운 분위기가 된다.

현관 계단의 화분

문기둥에 콘크리트 못을 박고 문패 밑에 화분을 매달고 접란(蝶蘭)을 심거나, 화분 대신 작은 박스나 바구니를 매달면 대문의 이미지도 달라질 것이다.

다시 고안한다면 그림에서와 같이 처음부터 문기둥에 주머니라도 만들어서 좋아하는 것을 심으면 더욱 좋을 것이다.

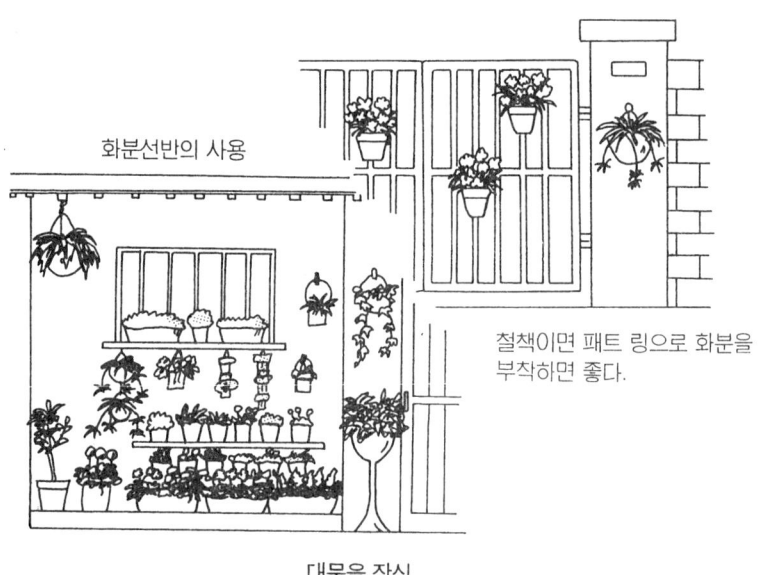

화분선반의 사용

철책이면 패트 링으로 화분을 부착하면 좋다.

대문을 장식

② 담벼락의 장식법

문기둥의 양쪽 담이 콘크리트나 블록담이라면 그 위에 화분이나 플랜터를 늘어 놓을 수 있으나, 폭 15cm 이상의 홈을 처음부터 만들어 놓으면 흙을 담고 직접 꽃을 심을 수가 있다.

또 담벼락에 못을 박아 화분을 매달거나 매다는 쇠장식 등을 이용해서 플랜터나 박스를 드리워 놓으면 삭막한 담벼락도

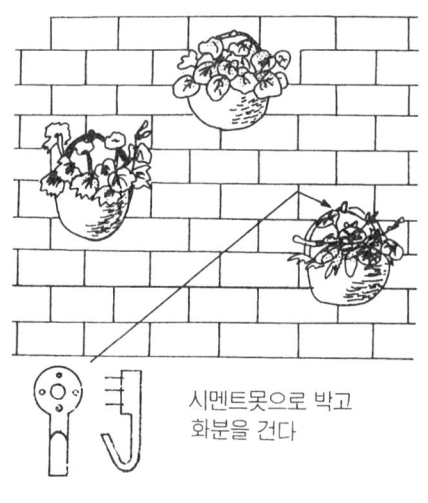

시멘트못으로 박고 화분을 건다

벽면을 장식

꽃이며 푸르름으로 가득 차 다채롭게 즐길 수 가 있다.

  이와 같은 담벼락에 매다는 외에 대문이 철책인 경우는, 패트링 높이를 달리해서 부착시켜 화분을 장식할 수도 있다. 다만 이 경우는 대문을 열고 닫음에 지장을 주어서는 안되므로 화분의 수를 너무 많지 않게 한다.

  ③ 현관 입구의 장식법

  대문에 들어서서 현관까지 몇 미터의 입구에 꽃을 놓음으로써 즐겁게 집출입을 할 수가 있다.

  현관 입구가 계단으로 되어 있는 곳에서는 계단마다 플랜터나 화분을 놓는 식의 흔한 방법으로도 꽃의 취급법과 배색을 활용하여 훨씬 효과적으로 만들 수 있다. 이때 여러 가지 화초를 섞어서 진열하는 것보다 같은 꽃의 같은 색깔로 통일하는 것이 산뜻하고 무난하다.

  현관 입구가 계단이 아니라 평면이라면 통로를 따라서 양쪽이나 한쪽에 화분, 플랜터를 늘어놓거나, 화초를 심어놓는 작은 화단을 만들

대문에서 현관까지의 길

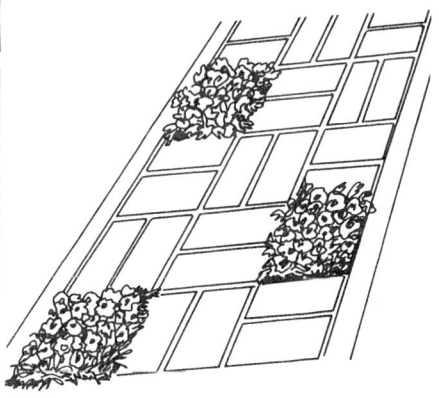

군데군데 벽돌을 빼고 밟지 않을 정도로 꽃을 심으면 록케리식 통로가 된다.
여기에 심는 꽃은 가급적 왜성의 것이 잘 어울린다.

현관 입구의 장식법(예)

어도 좋다. 이 경우 역시 같은 꽃의 같은 색깔로 통일하도록 한다.

이밖에 현관 입구에 철평석(鐵平石)이나 벽돌을 깔아 놓고 군데군데 공간을 만들고 거기에 화초를 심는 것도 취향에 따라서 재미가 있다.

(4) 용기(容器)의 고안

베란다와 달라서 꽤 큰 것도 놓을 수 있는 길가나 현관 앞에는 화분 이외의 여러 가지 용기를 이용하거나 장소에 어울리는 것을 만들어 놓을 수도 있다.

① 폴리에틸렌의 용기

큰 화분은 값도 비싸고 무거우므로, 가볍고도 비교적 싸며 더구나 보기에도 좋은 폴리에틸렌 간장통이나 김치통을 화분 대신 쓰는 것도 재미있다.

이들 통은 물빠지는 구멍이 없으므로 쇠젓가락을 달구어 바닥에 구멍을 여러 개 뚫도록 한다. 또 물구멍을 뚫지 않고 물통 대신으로 쓰면 애기 수련이나 흑옥잠화 등의 수초를 심을 수도 있다.

키가 커지는 접시꽃이나 칸나, 다알리아, 그리고 동백이나 늦동백, 철쭉 등의 꽃나무도 이 통으로 충분히 가꿀 수 있다.

폴리에틸렌통을 화분 대신 이용

② 꽃상자(Box)

플랜터가 보급된 오늘날에는 일부러 박스를 만들 일도 적어졌다. 그러나 박스는 플랜터에서 볼 수 없는 묵중한 두께와 세련된 맛을 내어, 어떠한 장소에서나 어떠한 꽃에도 어울리므로 길가원예에서도 반드시 도입하고 싶은 것이다. 그러나 박스라 하여도 아무 상자에 페인트칠을 한 폐물 이용으로는 좀 곤란하다. 역시 보기에도 좋고 식물의 생육에 적합한 크기의 것을 만들어 보도록 한다.

★ 꽃상자를 만드는 법 ★

일반적으로 흔히 사용하는 것은 옆으로 긴 윈도우 박스(Window box)형이다. 이밖에 정방형이거나 원형통과 같은 것, 세로로 긴 발코니 튜브라고 일컬어지는 베란다용의 것도 현관 앞이나 중점이 되는 곳에 이용할 수가 있다.

꽃상자의 크기에 있어서는 식물이 충분히 자랄 만큼 가급적 큰 것이 좋으나, 심는 것과의 균형과 운반 등을 생각하면 너무 크게 할 수도 없다.

윈도우 박스의 경우, 화초를 2열 폭으로 심을 수 있는 18~25cm 정도의 폭으로 하고 깊이는 이것과 비슷하거나 약간 깊게 한다. 바닥은 차츰 좁아지는 모양으로 하는 것이 모양도 좋고 배열도 안정이 된다.

마무리는 페인트를 3번 칠하는데, 가급적 원색을 피하고 중간색의

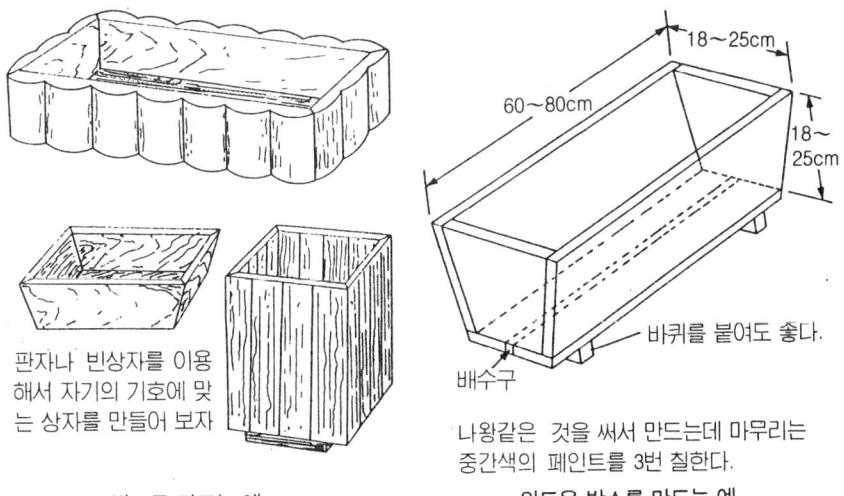

박스를 만드는 예   윈도우 박스를 만드는 예

밝은 것을 쓴다. 또 니스와 같은 도료로써 나무결의 느낌을 내는 것도 좋다. 방부제는 뿌리를 상하게 하므로 쓰지 않도록 한다.

이밖에 운반을 생각하여 양쪽에 손잡이턱을 대거나 이동할 수 있는 바퀴를 붙여도 좋다.

③ 매다는 화분

공간을 장식하는 매다는 화분은 현관 앞이나 길가원예의 경우에도 그 효과를 발휘한다. 베란다와는 달리 장소적으로는 그다지 제약을 받지 않으므로 대담하게 아이디어대로 꾸밀 수가 있다.

여기에는 관엽식물뿐만 아니라 페튜니아나 매리골드·베고니아 등의 화초를 수북하게 심으면 멋진 것이 된다. 비료는 액체비료를 중심으로 해서 주는데 비료 두절이 되지 않도록 규정보다 연한 것을 자주 주는 것이 중요하다. 물론 한번에 많이 줄 필요는 없다.

처마밑에 큰 초롱불을 매다는 생각으로 크고 훌륭한 화분을 1~2개 매달아 본다.

④ 기 타

빈통을 이용하는 것도 재미있는데 크고 작은 것을 섞으면 보기에 좋지 않다. 가급적 크기가 같은 것을 진열하면 효과적이다. 이 경우 빈통에 페인트칠이라도 해서 색깔을 같게 한다.

4. 좁은 뜰 원예에 알맞는 꽃

가꾸는 장소가 좁기 때문에 모두가 화분 또는 플랜터, 박스 등의 용기에 의한 재배로 된다. 그러나 가꾸는 것에 있어서는 베란다만큼 제약을 받는 일이 없으므로 그늘을 즐기는 것 이외의 것이라면 대개 가꿀 수가 있다.

재배할 만한 화초는 여러 가지가 있다. 그 중에서도 숙근초나 꽃나무는 한번 심어 놓으면 별로 손질을 하지 않더라도 매년 꽃이 피게 되므로 다루기가 쉽다.

숙근초로는 베란다에서도 가장 잘 재배되는 제라늄이 건조나 먼지에 강하므로 가장 적합하다. 이밖에 초여름의 사철채송화며 가을의 들국화(小菊)·베고니아 등이 화분선반을 화려하게 해 준다.

꽃나무로서는 영산홍 외에 동백, 늦동백, 수국, 무궁화, 란타나, 모란 등의 꽃이 아름답고 볼품도 있어서 가장 많이 가꾸어진다.

1~2년초의 경우는 파종(播種)이나 육묘를 하지 않으면 안된다. 파종 및 육묘를 위한 장소는 있으나 손이 많이 가므로 도저히 시간을 낼 수 없는 사람은 포트심기의 모를 사서 심으면 된다. 그렇게 하면 빨리 꽃을 피울 수가 있다.

구근류도 베란다에서의 재배와 마찬가지로 거의 대부분의 것을 가꿀 수 있고 다알리아나 칸나도 여기서는 중고성(中高性)의 것을 충분히 가꿀 수 있다.

또 대형 플랜터, 박스 등을 이용하면 키가 큰 튜울립이나 나팔수선 등을 모아 심을 수 있으므로 충분히 그 효과를 발휘할 수가 있다.

또 4계절을 통하여 즐길 수 있는 왜성 꽃나무가 있다. 온실 프레임용인 프리뮬러나 시네라리아, 칼세오라리아도 초봄이 되면 이용할 수가 있다.

줄모초(거미줄란)나 헤데라, 트라데스칸차, 제브리나 등의 관엽식물도 문기둥이나 현관앞에 매달면 알맞으리라고 본다.

3 옥상·장독대에서의 꽃가꾸기

　도시의 일반 가정에서도, 옥상에서의 정원가꾸기나 꽃가꾸기를 즐기는 사람이 매우 많아졌다.
　옥상이 넓은 곳에서는 흙을 넣고 마당과 같은 화단가꾸기도 할 수 있으나, 좁은 곳에서는 화분이나 플랜터 등을 배치해서 가꿀 수가 있다.
　그런데 건조장(빨래 말리는 곳)은 베란다에 비하여 좁은 경우가 많아서 화분의 수나 종류에 제약이 생기는 것은 어쩔 수 없는 일이다.

1. 재배 조건

　옥상이라고 해도 그 형식은 베란다의 연장과 같은 것에서부터 노천 그대로의 진짜 옥상까지 있으며, 그 넓이에 있어서도 천차만별이다. 또 둘레의 난간에 있어서도 통풍이 자유롭게 되는 철책이나 패널, 콘크리트 등 여러 가지인데 넓은 곳인 만큼 베란다 정도로 난간의 차이에 의해 재배조건이 크게 좌우되는 일은 없다.
　따라서 여기서는 바람을 막는 아무것도 없는 문자 그대로의 옥상이라 생각해도 된다. 설령 막는 것이 있다 하더라도 뒤쪽이 주택이거나 옆 빌딩의 영향 정도이므로 바람맞이는 어디보다도 강하다고 할 수 있다. 더구나 바람맞이는 높이에 정비례해서 강해진다는 것은 말할 것도 없다.
　햇빛에 있어서도 주위에 높은 건물이 있을 때는 별도로 하고, 베란다와 같이 차양도 없고 또 따로 햇볕을 막는 것도 없으므로 햇볕은 충분할 정도로 잘 든다. 이 때문에 낮에는 바닥의 콘크리트나 타일의 반사가 매우 강하지만 통풍이 좋아서 극단적인 온도 상승을 억제하여 준다.

옥상에서는 천장이 없기 때문에 비가 곧바로 떨어지고 밤이슬도 충분히 받을 수 있다. 또 복사열에 의한 냉기가 강하므로 서리의 우려도 생각할 수 있지만, 지상에 비하여 바람이 있으므로 좀 차가운 공기는 아래로 내려가서 괴인다. 말하자면 서리의 염려도 그다지 많지 않다는 뜻이다.

이와 같이 옥상의 재배조건은 결코 좋은 것은 아니다. 특히 바람과 햇빛을 정면으로 받으므로 베란다와 마찬가지로 건조가 강한 점이 가장 나쁘다. 건조 방지, 습도 유지 대책이 성공에의 요점이 될 것이다.

2. 관리 요령

(1) 바람막이

옥상에서는 베란다와 달라서 양지 바르지만 바람이 보다 강하므로 옥상의 높이나 넓이 등에 따라서 강한 바람을 완화하는 것이 무엇보다도 중요하다.

특히 주위의 난간이 철책인 곳은 그대로 바람을 강하게 받으므로 전부는 아니라도 바람이 강한 쪽의 2개소(주로 북쪽과 서쪽)는 바람막이를 해 두는 것이 좋다. 패널이나 그물눈 유리, 파일론 등을 난간 높이까지 치는 것만으로도 상당한 효과가 있다. 그리고 여름에는 서늘하게 하기 위해 발을 둘러쳐 주면 더욱 좋다. 특히 서쪽을 높게 하여 서쪽 햇살을 막는 것도 필요하다.

또 바람이 특히 강한 곳에서는 그 방향쪽만 더 높게 한다. 화단이 있는 곳에서는 북쪽이나 서쪽에 생울타리를 만듬으로써 그 효과를 달성할 수가 있다.

이 바람막이를 오리목으로 만들어 흰 칠을 하면 바람막이는 물론 액세서리적인 효과도 충분하여 덩굴식물을 오르게 할 수도 있다.

(2) 해가리기

양지 바르고 더구나 바닥면이나 주위의 콘크리트의 반사로 인해 그대로라도 밝은 곳에는 그늘을 즐기는 식물을 일부러 해가림을 해서까지 가꾸는 것은 좀 생각할 일이라고 본다. 그러나 직사광선에 강한 것이라도 여름의 강한 오후의 햇살을 피하게 해 주는 것은 어느 정도 필요하다고 본다. 바람막이를 겸해서 서쪽에 발이나 널판지를 세워 주면 좋다.

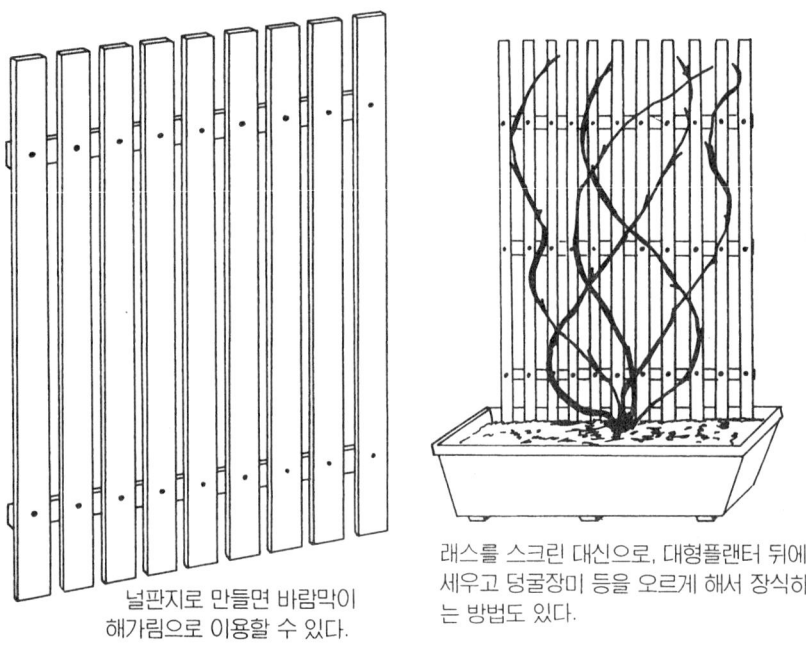

널판지로 만들면 바람막이 해가림으로 이용할 수 있다.

래스를 스크린 대신으로, 대형플랜터 뒤에 세우고 덩굴장미 등을 오르게 해서 장식하는 방법도 있다.

바닥면의 강한 반사를 막기 위해 인공 잔디 등을 이용하면 매우 효과적이지만, 면적이 넓으면 상당히 비용이 많이 들므로 아무데나 이용할 수 있는 것은 아니다.

(3) 물주기(灌水)

통풍이나 햇빛, 반사가 강하다면 건조도 보통 장소에 비해 예상 외로 강한 것이다. 따라서 공기의 건조를 즐기는 응애 등의 발생도 훨씬 심해질 것이 예상된다.

보통 일률적인 물주기로서는 작은 화분은 여간 주의하지 않으면 바싹 마르게 되므로 베란다 이상으로 물주기에 주의하여야 한다. 다만 이곳은 베란다와 달라서 비를 막는 차양이 없으므로 비를 충분히 맞을 수 있으며, 밤이슬도 맞는 등 자연의 혜택을 충분히 받으므로 맑은 날이 계속되지 않는 한 그다지 물주기에 신경을 쓰지 않아도 될 것이다. 그러나 날씨가 좋은 날은 보통 이상으로 건조가 빠르다는 것을 염두에 두고 분심기 등은 오전에 다소 축축하더라도 충분히 물주기를 해야 한다.

화단일 경우에도 분심기와 아무런 차이가 없으므로 날씨가 계속 좋을 때는 충분한 물주기가 필요하다.

(4) 기타

비료주기도 지금까지와 같은 방법으로 하면 충분하다. 다만 물주기가 많은 만큼 덧거름도 한 번으로 끝내지 말고 몇 번이고 주어야 한다.

여기서도 주의해야 할 것은 태풍의 경우이다. 이럴 때 많은 화분을 모두 집안에 들여다 놓을 수 없을 경우에는 피해를 최소한으로 막기 위해 화분을 미리 넘어뜨리는데, 여러 개를 붙여 놓아야 구르지 않는다. 또 곤란한 것이 비둘기나 참새의 피해인데, 그물이나 망사를 덮어놓아야 한다.

3. 옥상원예를 즐기는 법

살풍경한 빌딩가(街)에서도 옥상에 무언가 푸르름이 보이면 마음이 한결 부드러워지는 기분이 될 것이다. 지상에서 높이 떨어져 있는 옥상이라서 길을 가는 사람은 그 전체가 보이지는 않더라도, 거기에 무엇이 심어져 있고 꽃이 피고 있다는 것을 상상하는 것만으로도 살풍경

넓어서 여유있는 꽃가꾸기를 즐길 수 있다. 의자, 테이블을 갖다 놓으면 휴일의 한 때를 여기서 쉴 수가 있다.

옥상 둘레에 만들어진 화단. 여기에 상록 꽃나무 관목(灌木)을 도입하면 비교적 손질도 간단한 외에, 연중 푸르름을 즐길 수 있다.

아파트 옥상의 테라스

한 빌딩 분위기를 누그러뜨려 주게 된다.

지상에서 떨어진 공간에 있는 마당, 또는 옥상이라도 담장에 둘러싸인 마당 가운데와 마찬가지로 자기 자신의 꽃가꾸기를 충분히 즐길 수 있다. 그 크기에 따라서 화단을 만들어 정원수나 잔디밭을 이룰 수도 있고, 화분이나 플랜터를 늘어놓는 등 철쭉류나 국화분재 등의 전문적인 화분가꾸기부터 온실을 세울 수도 있다.

(1) 화초의 배식

옥상이나 장독대에서 화초의 배식이나 교환은 베란다나 좁은 뜰의 경우와 거의 같은 방법으로 할 수 있다. 특히 공간이 충분한 옥상에서는 플라스틱 모판이나 평분 등을 이용하여 파종이나 육묘를 할 수도 있다. 또 플랜터를 많이 준비하여 거기서 모를 만들면서 개화하는 꽃부터 순차로 장식해 갈 수도 있다. 그러면 옥상 원예에는 어떤 화초를 도입하면 좋을까?

봄에 심는 구근류(球根類)는 단기간에 꽃을 볼 수 있고 더구나 꽃철이 긴 것이 많으므로 빨리 그리고 오랫동안 즐길 수 있다.

그러나 가을에 심는 구근류는 봄에 개화하는데 일반적으로 개화기는 짧으나 꽃이 화려하다.

개화 후 이들 구근을 남기기 위해서는 2개월 가까이나 그대로 두어야 하는 데 화분심기로는 좋은 구근이 될 수 없으므로 꽃이 끝나면 베란다나 길가의 경우와 마찬가지로 즉시 뽑아서 정리해 버리는 것이 좋다.

그래도 봄 소식을 알려주는 가을에 심은 구근의 호화로움은 각별하므로 곁에 두고 싶은 것 중의 하나이다.

각 계절별로 꽃이 피는 1~2년초는 마당의 경우와 마찬가지로 파종이나 육묘를 할 수 있으나, 모종을 구하여서 가꾸는 것이 간편하고 빠른 것은 어느 경우이나 마찬가지이다. 다만 충분한 공간이 있고 모종 만들기를 할 시간이 있다면 1~2년초를 잘 조합해서 연중 꽃을 즐길 수가 있다.

꽃나무 등은 꽃이 끝난 뒤에는 정원수와 같은 방법으로 장식하거나 즐기도록 한다. 동백이나 늦동백·철쭉·영산홍·치자나무 등은 꽃이 진 다음에도 푸르름을 충분히 즐길 수 있다.

(2) 꽃심는 장소 만들기

큰 빌딩의 옥상 등에는 처음부터 심을 곳을 만들어서 나무를 심을 수 있게 만든 데가 있는데, 작은 가정의 옥상에도 심을 곳을 만들 수가 있다. 이때 주의해야 할 점은 다음과 같다.

① 건물의 강도(强度) : 흙의 무게가 상당하므로 그 무게에 견딜 수 있는가(흙의 무게는 1m³당 1,700kg 정도).

② 배수(排水)·방수(防水) : 물주기를 자주 하므로 물이 새거나 배수구가 막히는 일은 없는가.

■ 건물의 강도와 심는 곳의 크기

일반 건물의 옥상은 심을 곳을 고려해서 설계된 것이 아니다. 심을 곳을 새로 만들 경우는 상당한 무게가 건물에 가중되므로, 일단 그 건물을 시공한 사람에게 상의해 보는 것이 좋겠다. 그러나 처음부터 심을 곳을 설계하지 않았다면 건물의 강도를 생각하여 심는 면적이 작을

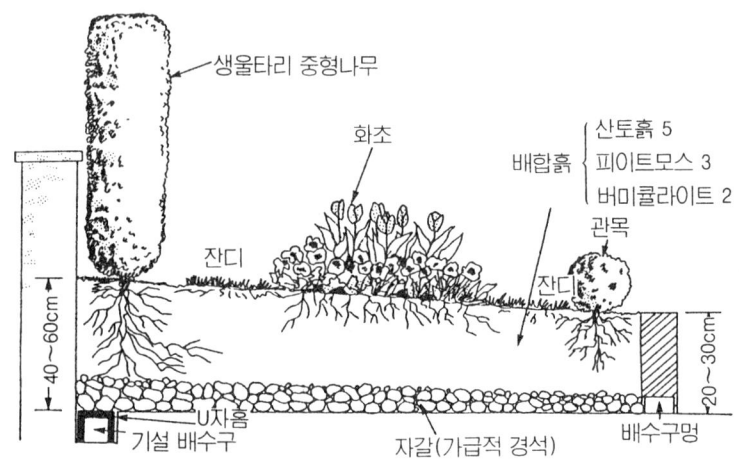

옥상의 정원 만드는 예(斷面圖)

수록 좋은 것은 말할 것도 없다.

또 흙의 두께도 화초의 생육에 지장이 없는 한 최소한으로 하도록 한다. 이 두께는 잔디만일 경우라면 20cm 두께로도 충분하지만, 화초나 관목을 심게 되면 30~40cm 정도는 되야 한다. 다시 생울타리라든가 중간 나무 정도의 정원수를 심게 되면 50~60cm 정도가 필요하다. 다만 이것도 전면적이 아니라 부분적으로 높게 해서 가급적 가볍게 한다.

■ 배수 및 방수

비가 올 때마다 흙이 흘러서 배수 홈을 메우는 수가 많으므로 ∩자 홈을 덮거나 자갈 등으로 물의 흐름을 좋게 한다. 또는 홈의 배수구쪽만은 비워 두고 메워지면 제거하도록 한다.

바닥 자체에 방수 조치가 되어 있더라도 이와는 관계 없이 심는 흙바닥 밑에 전체적으로 비닐을 깔도록 한다.

■ 심는 초목의 종류

일반적으로 말해서 심고 있는 것은 대개 정원수나 잔디 정도이며,

꽃도 있으나 별로 많지는 않은 것 같다. 살풍경한 옥상에서는 푸르름이 있는 것만으로도 대견하지만, 여기에도 꽃을 심어서 좀더 색채를 도입하는 것이 좋다. 그러나 꽃이 좋다고 해서 모두를 꽃으로만 심는 것도 옥상인 만큼 생각할 문제이다. 그래서 정원수나 잔디의 푸르름이 있는 것이 색조의 강함을 완화해 줄 뿐만 아니라 꽃 자체의 아름다움을 돋보이게 하기도 한다. 또 바람이 강한 옥상에서는 이 푸르름의 가리개가 바람막이 역할도 한다.

심는 곳을 이용해서 화단을 만들 때는 장소가 허용하는 한, 뒤에 가리개가 되는 상록수인 피라밋향나무나 늦동백, 댕광나무, 털가시나무, 낙엽수인 철쭉이나 수국 등의 나무를 심는다. 이들 외에 그 지방의 특색이 있는 것으로서 옥상의 분위기에 맞는 튼튼한 정원수라면 무엇이든지 좋다.

또 화단 앞에는 낮게 쳐도 되는 회양목이나 연산홍 등을 심는 것도 좋다. 전면의 흙멈춤용 벽돌은 벽돌을 감추기 위해 꽃잔디, 애기 사철나무 등과 같이 드리워지는 화초를 심으면 꽃철에는 보다 아름답게 비친다. 더욱이 포인트가 되는 장소에 향나무라도 심으면 훌륭한 옥상화단이 이루어진다.

(3) 화분이나 플랜터의 배치

심을 곳을 만들 수 없는 곳에서는 화분이나 플랜터, 원형 플랜터 등을 배치하여 옥상정원으로서의 분위기를 즐길 수 있다.

옥상을 모두 꽃의 재배장으로 이용한다면 가급적 화분을 많이 놓을 수 있도록 베란다나 길가의 경우 등과 마찬가지로 화분선반이나 꽃스탠드 등을 이용해서 입체적으로 진열하는 등, 여러 가지 방법으로 꽃 가꾸기를 즐길 수 있다.

■ 플랜터의 이용과 장식법

옥상을 4계절의 꽃으로 효과적으로 장식하려면 화분보다 볼품이 있는 플랜터나 박스 등을 이용하는 것이 좋다.

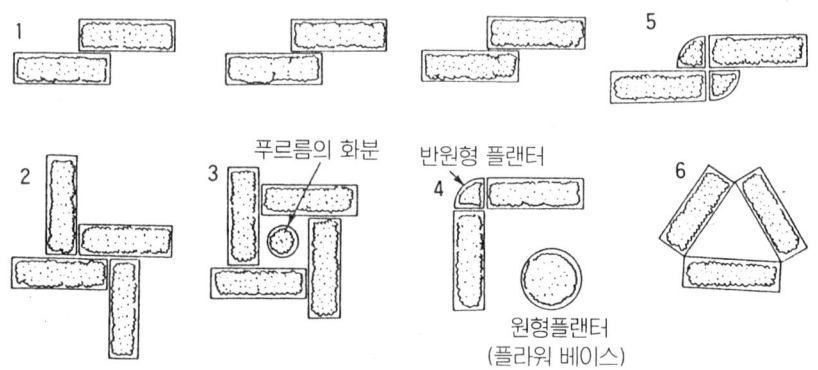

플랜터를 늘어 놓는 법

　플랜터를 몇 개 맞붙이면 이른바 박스 화단이 되며, 중심부나 요소에 원형 플랜터(플라워 베이스)를 포인트 대신으로 배치하면 보다 효과적인 것이 된다. 그러나 이 플랜터를 옥상 가득히 늘어놓아서는 아무리 넓은 옥상이라도 좁은 곳이 되고 만다. 배열법으로는 한가운데보다도 주위에 모아서 놓도록 하고, 한가운데는 가급적 넓게 잡도록 한다.
　정원수 이외는 초여름부터 가을까지는 관엽식물 등을 이용한다. 또 반 그늘이 되는 장소에서는 몬스테라, 필로덴드론 등의 큰 화분을 중심부에 놓거나 배경에 배치시키면 차분한 분위기가 된다.

■ 입체적으로 만든다
　입체적으로 만든다고 하면 베란다에서 사용하는 것 같은 꽃스탠드나 화분선반을 상기하게 되는데, 여기서는 덩굴성의 것을 이용한다는 말이다.
　옥상은 베란다에 비하면 공간에 여유가 있으므로 베란다에는 놓을 수 없는 대형 플랜터를 이용해서 덩굴식물을 충분히 가꿀 수가 있다. 주위에 격자를 짜 세우거나, 오리목을 세워서 덩굴장미나 기타의 덩굴식물을 얽히게 하면 약간의 푸른 공간을 연출할 수가 있다. 또 그늘선반을 만들면 나팔꽃 같은 덩굴식물을 오르게 할 수 있다.

그러나 옥상의 경우는 강한 바람이 부는 것을 생각하면 너무 큰 것은 만들 수 없다. 고작 1.8m 정도 높이의 것을 옥탑이나 거실의 벽을 따라 부착하는 정도가 무난하다.

■ 분심기의 연구

분심기, 즉 화분도 꽃스탠드나 화분선반을 이용하여 입체적인 장식법을 생각할 수 있다. 화분을 놓는 법, 정렬법 하나라도 여러 가지로 생각해 보면 완전히 색다른 분위기를 만들 수 있다.

장식에 변화를 가져오게 하는 것이 중요한 포인트이다.

화분과 플랜터를 교대로 부착한다.

가령 선반의 제1렬은 팬지의 푸른 꽃을 죽 늘어놓고 그 다음 열은 데이지의 핑크꽃을, 3단째의 열에는 팬지의 노랑꽃만을 배열하는 식으로 같은 화분을 양적으로 진열하면 매우 돋보인다.

이와 같은 화분에 의한 집단미(集團美)의 연출과는 별도로 악센트로 쓸 수도 있다. 가령 플랜터를 꽃식물로 메우고, 거기에 녹색의 헤데라나 접란(거미줄란), 아스파라거스 따위를 심은 화분을 짝지우면 보다 차분한 분위기를 만들어 주기도 한다.

■ 기타

옥상이나 테라스에서는 그 장소에 알맞는 여러 가지 크기나 모양,

디자인의 플랜터, 박스, 화분을 이용할 수 있다. 가벼운 콘크리트로 만든 여러 모양의 플라워 베이스나 박스, 베란다에는 놓을 수 없는 대형 플랜터 등이다.

또 인공잔디를 깔면 더욱 차분한 느낌이 들 뿐만 아니라 강한 반사도 막을 수 있다. 이밖에 난간이 철책일 때는 부분적으로 플랜터를 매달거나 패트링으로 화분을 부착해서 악센트를 잡는 것도 한 방법이다.

4. 옥상·장독대 원예에 알맞는 꽃

1년 내내 볕들기와 통풍이 잘 되므로 역시 건조에 강한 것이 가장 어울리는데, 물주기 등의 관리가 충분하면 베란다나 길가에서 기르는 화초는 거의 가꿀 수 있다.

가령 그늘을 좋아하는 것이나 직사광선에 약한 것은 해가림을 해주면 된다. 그러나 해가림을 특별히 마련하여 햇빛을 좋아하는 화초를 혼합시키면 한쪽은 잘 자라는데, 다른 쪽은 잘 되지 않는 수가 있다. 따라서 재배조건이 비슷한 것끼리 모아 기르는 것이 요령이다.

또 옥상은 베란다에 비하여 비가 정면으로 내린다. 비를 싫어하는 제라늄 등은 경우에 따라서는 베란다 정도로 잘 되지 않는 수가 있다. 다만 충분한 햇빛이 비에 의한 곤란을 보완해 준다.

옥상에 따라서는 언제나 강풍이 불어대는 곳이 있다. 이런 곳에서 샐비어는 꽃붙임이 나빠지고 키가 자라는 것은 아무래도 자세가 흩트러진다. 이 강풍만 막는다면 노지(露地)화초나 꽃나무, 숙근초 등은 마당과 마찬가지로 즐길 수 있다.

4 창가에서의 꽃가꾸기

 양지바른 창가는 베란다와 함께 마당이 없는 도회지의 주택이나 아파트에서 꽃을 즐길 수 있는 조그마한 장소이다.
 또 최근에는 건물의 서양화(西洋化)가 진행되면서 창에도 채광이나 통풍 이외에 쇼윈도우 같은 효과를 겨냥한 것을 찾아볼 수 있게 되었다. 창의 바깥쪽은 윈도우 박스를 부착해서 4계절의 꽃을 재배하거나, 겨울의 창안쪽에는 온실화초를 놓거나 어울리는 꽃가꾸기로 즐길 수 있는 창으로 이용하는 것도 도시 미화에 중요한 위치를 차지한다.

1. 재배 조건

(1) 창 밖

■ 햇볕받기

 남쪽의 창은 일반적으로 햇볕이 잘 들지만 베란다의 경우와 마찬가지로 지붕이나 차양의 깊이에 따라 계절적으로 변한다. 최근의 건물은 아파트를 비롯하여 지붕이나 차양이 얕은 것, 또는 차양이 없는 창이 늘어나고 있다. 이와 같은 창은 볕이 잘들고 비도 정면으로 들이치게 된다.
 동쪽의 창에서는 오전 중에, 서쪽의 창에서는 오후의 햇볕이 충분히 들어오므로 대개의 화초는 가꿀 수 있다. 다만 서쪽창은 여름 오후의 햇볕을 정면으로 받아서 매우 고온이 된다. 이러한 창에는 나팔꽃 같은 덩굴식물을 자라게 하면 해가림의 대용이 될 수 있다.

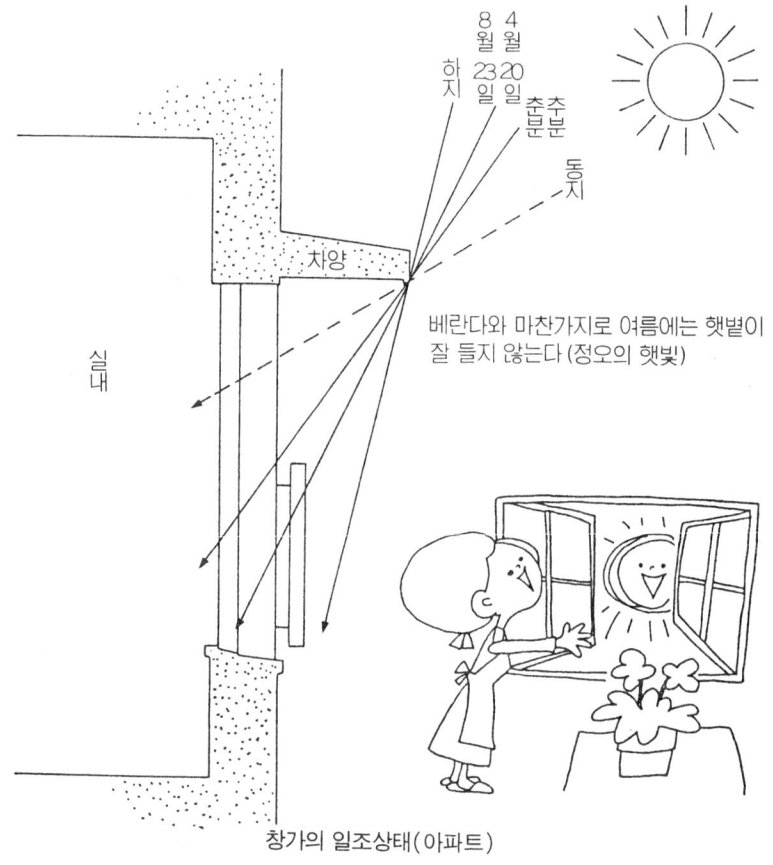

창가의 일조상태(아파트)

　북향창은 베란다와 마찬가지로 초여름부터 가을에 걸쳐 피서를 위한 일시적인 꽃재배장으로서 이용할 수 있다. 더위에 약한 것이거나 강한 햇빛을 싫어하는 식물의 재배에 적합하다. 그러나 가을에서 겨울이 되면 북풍이 불어 추워지므로 창밖은 물론, 안쪽도 재배하기에 어려워진다.

■ 바람

　바람을 받는 데 있어 문제가 되는 것은 역시 중고층 아파트의 창문이다. 베란다와 달라서 풍향(風向)에 따라 정면으로 불어오거나 통과

한다. 4~5층은 그다지 강하게 느껴지지 않지만 7~8층 이상이 되면 상당히 바람이 세어진다.

■ 습도

양지 바르고 통풍도 강하며 게다가 콘크리트벽에 반사가 있는 아파트의 창가는 베란다 이상으로 마르기 쉬운 곳이다. 또 차양이 없어도 풍향에 따라서 비가 들이치기 힘든 창도 있다. 이러한 창가에서는 건조에 강하고 비를 싫어하는 제라늄이나 페튜니아가 베란다에서와 마찬가지로 잘 자란다.

■ 단층이나 2층 주택에서는

햇볕만이 문제이고 바람 같은 것은 그다지 영향이 없다. 비를 맞는 정도는 처마의 깊이에 따라서 다르지만, 대개는 처마가 깊어서 폭풍일 때 이외에는 세찬 비를 맞는 일은 없다. 또 처마의 덕분으로 서리가 내리는 일이 없고 장소에 따라 겨울에는 양지바르므로 따뜻한 창가가 될 것이다. 화초재배에는 상당히 유리한 곳이라 할 수 있다.

(2) 창 안

■ 햇볕받기

창문을 열어놓게 되는 초여름에서 초가을까지는 바깥쪽이나 안쪽이나 햇볕을 비롯한 재배조건은 그다지 다르지 않다. 그러나 남향창으로서 처마나 차양이 있을 때는 여름처럼 해가 높아질 계절에는 햇볕을 덜 받는다. 더욱이 바람도 덜 받으므로 전적으로 관엽식물류를 배열하는 데 적합한 조건이 된다.

동쪽이나 서쪽창은 해가 높아져도 오전·오후의 해가 정면으로 들게 되므로 발을 치거나 나팔꽃 따위의 덩굴성식물을 오르게 하여 해가림을 하는 것이 좋다. 역시 이 경우도 그늘이 되므로 그늘에 강한 관엽식물을 배열하게 된다. 이밖에 강한 바람을 싫어하는 베고니아의 일부나 칼라듐, 글록시니아 등의 화분심기도 잘 자란다.

  늦가을부터 겨울, 초봄에 걸쳐서는 북쪽창을 제하고는 햇살이 잘 든다. 다만 겨울 동안은 창문을 닫아버리는 것이 대부분이다. 창문 유리가 모두 투명한 것이라면 문제가 없지만 불투명유리거나 다이어유리라면 아무리 햇볕을 좋아하는 초봄의 화초도 연약하게 자란다. 팬지와 같이 꽃이 피지 않게 되는 것도 있다.

  또 창문 안쪽에 장지문이 있으면 유리창이 투명하더라도 낮에는 장지문을 열어 광선이 충분히 들도록 하지 않으면 역시 광선 부족이 된다.

■ 온도

  창문 안쪽에서 특히 문제로 되는 것은 겨울철 밤낮의 온도차가 매우 커진다는 점이다.

  겨울의 태양은 비스듬한 광선이므로 북쪽 창문을 제외한 창가에는 잘 들어오며 날씨가 좋은 날의 창문 안쪽은 온실처럼 따뜻해진다. 더구나 출창(出窓)으로서 실내와 구획되어 있을 경우는 상당히 높아져서 겨울에 피는 시클라멘이나 프리뮬러 등의 온실화초가 봄까지 계속 핀다. 그러나 해가 기울어지면 온도가 내려가며 창에 이어지는 방안 관계로 그다지 고온이 되지 않는 경우도 있다.

  낮에는 따뜻해서 괜찮지만 문제는 밤의 추위다. 창문 안쪽에 장지문이라도 있거나 이중 커튼을 치면 온도는 상당히 달라진다. 또 실내 난방이 되어 있다면 문제는 다르다.

  야간에 아무래도 기온이 차지는 곳에서는 낮에 아무리 따뜻하더라도 함부로 온도를 높이지 않도록 환기를 도모하여 극단의 온도 상승을 피한다. 그리고 밤에는 커튼을 치는 것은 물론, 화분에 비닐을 푹 씌워서 추위나 틈바람에서 지켜 주도록 한다.

2. 관리요령

(1) 창의 밖에서는

■ 물주기

직접 외기에 노출되는 창가는 다른 장소에 비하여 건조하기 쉬운 곳이다. 특히 아파트의 창문은 베란다와 같이 출창(出窓)이 되어 있는 것이 아니라 직접 강풍을 받는 외에 콘크리트의 반사광선이 있으므로 예상 이상으로 마르기 쉬워서 물주기가 가장 큰 관리가 된다. 더욱이 아파트에서는 여간 주의해서 물주기를 하지 않으면 물방울이 아래층으로 떨어져서 다른 집에 피해를 주기도 한다.

따라서 물주기는 베란다의 항목에서 기술한 바와 같이 물주전자 같은 것으로 부어 넣듯이 살짝 주도록 한다. 물이 넘쳐 흐르지 않도록 이중 바닥용의 플랜터를 이용하는 등 화분에는 반드시 접시나 화분받침을 받쳐서 한방울이라도 흘리지 않도록 조심한다.

물주기의 횟수도 4계절을 불문하고 날씨가 좋은 날이나 바람이 강한

물주기할 때는 물이 화분 밖으로 흐르지 않도록 주의한다.

위층에서는 아래층에 피해가 있으므로 특히 주의한다.

날에는 건조도를 보아서 충분히 주도록 한다. 건조가 잘 되는 곳에서는 분토 표면에 물이끼 등을 깔거나 분그릇 표면에서 말라 들어가는 것은 화분의 커버 등을 씌워서 건조를 방지하는 것도 생각해야 한다.

겨울에는 바람에 의한 건조가 심할 뿐만 아니라 서툴게 주면 얼게 할 우려도 있다. 작은 분은 창가에 두지 말고 플랜터 등의 용량이 큰 것을 이용하는 외에 분 자체를 플랜터나 박스에 넣어 직접 바람에 노출되지 않게 해 준다.

■ 비료주기

물주기의 횟수가 잦을수록 비료의 유실도 크므로 베란다의 경우와 마찬가지로 횟수를 많이 해서 주는 것이 좋다.

■ 낙하 방지(落下防止)

창가의 화분가꾸기에서 무엇보다도 주의해야 하는 것은 화분의 낙하이다. 아파트의 난간에 있는 창에서는 작은 화분이므로 틈새에서 빠져나오지 않는 한 걱정은 없으나, 그밖의 장소에서는 충분히 조심하도록 한다.

플랜터를 난간 밖에 매달거나 창밖의 선반을 매고 화분을 진열할 경우는 특히 낙하 방지에 주의한다. 물론 태풍이나 강풍이 있을 때는 미리 대책을 강구하도록 한다.

(2) 창의 안쪽에서는

■ 물주기

실내와 마찬가지이므로 창밖일 때보다 더욱 조심하도록 한다. 화분받이 접시나 받침으로 반드시 분을 받치도록 하는데, 바깥의 경우와 마찬가지로 플랜터나 박스에 분을 담아 놓으면 좋다. 또 분을 진열하는 장소 전체에 비닐을 씌워 주는 것도 한 방법이다.

■ 비료주기

비료, 즉 거름도 깻묵과 같이 냄새가 강한 것은 가급적 쓰지 않도록 한다. 따뜻해지면 쉬파리가 생기는 수도 있기 때문이다. 따라서 배합비료로서 물에 풀어서 쓰는 것을 주도록 한다.

■ 해가리기 및 환기

여름의 직사광선이 들어오는 동쪽이나 서쪽의 창에서는 직사광선에 약한 화초를 기르기 위해 해가림을 해준다. 여기에는 문발보다는 레이스의 커튼을 사용하는 쪽이 더욱 실내의 분위기를 즐겁게 한다.

겨울에는 햇볕이 잘 들게 되므로 출창(出窓) 등으로 이중으로 되어 있는 곳에서는 창문을 열고 환기를 꾀하도록 한다. 출창과는 달리 방으로 독립해 있지 않은 창일 경우는 그다지 고온이 되는 수도 없으므로 환기할 필요가 없을 것이다.

■ 보온(保溫)

재배조건에서도 기술한 것처럼 겨울밤의 온도가 상당히 낮아지므로 보온이 필요하게 된다.

창문에 직접 선반을 부착하고 있는 곳에서는 무리이지만, 그렇지 않은 곳에서는 반드시 커튼이나 장지문 등으로 보온하도록 한다. 또 출창에 직접 선반을 부착할 경우도 유리면에서는 비닐 커튼이라도 치도록 한다. 이 밖의 보온 방법으로 분의 크기에 따라서 비닐 주머니를 씌울 필요도 있다.

■ 기타

겨울의 햇살이 아주 풍부하게 들어오는 창의 안쪽이라도 온실과 달라서 식물은 밝은 쪽으로 기울어지므로 이따금 분을 돌려 주는 것이 중요하다.

창문을 개방하는 봄 이후에는 바람도 자유롭게 불어들지만 창밖 정도는 아니다. 그래도 강풍을 싫어하는 일부 베고니아·마란타·글록시니아, 습기를 좋아하는 센트폴리아(Saintpaulia) 등은 너무 창가의 바람을 잘 맞는 곳에 놓지 않도록 한다.

3. 창가원예를 즐기는 법

몇 개밖에 놓지 못하는 창가에서는 파종을 하거나 육묘를 하기보다는 숙근초나 꽃이 붙은 모종 등의 반완성품이나 꽃나무 등의 모양이 이루어진 것을 사서 꾸며 놓는 것이 좋다.

유럽에서도 특히 네덜란드 가정의 창문에서는 마치 꽃의 쇼윈도우처럼 각기 아름다운 계절의 꽃으로 장식하고 있다. 설령 그렇게까지는 못하더라도 창가만은 아름다운 화분을 몇 개 배열하기 바란다. 좁은 창가라도 약간의 장식법이나 고안으로써 그곳에 사는 사람은 물론, 지나가는 사람도 멈추어 서서 쳐다볼 만한 즐거운 창이 되었으면 한다.

(1) 창밖에서의 장식법

창가를 장식한다고 해도 건물의 구조, 창의 구조는 여러 가지이므로 장식법도 일률적일 수는 없다. 각기 알맞는 장식법을 찾아내어 즐거운 창을 만들도록 한다.

■ 유리창과 난간 사이에 여유가 있을 경우

보통 중산층 이상의 아파트는 유리창과 난간 사이에 약 22~23cm 정도의 공간이 있어, 분이나 플랜터를 배열하여 떨어지지 않게 부착하고 있다. 여기에 가급적 크기가 같은 화분을 진열하면 보기에도 정연하고 산뜻한 창가가 된다.

화분의 꽃은 종류가 다른 가지각색의 꽃을 진열하는 것도 좋겠으나 같은 종류로서 꽃색을 바꾸거나, 다시 같은 꽃색으로 통일한 것이 보기에도 산뜻하다.

크기에 따라서는 3~5개 정도 플랜터를 배열할 수가 있다. 심는 초

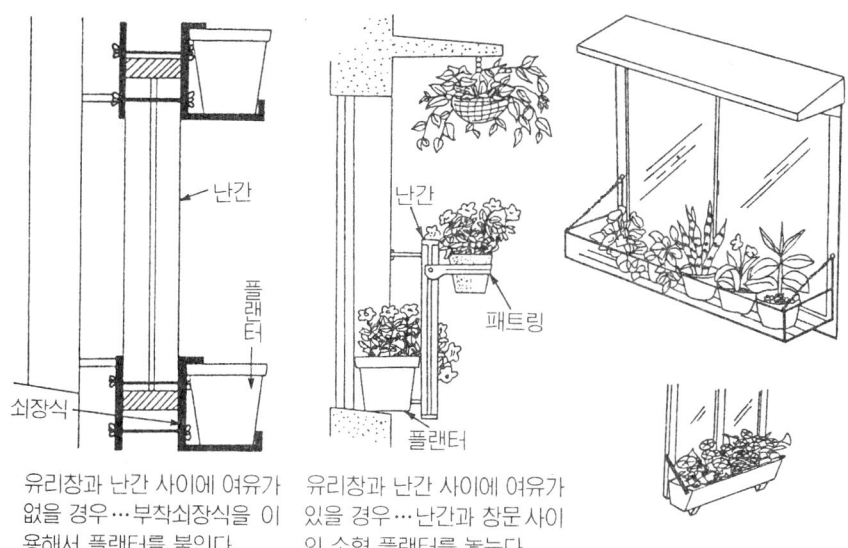

구조에 알맞는 창가 장식의 예   창가에 부착한 매다는 선반

화의 종류나 꽃색을 플랜터마다 바꾸거나 같은 것으로 통일하도록 한다. 화분보다 보기좋은 만큼, 그야말로 꽃에 파묻히는 듯한 느낌이 든다. 또 창폭 가득히 박스를 2~3개 만들어서 배열하는 것도 좋겠다.

■ 맨션 아파트의 경우

시민 아파트에 비하면 창의 난간은 보다 디자인적인 것이 많다. 또 화분이나 플랜터를 배열하여 꽃을 장식하기에 알맞게 만들어져 있다. 여기서는 시민 아파트와 마찬가지로 장식하는 것이 기본이 된다.

■ 플랜터도 화분도 들어가지 않을 경우

난간의 쇠장식에 패트링을 일렬 또는 각기 높이를 바꾸어서 부착하고 거기에 분을 끼워넣을 수가 있다. 플랜터용 매다는 쇠장식을 이용해서 난간 밖으로 붙여 놓을 수도 있으나 이것은 떨어질 위험은 물론, 물을 줄 때마다 흙이나 물이 떨어져서 사고의 원인이 될 수도 있으므로 1층 이외의 곳에서는 알맞지가 않다.

또 난간에 매다는 화분을 같은 높이로 쭉 진열하는 것도 한 방법이다. 종류를 바꾸어도 좋고 같은 것만 배열하여도 효과적이다.

■ 일반 가정의 창

창가에 난간도 선반도 아무것도 없는 곳에서는 부엌의 선반받이 같은 것을 창가에 부착하고 거기에 분을 놓는 방법도 있다. 플랜터를 놓거나 박스를 부착할 수 있다면 더욱 좋을 것이다.

(2) 창안에서의 장식법

■ 꽃가꾸기는 늦가을부터 초봄이 적기

남쪽창의 안쪽에서도 꽃가꾸기를 즐길 수 있는 것은 햇볕이 잘 드는 늦가을부터 초봄에 걸쳐서이다. 이 무렵에는 온실초화의 화분이 풍부히 출하되므로 창가를 보다 아름답게 물들일 수가 있다.

■ 창가에서의 입체적인 배치

출창(出窓)으로 되어 있는 곳이라면 거기에 분을 일렬로 배열하는

창안쪽으로 붙인 선반

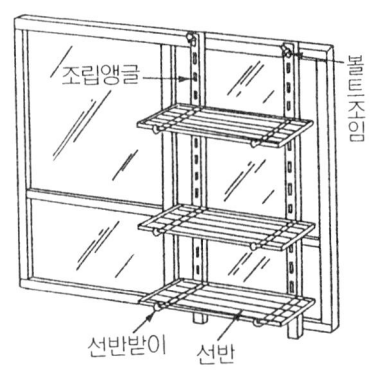

창안쪽의 선반

것만으로도 쇼윈도우 같은 효과는 충분한데, 양지바른 따뜻한 창가에는 하나라도 더 놓고 싶은 것이 사람의 마음이다. 그래서 여기서도 베란다와 마찬가지로 입체적으로 화분을 놓을 수 있는 선반이 필요하다.
　이 선반을 창문에 직접 붙이지 않고 벽을 따라 창문과 직각으로 놓게 되면 창의 밝기는 충분히 유지되지만, 햇볕이 충분히 드는 것은 창가 부분뿐이다. 부피를 작게 하려면 꽃스탠드를 이용하면 좋다.

■ 커튼 레일을 이용하여 다는 화분
　창 안쪽의 커튼 레일을 이용해서 분을 매다는 것도 효과적이다. 더블커튼 레일의 하나에 이들 화분을 매달아 놓고 자유롭게 움직여도 좋다. 또는 여분으로 판자에 커튼 레일을 한줄 더 부착하거나 화분의 수만큼 갈고리를 같은 간격으로 걸어놓고 전면에 장식주름을 붙여서 레일이나 갈고리 부분을 숨기도록 한다.

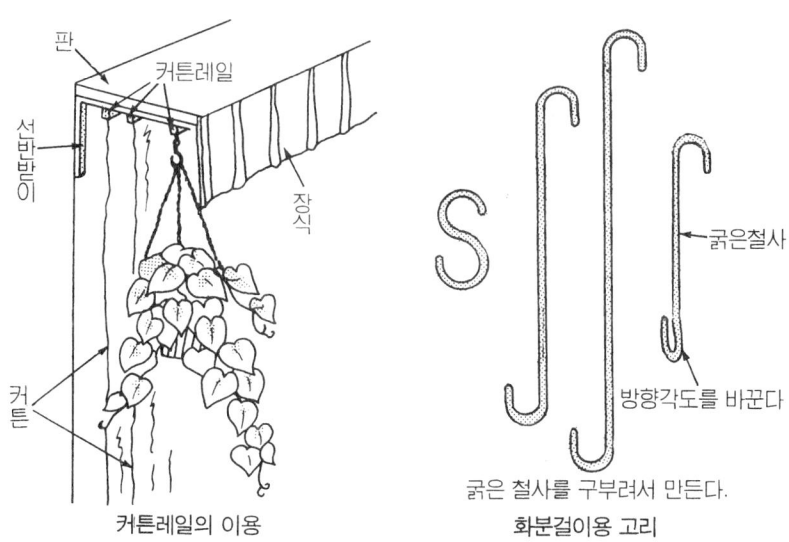

커튼레일의 이용　　　화분걸이용 고리

■ 봄부터 가을에 재배되는 관엽식물
　겨울에는 화분으로 가득차게 되는 창 안쪽도 해가 높아져서 그늘이 된다. 그러므로 봄부터 가을에 재배되는 관엽식물이나 그늘에서도 꽃을 볼 수 있는 각종 베고니아·글록시니아·센트폴리아 등의 화분을 배열하는 데 안성마춤이 된다. 다만 겨울과 같은 식으로 화분을 놓아서는 통풍이 나빠지므로 주의해야 한다.

■ 창가의 장식은 분위기 조성이 된다

이 창가는 재배면만을 생각하여 가급적 많이 화분을 놓는 것도 좋지만, 밖에서 보아 쇼윈도우와 같은 즐거운 분위기로 만들거나 장식적인 면도 생각해서 가급적 깨끗하게 장식하도록 유의한다.

4. 창가원예에 알맞는 꽃

(1) 창의 밖에서는

창가에서 가장 효과적인 꽃은 왜성이며, 옆으로 많이 퍼지거나 드리

덩굴성 꽃식물의 이용

워지는 것이다. 베란다에서도 돋보이는 존재였던 페튜니아·베고니아·제라늄 등의 분심기나 플랜터심기가 좋다. 다음에는 팬지·금잔화·난장이금붕어초·매리골드 등도 꽃붙임이 좋으므로, 잘 돋보이는 꽃색의 것이라면 모두가 창가를 장식하는 데 좋다.

창가에 핀 덩굴성 식물의 화분

또 꽃은 없어도 푸른 덩굴식물로 장식한 창가도 흥미롭다. 가령 꽃은 한때 뿐이라도 잎이 잘 번식하는 아이비제라늄·사철채송화 등은 물론, 반나절 그늘이 되는 곳에는 잎의 아름다움을 즐길 수 있는 헤데라·트라데스캔차·제브리나 등이 적당하다.

덩굴성 꽃식물로는 나팔꽃이나 밤나팔꽃, 누흥초 등이 좋다. 창의 난간에서 차양 있는 데까지 대나무를 세우거나 끈을 쳐서 오르게 한다.

또 반대로 아래로 내려가게 해도 된다. 덩굴장미라도 중소륜성이거나 풀로리반다 종이라면 그다지 뻗어나지 않는다. 더구나 4계절 피기의 것이라면 창가에서 플랜터 심기를 해서 난간 위로 뻗어오르게 하거나 밖으로 드리워지게 해도 재미있다.

또 화목류(꽃나무류)라면 왜성으로서 꽃붙임이 좋고 한때라도 호화롭게 보여 주는 서양수국이나 철쭉, 왜성양골담초 따위는 하나씩이라도 잘 돋보인다. 언제나 볼 수 있는 포트맘도 가을의 꽃으로 역시 배열해 놓고 싶은 것이다.

(2) 창의 안쪽에는

가을에는 추워지므로 선인장을 구하여 걸이화분으로 하거나 꽃스탠드의 상단에 놓는 등, 밑에서 쳐다볼 수 있는 장소에 놓는다.

연말이 되면 시클라멘이나 플리뮬러의 화분이 많이 생산되는데, 어느 것이나 저온에 강하여 얼지만 않는다면 창가에서 충분히 자란다. 연말에는 포인세티아도 이 창가에서 그 아름다운 꽃잎의 색상을 보여 준다.

이밖에 가을부터 본격적으로 나오는 포트맘도 연말경이면 꽃달리기도 좋고 꽃도 좋아서 1개월 가까이 즐길 수 있다.

밖에 내놓아 저온에 길들여 놓은 물수경 재배의 히아신스나 크로커스도 창안에 들여놓으면 먼저 피기 시작한다. 또 시네라리아, 칼세오라리아, 아자레아 등, 초봄의 꽃가게에서 볼 수 있는 화분을 구하여 즐기는 것도 양지바른 창가이다.

여름에는 시원한 칼라듐이나 베고니아·디펜바기아·스킨답서스 등의 화분을 진열하거나 매달아 즐기도록 한다.

5 실내에서의 꽃가꾸기

1. 재배 조건

(1) 여름철의 경우

대부분의 것이 밖에서 자라는 여름철에는 실내는 전적으로 그늘에서도 자라는 관엽식물이 주가 되는데, 이런 것이라면 실내의 온도나 햇볕은 그다지 문제가 되지 않는다. 그러나 최근과 같이 에어콘이 보급되면 또 다르다. 가령 스위치를 넣었다 껐다 해서 온도가 급변하거나 건조의 피해도 생길 수 있다. 글록시니아 등은 에어콘이 있는 방에서 오히려 기운차게 자라는 예도 있으므로 일률적으로 말할 수는 없다.

(2) 겨울철의 경우

온실초화의 프리뮬러나 시클라멘 등의 저온에 강한 것은 얼지만 않는다면 실내에서 충분히 월동한다. 또 관엽식물인 고무나무나 트라데스캔차, 몬스테라 등은 물을 덜 주어 건조하지만 않도록 관리하면 말라죽지 않고 월동할 수 있는 것도 많이 있다.

■ 난방기구에 의한 환경의 변화

완전 난방이 된 건물이 아니고 난로 등을 쓰고 있는 방안은 같은 방안이라도 온도차가 있다.

더욱 나쁜 것은 취침 전후에 난방을 꺼버리는 경우이다. 이와 같이 온도차가 심한 곳은 식물을 위해 좋지가 않다. 또 건조 피해도 생각해야 한다.

2. 관리요령

(1) 여름철의 관리

어두운 실내에 오래 두면 아무리 그늘을 즐기는 것이라도 잎색이 나빠지고 웃자라기도 한다. 포토스·피레아·헤데라 등과 같이 어두운 방안에 오래 방치해도 의외로 끄떡없이 잘 자라는 것도 있으나, 어떤 것이든 이따금 밝은 창가나 베란다 등에 내놓는 것이 좋다. 그러나 별안간 직사광선을 받게 하는 것은 삼가해야 한다.

직사광선에 강하다고 일컬어지고 있는 고무나무나 붉은 드라세나·페닉스 등도 방안에서 별안간 옥외의 양지바른 곳에 내놓으면 잎뎀(葉燒)을 일으킨다.

또 관엽베고니아류나 마란타·센트폴리아·디펜바키아 등은 강한 바람을 싫어하므로 창의 안쪽에 놓아 바람에서 지켜 준다.

창밖에 선반을 이용해서 플랜터에 꽃을 가꾼다

창밖의 꽃

관엽식물은 밝은 창이 좋지만 직사광선은 피하는 것이 좋다 (스킨답서스)

창안의 관엽식물

이 시기는 관엽식물이 가장 원기있게 자랄 때이므로 7~10일에 1회 정도는 배합비료를 규정의 배 정도로 희석해서 물대신 주도록 한다.

(2) 겨울철의 관리

■ 햇볕받기와 보온

10월 중하순부터는 아침저녁으로 싸늘해지므로 추위에 약한 관엽식물은 옥외에서 방안으로 들여오도록 한다. 그러나 차가와진다고 해도 한겨울의 추위에는 큰 문제가 되지 않으므로 각별히 따뜻하게 해 줄 필요는 없다.

이 무렵부터 연말에 걸쳐서 여러 가지 꽃이 나오기 시작한다. 꽃봉오리가 떨어지기 쉬운 개발선인장은 어두운 실내보다도 양지바른 창가에 놓고 자주 옮기지 않도록 한다.

또 포인세티아나 시클라멘·프리뮬러·마라코이데스·카랑코에 등의 햇빛을 좋아하는 것은 낮에는 창가 등의 양지바른 곳에 둔다. 그리고 야간에도 특별히 실내를 장식하는 데 쓰는 것 이외에는 저온인 곳에 두는 것이 좋다.

실내에 장식할 경우에도 2~3일 동안 실내에 놓고는 다시 4~5일 이상 양지쪽에 내놓는 등 분을 바꾸어 장식하도록 한다.

■ 물주기와 습도 유지

이 무렵이 되면 화분용토(盆土)의 건조는 점점 적어진다. 물주기도 여름처럼 듬뿍 줄 필요가 없으므로 서서히 횟수를 줄여간다.

본격적인 추위가 시작되는 겨울이 되면 추위에 약한 것일 수록 저온인 실내에서의 물주기를 삼가하여 반휴면 상태로 만들어 주도록 한다.

이밖에 습도 유지 방법으로서 수태(水苔)나 버미큘라이트를 넣은 상자나 플랜터 등을 이용하여 분을 진열하는 방법이 있다. 또 분 하나 하나에 비닐주머니를 씌우는 것도 건조 방지는 물론 방한(防寒)으로도 효과적이다.

■ 보호상자(Wardian case)이용

같은 꽃이라도 포인세티아는 10°C 이상의 온도가 필요하다. 양란류에서도 심비디움은 비교적 저온에 강하여 물을 삼가하면 걱정 없으나 캐틀레야·팔레노프시스 등은 온도가 높아도 공기의 건조로 꽃이 상하므로 워디언 케이스가 필요하다. 꽃이 아름다운 겨울피기의 베고니아나 센트폴리아도 상자에 넣지 않으면 점점 꽃이 피지 않게 된다.

난방이 되어 있는 방안이라도 습도 부족과 온도의 불균형으로 고온성의 것은 아무래도 생육이 나빠진다. 따라서 습도와 온도를 일정하게 유지할 수 있는 워디언 케이스가 필요하게 되나 잘못 사용하면 오히려 해롭다.

■ 햇볕받기

이 워디언 케이스는 온실이라고는 하지만 실내에서 쓰는 것이므로 가급적 양지바른 쪽에 놓아야 한다. 그래도 상자속으로 들어오는 광선은 창의 유리를 지나 다시 케이스 자체의 유리를 지나므로 광선이 약해져서 특히 햇빛을 좋아하는 것에는 광선 부족이 된다.

이와 같은 광선부족을 막기 위해 야간의 관상을 겸해서 비타램프를 켜 준다. 이 램프는 밤새껏 점등할 필요는 없고 취침시에 끄도록 한다.

■ 온도

케이스 내의 온도는 온도조절기로 자동조절이 될 수 있게 되어 있다. 수용하는 식물에도 따르지만 야간에는 최저 10°C 이상, 가능하면 15°C 가까이로 하고 최고는 낮이라도 25°C까지로 해 준다.

■ 물주기와 습도 유지

온도가 있으면 케이스 내의 식물은 기운차게 잘 자라므로 물도 충분히 주어야 한다. 건조를 억제하기 위해 케이스에 수태나 버미큘라이트를 깐 베드를 넣어 케이스 안을 축축하게 하면 상당한 보습효과가 있다. 그래도 건조하면 스프레이 등으로 내부의 습도를 높여 주면 된다.

■ 비료주기

겨울에도 보통으로 생육하고 꽃도 달리는 센트폴리아나 겨울피기 베고니아는 겨울동안 1~2회 덧거름을 준다. 배합비료를 물에 희석하여 주면 되는데, 실내이므로 질소질비료를 가급적 적게 주도록 한다.

■ 병충해

케이스 안이라도 진딧물이 발생하거나 마른잎 등에 곰팡이 모양의 회색곰팡이병이 발생하기도 한다. 떨어진 꽃잎이나 마른잎은 가급적 제거하고, 진딧물은 가급적 약을 쓰지 말고 손으로 문질러서 퇴치하도록 한다.

3. 실내원예를 즐기는 법

(1) 현관

현관 앞의 관엽식물

현관이라도 유리문으로 햇살이 들어오는 밝은 현관에서부터 낮에도 조명이 필요한 어두운 현관까지 여러가지이다.

햇볕이 잘 들고 충분한 공간이 있는 밝은 현관이라면 신발장 반대쪽에 꽃스탠드를 놓아 화분을 교대로 장식하거나 포스트, 필로덴드론헤데라, 몬스테라, 거기에 고무나무나 페닉스, 종려죽의 큰 분 등을 놓으면 차분한 느낌이 든다.

(2) 거실

거실의 형태는 여러가지이고, 또 한식

햇볕이 좋은 남향창가

책장위의 따스함을 이용한 실내장식

과 양식에 따라 그 구조도 여러 가지이므로 일률적으로 말할 수는 없으나, 방안의 포인트를 어디에 잡는가에 따라 여러 가지로 배치 상황을 연구해서 놓도록 한다.

(3) 부엌·식당

부엌의 선반 밑에 헤데라나 접란 등의 작은 화분을 매달거나 싱크대

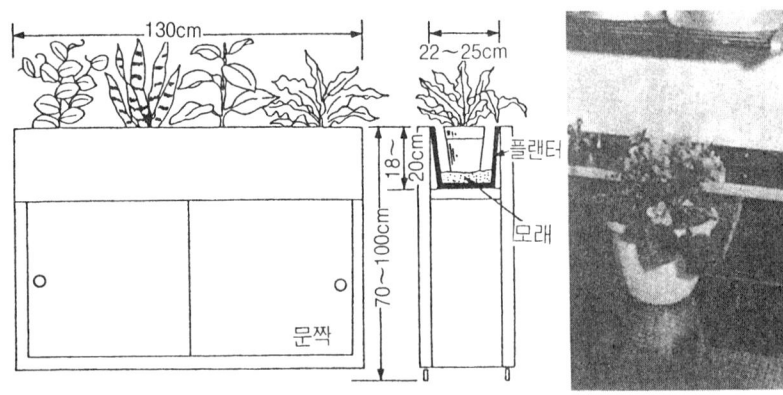

플랜터를 넣을 수 있는 칸막이

부엌에도 꽃을 놓아 환경을 바꾼다

위의 세제와 나란히 센트폴리아의 화분을 놓으면 한 두 개의 화분으로도 부엌 분위기가 훨씬 부드러워진다. 부엌에 이어지는 식당에도 화분을 놓으면 식사 분위기가 한결 좋아질 것이다.

부엌과 식당 사이의 칸막이에 칸막이선반을 놓고 거기에 화분을 진열하는 것은 흔히 있는 일인데, 조금 장소가 있다면 거실과 마찬가지로 큰 화분을 포인트 대신으로 놓거나 꽃스탠드를 들여놓는 것도 좋다.

(4) 기타의 장소

■ 욕실

어느 곳보다도 습도와 온도가 높은 욕실은 관엽식물에게는 가장 좋은 보금자리다. 방안에서는 잎에 물을 뿌릴 수 없으나, 물을 충분하게 뿌릴 수 있는 곳은 욕실이나 베란다 정도이다. 그러나 욕실이라고 해도 화분을 가득 채울 수는 없다. 환기창 있는 곳에 작은 화분이나 소형 플랜터를 놓고 매다는 분으로 공간을 장식하는 외에 선반을 매달고 얹

목욕탕에 푸른 관엽식물로 한껏 멋진 분위기

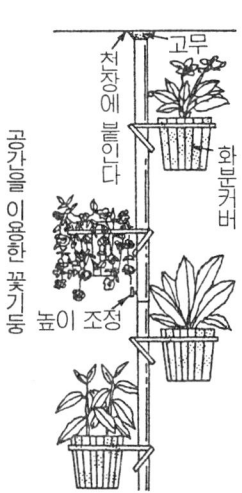

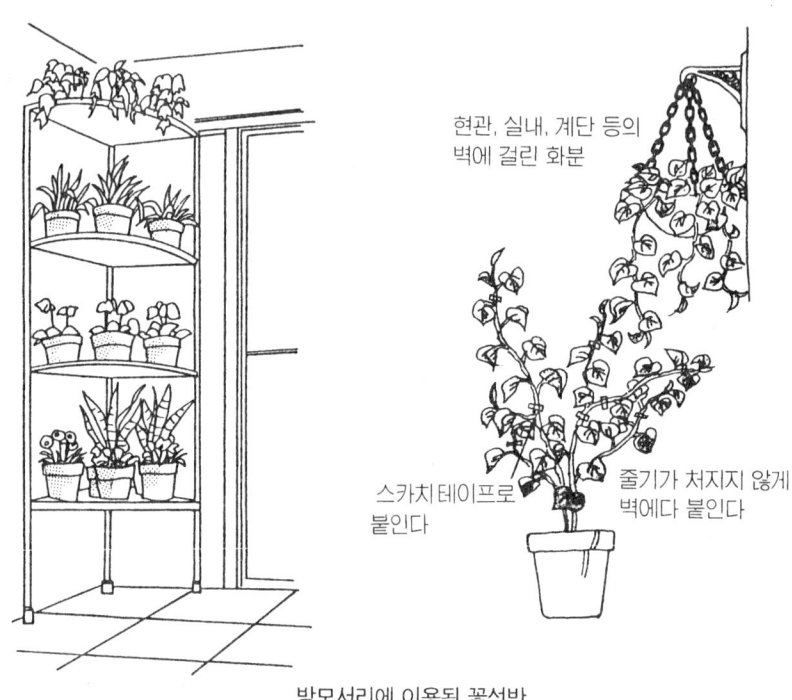

방모서리에 이용된 꽃선반

어놓는 수도 있다.

■ 세면장(洗面場)

대개는 욕실 옆에 있거나 장소에 따라서는 양지바른 곳에도 있다. 꽃식물이 아니더라도 관엽식물의 분을 2~3개 놓으면 충분히 효과를 발휘한다.

(5) 아름답게 장식하기

■ 워디언 케이스 (Wardian case)

아무리 난방이 되어 있는 방안이라도 종일 따뜻한 것은 아니며, 더욱이 난방에 의한 건조가 따르기 때문에 온도나 습도가 필요한 것은 잘 자라지 않는다. 그러므로 겨울에도 싱싱하게 자라고 꽃도 피게 하기 위해서는 아무래도 워디언 케이스가 필요하다.

■ 손수 만드는 워디언 케이스

간단한 것은 계단식이나 책꽂이식 화분선반에 비닐을 완전히 씌우고 가온하지 않거나 소형 전구정도의 가온장치를 한 것이다. 이 정도의 것이라면 조립앵글로 세우고 비닐이나 파일론으로 둘러치고 케이스용의 전구를 부착하면 가정에서도 충분히 만들 수 있다.

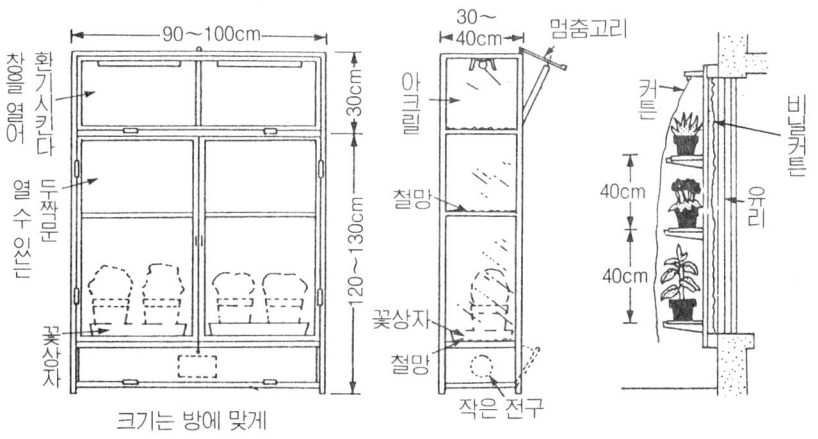

만들 수 있는 워디언 케이스 　　　　　　　창을 이용한 보온장치

■ 화분 커버

토분의 소박한 멋은 좀체로 버리기가 어렵지만, 여러 가지 화분 커버를 써서 꽃의 아름다움을 더욱 효과적으로 보이게 하는 것도 연구할 필요가 있다. 그런데 이 화분 커버는 물이 괴게 되어 있는 것도 있으므로 이따금 바닥의 물을 버리도록 한다.

■ 박스 및 플랜터

실내에서도 화분을 따로따로 진열하는 것보다 박스에 모아서 넣으면 매우 효과적이다. 박스는 판자로 손수 만들 수가 있겠으나, 플랜터는 시판하는 것이 있어 이를 이용하면 좋겠다.

그런데 플랜터의 경우는 분에서 뽑아서 직접 심어도 된다. 초봄의 프리뮬러 포리안사, 프리뮬러 마라코이데스, 시네라리아 등은 여기에 모아 심는 것이 호화롭게 보인다.

■ 테라리움 재배(유리병 속의 식물재배)

열대어의 수조(水槽)나 금붕어 어항, 큰 유리그릇을 이용해서 그 속에서 관엽식물의 당겨심기를 하는 테라리움 재배는 실내의 액세서리로서 거실에는 물론, 현관 등에 장식하는 것도 매우 효과적이다.

소형 관엽식물의 페페로미아·아니언탐·베고니아류·헤데라·피레아·포토스·드라세나·아나나스 등 외에 센트폴리아·애기안스룹·에피스시아·베고니아 센파플로렌스 등의 꽃식물도 이렇게 가꾸면 좋다.

■ 아이디어 재배의 포인트

화분과 달라서 물을 뿌릴 수 없으므로 용기의 바닥에는 자갈이며 굵

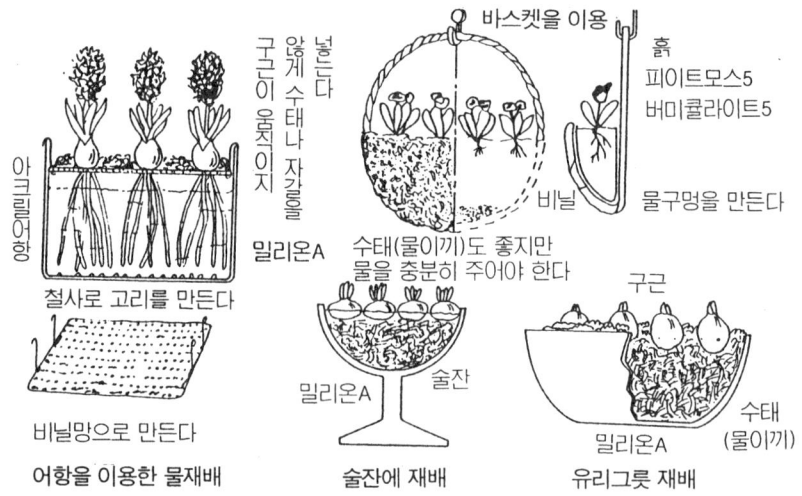

은 모래, 숯조각 등을 깔고 그 위에 축축한 수태나 버미큘라이트를 깔아서 놓듯이 심고 주위에 수태를 가볍게 채워 놓는다. 작은 용기에는 한 종류를, 큰 용기라면 몇 종류를 혼합해서 심기를 할 수 있다.

물은 이따금 스프레이(분무기)로 속의 수태나 버미큘라이트가 젖을 정도로 준다. 거의 마르지 않으므로 물이 찰 정도로 주어서는 안된다. 용기는 뚜껑이 있으나 공기가 충분히 통하도록 적당히 틈을 만들어 놓는다.

4. 실내원예에 알맞는 꽃

볕들기가 나쁜 실내에서는 아무래도 그늘에 강한 관엽식물이 주가 되고, 꽃식물이라도 반그늘이나 그늘에 적응하는 것에 한정된다. 그래도 늦가을부터 초봄에 걸쳐서는 실내에 햇볕이 들어오므로 다채로운 온실화초를 재배할 수 있고 또 관상할 수가 있다.

워디언 케이스를 이용하면 베고니아나 센트폴리아는 꽃이눈(插芽)이나 잎꽃이(葉挿)로써 얼마든지 증식할 수가 있고, 베고니아류라면 종자로서 가꿀 수도 있다.

실내원예에 알맞는 꽃이라면 연중 실내에 두고 즐길 수 있는 것이겠지만 여기서는 보호를 위해 겨울에만 실내에 놓을 수 있는 베란다나 창가에 알맞는 꽃을, 반대로 실내에서 즐기는 온실초화나 꽃나무라도, 초봄에는 베란다에 내놓는 꽃도 모두가 적용된다.

6 작은 화단에서의 꽃가꾸기

1. 아파트 · 연립단지의 화단 만들기

(1) 화단의 위치

 화단은 햇볕이 잘 드는 베란다 쪽의 마당에 만드는 것이 보통이며, 위치로서나 조건적으로도 가장 좋다. 북쪽 부분도 초여름에서 가을까지는 아침, 저녁의 햇빛과 반사광의 밝기만으로도 충분히 여름의 초화를 만들 수 있다. 특히 건물이 동향이거나 서향일 경우는 오전이나 오후의 어느 쪽 햇볕도 상당히 오래 받을 수 있다.
 또 건물에 접근하여 화단을 만들 때는 창이나 베란다의 차양에서 낙수물이 떨어지는 위치를 잘 확인하는 것도 중요하다. 아무튼 건물에 접근한 화단은 겨울에는 따뜻한 반면, 여름에는 매우 더워지고 공기가 건조하기 쉬우므로 응애가 다른 곳보다 발생되기 쉽다는 결점이 있는 것도 사실이다.

(2) 화단의 크기와 모양

 화단의 크기와 모양은 베란다의 돌출이나 정원수의 위치, 맨호울 등과 같은 건물 부속물의 배치 등에 따라서 다르므로 아파트와 같이 건물이 직선적으로 배열되어 있는 것은 화단도 그에 따라서 직선적인 것으로 만드는 것이 자연스럽다.
 화단의 폭도 손질할 수 있는 크기로는 1~1.6m 정도가 적당하다. 길이는 각동별로 하거나 2동 연속으로 하는 등 자유이지만 단책형(短柵型)으로 하는 것이 보기에 좋다.

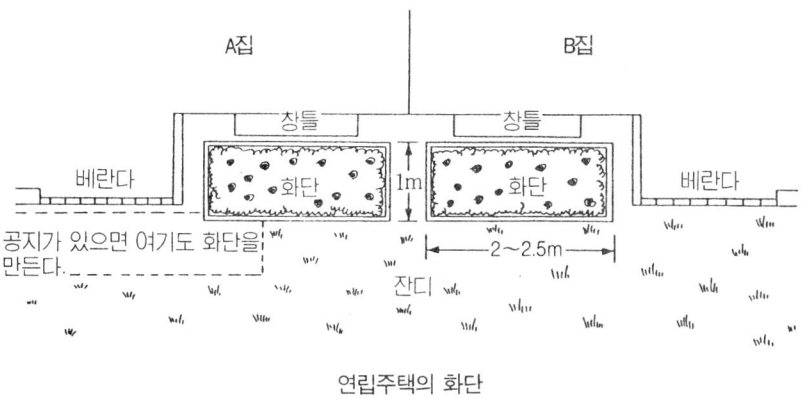

연립주택의 화단

(3) 화단의 주위

적어도 화단의 가장자리만은 벽돌이나 블록으로 통일하여 높고 낮음이나 비뚤어짐이 없도록 꼭 맞게 만들도록 한다. 가장자리잡기가 제대로 되어 있으면 속의 화단도 자연히 잘 되어 보인다.

또 그렇지 않으면 관목이나 숙근초로 울타리를 만드는 것도 좋다. 풀식물로는 솔잎가래, 리본그라스, 관목으로는 회양목, 애기치자나무, 백정화, 영산홍, 왜철쭉 등 깎아서 손질할 수 있는 것이 적당하다.

또 벽돌의 가장자리를 따라서 계절의 꽃을 팬지·데이지·아리섬·사철채송화·아게라탐·풀솜꽃·꽃잔디·아르메리아, 거기에 구근의 무스카리·크로커스·알리움·이키샤 등 왜성으로서 그다지 모양이 흐트러지지 않는 것을 심으면 좋다.

(4) 심는 법

폭이 좁은 화단이므로 공원이나 유원지와 같은 디자인적인 심기를 하거나 같은 초화끼리 심을 필요는 없다. 여러 가지 꽃을 심어서 즐길 수 있는 화단을 만들었으면 한다. 그렇다고 해서 아무렇게나 심으라는 것이 아니라 가급적 종류를 적게 하여 각 종류의 꽃의 집단을 크게 하는 것이 효과적으로 심는 법이다.

또 꽃색도 같은 것끼리 모으는 것이 더 돋보인다. 이밖에 초장의 높이를 잘 이용하여 변화를 준다.

(5) 공동 화단

아파트와 같은 공동 생활터에서는 각자의 화단도 좋지만, 아파트 전체의 통일된 화단이 바람직하다. 가령 잔디속이라든가, 공통적인 공터

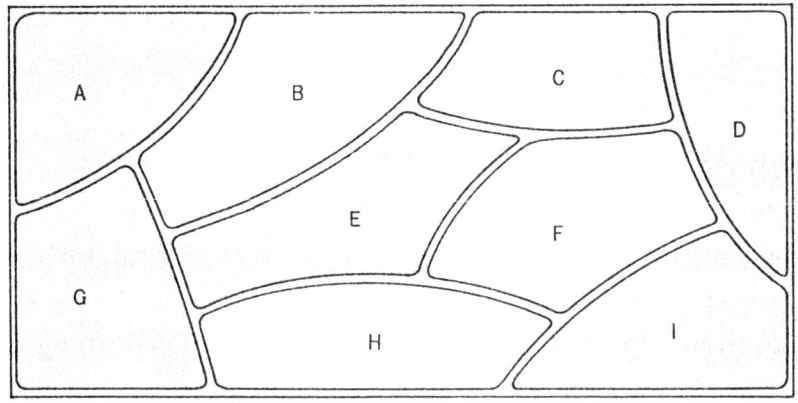

〈아파트 화단의 심는 예〉

	3월~5월	6월~8월	9월~11월	12월~2월
A	수레국화	백일초	(튜울립)	(비운다)
B	튜울립	샐비어	——	——
C	금잔화	맨드라미	국화	(월동)
D	아이리스	칸나	——	(월동)
E	금붕어초	콜리우스	——	팬지(黃)
F	석죽	일일초	프렌치매리골드	팬지(靑)
G	팬지	가자니아	——	(월동)
H	아리섬	사철채송화	프렌치매리골드	색양배추
I	데이지	숙근바베나	——	(월동)

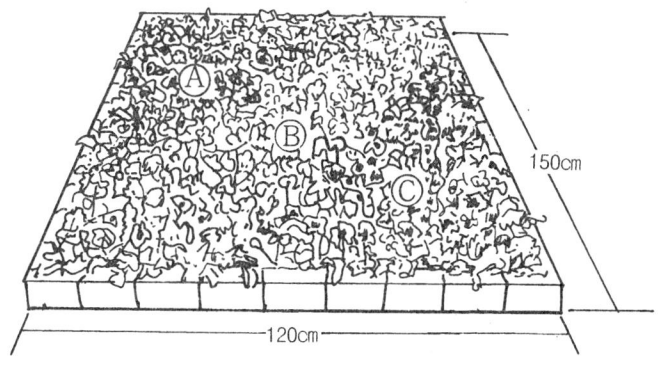

〈아파트의 공동 화단의 예〉

	봄	여름	가을	겨울
A	팬 지 (靑)	왜성샐비어(赤)	———	색양배추(白)
B	팬 지 (黃)	왜성샐비어(赤)	———	색양배추(赤)
C	팬 지 (紫)	베 고 니 아(白)	———	색양배추(白)

울타리를 통일한 화단

앞을 똑같이 맞추어 장식한 화단

아파트단지의 작은 화단

에 공원과 마찬가지로 화단을 만든다.

　모양은 극히 간단한 원형이나 정사각형, 정삼각형 식으로 단순한 모양이 효과적이다. 또 속의 디자인도 극히 간단하게 봄에는 팬지만으로

2, 3색 정도로 하고, 초여름부터 가을에 걸쳐서는 베고니아 센파로렌스 만이라든가 샐비어의 빨강색 혹은 프렌치 매리골드의 노랑색 식으로 대담한 색깔을 쓰도록 한다. 그리하여 멀리서도 매우 선명하게 잘 돋보이게 한다.

(6) 관리

좁은 화단이라도 땅에 심는 것이므로 그 관리에 있어서는 정원의 꽃가꾸기와 마찬가지이다. 비료주기에 있어서도 가급적 깊게 땅을 파헤쳐서(30cm 이상) 가능하면 퇴비나 피이트모스(Peat moss) 등의 유기질을 연간 1회는 충분히 주어야 한다.

여름에는 콘크리트의 반사로 인해 공기의 건조가 심하여 다알리아나 코스모스·메리골드 등에 응애가 붙기 쉬우므로 주의해야 한다.

또 풍향에 따라서는 비오는 날에도 충분히 스며들지 않는 수가 있으므로 비가 내렸다고 해서 안심하지 말고 흙의 건조에 주의하도록 한다.

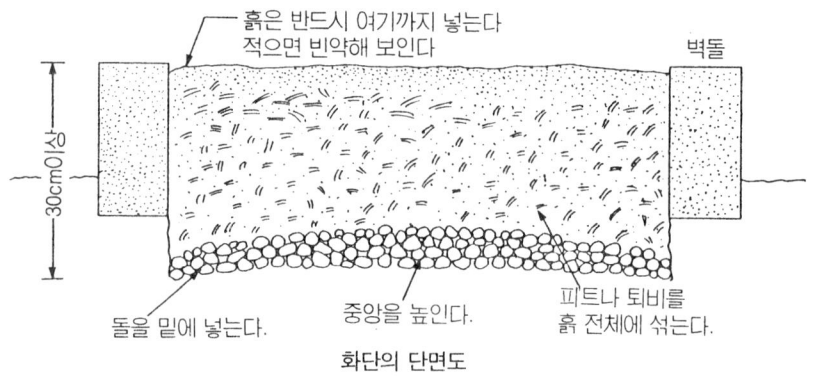

화단의 단면도

2. 길가의 화단

(1) 만드는 법

재배조건은 대형 용기의 경우와 마찬가지이다. 화단의 폭은 물론,

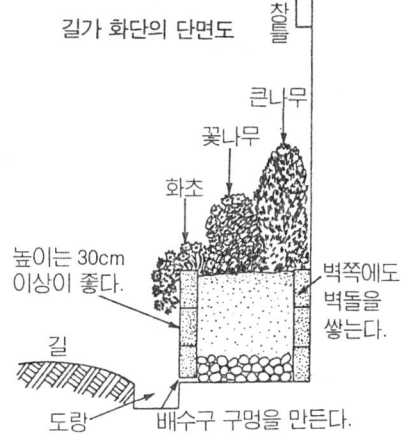

길가 화단의 단면도

작은 공간이라도 땅이 있으면 화단을 만든다.
길가 화단

높이도 30cm 이상은 요망된다. 그러나 이것도 주위와의 균형을 생각하여 너무 높게 하지 않도록 한다. 또 포장되지 않아서 흙 그대로의 길이라면 가장자리잡기는 너무 높게 할 필요는 없다.

이런 화단에 흙을 넣을 때는 분심기와 마찬가지로 바닥에는 자갈 등을 넣고 그 위에 마당흙이나 산흙에 피트모스를 섞은 배수가 잘 되는, 딱딱하게 굳지 않은 흙을 넣는다.

(2) 심는 법

이런 화단은 대개 집에 접하고 있으므로 흔히 여기에 덩굴식물을 올리게 하거나 여러 가지의 계절꽃을 심거나 혹은 정원수나 꽃나무를 심는다. 가장자리에 모스프록스나 사철채송화, 헤데라 등의 숙근꽃식물이나 덩굴성을 드리워지게 하고, 뒤에 계절의 꽃을 집단으로 심으면 효과적이다.

또 좁은 곳에서는 계절의 꽃, 예컨대 봄이라면 팬지, 초여름에는 금붕어초, 여름에서 가을에 걸쳐서는 매리골드나 샐비어 등을 또 때로는 제라늄이나 베고니아를 단색으로 심는 것도 산뜻해서 좋다.

(3) 관리

길가에 있으므로 배기가스나 먼지, 혹은 도난 등에 주의가 필요하지만 보기흉한 울타리는 그만두는 것이 좋다. 또 대개의 경우는 화단의 위치가 처마밑에 가까운 곳이 되므로 비를 맞기가 어려우므로 물주기에 주의하도록 한다.

3. 옥상의 화단

(1) 박스 화단

맨션아파트 등의 테라스식 옥상이나 일반가정의 베란다와 같이 넓은 공간이 있는 곳에는 단지 플랜터나 플라워 베이스를 놓는 것만으로는 재미없으므로 이것을 여러가지로 조합한 박스 화단으로 꾸미도록 한다.

화단의 중심에는 꽃식물이 아니라 정원수 같은 푸르름이 큰 화분 심기를 놓아 악센트를 주거나 돌탑이나 석재 등의 물체를 중심에 놓고 그 주위를 꽃 박스로 둘러싸는 것도 효과적인 방법이다.

(2) 관리

옥상화단의 관리는 옥상의 꽃가꾸기와 거의 같다. 비교적 바람이 강한 곳인 만큼 화단으로서의 효과를 거두기 위해서도 생울타리나 녹색식물의 화분으로써 바람막이의 배경을 만들어 조용한 분위기를 나타내도록 한다.

4. 작은 화단에 알맞는 꽃

작은 화단에 알맞는 꽃이라면 거의가 왜성으로서 꽃붙임이 좋은 초화나 꽃나무에 한한다. 여기서는 베란다용, 길가용은 물론 일단 노지용의 대부분을 심을 수 있다. 건조나 먼지에 강한 것이 적합한데, 그 반면 분심기나 플랜터용의 프리뮬러, 베고니아, 서양수국 등 온실용의 것도 따뜻한 계절에는 길가화단을 화려하게 해 준다.

7 기타 장소에서의 꽃가꾸기

1. 점포 앞

(1) 점포앞에서의 재배조건

　점포의 방향에 따라서는 볕들기나 기타의 조건이 달라지므로 엄밀히 말한다면 그 조건에 따라서 가꾸는 것도 자연히 한정된다. 그러나 북향이 아닌 한 반나절의 햇볕은 볼 수 있는 것이 보통이므로 대부분의 것이 자랄 수 있다. 북향의 점포라도 길가에서의 재배조건과 마찬가지로 밝은 곳이라면 여름 동안에는 웬만한 것은 놓을 수 있다.
　배기가스나 먼지 등이 많은 것도 길가의 경우와 거의 같다. 길가의 경우와 특별히 다른 것은 점포앞에 접해서 있는 만큼 처마가 깊은 곳은 직접 비를 맞지 못해 물주기가 중요하다는 것이다.

(2) 점포앞의 장식법

① 진열법 — 일렬로 진열하는 것이 가장 무난

　점포앞의 공간이나 점포의 구성에 따라서 그 장식법도 다르다. 일반적인 방법으로는 진열장 앞에 플랜터나 박스를 일렬로 늘어놓거나 크기가 같은 화분을 같은 간격으로 진열하는데 이렇게 하는 것만으로도 점포앞 분위기는 매우 화려하게 된다.

② 입체적인 장식법 — 산뜻하게 장식한다.

　꽃을 보다 많이 사용하여 보다 효과적으로 꽃스탠드나 화분을 입체적으로 진열하는 것은 좋지만, 디자인적인 효과를 생각한다면 가급적

입체적으로 플랜터와 분 등을 이용해서 진열

플랜터를 점포앞에 일렬로 진열

산뜻한 장식을 하여야 한다. 그렇지 않으면 오히려 어수선하게 되어 점포 분위기를 망가뜨리게 된다.

 벽 같은 데에 화분받이를 부착해서 입체적으로 장식할 경우는 전체적인 배치를 생각하여 점포의 디자인에 맞도록, 때로는 전문가의 의견을 듣고 배치하도록 한다.

③ 매다는 꽃의 활용

 점포앞의 경우도 매다는 꽃의 효과를 살리는 것이 좋다. 걸어놓을 장소가 있으면 가급적 호화로운 것이 좋다. 양지바른 점포앞이라면 큰 바구니에 꽃식물을 수북히 심어 보도록 한다. 큰 것이라면 하나만으로도 충분하다.

④ 용기의 연구 — 박스를 최대로 이용한다.

마찬가지로 진열하더라도 화분이나 플랜터를 그대로 노출시켜 놓는 것보다는 화분의 커버나 케이스에 넣어서 놓는다. 플랜터보다 박스쪽이 가게의 분위기에 잘 맞으므로, 플랜터라면 둘레를 판자로 싸서 박스처럼 보이도록 할 필요도 있다. 그리고 색깔도 박스와 꽃색을 보조색 관계로 배색하면 더욱 좋다.

바퀴를 달아 밤에는 점포 안으로 이동

쇼윈도우 안에 진열한 꽃

점포앞의 경우는 이동할 수 있도록 박스에 바퀴(캐스터)를 부착하면 편리하다.

⑤ 창문을 장식한다.

창문이 있는 곳에서는 창문에 화분을 진열하거나 플랜터 등을 얹어 놓도록 선반을 설치하면 좋다. 예컨대 창문에 3개 정도의 화분을 얹어 놓을 수 있으면 한결 분위기가 달라진다.

바깥의 꽃이 적어지는 늦가을부터 초봄에 걸쳐서는 다채로운 온실 초화가 가장 많이 나는 시기이다. 진열장 안에 이런 화분을 배열하면 좋을 것이다.

(3) 관리

실내나 창가, 혹은 길가원예와 같은 손질로 충분하지만 어디까지나

보이는 것이 주이므로 꽃잎 부스러기나 마른잎 등은 발견 즉시 제거해서 언제나 깨끗한 상태를 유지한다.

　꽃을 놓는 장소에 따라서 강력한 난방이나 냉방에 의한 꽃의 피해가 심할 경우도 있으므로 가급적 이러한 영향이 적은 곳에 적게 하는 연구를 하고 놓도록 한다.

(4) 점포앞의 화단

　점포앞의 약간의 공간이 있는 곳에서는 작은 화단을 만들어서 계절의 꽃을 심도록 한다. 물론 그 점포의 직종에 따라서 할 수 없는 곳도 있겠지만 진열장이 없는 다방이나 레스토랑, 미용원 등에서는 의외로 하기 쉽다고 본다.

　그 방법은 작은 화단에서의 꽃가꾸기와 마찬가지인데, 여기서는 어디까지나 아름답게 보이는 것이 첫째이므로 심는 종류는 1~2종류에 그치고, 꽃색을 같은 색으로 통일해서 산뜻한 것으로 하는 것이 중요하다.

(5) 점포앞에 알맞는 꽃

　대부분이 화분에 심는 꽃이 핀 그루거나 꽃이 개화하는 모종을 이용하게 되므로 화분이나 박스에 알맞는 다화성(多花性)의 것이 가장 적합하다. 물론 분을 늘어놓는 것만 아니라 박스나 플랜터에 심어서 베란다에서와 같이 오래 피게 하는 것이 중요하다.

■ 식물을 갈아심도록

　초봄에는 일반적인 팬지나 데이지, 금잔화를 쓰는 외에 때로는 프리뮬러나 시네라리아 등을 끼워넣어서 서양수국과 같은 호화 분위기로 바꿀 필요가 있다.

　초여름부터는 꽃철이 긴 페튜니아나 베고니아를, 가을에는 들국화, 쿠션맘, 포토맘으로 계절감을 내거나, 1년 내내 제라늄 등으로 장식하는 것도 좋다.

교체하는 요령은 꽃철이 긴 것을 짝지우는 것이다. 계절의 꽃만으로 그 자리만 장식하기보다는 2~3회의 교대로써 연중내내 꽃을 즐길 수 있다.

2. 아파트·빌딩의 통로, 계단

(1) 통로
베란다나 실내는 꽃이나 관엽식물로 가득 차 있더라도 아파트의 각 가구의 현관에 해당하는 통로는 의외로 살풍경한 곳이 많다.

이런 곳에서도 화분이나 플랜터를 놓거나 창의 격자에 패트링이나 패트암을 부착하여 분이나 플랜터를 놓아 장식할 수도 있다. 또는 문 앞에 관음죽이나 고무나무, 피닉스, 드라세나 등의 화분을 놓거나 때로는 소형 플랜터를 놓고 장식하면 훨씬 현관다움을 연출할 수 있다.

■ 재배조건과 관리

통로는 대체로 건물의 북쪽에 있는 것이 보통이다. 전혀 햇볕이 들지 않거나 들더라도 아침저녁뿐인 곳이 많다. 여기서는 관엽식물이나 그늘을 좋아하는 초화라면 제법 잘 자라지만 때로는 일광욕을 시켜줄 필요도 있다.

또 베란다에 비하여 바람이 잘 빠지므로 햇볕이 들지 않아도 의외로 잘 마른다. 분토의 상태를 잘 관찰하여 물주기를 잊지 않는 것이 중요하다.

■ 장식법과 재배에 알맞는 꽃

재배보다는 장식을 위주로 해서 가급적 산뜻하게 늘어놓는다. 계절적으로도 제약을 받으므로 장식이라기보다 살풍경한 분위기를 완화한다는 생각으로 창의 격자에 분을 걸어놓거나 플랜터를 부착하는 것만으로도 충분하다.

여기에 알맞는 것으로는 햇볕을 좋아하는 봄의 초화는 안되지만, 초여름부터의 로베리아, 페튜니아, 베고니아 등이 있다. 실내에 일시적으로 장식하는 생각으로 교대로 놓는 것이 좋다. 베란다의 꽃을 교대로 갖다 놓을 수가 있다.

(2) 계단

■ 재배조건과 관리

거의 계단에 의한 아파트 건물에서는 계단의 층계참이 이용될 수 있다. 다만 여기도 통로이므로 통행에 방해가 되지 않도록 어수선하게 놓지 않아야 한다.

이 계단도 남향이라면 베란다와 마찬가지로 여러 가지로 가꿀 수 있으나 북향은 앞의 통로와 마찬가지이다.

또 이곳은 외부에서도 잘 보이고 꽃을 심어도 베란다와 마찬가지로 난간 밖으로 꽃이 쏟아져 나오듯이 되어서 아파트의 사람도 즐길 수 있다.

계단이라도 통로와 마찬가지로 일상의 관리는 대개 베란다와 같은데, 여기서도 물을 흘리는 일은 피해야 한다. 화분의 커버나 접시도 반드시 받치도록 한다.

■ 장식법과 재배에 알맞는 꽃

계단의 난간에 패트링으로 화분을 베란다의 경우와 마찬가지로 여러 가지 높이로 바꾸어서 부착하여도 되고, 패트암을 이용해서 상하로 플랜터를 늘어놓아도 된다.

여기서는 꽃재배라기보다는 장식하는 것을 우선으로 하여 너무 어수선하게 놓지 않도록 한다. 또 가능하면 각층에서 상의하여 위에서 아래까지 똑같이 장식하는 것이 좋다.

여기에 알맞는 꽃도 베란다의 경우와 마찬가지인데, 어디까지나 장식이라는 점에서 꽃붙임이 좋은 것, 꽃철이 긴 것이 첫째가 된다. 역시 제라늄이 가장 알맞는 화초이다.

월별 화분의 손질

월별	중요사항	손 질
1월	화분의 손질 비료 만들기 용토의 준비 비료	매화는 2마디 남기고 꽃이 피었던 가지는 자른다. 양란, 아나나스류는 꽃자리를 자른다. 깻묵, 골분, 생선찌꺼기, 쌀겨, 재 등을 혼합하여 물에 잘 적신 후 발효시킨다. 장소가 있으면 흙에 깻묵, 골분 등의 비료를 혼합하여 모아 놓는다. 실내에서 개화중인 분이나 가을에 심은 묘판에 추비를 한다.
2월	장미의 전정 화목의꺾꽂이 파종과 구근 심 기 비료	상~하순에 한다. 전체 높이의 반정도를 자르고 굵은 가지를 남긴다. 작년에 자란 가지에서 10~20cm 정도의 길이로 잘라서 꽂는다. 3월초까지 적기. 글록시니아, 구근베고니아의 심기. 구근은 실내나 따뜻한 온실에서 싹눈이 나오도록 한다. 따뜻한 한낮에는 플레임 창을 열도록 한다. 장미나 꽃묘판에 계속 주고, 눈이 돋는 추식구근에도 유기비료를 준다.
3월	분 올 리 기 와 포기 나누기 비료	가을에 뿌린 초화묘는 분이나 플랜터에 옮겨심고, 따뜻한 곳에 금잔화. 메리골드 등의 씨앗을 뿌리며, 포기나누기는 매년 또는 2년에 한번 한다. 생육 중인 것은 듬뿍 주고, 꽃이 피는 것은 일단 중지한다.
4월	파종·구근심기 꽃의 이식 장미묘 심기 비료	봄에 심는 초화는 중·하순경에 심고, 다알리아, 칸나, 글라디올러스도 심는다. 월동한 제라늄, 란타나, 베고니아 등은 분갈이와 가지치기를 한다. 4월 중순~5월 상순이 적기, 되도록 빠른 것이 좋다. 꽃피기가 긴것은 물론 이제부터 가꾸는 것도 비료를 잊지 말도록.
5월	파종과묘 이식 꺾 꽂 이 해 가 리 기 비료·물주기	대부분 파종한다. 본잎이 2~3매이면 화분이나 화단에 이식. 꽃눈이나 관엽식물 등의 가지 또는 잎꽂이를 한다. 휘묻이도 된다. 직사광선을 싫어하는 식물은 해가리기를 중순경부터 한다. 건조가 심하므로 일기가 좋은 날은 물을 충분히 주고, 추비를 묘판에 비료를 준다.
6월	꺾 꽂 이 화분에 이식 비료 · 장마	화목은 7월까지 자랄 수 있는 새싹이 좋다. 초화는 국화나 메리골드가 적기. 봄에 파종한 샐비어, 베고니아 등을 분이나 플랜터에 이식한다. 장마철에 비료를 많이 주면 너무 웃자란다. 비에 약한 것은 비가 안맞도록 한다.
7월	장마철 손질 파 종 비료·물주기	빗물에 튀긴 흙이나 먼지를 닦아주고, 굳어진 화단은 파놓는다. 가을 화분이나 화단, 플랜터에 심을 샐비어를 파종한다. 반응달에 파종하고, 발아 후 에도 낮에는 당분간 해가리기를 한다. 건조가 빠르므로 충분히 물주기를 하는데 낮에는 안된다. 장마가 끝나면 엷은 액비를 1회 주고, 여름용 식물은 추비를 한다.
8월	가을구근 심기 꽃 의 적 심 비료·물주기	코리우스, 사프란 등은 빠를수록 좋다. 다알리아는 초순에 제라늄, 베고니아 등의 난립한 가지를 쳐준다. 날씨가 좋은 날은 조석으로 물을 주고, 잎의 먼지를 닦으며 엷은 액비를 3~4일에 1회.
9월	파종·구근심기 포기 나누기 꺾꽂이·묘이식	팬지나 데이지는 초순에 그외의 것은 중순에 심고, 크로커스, 수선 등은 하순에 심는다. 봄에 피는 꽃은 주로 포기나누기를 한다. 제라늄, 마아거리트 등을 꺾꽂이 하고, 빠른 묘의 팬지는 본잎이 나오면 바로 이식.

월별	중요사항	손 질
10월	추식구근 심기	튜울립, 히아신스 등은 대부분 중순에 심는다.
	여름구근 캐기	글록시니아, 가라줍을 캐고, 구근 베고니아는 꽃이 지면 캐서 응달에 말려둔다.
	묘 이 식	9월에 심은 것을 상자에 이식하여 그대로 월동한다.
	비 료	묘판의 것과 왕성하게 자라는 식물은 추비를 중지한다.
11월	춘식구근 심기	다알리아, 칸나 등은 서리올 때쯤 캐놓고, 장미, 낙엽화 등의 심기를 한다.
	비 료	추위에 대비하여 왕성한 육묘에도 엷은 액비를 주고, 추위에 약한 것은 비료중지.
	프 램 관 리	낮에는 개방하고 밤에는 닫는다. 위에다 거적을 준비한다.
12월	화분의 방한	따뜻하고 양지바른 곳으로 옮긴다.
	관엽식물월동	온도가 낮은 방으로 옮길 때는 물을 듬뿍 준다.
	프레임 관리	낮에는 문을 조금 열고 환기시킨다(반쯤 연다).

여러 종류의 꽃 가꾸기

1 춘파(春播) 1~2년 초화(草花)

색 양 배 추 : *Brassica*

 유럽 원산의 십자화과 초화로서 겨울의 화단과 화분에는 진귀한 존재로서 그 아름다운 잎을 관상하게 된다. 잎의 파종 시기에 따라서 크기가 다르며, 잎색도 백색, 분홍색, 홍색, 자색 등으로 종류에 따라서 다양하다. 겨울철의 가정 화단이나 녹지대에 심어서 겨울의 독특한 미관을 장식하는 꽃이다.

작 형

심는시기　　　개화시기

1월	2월	3월	4월	5월	6월	7월	8월	9월	10월	11월	12월
	❀		✿-✿		✿-✿					❀	

초화의 높이 cm	포기사이 cm	화단	화분	절화	꽃　　　색		
40	40	○	○	○	白・赤		

재 배

 절화용은 4월 초에, 화단용은 6월 중순에 파종한다. 발아 온도는 20~25℃, 4~5일 뒤에 발아가 시작되어 2주일쯤 되면 본잎이 2~3매 일때 12~15cm 간격으로 이식한다. 이 무렵부터 심식충, 배추벌레 등의 충해가 생기므로 10일에 1회는 살충제를 살포한다. 포기사이를 이따금 갈고 그때마다 액비를 주어 생육을 촉진한다. 정식은 본잎이 5~6매 일때 30~50cm 간격으로 정식한다. 썩은 퇴비, 깻묵 등을 기비(밑거름)로 준다. 심은 뒤에는 야도충, 배추벌레, 진딧물 등이 잘 생긴다. 특히 생육이 왕성해지면 하엽(下葉)이 무성해서 통풍이 나빠지면 반드시 이들 해충이 번식한다. 그러므로 충해를 받은 하엽을 따 주도록 한다. 번식은 씨앗으로 한다.

채종용은 1~2주를 미리 선정해 두어서 봄에 채종한다.

본잎 5~6매 일때 옮겨 심는다

30~50cm 간격으로 색별 군식한다.

(이 용)

백색, 적색을 섞어서 꽃상자에 군식하거나 작은 화단에 심어 즐긴다.

✱꽃말「이익」

(과꽃 : *Calistephus*)

중국 북부와 만주가 원산인 국화과 초화로서 절화용(切花用)이지만 왜성종(矮性種)은 화분재배도 한다. 중륜종은 화경이 6~7cm, 초장은 70~80cm이고, 폼폰 혼합종은 2~3cm의 꽃이 솔방울 모양으로 군생하며, 이밖에 대륜종도 있다. 백·적·분홍·자·도색 등이 있다.

작 형

🎀 심는시기　　🌼 개화시기

1월	2월	3월	4월	5월	6월	7월	8월	9월	10월	11월	12월
			🎀	🎀			🌼		🌼		

초화의 높이 cm	포 기 사 이 cm	화단분	화분	절화	꽃　　　　　색
60	30	○		○	白·紫·紅·赤

재 배

중부 지방에서는 춘파(春播) 뿐인데 프레임에 파종할때는 2월 상순부터 3월 말까지도 파종하지만 일반 노지(露地) 재배의 경우는 4월 중순에서 5월 말까지 파종하면 된다. 한편 남부 지방은 9~10월에 추파(秋播)하게 되는데 묘는 온상에

과꽃

서 월동시키면 이듬해 6~7월에 개화하게 된다.

발아 온도는 15~20℃, 파종 후 싹이 튼 다음 본잎이 2~3매 때 가식하고, 본잎 5~6매 때 30cm 사방으로 정식하며, 본잎 7~8매 때 적심한다. 고온다습한 지방에서는 병충해가 많이 발생하여 재배가 곤란하다. 그러므로 생육중에는 건조에 유의한다.

비료는 인산 및 칼리를 충분히 준다.

이 용

절화용으로 개량된 것이 많다. 화단용으로는 왜성종이 몇 가지 있다. 더워지기 전에 개화하도록 하는 것이 좋다. 더울 때는 자라지 않기 때문에 저온기에 파종하여 빨리 개화시키도록 한다.

★꽃말 「아름다운 추억」「나의 사랑은 당신보다 깊다.」

나팔꽃 : *Pharbitis*

나팔꽃은 1,500년 전 중국 송나라 시대에 약용(견우자)으로 사용되었다고 하는 열대 아시아 원산으로서 1년생 덩굴성의 메꽃과 식물이다. 개량이 거듭되어 놀라울 만큼 대륜종(大輪種)이 되었다. 꽃색은 적색, 자색, 백색 등이 있다.

작 형

❀ 심는시기   ❀ 개화시기

1월	2월	3월	4월	5월	6월	7월	8월	9월	10월	11월	12월
			❀	❀		❀		❀			
초화의 높이 cm			포기 사이 cm		화단	화분	꽃 색			
蔓性			100		○	○	白·靑·紫·桃			

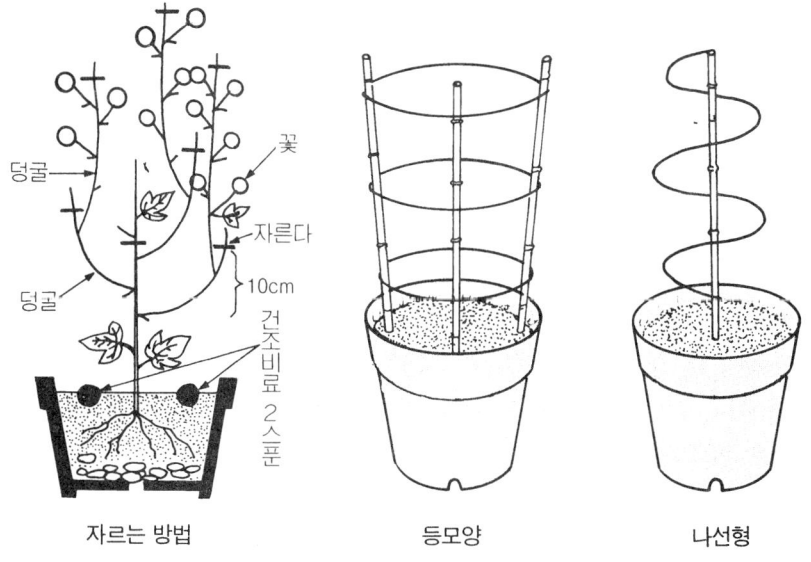

자르는 방법　　　　　등모양　　　　　나선형

중부 지방에서의 파종은 5~6월 상순, 남부 지방은 4월 상순부터 6월 초순까지다.

발아 온도는 20℃ 내외인데 씨앗은 하루쯤 물에 불려서 뿌리면 3~4일 후면 발아한다. 부풀지 않는 종자는 종피(種皮)에 상처를 낸 후 물에 축여서 파종한다. 분가꾸기를 할 경우 떡잎이 나오면 10cm 분에 가식(假植)했다가 본잎이 4매 이상 되면 15cm 분에 정식하고 순을 잘라 준다.

토양은 점질양토(粘質壤土)로서 배수가 잘 되는 곳이면 되지만 부엽토(腐葉土)=2, 부숙퇴비(腐熟堆肥)=3. 밭흙=3, 모래=2, 훈탄(燻炭)=소량을 섞어 쓰면 더욱 좋다.

일반적으로 본잎이 7~8매가 되면 2~3대의 작은 덩굴이 나오므로 10cm 정도로 자라면 제2회 순따기(摘心)를 한다. 이윽고 손자덩굴이 나와서 잎이 2~3매 나오면 그 기부(基部)에 꽃봉오리가 보인다.

이 손자덩굴도 잎을 5~6매 남기고 끝을 끊어 준다. 파종 후 약 70일 정도면 개화하는데, 처음 꽃이 끝날 무렵에는 손자덩굴의 기부에 새로운 덩굴이 나와서 여기에도 꽃이 달린다.

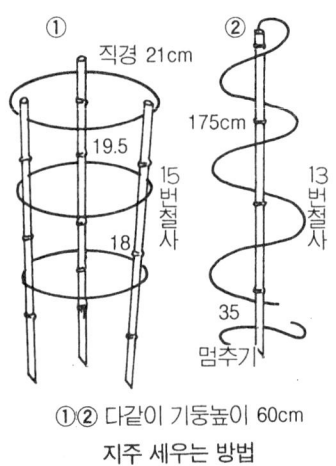

지주 세우는 방법

꽃이 끝난 손자덩굴은 2~3회로 나누어 잘라낸다. 이와 같이 해서 연속적으로 꽃이 달린다.

비료는 정식할 때 건조비료(뒤의 국화재배에서 기술함)를 화분의 두군데에 큰 스푼 하나씩 주고, 제2회 순따기 때 2회째로 반대쪽에 두군데 준다. 그리고 생육 도중 2~3회 깻묵부숙액(油粕腐熟液)을 10~15배로 희석해서 액비로 준다.

(이 용)

가는 대나무나 철사를 3~4줄 화분 가장자리에 세우고 여기에 3단으로 철사를 가로 지른 다음, 덩굴을 오르게 하면 멋이 있다. 동양종은 아침에 개화하면 정오경에는 시들지만, 서양종은 오후 3시경까지도 피어 있다.

✱꽃말 「풋사랑」

누홍초 : *Quamoclit*

열대 아메리카 원산인 메꽃과의 덩굴성초화로서 잎은 단풍잎처럼 크게 찢어지고 나팔꽃처럼 뻗어나는 덩굴에는 별처럼 생긴 빨간꽃이 핀다. 베란다나 울타리에 올려 주면 여름내 시원하게 즐길 수 있다. 꽃색에는 심홍색과 백색의 2종이 있다.

작 형

1월	2월	3월	4월	5월	6월	7월	8월	9월	10월	11월	12월
			심는시기			개화시기		개화시기			
초화의 높이 cm			포 기 사 이 cm			화단 화분	화절	꽃 색			
30			30			○	○	黃			

재 배

파종시기는 4월 상순에서 5월 상순인데, 발아 온도가 25℃ 이상이므로 온실이나 프레임에 파종하도록 한다. 발아 후 본잎이 4~5매일 때 정식한다. 주간 30cm 사방에 기비를 충분히 준다. 나팔꽃과 마찬가지로 앞으로 많이 보급될 것으로 보이는 덩굴성 초화다.

이 용

덩굴성이므로 울타리에 올리는 것외에 아치만들기를 하면 초화의 터널이 되어서 여름을 즐길 수 있다.

또 매다는 화분으로도 좋다.

✱꽃말 「항상 사랑스럽다」

매리골드 : Tagetes

　멕시코 원산의 국화과 초화로서 카네이션과 흡사한 황색 또는 오렌지색 꽃이 초여름부터 늦가을까지 계속 핀다. 화경은 7cm 이상의 대륜 겹꽃이며 꽃잎은 여러 가지로 변한 것이 많다. 초장은 90cm내외, 천수국 혹은 만수국이라고도 한다. 잎에서 독특한 냄새가 난다.

작 형

심는시기　　개화시기

1월	2월	3월	4월	5월	6월	7월	8월	9월	10월	11월	12월
			❀—❀		❀				❀		

초화의 높이 cm	포기 사이 cm	화단	화분	절화	꽃　　색
15(矮性) 80(高性)	20 30	○	○		黃·橙

재 배

　열대원산이므로 강력한 햇볕 아래서 잘 자란다. 그늘이나 배수가 나쁜 곳은 좋지 않다. 4월 상순에서 5월 상순 사이에 파종하며, 발아온도는 10~15℃이다. 정식 간격은 30~40cm, 원래 직립성이므로 어릴 때 1~2회 적심해 주면 측지가 많이 나와 보기에 좋다. 종자외에 곁눈을 따서 꽂아도 된다.

이 용

　양지 바르고 약간 건조한 곳은 어디에서나 자란다. 다른 초화와 혼식해서 즐기는 것도 좋다. 고속도로 주변에 심어도 제격이다.

✱꽃말 「질투심을 내지 말라」 「사랑의 냉혹」

맨드라미 : *Celosia*

열대 아시아, 인도가 원산지인 비름과 식물이다. 여름의 직사광선이나 건조에는 아주 강하므로 화단 재료로서 최적한 초화다. 닭볏을 닮았다고 해서 계두(鷄頭)라 부르기도 한다.

작 형

❀ 심는시기   ❀ 개화시기

1월	2월	3월	4월	5월	6월	7월	8월	9월	10월	11월	12월
			❀—❀		❀					❀	

초화의 높이 cm	포기사이 cm	화단	화분	절화	꽃	색
50	30	○		○	黃·赤	

재 배

열대 원산의 초화이므로 20~25℃ 정도의 고온에서 잘 발아한다. 그래서 5월경에 파종하는 것이 안전하다. 싹이 튼 다음 1~2회 가식했다가 30×30cm 간격으로 정식한다. 종자가 적을 때는 15cm분에 모래나 부엽토가 섞인 배수가 잘 되는 흙을 넣고 파종한다. 파종상에서 초장 10cm 정도가 되면 화단에 정식하는데 10일쯤 후부터 월 1~2회 정도 액비를 희석해서 준다. 이렇게 하면 늦가을까지 즐길 수 있다.

번 식

10~15cm쯤 되었을 때 끝을 따면 각 잎겨드랑이에서 곁눈이 많이 생긴다. 이 눈을 5~7cm의 어릴 때 따서 모래에 눈꽂이를 하면 발근한다. 너무 늦게 꽂으면 여름 화단에는 늦을 뿐더러 더우면 썩는 율이 많으므로 가급적 빨리 하는 것이 좋다.

이 용

예로부터 맨드라미는 부처님꽃이라고 일컬어지고 있다. 더위나 건조에 이토록 강한 것은 없다. 왜종성은 화단이나, 분심기에도 아주 좋다. 또 매리골드의 노란꽃과 같이 집단적으로 심는 것이 보기가 좋다.

★꽃말 「어렸을때 부터의 우정」

백일초 : Zinnia

멕시코, 페루가 원산인 국화과의 초화로서 꽃색이 풍부하고 여러가지 화형이 있어 화단에는 물론, 절화, 분재배로서 여름 꽃을 대표하는 것의 하나다. 화경의 소륜종은 2.5~3.5cm의 겹꽃이고 초장은 30~60cm 내외로 다화성이다. 개화기가 길고 비교적 왜성이므로 화단재료로서는 가장 적합하다. 꽃색은 적, 루비, 황, 도, 자, 백색 등 다양하다.

이 밖에 중륜종, 거대륜종이 있는데 거대륜종은 초장이 70~100cm, 화경은 15cm 이상이나 된다.

작 형

※ 심는시기   ※ 개화시기

1월	2월	3월	4월	5월	6월	7월	8월	9월	10월	11월	12월
			※——	※		※			※		

초화의 높이 cm	포기사이 cm	화단	화분	절화	꽃 색		
50	30	○	○	○	白·桃·黃·赤·紫		

재 배

파종은 5월경 늦서리가 그친 다음에 하는 것이 좋다. 발아온도는 20~25℃로서 비교적 고온에서 잘 발아한다. 파종하는 경우는 본잎이 4~5매 때 20×30cm 간격으로 정식한다. 밑거름은 썩은 두엄에다 계분과 약간의 과석을 섞어 주면 좋다.

이 용

소륜종(폼폰피기)은 분이나 꽃상자에 심고, 대륜종은 화단에 심서 관상한다.

✱꽃말 소륜·중륜·····「우정의 어긋남을 근심한다.」
　　　거대륜····「멀리있는 친구를 생각함」

봉선화 : Impatiens

인디아, 말레이지 등지의 열대에 야생하는 봉선화과 초화로서 햇볕이 잘 드는 곳이라면 어디든지 잘 자란다. 특히 여인들이 손톱에 봉선화 꽃물을 들여서 메니큐어 대용으로 애용하기도 한다. 초장은 60cm 내외, 꽃색은 적, 백, 도, 자색과 무늬 있는 색깔의 겹꽃으로 핀다.

작 형

심는시기　　개화시기

1월	2월	3월	4월	5월	6월	7월	8월	9월	10월	11월	12월
			✿—✿	✿					✿		
초화의 높이 cm			포기 사이 cm		화단	화분	절화	꽃　　　색			
30			25		○	○		白·桃·赤			

재 배

4월 하순에 파종하며 발아 온도는 15~20℃이다. 발아 후 본잎이 2~3매일 때, 10cm 간격으로 이식하였다가, 본잎이 10매 정도로 되었을 때 30~40cm 간격으로 정식한다. 토질은 가리지 않으나 양지쪽에 심어야 한다. 매월 1~2회 액비를 준다. 꽃이 없는 어린 눈을 5~8cm 길이로 따서 모래에 꽂으면 간단히 발근된다.

이 용

고온과 건조에는 아주 강하다. 잔디원이나 화단에 군식하는 것이 좋으며 화분에 심어서 베란다에서 관상하기도 한다.

✱꽃말 「나를 건드리지 말라」

분꽃 : Milabilis

열대 미국 및 페루가 원산인 분꽃과 식물이다. 저녁 4시경 부터 꽃이 피기 시작하여 동이 틀 무렵 아물어 버린다. 씨앗을 깨뜨리면 흰 분가루가 나와서 분꽃이라는 이름이 붙었다. 초장은 60~80cm, 꽃색은 황, 적, 백색, 또는 줄무늬가 있는 것이 있다.

작 형

❀ 심는시기   ❁ 개화시기

1월	2월	3월	4월	5월	6월	7월	8월	9월	10월	11월	12월
			❀—❀			❁			❁		

초화의 높이 cm	포 기 사 이 cm	화단	화분	절화	꽃 색
80	50	○			白・黃・濃桃・赤

재 배

발아 온도는 15℃ 내외이며 파종기는 4월 하순~5월 중순경이 좋다. 종자는 팥알 정도의 검은 씨앗으로 화단에 직접 점파해도 된다.

파종상에 파종했을 때는 본잎이 5~6매일 때 30~45cm 간격으로 정식한다. 초장이 80cm내외 정도나 되므로 나중에는 간격을 더 넓혀야 한다.

토질을 별로 가리지 않으며, 꽃이 달리면서 종자가 생겨서 흩어 떨어진 종자가 봄에 눈이 나는 것도 있다. 심을 때 기비(基肥)를 주고 매월1~2회씩 액비를 물 대신 주면 잘 자란다.

이 용

건물 남쪽이나 담장밑, 생울타리 옆에 군식(群植)하면 아름답다.

✱꽃말 「겁쟁이 · 내성적 · 소심」

샐비어 : *Salvia*

브라질 원산의 꿀풀과 초화로서 여름부터 가을에 걸쳐 푸른 잎 위에 불타는 듯한 진홍색 꽃이 하늘을 찌를듯이 피어오른다. 초장은 50~80cm, 서리가 내릴 때까지 충분히 관상할 수 있기 때문에 가을 화단에 없어서는 안될 중요한 꽃이다. 화단용 외에 분재배로도 사용된다.

작 형

❀ 심는시기   ❀ 개화시기

1월	2월	3월	4월	5월	6월	7월	8월	9월	10월	11월	12월
			❀	❀		❀	—	—	—	❀	

초화의 높이 cm	포기사이 cm	화단	화분	절화	꽃 색		
50	30	○	○		白 · 赤 · 紫 · 桃		

재 배

열대성이므로 발아온도는 20~25℃의 고온에서 되기 때문에 프레임이나 온실에서 파종하는 것이 좋다.

파종상에 파종했을 때는 본잎이 5~6매 일때 30×30cm 간격으로 정식한다.

파종상이나 분토의 흙은 밭흙=5, 부엽토=3, 모래=2의 비율로 섞어 쓴다. 육묘시부터 10일에 1회쯤 물 대신 액비를 300~400배의 물에 희석하여 준다.

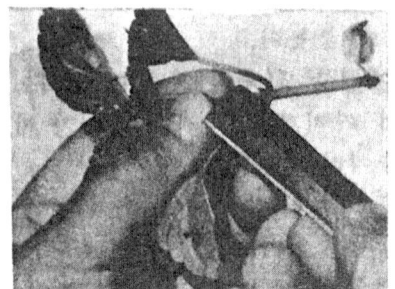
면도칼로 마디 아래에서 자른다

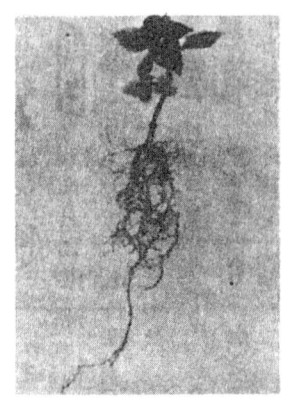
발근의 상태

　번식법은 종자파종으로 주로 하고, 눈꽂이로도 할 수 있다. 커진 포기의 하부에서 곁눈이 많이 발생한다. 10cm 정도로 자란 눈을 따서 모래에 꽂으면 2~3주일이면 발근한다.

이 용

　샐비어의 관상가치는 무엇보다도 불타는 듯한 진홍색의 꽃을 즐기는 일이다. 특히 이 꽃이 집단으로 피면 그 아름다움은 형언할 수 없다. 잔디밭에 군식하거나 베란다에 심어서 관상하면 좋다.

　★꽃말 「불타는 나의 마음」

신경초 : *Mimosa*

　브라질, 페루 원산의 콩과 초화로서 화단이나 화분 재배로 가꾸어진다. 이 초화는 건드리기가 무섭게 잎이 오므라든다. 노소를 막론하고 많은 애호를 받고 있다. 노염초 또는 함수초라고도 불린다.

재 배

　프레임에는 2월 중순에 이미 파종하지만, 일반 노지의 경우 5월 초에 5~6잎씩 30cm 사방 간격으로 점파(点播)한다. 토질은 가리지 않

작형

1월	2월	3월	4월	5월	6월	7월	8월	9월	10월	11월	12월
			심는시기		개화시기			개화시기			

초화의 높이 cm	포기사이 cm	화단	화분	절화	꽃 색		
20	30	○	○		濃桃		

으나 충분히 햇볕을 받을 수 있고 배수가 잘 되는 곳이 적합한데, 모래와 부엽토를 섞은 흙을 분에 넣어 관리하면 10일쯤이면 발아한다.
본잎이 4~5매로 되었을 무렵, 1포기씩 12cm 분에 이식한다. 이때의 용토는 흙=5, 부엽토=3, 모래=2의 것을 쓴다. 깻묵에 소량의 나무재를 섞어 물에 반죽한 것을 둥글게 하여 분토에 고형비료로 놓는다.

이용

움직이는 꽃으로서 아이들 교육 재료로는 아주 좋은 초화다. 화단에 심으면 자연히 가지가 갈라져서 줄기가 지면에 퍼진다. 움직이는 식물의 대표종이라 할 수 있다.

봄에 일찍 파종하여 화분에 심어서 시장에 판매하여 수익을 올릴 수도 있고, 가정원예로서 좁은 뜰의 공간이나 화단, 화분 등에 가꿀 수 있다.

★꽃말 「감각의 예민」 「교묘」

일일초 : *Vinca*

마다가스카르, 브라질 원산인 협죽도과의 초화다. 덩굴성 빙카(Vinca)속 중에서 관목성(灌木性)을 이룬 것으로서 원래는 숙근초다. 초장은 30~60cm. 윤기있는 아름다운 잎사이의 마디마디에서 화경 3cm에 5개 꽃잎이 달린 꽃이 2~3송이씩 피어오른다. 꽃색은 분홍, 흰색이 보통인데 가운데에 빨간 눈을 가진 것도 있다. 하나의 꽃은 수명이 하루 정도이지만 매일 새로운 꽃이 거의 3개월씩이나 잇달아 개화하므로 절화 및 화단용으로 인기가 높다.

작 형

1월	2월	3월	4월	5월	6월	7월	8월	9월	10월	11월	12월
			❀—❀			✿			✿		

초화의 높이 cm	포기사이 cm	화단	화분	절화	꽃 색
40	20	○	○		白·濃桃

재 배

튼튼한 초화이지만 발아에는 20~25℃의 고온이 요구된다. 조기 개화를 위해서는 프레임 등을 이용하는 것이 좋으나 이식을 좋아하지 않으므로 5월 상순경에 직파하는 것이 좋다. 화단에 심으면 자연히 가지가 갈라져서 포기가 퍼지므로 주간 간격 25cm 정도로 넓혀 주는 것이 좋다. 빙카의 뿌리는 직근성(直根性)이므로 파종상에서 이식할 때는 미리 물을 주어 뿌리에 흙을 충분히 붙이고 옮겨심는다.

번식은 종자를 채취해서 하는 것이 보통이지만 눈꽂이로 모종을 만들 수도 있다.

이 용

건조에 강하므로 여름화단에 좋다. 군식하거나 꽃상자 혹은 분심기를 한다.

✱꽃말 「우정」

채송화 : *Porturaca*

브라질 원산의 쇠비름과 초화로서 양지바른 곳이면 어디서나 자란다. 잎은 두껍고 줄기는 갈라져서 사방에 퍼진다. 초여름부터 늦가을까지 화경 5cm 내외의 홑꽃, 겹꽃 등의 꽃이 연달아 핀다. 고온과 건조에는 아주 강하며 초장은 10~35cm 내외이다.

작 형

1월	2월	3월	4월	5월	6월	7월	8월	9월	10월	11월	12월
			🎀―🎀	🌼					🌼		

🎀 심는시기   🌼 개화시기

초화의 높이 cm	포 기 사 이 cm	화단	화분	절화	꽃 색
15	15	○	○		白·黃·橙·赤

재 배

　남부 지방은 4월 초, 중부 지방은 5월 초에 파종한다. 발아 온도는 20~25℃, 종자는 미세하므로 파종상에 뿌려서 안 보일 정도의 고운 모래나 재를 뿌린 후 널판지 등으로 눌러 준다. 발아 후 15×20cm 간격으로 정식하고 순을 쳐준다. 번식은 파종 외에 눈꽂이로도 간단히 된다.

이 용

　성가신 육묘하기의 수고를 덜기 위해 화단에 직파해도 된다. 분재배도 마찬가지이며, 계단 또는 옥상 정원에 심어서 관상하기도 한다.

　＊꽃말 「가련함」

코스모스 : Cosmos

　멕시코 원산의 국화과 초화로서 가을꽃의 대표로 가꾸어지고 있다. 주로 화단이나 도로변에 재배되고 있는 초화인데, 화경(花徑) 7~

10cm의 거대륜종(巨大輪種)도 있다. 초장은 약 1m이다. 조생종은 파종 후 60일이면 개화하고 분홍색(橙色)에 중심부는 농홍색이다. 흰색, 빨간색, 황색 코스모스 등도 있다.

작 형

1월	2월	3월	4월	5월	6월	7월	8월	9월	10월	11월	12월
			❀❀			❀ ———————————————— ❀					

초화의 높이 cm	포기 사이 cm	화단	화분	절화	꽃 색	
100	40	○		○	白・桃・赤	

재 배

춘파 1년초로서 발아 온도는 10~15℃이다. 일찍 꽃을 피게 하려면 2~3월경에 온상육묘를 하여 4월경에 노지에 정식하면 5~6월경부터 꽃을 잘라낼 수 있다. 토질은 사질양토가 좋다. 밑거름으로는 완숙퇴비와 약간의 인산과 칼리 비료를 주면 좋다.

종자로 번식하지만 눈꽂이로 간단히 번식할 수도 있다. 20~30cm로 자랐을 때 끝을 따면 곁눈이 많이 나온다. 이 눈이 10cm 정도 자랐을 때 따서 모래에 꽂으면 2주일 쯤이면 발근한다. 눈꽂이로 증식한 모는 분재배로 발근시킨 뒤 한번 순을 따서 곁가지를 많이 나오게 하여 여기에 꽃을 피워 즐길 수 있다.

이 용

역시 울타리에 심어서 즐기는 것이 가장 아름답다. 화단의 뒷편에 집단으로 심어도 좋다. 4월 상순부터 6월 하순까지 순차로 파종하면 꽃을 계속 즐길 수 있다.

✽꽃말 흰색「소녀의 순정」빨간색「소녀의 애정」

콜레우스 : *Coleus*

자바가 원산인 차조기과 초화로서 추위에 약하다.
우리나라에서는 춘파의 1년초로서 초여름부터 늦가을까지 잎을 관상한다.
꽃은 뛰어나지 않지만, 온실이나 프레임에서는 다년초가 되어 4계절을 통하여 재배할 수 있다. 20℃ 이상의 고온에서 생육이 잘 되고 5℃ 이하에서는 고사(枯死)한다.
건조와 직사광선을 싫어하므로 여름에는 옥외의 반그늘에서 기르고 분재배는 발을 친다.

작 형

1월	2월	3월	4월	5월	6월	7월	8월	9월	10월	11월	12월
			심는시기 ———		개화시기 ———————						
초 화 의 높 이 cm			포 기 사 이 cm			화단	화분	절화	꽃 색		
30			25			○	○		黃·桃·赤(觀葉)		

재 배

4월 중순이 파종기다. 종자가 적을 때는 15cm 분에 심는데 보통 상자에 파종한다. 우선 바닥에 자갈을 깔고 그 위에 모래=5, 부엽토=3, 밭흙=2의 비율로 섞어 체로 친 것을 파종 용토로 사용한다. 물을 준 후 배수가 잘 되면 그 위에 씨앗을 뿌린다. 그리고 마른 수태를 체로 비비면서 씨앗이 안보일 때까지 쳐서 덮는다. 7~10일이면 발아한다.
본엽이 2~3매 일때 같은 상자에 밭흙=5, 부엽토나 부숙퇴비=3,

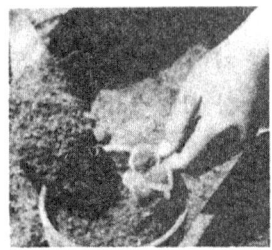  

❶ 흙을 반 넣는다   ❷ 뿌리를 펼쳐 놓는다   ❸ 가볍게 두드려서 가라앉힌다.

모래=2 비율의 흙을 담고 3cm 간격으로 한 포기씩 심는다. 잎과 잎이 맞닿게 되면 12cm분에 3개씩 심는다. 심음과 동시에 건조비료(깻

콜레우스의 분재

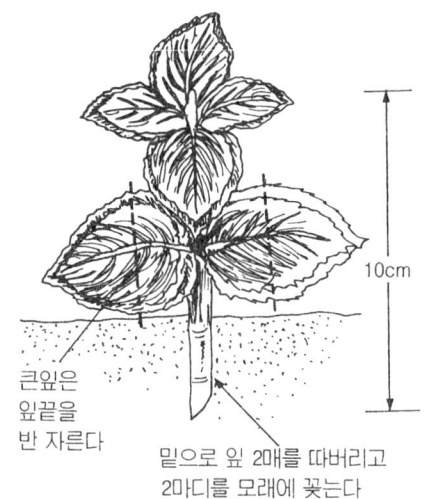

콜레우스의 눈꽂이

묵=7, 골분=3)를 차숟갈 2개 정도 준다.

충분히 물주기를 하며 옥외의 반그늘에서 관리하여 분토가 보이지 않을 정도로 무성하게 자라면 10cm 정도일 때 한번 적심하고, 2~3개의 측지를 내는 것이 좋다.

종자로 번식시키는 외에 20℃ 이상의 기온이라면 눈꽂이라도 번식된다(10cm 길이).

이 용

직사광선을 받으면 잎색이 선명하지 않으므로 커진 포기는 분토가 허물어지지 않게 뽑아내어 옥외의 반그늘에 군식하면 초여름부터 늦가을까지 즐길 수 있다.

페튜니아 : *Petunia*

남브라질 원산인 가지과에 속하는 초화다. 초장은 25~60cm쯤 된다. 잎은 타원형으로 길게 생겼으며 잎과 줄기는 가는 솜털로 싸여 있다. 꽃 모양은 나팔꽃과 비슷하다. 화경은 3~10cm 정도이며 꽃색은 백, 적, 자, 분홍색 혹은 적색 바탕에 흰줄이 들어간 것 등 다양하다. 또 겹꽃도 있다.

작 형

			심는시기			개화시기					
1월	2월	3월	4월	5월	6월	7월	8월	9월	10월	11월	12월
			❀—❀			❀———————————❀					
초화의 높이 cm			포 기 사 이 cm		화 단	화 분	절 화	꽃 색			
25			20		○	○		白·桃·赤·紫			

재 배

프레임에서는 1월 중순부터도 파종이 가능하지만 일반적으로는 4월 초부터 5월 상순까지가 파종기다. 발아온도는 25~30℃로서 비교적 고온을 필요로 한다. 종자 1g에는 1만개나 되는 아주 미세한 씨앗이 있다. 파종상에 파종하여 본잎이 4~5매 되었을 때 흙=5, 모래=3, 부엽토=2의 혼합토를 담은 상자에 이식한다. 작은 모종이므로 핀셋이나 대주걱을 써서 3~5cm 간격으로 심는다. 잎과 잎이 맞닿을 때까지 상자에서 재배하는데 이 동안 액비를 희석해서 준다. 이렇게 해서 자란 모종은 5월 중~하순에 화단이나 분에 정식한다. 홑꽃종은 파종으로 번식하나, 겹꽃종은 눈꽂이로 번식시킨다.

이 용

춘파는 초여름부터 늦가을의 화단을 화려하게 해 준다. 화단에는 기비를 주고 잔디속이나 화단 테두리에 심어도 좋다. 아파트에서는 꽃상자에 심어서 봄부터 가을까지 재배하여 관상한다.

✽꽃말 「당신과 함께 있으면 마음이 편안하다」

풀솜꽃 : *Ageratum*

멕시코, 페루 원산으로 잘 갈라진 포기 전면에 마치 풀솜을 뒤덮어 놓은 것처럼 작은 꽃이 피는 국화과 식물이다. 꽃색은 보라색과 흰색의 2가지가 있다.

추위에 약하고 초여름부터 늦가을에 걸쳐 화단을 꾸미는 초화다. 또 초장(草丈)이 20~40cm 정도로 튼튼하므로 분가꾸기도 할 수 있다.

작 형

	1월	2월	3월	4월	5월	6월	7월	8월	9월	10월	11월	12월
심는시기			❀	❀								
개화시기							✿			✿		

초화의 높이 cm	포기 사이 cm	화단	화분	절화	꽃　　　　　색
20	15	○	○		靑紫·桃·白

재 배

파종 시기는 중부 지방은 4~6월, 남부 지방은 3월 중순부터 4월까지로 한다. 씨앗은 가늘어도 잘 발아하며 발아 온도는 15~20℃로서 직파하거나 온상파종을 해서 1~2회 이식한 후, 본잎(本葉)이 4~5

매쯤 되면 화분이나 화단에 25~30cm 간격으로 정식(定植)한다.

　양지바르고 배수가 잘 되는 약간 건조한 곳이 적당하며 비료가 과다하면 잎이 무성해져서 꽃붙임이 나빠진다. 번식은 실생(實生) 이외에 줄기꽂이라도 얼마든지 번식이 된다.

이 용

　여름 화단에는 공작초(프렌치 매리골드;황색), 페튜니아(적색)등과 함께 잔디 속에 심으면 다채로운 화단을 즐길 수 있다. 가을 화단에 아름다운 토레니아(Torenia)도 풀솜꽃과 같은 요령으로 가꿀 수 있다. 특히 화단에 집단적으로 심어서 꽃베고니아와 같이 심도록 한다.

✽꽃말「믿음·신뢰」

풍선초 : Cardiospermum

　열대 아시아에 널리 야생하는 무환자과에 속하는 덩굴성식물이다. 꽃이나 잎을 즐기기보다 오히려 종이풍선을 연상하게 하는 열매를 즐기는 것이다. 덩굴은 자연히 분지(分枝)가 되어서 2~3cm 정도로 된다.

작 형

❀심는시기　　✿개화시기

1월	2월	3월	4월	5월	6월	7월	8월	9월	10월	11월	12월
			❀~❀			✿		✿			

초화의 높이 cm	포기사이 cm	화단	화분	절화	꽃 색		
蔓性	25	○	○		白(果實觀賞)		

재 배

　파종시기는 4월 중순이다. 검고 둥근 종자로서 꽤 딱딱하므로 룻밤 물에 담갔다가 파종상에 뿌린다. 10여 일이면 발아하여 10cm 정도로 덩굴이 자랐을 때 울타리를 따라서 심는다.

분재배시에는 24~30cm 분에 3개 심기로 한다. 햇볕만 잘 들면 토질을 가리지 않고 잘 자란다.

울타리 재배일 때는 생육함에 따라서 뻗는 덩굴을 울타리에 묶어 놓는다.

이 용

울타리 재배, 격자올리기로 즐기는 외에 15cm 분에 심어서 매달고 즐겨 본다. 50~60cm로 덩굴이 늘어져서 종이풍선과 같은 열매가 열리므로 귀엽다.

✽꽃말 「바쁘다」

한련화 : Nasturtium

페루, 콜롬비아, 브라질 원산의 금련화과에 속하는 덩굴성초화다. 최근에는 왜성 및 겹꽃의 신품종이 나왔다. 꽃색은 황색, 오렌지색, 적갈색 등, 잎과의 대조가 매우 아름다워 남국의 홍취를 자아낸다. 초여름 및 가을 화단이나 분재배에 사용되며 잎과 줄기는 매운 맛이 있어서 조미료로 쓰여지기도 한다.

작 형

심는시기					개화시기						
1월	2월	3월	4월	5월	6월	7월	8월	9월	10월	11월	12월

초화의 높이 cm	포기사이 cm	화단	화분	절화	꽃　　　　색
20	20	○	○		黃·橙·赤

재 배

밭흙=5, 부엽토=2, 모래=3의 혼합토에 4~5월에 직파한다.

발아온도는 10~15℃. 주간(株間) 간격은 30×30cm로 한다. 분에서 가꾼 모종을 화단에 옮겨 심을 때는 1시간쯤 전에 분에 듬뿍 물을 주어 흙을 적신 뒤, 분을 거꾸로 해서 뽑아낸다. 햇볕이 잘 드는 곳에 두고 짚을 깔아서 흙이 마르지 않게 한다.

생육 중에 이따금 액비를 주되, 너무 기름지면 잎만 무성하고 꽃이 적어지므로 오히려 메마른 땅에서 인산과 칼리분을 충분히 주는 것이 좋다.

번식은 종자 외에 덩굴꽂이로도 된다. 즉 덩굴끝을 10cm 정도로 잘라내어 모래에 꽂으면 2주일 남짓 지나면 발근한다. 7~8월은 피하고 6월에 한다.

이 용

여름의 화단에 이용하는 외에 온상(프레임)에서는 겨울에도 화분 꽃으로 즐길 수 있다. 여름철 잎 위의 물방울은 더욱 아름다운 모습을 보여 준다.

★꽃말「애국심 승리 전승기념품」

해바라기 : *Heliantus*

북아메리카 원산의 국화과 초화로서 태양의 꽃이라고도 한다. 강렬한 햇볕 아래서 잘 자라고 거의 토질을 가리지 않는다. 재래종은 종자

작 형

❀ 심는시기   ❀ 개화시기

1월	2월	3월	4월	5월	6월	7월	8월	9월	10월	11월	12월
			❀	❀		❀		❀			
초화의 높이 cm			포기 사이 cm			화단	화분	절화	꽃		색
150			50			○		○	黃		

를 얻기 위한 품종이므로 그다지 아름답지 않으나 꽃꽂이나 화단용으로 개량되어서 화경이 30cm나 되는 큰 꽃이 피므로 화단의 중심꽃이 된다. 한편 겹꽃종으로서 일명「선골드」라는 것도 있어 절화, 화단용 및 새의 사료, 고급식용기름으로 쓰이기도 한다.

재 배

봄에 파종하는데 비교적 15℃ 내외의 저온에서도 잘 발아하므로 4월 초에 깊이 2cm 정도로 2~3알씩 직파한다. 이식에도 잘 견디므로 파종상에 파종했을 경우는 모종이 10cm 정도 자랐을 때 60cm 간격으로 정식하도록 한다. 썩은 퇴비를 기비로 주면 좋다. 이따금 액비를 준다.

이 용

키가 커서 쓰러지기 쉬우므로 울타리에 심도록 한다. 또한 절화용으로도 많이 재배되고 있다.

✱ 꽃말「숭배·신앙」

아프리카 봉선화 : *Impatience*

남아프리카의 산시바르지방에서 발견되어 1880년 영국에 소개, 재배되었으며 봉선화과에 속한다. 반내한성 1년초 또는 온실에서는 다년초로 취급되며 연중개화하고 생육적온은 20~25℃이며 화색은 적색, 분홍색, 백색, 자홍색, 복색 등 다양하다. 최근에 웅성불임성(雄性不稔性) 이용으로 왜성다화성 품종이 많이 육성되고 있다.

작 형

❀ 심는시기　　　❀ 개화시기

1	2	3	4	5	6	7	8	9	10	11	12
	❀—	—❀	❀	—	—	—	—	—	—❀		
초화의 높이 cm			포기사이 cm		화단,화분,절화			꽃		색	
20 ~ 40			30		○	○		적, 분홍, 백, 복색			

재 배

종자는 4~5월경에 파종하고 발아적온은 20℃ 이상에서 10일간 소요되며 호광성 종자로 복토를 하지 않아야 한다. 토양은 배수가 잘되고 비옥하며 보수력이 있는 토양이 좋고 약한 광선에서나 여름철 반그늘 화단에서 꽃이 잘 핀다.

특히 아파트 주변이나 단독주택의 반그늘이 되는곳에 심도록 한다. 20℃ 이상~10℃ 이하 또는 여름철 고온·건조한 곳, 강한 광선이 내리쬐는 곳은 생육이 불량하다.

화분에 심을 경우에는 15~18cm 화분에 3포기를 심도록 하고 꽃상자에 심을때는 6~7본을 심도록 한다. 겨울철 아파트의 양지바른곳에 심어서 관리하면 겨울내내 아름다운 꽃을 관상할 수가 있다.

특히 화색별 집단화단을 만드는데는 알맞은 꽃이다. 병충해로는 파종 및 육묘기에 입고병의 발생이 잘되며 토양소독과 관수를 많이 하지 않아야 한다.

이 용

화단, 분화 및 실내원예에 많이 이용되고 있으며 특히 반그늘진 화단에 화색별로 심어서 관상한다.

✽꽃말 「내몸에 손대지 말라」 「정결」

② 춘식구근류(春植球根類)

구근베고니아 : *Tuberous Begonia*

남미의 페루, 볼리비아 등 열대의 고산 지대에 자생하는 추해당과에 속하는 구근성의 베고니아이다. 화형은 동백형, 카네이션형 등 여러 가지 형태이며 화색도 적색, 분홍색, 주황색, 황색, 백색 등 여러 가지 색이 있다. 특히 반덩굴성 특징을 가진 형태도 있기 때문에 여름철에 걸이꽃(Hanging flower)으로도 인기가 높다.

작 형

	1월	2월	3월	4월	5월	6월	7월	8월	9월	10월	11월	12월
심는시기				❀—❀								
개화시기							❀			❀		

초화의 높이 cm	포기사이 cm	화단 화분 절화	꽃 색
30	15	○	白·黃·桃·赤

재 배

여름에 서늘하고 겨울에 따뜻한 것을 좋아하며 특히 여름철의 고온 다습한 기후를 싫어하므로 서늘한 환경 밑에서 재배하도록 한다.

번식은 실생에 의해서 주로 하고 휴면구를 이용해서 재배한다. 실생은 2~3월에 온실 내에서 나무상자 또는 파종분에 흙을 부드럽게 부엽토를 많이 넣어서 파종용토를 만들어 파종한다. 씨가 대단히 작으므로 복토를 하지 말고 저면관수나 분무관수를 하면 20일 후에는 발아한다.

생육에 적합한 온도는 20~25℃이다. 최근에는 파종을 9~10월경에 해서 5~6월경의 생산 목표를 세워서 재배하는 경우도 많다. 본잎이 2~3매 나오면 나무상자에 3cm 간격으로 가식하고, 다음에 9cm 화분에 이식하며, 정식은 15cm 분에 해서 재배하도록 한다. 정식용토는 밭흙=4, 부엽토=4, 모래=2의 비율로 혼합해서 사용한다. 관수는 매일 1회씩 해 주고, 여름철에는 온실 창문을 열어 시원하게 하고 발을 쳐서 반 그늘을 만들어 주는 것이 좋다. 생육 기간 중에는 깻묵물을 연하게 타서 주도록 한다.

휴면구를 사용해서 재배할 경우에 있어서는 3~4월경에 구근을 모래상자에 심어서 채아를 시킨 후 15cm 화분에 심어서 재배한다.

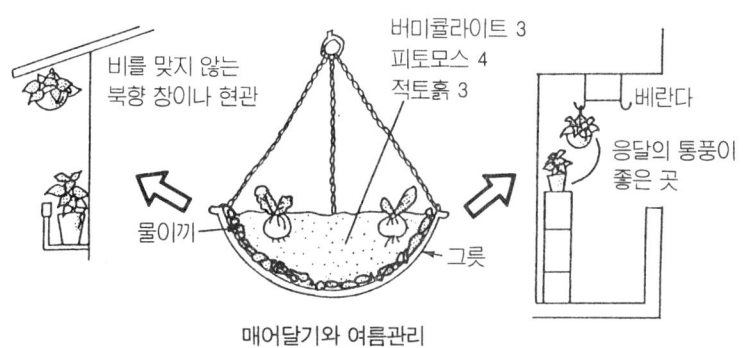

매어달기와 여름관리

이 용

7월부터 10월까지 계속 개화하므로 화려한 꽃을 관상할 수가 있으며, 특히 반덩굴성인 구근은 걸이꽃으로 실내에 매달아서 관상하기도 한다. 유럽에서는 화단이나 또는 창문가의 꽃상자에 심어서 관상하기도 하며, 늦가을에 꽃이 떨어지고 난 다음에 구근을 온실에 넣어 보관해 두었다가 다음해에 다시 이용해서 재배하기도 한다.

글라디올러스 : *Gladiolus*

남아프리카 원산인 붓꽃과의 구근초화이지만, 여러 가지로 품종 개량이 이루어져서 현재의 꽃이 되었다. 창칼 모양의 잎을 4~5매 붙이고 꽃줄기는 1cm 내외나 되어서 이삭 모양으로 꽃이 달린다. 개화기는 6월 하순~9월까지인데 구근을 심는 시기의 빠르고 늦음에 따라서 달라진다. 양지 바르고 배수가 잘 되는 곳이라면 어디서나 자란다. 꽃색에 변화가 많은 여름꽃의 대표종으로서 절화, 화단, 분재배 등으로 널리 이용된다.

작 형

1월	2월	3월	4월	5월	6월	7월	8월	9월	10월	11월	12월
		심는시기 ────── 심는시기 개화시기 ────── 개화시기									

초화의 높이 cm	포기 사이 cm	화단	화분	절화	꽃 색
70	15	○		○	白·黃·桃·赤

재 배

구근을 심는 시기와 개화까지의 소요 일수는 다음과 같다.

심는 시기	개화까지의 소요 일수
3월 상순	120일 정도
4월 상순	100일 정도
5월 상순	50일 정도
6월 상순	70일 정도
7월 상순	85일 정도

글라디올러스의 목자

글라디올러스 심기

화단에는 1㎡당 퇴비=1~2kg, 깻묵=180g, 나뭇재=150g, 과린석회=100g을 기비로 살포하고 깊이 30cm 정도로 갈아 엎는다. 화단을 잘 고르고 15cm 간격으로 1구씩 7cm 깊이로 심는다.

꽃이 끝날 무렵부터 묵은 구근 위에 새로운 구근이 생기므로 화단은 건조시키지 않도록 한다. 그러므로 짚을 까는 것도 한 방법이 된다. 절화로 할 때는 잎을 가급적 포기에 남기고 자르도록 한다.

가을에 잎이 $\frac{1}{2}$ 정도 누렇게 변할 때 캐낸다. 흙을 털고 그늘에서 충분히 건조시킨 후 10℃ 내외의 저장고에 보관한다.

번식-이용

글라디올러스 번식은 실생, 분구, 목자 번식을 주로 하며, 신품종을 육성할 때는 교배를 해서 종자를 파종하나 일반적으로는 목자(木子) 번식을 주로 한다.

화단에 심을 때는 군식을 해서 집단미가 나타나도록 하며, 화훼재배 농가에서는 절화재배와 구근 생산재배를 해서 수익을 올리고 있다. 도시에서는 화분에 심어서 꽃을 관상하기도 한다.

글록시니아 : *Gloxinia*

1785년 브라질에서 발견된 이래 주로 독일에서 많은 변종을 육성하였으며, 현재는 분식 구근초화로서 인기가 높다.

화형은 나팔꽃형으로서 잎과 조화가 잘 되며 화색도 적색, 백색, 자주색 및 혼합색이 있으며 최근에는 겹꽃종도 재배되고 있다.

작 형

❀ 심는시기   ❀ 개화시기

1월	2월	3월	4월	5월	6월	7월	8월	9월	10월	11월	12월
	❀—❀					❀—❀					

초화의 높이 cm	포기 사이 cm	화단	화분	절화	꽃 색	
25	15		○		白·桃·赤·紫	

재 배

글록시니아는 반음지에서 고온 다습한 환경을 좋아하며, 구근 자체가 고온성으로 15℃ 이하에서는 생육이 멈추고 5℃ 이하가 되면 한해를 입는다.

번식은 주로 실생번식을 하나 엽삽 및 묵은 구근을 분할해서 이용하기도 한다. 실생은 4~6월에 출하하려면 9~10월에 파종하며, 2~3월에 파종하면 8~9월에 개화한다. 파종용토는 밭흙=4, 부엽토=4, 모래=2의 비율로 혼합해서 흙을 소토법으로 소독한 후 이용하는 것이 좋다.

글록시니아는 광발아종자(光發芽種子)이므로 파종 후 복토를 하지 않고 분무기로 관수하고 유리나 신문지를 덮어서 10일 정도 지나면 발아한다.

발아한 후에는 신문지를 벗기고 충실한 모를 기르도록 한다. 발아온도는 25℃ 내외가 좋으며, 이식은 본잎 2~3매가 나올 무렵 2~3cm 간격으로 화분상자에 옮겨 심고, 2월 중하순에는 9cm 분에, 4월 중하순에는 15cm 분에 심는다. 화분용토는 밭흙=2, 부엽토=2, 모래=1의 혼합토를 쓰고 가끔 액비를 주어서 튼튼하게 기르도록 한다. 관수

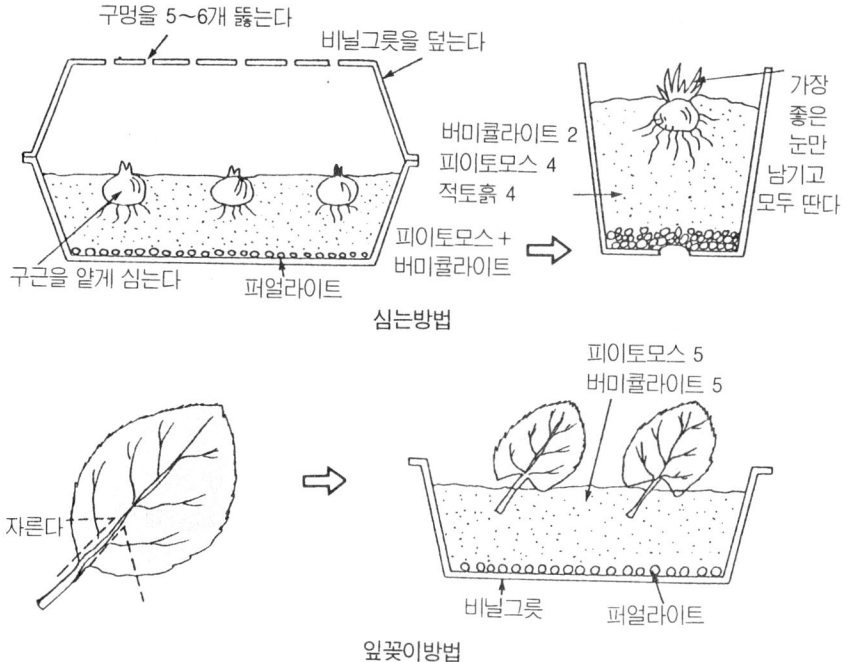

심는방법

잎꽂이방법

할 때는 찬물을 잎에 주지 않도록 주의해야 한다. 묵은 구근은 1~2월 경에 모래상자에 넣어 채아시킨 후 화분에 옮겨심도록 한다.

이 용

여름철 분식물로서 재배를 많이 하고 있으며, 실내의 창가 또는 응접실에서 관상하도록 한다. 여름철 화분에 심는 꽃으로는 구근 베고니아와 같이 인기가 높다.

다알리아 : *Dahlia*

멕시코 원산인 국화과에 속하는 구근초화로서 여름꽃의 대표종이다. 꽃색이 풍부하여 화단, 분재배, 절화로서 애용되고 있다.

작형

	1월	2월	3월	4월	5월	6월	7월	8월	9월	10월	11월	12월
심는시기				✿—✿								
개화시기						✿				✿		

초화의 높이 cm	포기 사이 cm	화단	화분	절화	꽃　　색
30~150	25~60	○	○	○	白·黃·桃·赤

✽꽃말 「그대 사랑은 나의 행복」

재배

　4월 중순에 구근을 심는다. 양지 바르고 배수가 잘 되는 곳이라야 한다. 화단의 경우는 글라디올러스에 준해서 기비를 주고 잘 갈은 뒤에 심는다. 대륜종은 60~70cm, 중륜종은 35~40cm, 왜성 소륜종은 20~25cm로 간격을 두고 1구씩 눕혀서 심고 흙을 5~6cm 두께로 덮어 둔다. 구근에서 2~3개의 싹이 나오므로 10cm 정도 자랐을 때 하나만 남기고 나머지는 따버린다.

　남겨진 싹이 4~5마디로 자랐을 때, 4마디째에 끝을 딴다. 남겨진 각 잎의 기부에서 눈이 또 나기 시작하므로 곁눈을 2개 정도 남기고 그 위로 나오는 곁눈을 빨리 따버린다. 이 줄기 끝에는 꽃이 핀다.

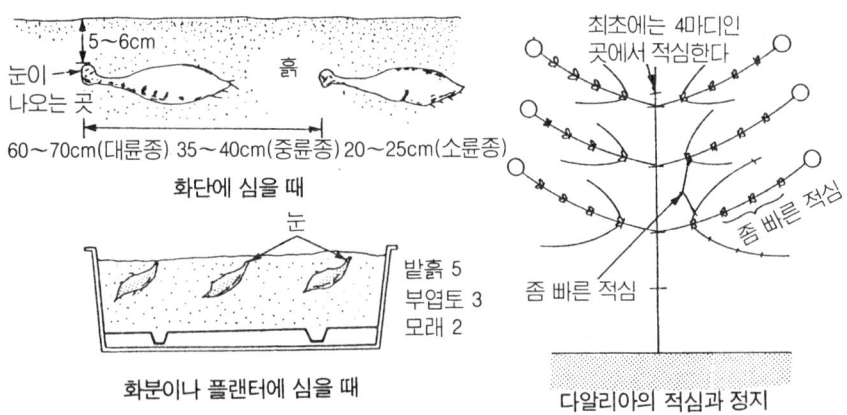

다알리아의 적심과 정지

꽃이 끝나면 기부에 남겨 두었던 눈이 커져 있으므로 꽃이 끝난 줄기는 그 위에서 잘라 내어 밑의 줄기를 자라게 한다. 이와 같이 반복하면 다알리아는 경엽이 무성해져 쓰러지는 일이 없게 된다. 왜성종은 이럴 필요가 없다.

어떤 종류이든 여름의 고온 건조에는 약하므로 1일 1회는 물주기를 한다. 또 짚을 깔면 건조를 막을 수 있다.

1~2회 서리를 맞으면 잎이 시들어 말라버리기 때문에 구근을 캐내어 홍초처럼 얼지 않도록 실내 또는 온실에 보관한다.

번식-이용

월동한 구근은 심기 전에 분구해서 번식시킨다. 작년 줄기를 중심으로 사방에 새끼구근이 붙어 있으므로 작년 줄기의 눈을 반드시 붙여서 1구씩 갈라 놓는다. 다알리아의 곁눈을 10cm 정도일 때 따서 눈꽂이를 해도 된다. 홑꽃종은 씨앗으로도 번식된다. 대륜종은 화단, 절화용으로 쓰지만 왜성종은 분재배로 즐긴다.

최근에는 부산 및 마산 지방에서 동기간 절화재배를 해서 연중 꽃꽂이로 이용되기도 한다.

다알리아의 발아

다알리아의 분구

수련 : *Nympaea*

유럽 원산의 추위에 강한 종류와 열대 원산의 온실재배용 종류(열대수련)가 있다. 가정원예에는 내한성(耐寒性) 수련이 일반적이다. 고추냉이와 같은 지하경을 물속의 바닥흙에 뻗쳐 넣고 꽃 잎을 수면에 내놓는다. 개화기는 6～7월이며 낮에 개화하고 밤에는 오므라드는 습성이 있다.

작 형

❀ 심는시기   ❀ 개화시기

1월	2월	3월	4월	5월	6월	7월	8월	9월	10월	11월	12월
			❀―❀			❀――❀					

초화의 높이 cm	포기 사이 cm	화화절 단분화	꽃 색
水面	25	○	白·黃·桃·赤

재 배

4월 중순에 심는다. 가정원예에서는 어항, 풀, 연못, 수련분(盆) 등을 준비하여 분심기를 한 구근을 여기에 가라 앉힌다.

24cm 분에 밭흙=8, 퇴비=2를 섞은 흙을 분속에 70% 채우고 구근을 눕혀서 심고 둘레에 잘 썩은 생선찌꺼기 두 덩어리를 준다. 구근이 보이지 않을 정도로 흙을 덮고 표면에 자갈을 깐다. 이렇게 해서 물속에 분을 앉힌다. 처음에는 분토 표면에 물이 찰 정도로 넣고 발아가 시작되면 30cm 정도 깊이로 넣도록 한다. 6월 중순에는 잎도 무성해지고 이윽고 꽃이 핀다. 가을이 깊어지면 경엽이 마르므로 겨울에는 분을 꺼내서 월동시킨다.

번식-이용

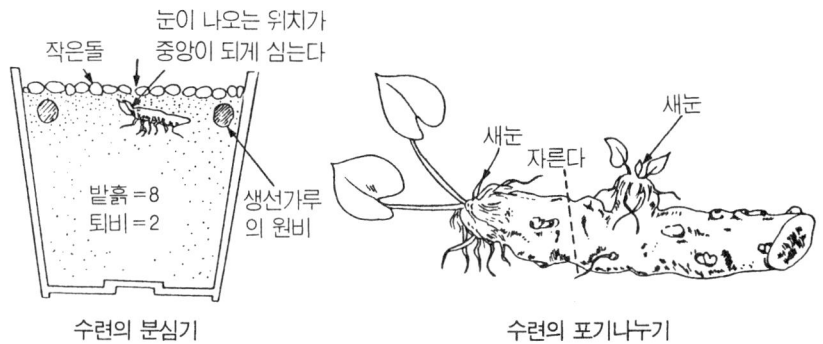

수련의 분심기 수련의 포기나누기

심어서 2년이 되면 지하경이 분속에 가득 찬다. 4월 상순 분에서 포기를 꺼내어 10cm 길이로 잘라 번식시킨다.

물속의 초화로서 여름철에 실내 또는 실외에서 아름다운 꽃이 핀다.
＊꽃말「마음의 결백」「순진한 마음」

아마릴리스 : *Hippeastrum*

남아프리카 원산의 수선과 구근초화이다. 구근의 중심에서 좌우로 폭 넓은 주걱 모양의 잎이 몇 매 나오고, 구근의 측면에서는 꽃 줄기가 나와서 선단에 백합과 흡사한 나팔형의 꽃이 3~4송이 달린다.

구근이 작으면 꽃이 피지 않으므로 둘레가 24cm 이상의 것을 심는다. 모양은 양파와 같으며, 해마다 커져서 1구에서 2~3대의 꽃대가 나오는 수도 있다.

작 형

심는시기 개화시기

1월	2월	3월	4월	5월	6월	7월	8월	9월	10월	11월	12월

초화의 높이 cm	포기사이 cm	화단	화분	절화	꽃		색	
50	25	○	○	○	白・桃・赤			

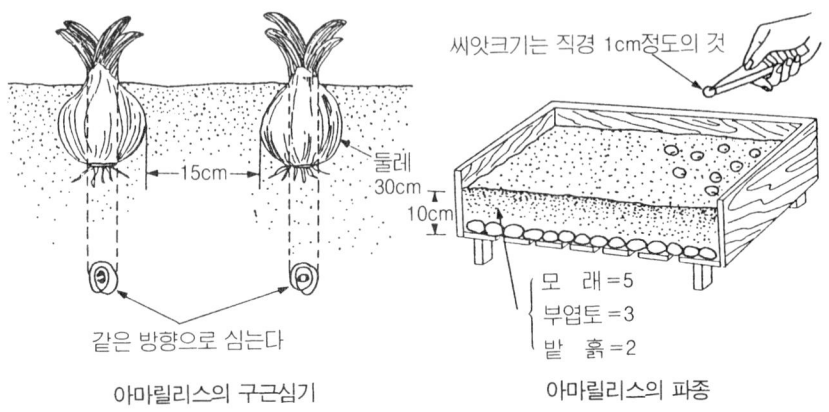

아마릴리스의 구근심기   아마릴리스의 파종

재 배

4월 중순에 구근을 심는다. 너무 일찍 심어도 온도가 낮으면 자라지 않으므로 그 지방에서 벚꽃이 떨어졌을 무렵이 안전하다. 화단에 심을 때는 1㎡당 퇴비 1~2kg, 나뭇재, 과린산석회, 깻묵 각각 100g, 또는 칼리 60g, 복합비료면 20~30g을 퇴비와 잘 섞어서 기비로 준다.

구근과 구근 사이는 15cm 간격으로, 구근의 윗부분이 약간 보일 정도로 심는다.

싹이 트기 시작하면 10일에 1회 액비를 준다. 개화 후에도 비료를 주어 구근을 충실하게 한다. 이렇게 해서 가을

구근을 반쯤 나오게 한다

이 깊어지면 서리가 내리기 전에 구근을 캐낸다. 4~5일 그늘에 말려서 왕겨와 함께 상자에 넣고 따뜻한 곳에서 월동시킨다.

 분재배의 경우, 18cm 분에 1구씩 심는다. 분토는 밭흙=5, 모래=3, 부엽토 혹은 부숙퇴비=2의 비율로 쓴다. 구근이 크므로 구근의 상부 절반을 내놓고 심는다.

 비료는 골분과 깻묵을 반반 섞어서 소량의 나뭇재와 물로 반죽해서 둥글게 한 것을 2~3개 분 둘레에 놓는다.

 관리는 매일 물을 한 번씩 주고 가끔 살균제를 살포해 준다.

번 식

 구근의 둘레가 30cm 이상이 되면 자연히 어미구근 주위에 새끼구근이 1~2개 생겨서 잎이 나온다. 가을에 구근을 캐낼 때 떼어서 봄에 어미구근과 같이 심는다. 3년쯤 지나면 개화한다. 아마릴리스는 종자로도 번식한다. 열매는 개화 후 2개월이면 생긴다.

 이밖에 큰 구근은 인편을 쪼개어 인편삽목을 해서 번식시킨다.

이 용

 화단재배, 분재배는 보통 방식이지만 흙을 쓰지 않는 수태로 분재배를 해도 충분히 자란다.

칸나 : *Canna*

 인도 원산의 구근초화로서 칸나과에 속하는 여름꽃의 대표다. 꽃색

작 형

심는시기   개화시기

1월	2월	3월	4월	5월	6월	7월	8월	9월	10월	11월	12월
		❀—❀			🌼————————🌼						
초화의 높이 cm			포 기 사 이 cm			화단	화분	절화	꽃　　　　　색		
150			35			○	○		白・桃・黃・赤		

이 풍부하고 양지바른 곳이라면 어디에서도 잘 자란다.

　개화기는 7월 상순~10월 하순까지로서 차례차례로 개화한다. 손질이 가지 않으며 포기 뻗침이 좋으므로 화단용으로 이상적이다. 왜성종은 분재배로 많이 이용된다.

(재　배)

　양지바르고 배수가 잘 되며 비옥한 곳이라면 더욱 생육이 좋다. 토질은 사질 땅보다도 약간 점질 땅이 좋다. 4월 상중순에 심을 때는 아마릴리스의 구근을 심을 때처럼 기비를 준다.

　구근간격은 약 80~100cm로 떼어 심는다. 심는 깊이는 10cm로 한다. 잡초의 방지와 토양의 건조를 막기 위해 포기의 주위에 짚을 깔아 주면 관리하기가 좋다.

　늦가을에 서리를 1~2회 맞으면 원기가 없어지므로 이 무렵에 상부를 짧게 잘라내고 구근을 캐내어 월동시킨다.

(번식-이용)

　칸나의 구근은 지하경(地下莖)이다. 생강 모양의 구근으로 각 마

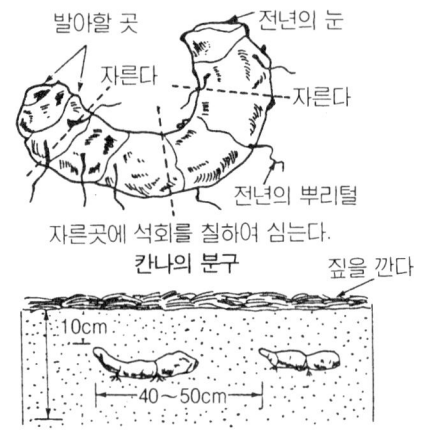

칸나의 구근심기

칸나 심기

디에 눈이 있으므로 3~5눈을 붙이고 나누는 것이 가장 보편적이다. 분구(分球)한 것은 벤자리에 석회를 발라서 심는다. 또 종자도 생긴다.

화단심기는 같은 품종을 군식으로 해서 집단의 아름다움을 즐기는 것이 좋다. 특히 잎과 꽃은 조화가 잘 되며 화단의 한가운데 심어도 좋다.

✽꽃말 「존경」 「나는 당신이 쾌활하기를 바랍니다.」

칼라 : *Zantedeschia*

남아프리카 원산의 구근 초화로 토란과다. 5월에 새하얀 깔때기 모양의 꽃이 달리며 초장은 40cm 내외다. 분재배나 온실재배를 한다.

작 형

🎀 심는시기　　🌷 개화시기

1월	2월	3월	4월	5월	6월	7월	8월	9월	10월	11월	12월
			🎀—🎀		🌷—	—🌷					
초화의 높이 cm			포기 사이 cm			화단	화분	절화	꽃　　　색		
40			40			○	○	○	白・黃		

재 배

4월 중순 화단이나 분에 구근을 심는다. 30cm 간격으로 깊이 3cm 정도로 심는다. 개화까지는 건조시키지 않도록 하고 개화 후는 건조기미로 하는 것이 구근이 썩지 않는다. 특히 배수가 잘 되어야 한다.

뿌리가 얕게 옆으로 뻗으므로 기비보다는 액비를 이따금 준다. 분심기는 구근의 끝이 감추어질 정도로 심고 흙은 점질토의 약간 무거운 흙에 부엽토가 30% 섞인 것이 좋다. 10월 하순에 캐내어 왕겨와 함께 월동시킨다.

> 번식-이용

어미구근의 주위에 소구근이 생기므로 이것을 떼어서 번식시킨다. 분심기를 하면 관엽식물로 관상할 수도 있다. 온실에 절화 생산을 해서 도시 근교에서 소득을 올릴 수 있다.

칼라듐: *Caladium*

아마존강 유역이 원산인 토란과 구근초화로서 잎이 아름답다. 녹색 바탕의 잎에 흰 모자이크 모양이 있는 것, 적색이나 도색 모양이 있는 것 등, 품종에 따라서 다르다.

> 작 형

1월	2월	3월	4월	5월	6월	7월	8월	9월	10월	11월	12월
		❀—❀		❀					❀		

초화의 높이 cm	포기 사이 cm	화단	화분	절화	꽃 색	
35	20	○			白·線·赤	

> 재 배

추위에 약하므로 5월 상순, 구근을 분에 심는다.
모래=5, 부엽토=2, 밭흙=3의 비율로 섞인 흙을 넣고 구근의 끝이 감추어질 정도로 심는다. 반그늘에 놓고 건조하지 않게 하면 발아한다. 그 후의 관리는 액비를 1주 1회의 비율로 물대신 주도록 하고, 특히 고온 다습한 반그늘에서 잘 자란다.

(이　용)

　분재배로 해서 여름을 즐기는 관엽식물로서 반그늘에서 기르면 잎색이 고와진다. 햇볕을 쪼이지 않고 방안에만 두면 웃자라므로 발을 친 베란다가 좋겠다. 흙을 안쓰고 수태에 심어도 된다.
　칼라듐은 고온성 구근이므로 가을이 되면 차차 잎이 황변하고 말라죽기 때문에 이때부터 관수를 하지 말고 휴면을 시켜서 저장한다. 저장온도는 15℃ 이상 되게 유지하고 모래 또는 톱밥속에 보관했다가 봄에 다시 화분에 심는다.

✱ 꽃말 「즐거움 주기」

3 추파(秋播) 1~2년 초화(草花)

금어초 : *Antirrhinum*

지중해 연안 지방이 원산인 현삼과 초화로서 원래는 다년생초로 알려지고 있었으나 일반적으로 1~2년초로 취급되고 있다. 이 꽃은 금붕어 입모양으로 생긴 데서 이 이름이 붙여졌다고 한다. 초장은 50~90cm, 꽃대는 긴 것이 40~50cm나 되며, 꽃색은 적, 도, 황, 백색 등이 있다. 절화 및 화단용으로 인기가 높다.

작 형

심는시기 / 개화시기

1월	2월	3월	4월	5월	6월	7월	8월	9월	10월	11월	12월
			개화시기	개화시기					심는시기		

초화의 높이 cm	포기사이 cm	화단	화분	절화	꽃색
25(短性) 60(高性)	20 25	○	○	○	白·黃·橙·赤·紅

재 배

종자가 매우 작으므로 파종 상자나 분에 뿌리고 건조하지 않게 물주기를 한다. 발아 온도는 15~20℃가 알맞고 고온에서는 발아가 나쁘다.

본잎이 4~5매일 때 적심하여 곁가지를 4~5대로 하고 25cm 간격으로 정식한다.

춘파는 3~4월 중순까지 하면 7~8월에 개화한다. 추파는 9~10월 중순까지 하고 비닐 재배하면 겨울에 절화할 수 있다.

(번식-이용)

종자로 번식시키는 것이 보통이지만 따로 눈꽂이로 해서 모종을 만들 수도 있다.

월동한 모종은 봄에 잘 분지(分枝)가 되므로 어린가지를 잘라서 모래에 꽂도록 한다.

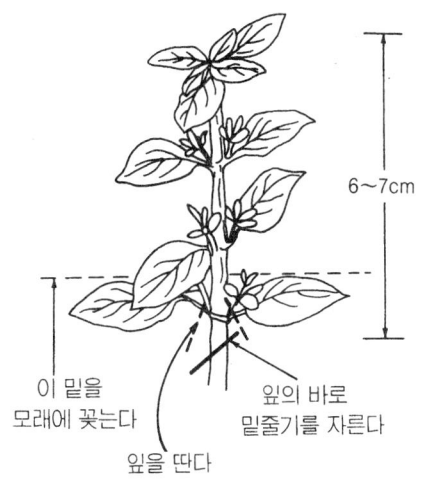

금어초의 눈꽂이

개화기가 오래 가므로 잔디속에 군식해서 집단의 아름다움을 즐기는 것이 가장 좋겠다.

로베리아, 팬지, 알리섬 등과 혼식하여 꽃의 양탄자를 즐긴다. 화단 둘레에도 알맞다.

또 화분이나 플랜터에 군식해도 보기에 매우 아름답다.

★꽃말 「욕망」

금잔화 : Calendula

남유럽 원산의 국화과 초화로서 추위에 강하며 절화 및 화단용으로 많이 심는다.

개화기가 5월 초~7월 중순으로 측아가 잘 나오며 오렌지색의 겹꽃이 차례차례로 계속 핀다.

꽃색은 이밖에 등적색, 진황색도 있다. 초장은 40~50cm이며 양지

바르고 배수가 잘 되면 어디서라도 잘 자란다.

작형

1월	2월	3월	4월	5월	6월	7월	8월	9월	10월	11월	12월

초화의 높이 cm	포기 사이 cm	화단	화분	절화	꽃 색		
40	30	○	○	○	黃·橙		

재 배

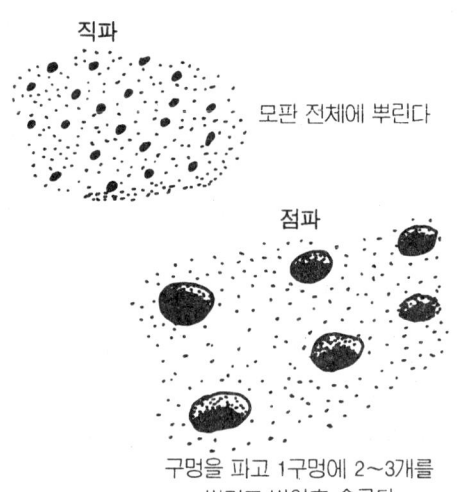

직파 — 모판 전체에 뿌린다

점파 — 구멍을 파고 1구멍에 2~3개를 뿌리고 발아후 솎군다

 8~9월 경에 추파하는 것이 좋고 추운 지방에서는 4월 하순~6월 하순사이에 춘파하는 것이 좋다. 발아 온도는 15~20℃이며 종자가 크면 발아율이 좋다. 알칼리성 토양을 좋아하며, 배수가 잘 되고 양지바른 곳이 생육에 좋다. 화단에는 20cm 간격으로 심는다. 절화용에는 특히 퇴비에 인산칼리를 충분히 섞어 주면 측아가 잘 나온다.

이 용

 화단에 군식해서 집단의 아름다움을 관상하는 것이 가장 좋고, 겨울철에 절화용 재배로 인기가 높다. 화단이 없을 경우에는 꽃상자 또는 화분에 심어서 관상한다.

　★꽃말 「이별을 슬퍼한다.」

데이지 : Daisy

서유럽, 지중해지방 원산인 국화과 초화로서 팬지와 함께 봄의 화단에는 빠뜨릴 수 없는 꽃이다. 10cm 정도의 꽃대에 화경 5~7cm의 적, 도, 백색꽃이 핀다. 초장은 10cm이며 대륜종, 폼폰종이 있다.

작 형

1월	2월	3월	4월	5월	6월	7월	8월	9월	10월	11월	12월
		심는시기	심는시기					개화시기	개화시기		

초화의 높이 cm	포기 사이 cm	화단	화분	절화	꽃 색		
15	15	○	○		白 · 桃 · 赤		

재 배

가을에 파종하여 초봄에 화단에 심는 것이 일반적이다. 발아온도는 20℃ 내외. 파종 후 본잎이 2~3매일 때 한번 이식하고 서리를 맞지 않도록 보온해 두었다가 초봄에 15cm 간격으로 정식한다. 양지 바르고 배수가 잘 되는 사질양토에서 잘 자란다. 건조하면 죽기 쉬우므로 습기가 많은 곳에 심도록 한다. 더위에 약하므로 추식한다.

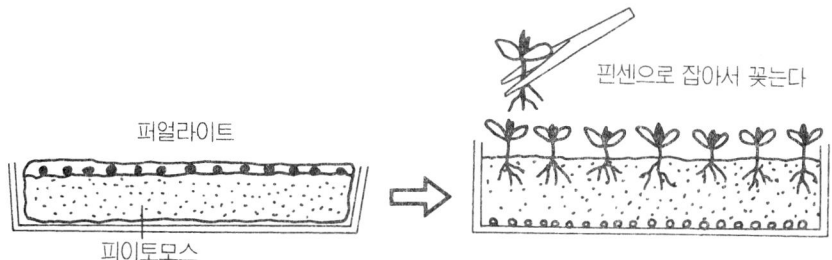

파종과 이식

이 용

키가 작으므로 화단 둘레나 융단식화단용으로 쓴다. 도회지 근교에서는 꽃모종 생산재배를 많이 해서 봄화단에 심거나 창가의 화분 또는 플랜터에 심어서 관상한다.

✽꽃말 「천진난만」「무의식」

독일엉겅퀴 : *Cirsium*

일본이 원산인 야생 엉겅퀴의 개량종이다. 국화과 초화로서 초장은 60~80cm. 1포기에서 여러 개의 꽃대가 나와 꽃이 피는데 화경은 3~4cm이다. 마치 펼쳐진 붓처럼 생긴 적자색의 꽃은 절화로서 인기가 있다. 양지 바르고 배수가 좋은 곳은 어디서나 잘 자란다.

작 형

	심는시기					개화시기					
1월	2월	3월	4월	5월	6월	7월	8월	9월	10월	11월	12월
		✿	——		✿			🎀	——	🎀	

초화의 높이 cm	포기 사이 cm	화단	화분	절화	꽃 색
70	30	○		○	淡赤·紫

재 배

4월에 파종하여 어릴 때 30cm 간격으로 정식한다.

발아 온도는 20~25℃로 모종이 크면 이식을 싫어한다. 내한력이 있으므로 남부지방에서는 가을에 파종해도 된다. 종자는 쌀알 정도의 크기로 갈색을 나타내고 있다.

번식·이용

종자를 뿌려도 곧 큰 포기가 된다. 10월 상순경에 뿌리를 캐내어 흙을 털고 3~4 눈을 붙여서 포기나눔을 해서 번식할 수도 있다. 넓은 정원이나 겨울철 비닐하우스에 심어 절화재배를 해 볼 만한 꽃이다.

✱꽃말 「독립」

로벨리아 : Lobelia

아프리카 원산의 초롱꽃과 초화다. 초장은 15cm 내외로서 분지가 잘 되어 반원형이 되고, 4~5월에 포기 전면에 작은 꽃이 밀생한다. 양지 바르고 건조하지 않은 곳을 좋아한다.

작형

1월	2월	3월	4월	5월	6월	7월	8월	9월	10월	11월	12월
		심는시기———심는시기						개화시기—개화시기			
초화의 높이 cm			포기 사이 cm			화단	화분	절화	꽃 색		
15			15			○	○		白·青紫·桃		

재배

9월 중하순에 종자가 작아서 파종상자에 파종한다.
　용토는 모래=5, 부엽토=3, 흙=2의 비율이다. 물을 뿌려 가라앉게 하고 복토는 하지 않는다. 7~10일이면 발아한다. 본잎이 4~5매 일 때, 다시 한번 상자에 2cm 간격으로 이식한다. 작은 모를 이식할 때는 핀셋이나 가는 대나무 주걱을 쓰면 간단하다. 잎과 잎이 닿게 되면 9cm 분에 1주씩 이식한다. 이렇게 해서 점점 큰 분에 이식하였다가 봄에 화단에 정식한다. 3월에도 꽃이 피므로 분에서 뽑아내어 잔디

로벨리아의 물주기

의 화단 등에 정식한다.

(번식-이용)

종자로 번식시키는 외에 꽃이 끝난 뒤, 포기나눔으로도 번식할 수 있다. 또 꽃이 끝났을 무렵, 줄기를 따서 모래에 눈꽂이를 해도 발근이 잘 된다.

분심기와 화단용 초화로서 아주 적합하다. 6월 중순 꽃이 끝나면 경엽을 잘라내어 비료를 주고 여름에 서늘하게 관리하면 가을에는 재차 꽃이 달린다. 여름에는 발을 치고 관리한다.

　＊꽃말「나쁜마음」

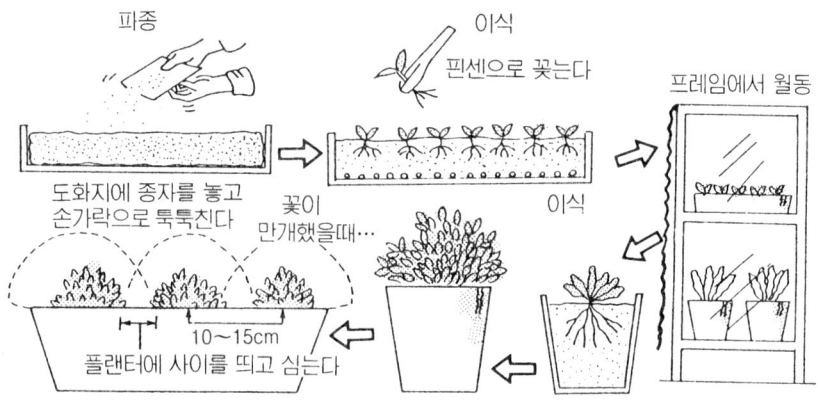

파종과 이식

물망초 : *Myosotis*

유럽 원산의 지치과 초화로서 시(詩)나 전설에 잘 나오는 초화다. 초장 20~60cm이고 한 포기에 여러 개의 작은 꽃들이 만개하며 꽃색은 짙은 하늘색과 백색이 있다. 한번 재배하면 흩어진 씨앗이 돋아날 정도로 튼튼하다. 화단, 분심기에는 왜성종이 알맞다.

작 형

심는시기 / 개화시기

1월	2월	3월	4월	5월	6월	7월	8월	9월	10월	11월	12월
			🌼—🌼					🎀—🎀			

초화의 높이 cm	포기사이 cm	화단	화분	절화	꽃 색		
20	15	○	○		白·青紫·桃		

재 배

파종시기는 9월 하순~10월 상순이다. 얕은 나무 상자나 토분에 파종하여 모래를 가볍게 복토하고 분토가 마르지 않게 관리하면 2주일이면 발아한다. 본잎이 1~2매일 때 한번 이식하고 11월 중순 본잎이 4~5매일 때 12cm 간격으로 화단에 심는다. 겨울철을 대비해 액비를 주고 방한조치를 한다.

이 용

왜성종은 화단에 군식하여 관상하는 것이 가장 좋다.

✽ 꽃말 「나를 잊지 마세요」

서양달맞이꽃 : *Godetia*

북미 캘리포니아 원산의 바늘꽃과 초화로서 초장은 40~50cm이며 한포기에서 여러 개의 꽃대가 나와서 꽃이 핀다. 꽃색은 백, 도, 홍색의 외겹과 겹꽃이 있다.

작 형

	심는시기				개화시기						
1월	2월	3월	4월	5월	6월	7월	8월	9월	10월	11월	12월
				✿——✿				✿—✿			
초 화 의 높 이 cm			포 기 사 이 cm			화 단	분 화	절 화	꽃 색		
50			30			○		○	白・桃・赤		

재 배

일반적으로 9~10월에 추파한다.

발아 온도는 비교적 낮은 10~15℃이나 고온에서도 발아한다. 뿌리는 직근성으로 이식을 싫어하기 때문에 직파한다. 건조한 토양에서 잘 자라며 질소비료는 주지 않는 것이 꽃색이 선명하다.

번식·이용

가을에 파종하여 모종을 만드는 것이 보통이다. 월동한 모종은 초봄에 측지가 잘 나오고 무성하므로 4~5cm로 자란 어린 가지를 잘라, 모래에 꽂으면 간단히 발근한다.

양지 바르고 배수가 양호한 곳에서 잘 자라며 절화로 하거나 화단심기를 해서 즐긴다. 봄에 꽃꽂이로 인기가 높은 꽃이다.

★꽃말 「변하기 쉬운 마음」

수레국화 : *Centaurea*

유럽 남부 원산의 국화과 초화로서 독일의 나라꽃이며, 추파(秋播) 초화의 대표종이다. 초장은 80~100cm이며 월동한 모종은 초봄부터 가지벌기를 하여 1주에 20~30개의 꽃이 차례차례로 핀다. 꽃색은 백도, 홍, 청, 자홍색 등이 있고 절화나 화단용으로 흔히 쓰인다.

작형

1월	2월	3월	4월	5월	6월	7월	8월	9월	10월	11월	12월
			심는시기		개화시기						

초화의 높이 cm	포기 사이 cm	화단	화분	절화	꽃 색
100	30	○		○	白·靑·紫·赤

재배

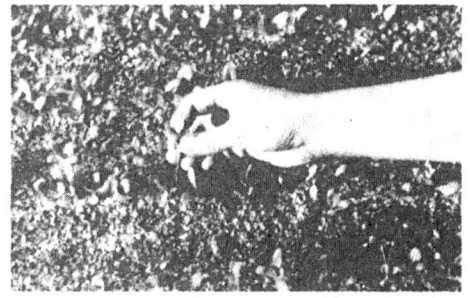

수레국화의 솎음

파종 시기는 10월 상순이다. 너무 빨리 파종하면 모종이 커져서 겨울 추위에 손상되기 쉬우므로 서두를 것은 없다. 발아하면 적당히 솎아 내고 본잎이 4~5매일 때, 다시 한번 모판에 심는다. 포기 간격 12cm 정도로 이식했다가 정식은 35cm 간격, 왜성종은 25cm 간격으로 심는다. 매년 같은 장소에는 심지 않는다. 또 비료를 너무 주면 잎이 무성하여 꽃붙임이 나빠진다.

이용

절화를 겸해서 화단에 심도록 한다. 양지쪽이면 잘 자란다.

✽ 꽃말 「미모·가냘품」

스윗트피 : Sweet pea

이탈리아의 시실리섬 원산의 콩과에 속하는 초화다. 덩굴성으로서 향기 있는 완두와 같은 꽃이 핀다. 개화기는 4월 하순부터 7월 초까지 인데 차례차례로 잇달아 개화하므로 화단, 분심기, 절화용으로 애호되고 있다.

양지바르고 배수가 잘 되며 비옥한 곳이라야 잘 자란다. 약(弱)알칼리성 토양을 즐기므로 농용석회를 살포하고 심는다. 추위에는 강하지만 더위에는 약하고 한번 심은 곳에는 2~3년은 심을 수 없다는 결점이 있다.

작 형

1월	2월	3월	4월	5월	6월	7월	8월	9월	10월	11월	12월
				심는시기 ——— 개화시기							

초화의 높이 cm	포기 사이 cm	화단	화분	절화	꽃 색
150(蔓性)	30	○	○	○	白·桃·靑·紫·赤

재 배

파종시기는 10월 상순이다. 처음부터 직파하는데 울타리 심기에는 울타리 옆에 2~3알씩 30cm 간격으로 파종한다. 씨앗이 안보일 정도만 흙을 덮고 기비를 미리 준다.

2주일쯤 후에 하나만 남기고 솎는다. 겨울에는 짚과 비닐을 덮는다. 왜성 스위트피를 화분에 심을 경우에는 15~18cm분에 2~3알 뿌리고 양지바른 곳에 둔다. 용토는 배수가 잘 되어야 하며 겨울 동안 건조시키지 않도록 주의하는 것이 중요하다.

이 용

귀여운 꽃과 향기가 있으므로 누구나 즐길 수 있으며, 덩굴성 초화이므로 울타리에 재배하는 것이 좋다. 분심기는 베란다 원예로 앞으로 전망이 밝으며 배경을 위주로 해서 재배하는 것도 좋다.

왜성종은 플랜터에 심어서 아래로 처지게 하거나 베란다의 철책 밖으로 뻗어 나가게 해도 재미있는 꽃가꾸기가 될 것이다.

스타티스 : *Limonium*

북아프리카, 팔레스티나 원산의 갯질경이과 초화다. 반내한성 1년초로 건조화로도 인기가 높다. 잎은 뿌리부분에서 나오고 중심부에서 꽃대가 여러 개 나와서 꽃이 핀다. 초장은 40~60cm, 꽃은 청색바탕에 백색, 빨강바탕에 백색, 도색, 황색 등의 혼합색으로 핀다.

작 형

❀ 심는시기　　❀ 개화시기

1월	2월	3월	4월	5월	6월	7월	8월	9월	10월	11월	12월
				❀—❀				～～			

초화의 높이 cm	포기사이 cm	화단분	화분화	꽃 색	
40	30	○	○	白·黃·青·桃·赤	

재 배

남부 지방은 8월 초~10월 중순에 파종하고, 중부 지방은 3월 중순~5월 초까지 파종한다. 종자는 발아율이 나쁘므로 그대로 파종하지 말고 습한 모래나 흙에 비벼서 종자가 충분히 물을 흡수할 수 있도록 해서 파종한다. 발아 온도는 15~20℃이고 이식을 싫어하므로 어릴 때 30cm 간격으로 2~3개씩 심도록 한다.

이 용

절화용 및 건조화용 꽃의 하나다. 활짝 피었을 때 잘라 쓴다. 최근에는 국내에서 절화 재배용으로 많이 재배하고 있다.

✱꽃말 「영원한 사랑」

스토크 : Stock

원산지는 지중해 연안인데 십자화과(十字花科)에 속하는 반내한성 초화로서, 가을에 온실 또는 비닐하우스에 파종하여 겨울에 절화하는 1년초다. 초장은 50~80cm인데 꽃색은 빨강, 백색, 분홍색, 청색 등 여러 가지며 향기가 좋고 절화로서 많이 이용되고 있다.

작 형

❀ 심는시기   ❀ 개화시기

1월	2월	3월	4월	5월	6월	7월	8월	9월	10월	11월	12월
			❀	—	❀			❀ — ❀			

초화의 높이 cm	포기 사이 cm	화단	화분	절화	꽃　　　색		
50	25		○	○	白 · 紫 · 桃 · 赤		

재 배

파종은 8~10월 중에 파종 상자에 하며 파종 용토는 부엽토=3, 밭흙=2, 모래=1의 비율로 해서 토양 소독을 한 후 파종한다.

이식은 발아 후 본잎이 2~3매 나왔을 때 3cm 간격으로 한다. 뿌리가 직근성이기 때문에 이식을 싫어한다. 정식은 파종 후 30~35일 즉 본잎이 6~7매일 때 정식한다. 정식 거리는 12~15cm 정도로 한다. 스토크는 본잎이 5~6매일 때 야간 온도 13~15℃에서 20일 정도 처리해야만 개화한다. 꽃눈 분화가 되고 나면 20℃ 전후의 온도에서 관리하도록 한다.

스토크는 겹꽃과 홑꽃이 있으며 육묘 기간 중 구별하는데, 겹꽃은 떡잎의 모양이 긴 타원형이고 홑꽃은 짧은 타원형이다. 떡잎의 색은 겹꽃종은 황록색이고 홑꽃은 농록색이며 본잎의 모양은 결각잎이고 홑꽃은 둥근잎이므로 이것을 잘 구별해서 육묘하도록 한다. 홑꽃은 겹꽃에 비해서 관상 가치가 적기 때문에 반드시 잘 구별하여 식재하도록 한다.

이 용

화분에 심어서 재배하기도 하나 일반적으로 절화 생산을 목적으로 하여 재배하고 있다. 남부 지방에서는 화단에 심어서 관상하기도 한다. 특히 향기가 좋아서 화병 또는 꽃바구니에 꽂아서 즐긴다.

✽꽃말「영원한 아름다움」

시네라리아 : *Cineraria*

아프리카의 카나리섬이 원산으로 국화과에 속하는 추파 1년초인 온실초화다. 초장은 30cm 내외고 꽃색은 빨강, 분홍, 보라, 백색 또는 혼합색으로 겨울에는 주간 20~22℃, 야간은 10℃ 내외가 생육에 알맞다.

작 형

❀ 심는시기   ❀ 개화시기

1월	2월	3월	4월	5월	6월	7월	8월	9월	10월	11월	12월
		❀					❀ ❀				❀

초화의 높이 cm	포기 사이 cm	화단	화분	절화	꽃 색
25	20			○	白・靑・紫・桃・紅

재 배

파종은 7~9월까지며, 포기를 크게 하려면 일찍 파종하고, 2~3월경에 출하하려면 8월 하순경에 파종하는 것이 보통이다. 파종 용토는 부엽토=5, 밭흙=3, 모래=2를 혼합해서 완전히 살균 소독해서

1.5mm의 체로 쳐서 사용한다. 종자는 파종한 후 가는 모래로써 약간 복토해 주고 충분히 관수한다. 파종온도는 15~20℃로 유지하면 일주일 후에는 발아한다.

　본잎이 2~3매일 때 사방 4cm 간격으로 가식을 하고, 다시 본잎이 5~6매일 때 화분에 심어서 관리한다. 정식은 15cm 화분에 하도록 한다. 이렇게 하면 1~2월경에 온실에서 개화한다. 시네라리아 재배에 성공하려면 품종 선택과 여름철의 육묘관리 및 조기 개화를 시켜서 수요가 높은 1~2월에 개화시키는 것이 가장 유리한 경영 방식이다.

이 용

　주로 꽃이 귀한 겨울철의 화분 식물로서 창가에 두면 한꺼번에 많은 꽃이 활짝 핀다. 화분에 심어서 관상을 하든지, 그렇지 않으면 꽃상자에 여러 포기 심어서 실내에서 관상하기도 한다.

　★꽃말 「쾌활」 「항상 즐겁다」

안개꽃 : Gypsophila

　코카서스 원산의 추위에 강한 석죽과 초화로서 초봄부터 줄기가 사방으로 갈라져 나와 적은 꽃들이 듬뿍 핀다. 초장은 40~60cm이고 꽃대는 물을 잘 빨아들이기 때문에 절화로서 잘 이용하면 좋다. 꽃색은 백색, 분홍색, 적색 등이 있다.

작 형

심는시기											
1월	2월	3월	4월	5월	6월	7월	8월	9월	10월	11월	12월
				❀——	❀			❀—❀			
초화의 높이 cm			포기 사이 cm			화단	화분	절화	꽃　　　색		
60			30			○		○	白・桃		

재 배

춘파는 3~4월 중순, 추파는 9~10월 초에 한다. 종자가 작으므로 파종 후 복토를 하지 않고 진압한다. 발아 적온은 15~20℃이며 25℃ 이상의 고온에서는 발아하지 않는다. 본잎이 2~3매일 때 8cm 간격으로 정식한다. 가을 파종은 겨울에 짚을 덮어 보온해 주도록 한다.

이 용

붉은 양귀비, 금어초 등과 혼식하면 대비가 아름다운 화단이 된다. 꽃의 조합을 고려해서 심는 것도 좋다. 다만 개화기가 같은 꽃이라야 한다. 봄에 꽃꽂이로 카네이션과 가장 조화가 잘 되는 꽃이다.

✻꽃말 「기쁨의 순간」

애기금붕어꽃 : *Linaria*

아프리카의 북부, 포르투갈, 남부 스페인 등지에 야생하는 현삼과 초화다. 초장은 20~30cm이며 가느다란 꽃대에 1cm 지름의 꽃이 이삭모양으로 달려 있다. 꽃색에는 백, 황, 도, 적자색이 있다. 한번 재배하면 흩어진 씨가 매년 자라서 꽃이 달릴 정도로 양지바른 곳이라면 어디서나 잘 자란다.

작 형

심는시기						개화시기					
1월	2월	3월	4월	5월	6월	7월	8월	9월	10월	11월	12월
				✿—	—✿			✿—	—✿		

초화의 높이 cm	포기사이 cm	화단	화분	절화	꽃 색
40	25	○			白·赤·桃

재 배

9월 상순에 파종하며 발아 온도는 20~25℃이다. 종자는 비교적 작으나 발아는 용이하다. 겨울에는 방한을 해서 월동하며 정식간격은 15~20cm로 한다. 양지바르고 배수가 잘 되는 곳에 심는다.
춘파의 경우, 3~4월에 심으면 7~8월에 꽃이 핀다.

(이 용)

볕이 잘 드는 곳에 군식하면 집단의 아름다움을 즐길 수 있다.

✱꽃말 「내 마음을 알아주세요」

(애기냉이꽃 : *Sweet Alyssum*)

지중해 연안이 원산인 십자화과 초화로서 초장 10~15cm 정도로 화단용에 알맞다. 이 작은 키에 꽃들이 무수히 뒤덮여 잎과 줄기가 보이지 않을 만큼 소담스럽고도 귀여운 초화다.
꽃색은 자색, 백색, 도색의 혼합으로 은은한 향기가 나서 꽃의 품위를 더욱 높여 준다.

(작 형)

1월	2월	3월	4월	5월	6월	7월	8월	9월	10월	11월	12월
			🌸	🌸				🌱	🌱 (霜除栽培)		

초화의 높이 cm	포기사이 cm	화단	화분	절화	꽃 색
15	15	○	○		白·紫

(재 배)

내한성이 강하여 가을에 파종해서 서리만 막아주면 봄에 파종한 것보다 포기도 크고 아름다운 꽃을 초봄부터 볼 수 있다. 10~25℃에서 발아가 잘 되고 2cm정도 자랐을 때 모판에 5~7cm 간격으로 옮겨 심는다. 월동한 모는 3월에 접어 들어 15cm 간격으로 화단에 정식한다. 양지 바르고 배수가 잘 되는 곳이면 어디든지 잘 자란다.

번식-이용

종자로 번식시키는 외에 월동한 포기의 어린 가지를 모래에 눈꽂이를 잘 하면 발근한다. 또 3월 상순, 온상에 파종하면 5월 상순에는 화단에 심을 모종을 만들 수도 있다.

화단에 군식한 아름다움은 각별한 것인데 화단의 둘레나 잔디밭의 가장자리에도 이용한다. 키가 작으므로 암석정원(Rock garden)에도 적당하다.

✱꽃말 「우아한 아름다움」

종꽃 : Campanula

남유럽 원산의 초화로서 초롱꽃과에 속하는 가장 화려한 꽃이다. 일명 풍령초(風鈴草)라고도 하며 꽃이 종 모양으로 생겨서 붙여진 이름이다. 꽃잎은 5~6cm로서 초롱꽃과에서는 가장 꽃이 크다. 초장은 80~100cm이다. 한주에서 5~6대의 꽃대가 나오며 꽃색은 자색, 청색, 도색, 백색 등이 있다. 내한성이 강하여 서울 지방에서도 재배가 가능하다.

작 형

	심는시기						개화시기				
1월	2월	3월	4월	5월	6월	7월	8월	9월	10월	11월	12월
				(1年後開花)			🌸	🌸			

초화의 높이 cm	포기 사이 cm	화단	화분	절화	꽃 색		
80	30	○		○	白・桃・青・紫		

재 배

파종 후 1년만에라야 꽃이 피는 종류와 7~8개월만에 피는 두 가지 품종이 있다. 전자는 4~5월경에, 후자는 8~9월에 파종한다. 발아온도는 20℃ 내외다. 본잎이 5~6매일 때 30cm 간격으로 정식한다.

여름철에는 반 그늘에서 서늘하게 관리하고 밑거름으로 퇴비를 충분히 준다.

이 용

건물의 남쪽 창밑 같은 곳에 군식하면 무게 있는 화단이 된다.

✽꽃말 「성공이 당신을 찾을 것」

주머니꽃 : Calceolaria

남미의 칠레 및 페루 등 주로 안데스산맥에 분포하고 있으며, 현삼과에 속하는 추파 1년초로 재배되고 있다. 초장은 30~40cm 정도이고 꽃모양은 시골할아버지의 주머니와 같이 생겼다고 하여 주머니꽃이라고 한다. 꽃색은 빨강, 노랑 또는 반점이 들어 있는 것도 있다.

작 형

❀ 심는시기						🌼 개화시기					
1월	2월	3월	4월	5월	6월	7월	8월	9월	10월	11월	12월
❀―――❀							❀―❀				
초화의 높이 cm			포 기 사 이 cm			화단	화분	절화	꽃		색
30			20			○			黃·赤		

재 배

파종은 온실 또는 프레임에서 하고, 종자가 매우 작으므로 화분 또는 나무상자에 파종하고 복토는 하지 않는다. 분무기로 관수하고 신문지로 덮어 주도록 한다. 8~9월에 파종하면 1~2월에는 개화하게 된다.

육묘는 시네라리아와 같은 방법으로 해주고, 겨울에는 5~6℃ 이하로만 내려가지 않도록 관리한다. 고온 다습하면 잎이 녹고 뿌리가 썩기 쉬우므로 이 점을 주의해야 한다.

이 용

화분에 심어서 겨울 및 봄철에 창가에 두고 꽃을 관상한다. 봄에는 꽃상자에 심어서 베란다나 현관 입구에 두고 관상하기도 한다.

✽꽃말 「당신에게 나의 재산을 바칩니다」

캘리포니아 양귀비 : California poppy

캘리포니아, 오리건주 원산의 양귀비과 초화다. 초장은 30~40cm 이고 4월 중순~5월 하순까지 노란 양귀비와 같은 꽃이 핀다. 햇볕이 잘 들고 배수가 잘 되는 곳이라면 어디서나 잘 자란다. 개화 후 가늘고 긴 열매가 생겨, 자연히 터져서 검은 씨앗이 튀어 나온다. 채종은 씨앗이 노랗게 되었을 때 한다.

작 형

심는시기 / 개화시기											
1월	2월	3월	4월	5월	6월	7월	8월	9월	10월	11월	12월
			❀—❀					✂-✂			
초화의 높이 cm			포 기 사 이 cm			화단	화분	절화	꽃 색		
30			30			○	○		黃·橙		

재 배

가꾸기 쉬운 초화로서 한번 심으면 씨앗이 흩어져서 매년 꽃이 피게 된다. 파종은 10월 상순인데 이식이 되지 않으므로 20cm 간격으로 정식할 곳에 씨앗 4~5알씩 점파한다.

분에 심었을 때는 이식이 가능하다.

이 용

키가 작으므로 화단용으로 알맞다. 군식해서 집단의 아름다움을 즐긴다. 잔디의 녹색과 조화가 잘 된다.

✽꽃말「내 희망을 받으세요」

패랭이꽃 : *Dianthus*

중국 원산의 석죽과 초화다. 원래는 숙근초였으나 구미 각국에 건너가서 품종개량이 되어 많은 신품종이 나왔다. 초장은 15~30cm이고, 홑꽃과 겹꽃이 있으며 꽃색은 적색, 도색, 백색, 홍색, 적자색 및 혼합색 등이 있다.

작 형

			심는시기				개화시기				
1월	2월	3월	4월	5월	6월	7월	8월	9월	10월	11월	12월
				❀——❀				❀——❀			
초화의 높이 cm			포기 사이 cm			화단	화분	절화	꽃 색		
25			20			○	○	○	白·桃·赤·紅		

재 배

파종은 9월 하순이나 3월경에 한다. 발아온도는 15~20℃며 파종상을 만들어 뿌린다. 복토는 종자가 보이지 않을 정도로 덮어 둔다. 발아하여 본잎이 4~5매일 때 20cm 간격으로 정식한다. 가을에 파종한 것은 이듬해 5월부터 개화한다.

번식-이용

일반적으로 종자로 번식한다. 또 꽃이 끝난 포기는 이듬해 봄에 다시 꽃이 핀다. 여름의 고온과 건조에 주의하면 쉽게 재배할 수 있다.

잔디속에 심으면 양탄자 화단처럼 봄에 예쁜 꽃을 관상할 수 있으며 화단 둘레에도 제격이다.

✽꽃말 「열렬한 사랑」

팬지 : Pansy

북유럽 원산의 제비꽃과 초화로서 화단, 화분, 절화로서 인기가 있어 봄의 화단에 없어서는 안되는 꽃이다. 초장은 15~20cm이고 측아가 잘 나와 1포기가 30cm 평방을 덮는다. 3월 상순부터 6월 말까지 차례차례로 쉴새 없이 잇달아 꽃이 핀다.

작 형

1월	2월	3월	4월	5월	6월	7월	8월	9월	10월	11월	12월
			심는시기				개화시기				
초화의 높이 cm			포기 사이 cm			화단	화분	절화	꽃 색		
20			25			○	○	○	白·黃·青·紫·赤		

재 배

파종 시기는 중부지방은 8월 초부터 8월 말, 남부지방은 8월 중순부터 9월 말까지다. 발아온도는 15~20℃이고, 고온에서는 발아가 나쁘다. 파종토는 부엽토를 충분히 혼합해서 배수가 잘 되는 곳에 파종한다. 본잎이 3~4매일 때 이식한다. 가지가 갈라지고 튼튼한 모종이 되었을 때 21~24cm 간격으로 정식한다. 겨울동안에는 비닐을 씌워서 보온한다.

번식-이용

팬지는 열매를 맺으면서 꽃이 피고 있다. 잘 살펴보면 잎 그늘에 콩

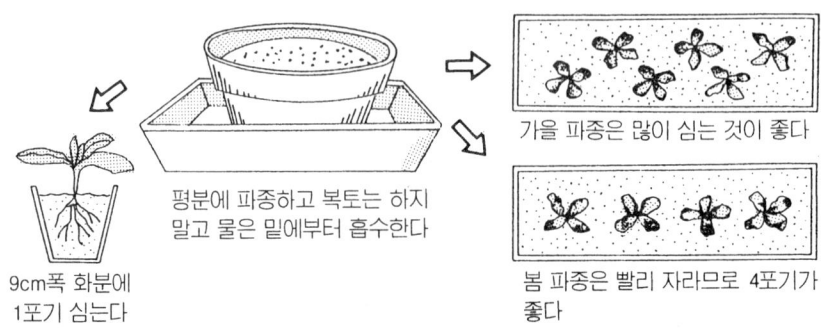

9cm폭 화분에
1포기 심는다

평분에 파종하고 복토는 하지
말고 물은 밑에서 흡수한다

가을 파종은 많이 심는 것이 좋다

봄 파종은 빨리 자라므로 4포기가
좋다

팬지의 파종과 이식

알만한 푸른 열매가 많이 생겨나게 된다. 처음에는 하향이고 익음에 따라서 옆을 향하여 마지막에는 상향이 된다. 이 무렵에는 황색이 되어 4, 5일이면 갈색으로 변한다. 3개로 터져서 갈색 깨알 같은 작은 종자가 사방으로 흩어져 나간다.

화단에 심을 때는 같은 품종을 집단으로 심어 즐기도록 하고, 화분 및 꽃상자에 심어서 관상한다.

★꽃말 「쾌활한 마음 나를 생각하라」

풀등꽃 : *Lupinus*

북미 워싱턴 및 캘리포니아 원산의 콩과 초화로서 5월 중순부터 7월 하순까지 등나무 꽃과 같은 백, 홍, 황, 도, 청색꽃이 이삭이 되어서 핀다. 초장은 60cm 내외다. 꽃모양이 등나무꽃과 흡사하지만 그와는 반

작 형

🌱 심는시기   🌼 개화시기

1월	2월	3월	4월	5월	6월	7월	8월	9월	10월	11월	12월
				🌼	—	🌼		🌱—🌱			
초화의 높이 cm			포기 사이 cm			화단	화분	절화	꽃	색	
50			30			○	○	○	白·黃·桃·赤·紫		

풀등꽃의 떡잎

대로 하늘을 향해 피므로 풀등꽃이라고 불리게 되었다.

파종은 9월경에 하여 이듬해 6~7월경에 개화하게 하는 방법과, 4~5월에 파종하여 7월에 개화하게 하는 2가지 방법이 있다.

발아 온도는 10~15℃로 3주일쯤 되어야 발아한다.

콩과식물은 이식을 싫어하므로 종이포트에 파종했다가 이식하거나 30cm 간격으로 직파한다. 추위에 강하며 방한 조치를 하면 초봄에 꽃이 핀다.

(이 용)

건물의 남쪽이나 창밑 양지바른 곳에 군식하면 매우 아름답다.

★꽃말 「화려함」 「언제나 행복」

숙근 안개초 : Gypsophila paniculata

숙근 안개초는 지중해 연안이 원산으로 석죽과에 속하며 내한성이 강한 숙근초로 작은 가지에 수많은 흰꽃이 피어 마치 안개와 같다고 해서 안개초라고 한다.

(작 형)

심는시기　　개화시기

1	2	3	4	5	6	7	8	9	10	11	12
			❀-❀					❀	—	❀	
초화의 높이 cm			포기사이 cm		화단,화분,절화			꽃		색	
100 ~ 120			45		○			백		색	

재 배

숙근 안개초의 번식은 삽목 및 조직 배양묘를 주로 이용하고 있으며 일반적으로 조직 배양묘를 구입하여 재배하는 경우가 많다.

숙근 안개초의 생육적온은 주간 25℃내외 야간 10~15℃ 정도이며 14~16시간의 장일하에서 개화가 잘 된다. 토양은 석회질을 함유한 사양토나 양토가 좋으며 너무 기름진땅과 질소질 비료가 과다한 토양은 줄기가 연약하게 웃자람으로 질소질 비료를 적게 주고 칼리질 비료를 많이 주는 것이 효과적이다.

정식후 순자르기는 3~4마디에서 잘라 2~3본정도를 신장시켜 양질의 절화를 얻도록 한다. 전국적으로 비닐하우스의 재배가 잘 되며 남부지방에서는 7~8월에 정식하여 11월부터 겨울에 생산하고 고냉지에서는 5~6월에 정식하여 여름부터 가을까지 수확한다.

정식시기와 관리방법에 따라 연중 절화를 할 수 있다.

이 용

숙근 안개초는 절화로서 단독으로 이용하기 보다는 카네이션, 장미, 튜울립, 프리지아 등 각종의 배경화로서 없어서는 안될 중요한 꽃으로 이용되며 최근에는 건조화(乾燥花)로도 많이 이용하고 있다.

★꽃말 「깨끗한 마음」

4 추식구근류(秋植球根類)

구근아이리스 : Dutch Iris

네덜란드에서 개량된 구근초화로서 초장은 40cm 정도. 백, 황, 청, 자색 꽃이 달리는 붓꽃과 초화다. 5월 초에 개화하며 추위에 강하고 절화나 화단심기로 한다.

작 형

심는시기 　 개화시기

1월	2월	3월	4월	5월	6월	7월	8월	9월	10월	11월	12월
				※—※				※—※			

초화의 높이 cm	포기사이 cm	화단	화분	절화	꽃　　　색		
40	15	○		○	白・黃・青・紫		

재 배

9월 중하순에 구근을 심는다. 양지 바르고 건조하지 않은 약간 점토질을 품은 흙이 좋다. 구근은 15cm 간격, 5cm 깊이로 심는다.

기비는 1㎡당 퇴비 2kg, 복합비료 20g, 목회(木灰) 80g의 비율로 섞어 구근에 닿지 않도록 시비한다. 심은 뒤에는 월 1회 액비를 준다. 연내에 잎이 나온다. 개화 후에도 한번 액비를 주어 새로운 구근을 양성하여 6월 상순에 누렇게 변하면 캐낸다. 구근의 저장법은 후술하는 튜울립과 같다.

번식-이용

매년 새로운 큰 구근이 생겨서 이듬해 개화구가 된다. 그 주위에 작은 구근이 몇 개 생긴다. 이것을 따내어 1년간 양성하면 거의가 개화구근이 된다.

테라스의 양지 바른 따뜻한 곳에 색깔별로 심으면 효과적이다. 특히 청색과 황색을 섞어 심으면 아름답다. 도시근교의 농가에서는 비닐 하우스에 절화재배를 하면 높은 수익을 올릴 수 있다.

백합 : Lily

종류가 많지만 가장 일반적인 백합은 흰꽃이 달리는 나팔나리다. 우리 나라에 야생하는 것이 많고 추위에 강한 나리과에 속하는 구근초화다. 정원, 화단, 분심기로 해서 즐긴다.

작 형

심는시기 / 개화시기

1월	2월	3월	4월	5월	6월	7월	8월	9월	10월	11월	12월
				❀ーーーーーーーーーーー❀					❦ーー❦ーー❦		

초화의 높이 cm	포기 사이 cm	화 단	분	절 화	꽃 색		
30~100	15~30	○	○	○	白 · 黃 · 紅		

재 배

구근을 심는 적기는 10월 중순이지만 11월 말까지 심어도 꽃이 핀다. 어떠한 품종이든 배수가 잘 되는 곳에 심어야 한다. 토질은 유기질을 많이 함유하는 약간 점질 토양이 좋다. 또 백합의 종류에 따라서 재식 간격과 깊이가 다르다. 대체로 재식 간격은 구근 3개를 놓은 정도의 간격이 알맞다. 깊이는 구근 높이의 2배를 표준으로 한다.

일반 가정원예에서는 2~3년 심은 구근 그대로 두는 수가 많으므로 처음에 기비를 충분히 살포하도록 한다. 1㎡당 퇴비 2kg, 깻묵·목회를 각각 100g씩 잘 섞어서 30~40cm 깊이에 갈아넣는다. 기비의 위에는 10cm쯤 흙을 덮고 여기에 구근을 심는다. 발아가 시작되었을 무렵, 1㎡당 복합비료 30g 혹은 액체비료를 300배로 희석하여 시비한다. 동시에 뿌리부분에는 짚을 깔아서 건조를 막도록 한다.

개화 후는 점차 잎이 누렇게 되며 구근은 땅속에서 휴면한다. 이식하고자 할 때는 이때 구근을 캐낸다. 그대로 둘 경우는 표토를 가볍게 갈고 비료를 충분히 주어 가을의 발아를 기다리도록 한다.

(번 식)

2~3년에 1회의 비율로 이식한다. 이때 구근이 자연히 갈라져 있으므로 이것을 가르는 방법이 가장 일반적이다. 고사백합과 신철포백합은 종자로 번식한다. 추파의 초화와 같은 요령으로 상자에 파종하고 온상에서 월동시켜서 봄에 화단에 심으면 7~8월에는 꽃이 달린다.

철포백합과 점박이나리는 인편번식을 하는데, 큰 구근은 7~8월경, 바깥쪽에 있는 비늘 모양의 비늘 조각을 20~30매 벗겨내어 움푹한 쪽을 위로 해서 모래에 꽂는다. 꽂는 깊이는 비늘 조각의 1/3이 나올 정도로 한다. 2개월쯤 되면 작은 구근이 생기는데 이것을 모판에서 양성하면 3년 정도면 개화구가 된다. 참나리에서는 잎이 붙은 부분에 흑자색의 작은 주아(珠芽)가 생긴다. 이것을 모판에 심으면 구근이 된다.

(이 용)

초장이 낮은 백합은 분재배로 즐긴다. 구근 둘레가 15~20cm 일 경우는 15cm 분에 1구 심고 구근의 끝이 보일 정도로 얕게 심는다. 분토는 밭흙에 썩은 퇴비, 목회를 3할 정도 섞어서 쓴다. 비료 부족이 되지 않도록 깻묵과 골분을 동량으로 섞고, 물에 반죽한 것을 둥글게 뭉쳐 분 둘레에 2~3개소 놓는다.

겨울에는 분토가 건조하므로 분을 흙속에 완전히 묻고 월동시킨다.

1월 상순~중순까지 자연의 추위를 맞은 분심기 백합을 온상에 넣고 빨리 피게 해서 즐길 수도 있다.

키가 작은 백합은 잔디속에 집단으로 심고 즐긴다. 꽃이 끝나면 분재배를 한 샐비어, 백일초 등을 구근 사이에 심어도 좋다.

★꽃말 「순결」

수선 : *Narcissus*

유럽, 지중해 연안에 야생하는 구근초화다. 추위에 강하고 초봄에 꽃이 핀다. 화단, 분심기, 물병재배, 기타 여러 곳에 심을 수 있다. 종류에 따라서 약간 다르지만 일반적으로 건조한 모래땅만 제외하면 어떤 땅에서도 잘 자란다. 햇볕, 배수에도 그다지 염려할 것이 없다. 3년에 1회 캐내어 바꾸어 심기만 해도 훌륭하게 꽃이 핀다.

작 형

	심는시기				개화시기						
1월	2월	3월	4월	5월	6월	7월	8월	9월	10월	11월	12월
				✿				✾	─ ✾		✿
초화의 높이 cm			포기 사이 cm			화단	화분	절화	꽃		색
30			15			○	○	○	白 · 黃		

재 배

구근을 심는 적기는 9월 하순이지만 10월 하순까지 심어도 꽃이 핀다. 양지바르고 약간 점질 토양을 즐기지만 다소 배수가 나쁜 그늘에도 잘 견딘다. 히아신스에 준하여 기비를 주고, 12cm 간격으로 심는다. 나팔수선은 발아가 늦지만, 방울수선은 곧 발아하여 양지쪽

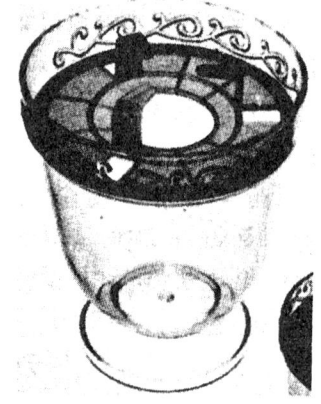

물병재배의 용기

에 심으면 1, 2월이면 꽃이 핀다. 나팔수선은 4월 중순에 핀다.

(번식-이용)

가정원예에서 번식시키는 경우는 구근이 자연히 갈라지는 것을 기다리는 방법이 가장 간단하다. 잎이 누렇게 되었을 때 구근을 캐내면 구근 주위에 작은 구근이 많이 생겨져 있는데 이것이 커지면 꽃이 피는 구근이 된다.

튜울립이나 히아신스처럼 화단이나 분재배로 해서 즐긴다. 물병 재배가 가능하므로 크로커스와 같이 가꾸면 창가에서 겨울철에 일찍 꽃을 관상할 수 있다.

✱꽃말 「존경」

시클라멘 : Cyclamen

그리스와 시리아 지방에 야생한 앵초과의 구근초화로서 추위에 약하여 프레임이나 온실에서 재배되는 분재배용 초화다. 꽃색은 백, 도, 홍색이 있다. 12월부터 4월까지 양지 바른 곳에서 계속 꽃이 핀다. 더위에 약하므로 모종 만들기에는 고생하지만 덥지만 않으면 잘 자란다.

(작 형)

1월	2월	3월	4월	5월	6월	7월	8월	9월	10월	11월	12월
		❀						❀ ❀			❀

초화의 높이 cm	포기 사이 cm	화단	분화	절화	꽃 색
25	20		○		白·赤·桃

(재 배)

파종 시기는 9월 상순~중순이며 온도는 20℃ 정도가 가장 좋다.

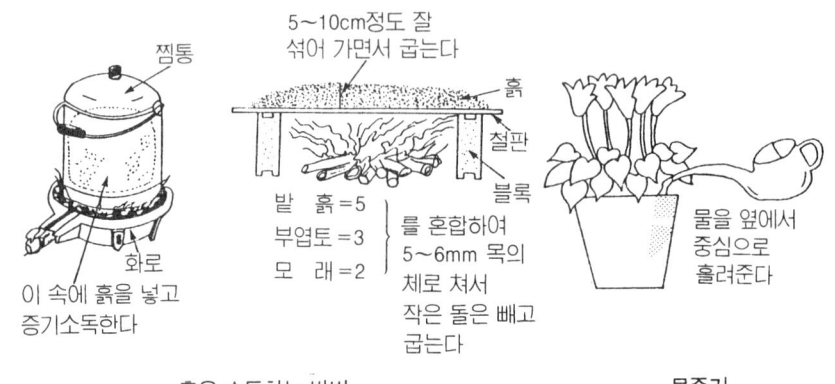

흙을 소독하는 방법   물주기

 파종토는 밭흙=5, 부엽토=3, 모래=2의 비율로 섞은 것을 쓰는데 반드시 흙을 소토하거나 소독을 해서 사용한다.
 소토법은 철판이나 빈 드럼통에 흙을 넣고 부엽토가 재가 되지 않을 정도로 태운다. 흙의 온도 70℃에서 30분간 소토한다. 흙속의 네마토다(害虫) 피해를 막기 위해서 증기 소독을 해도 되며, 토양소독을 하

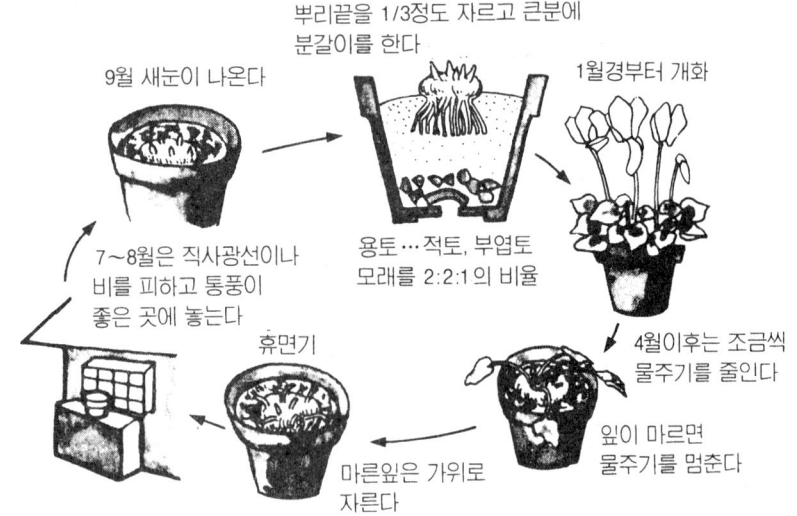

시클라멘의 여름관리

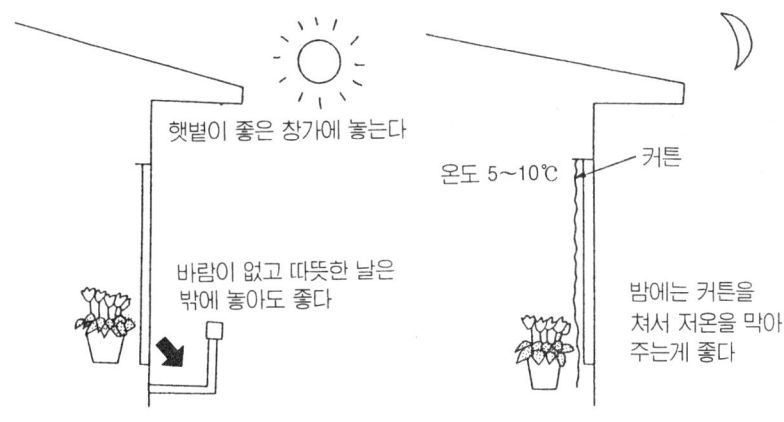

시클라멘의 겨울관리

지 않은 흙으로 재배하면 반드시 실패한다. 소독이 끝난 흙은 파종 상자에 담고 2cm 간격으로 1립씩 심고 씨앗이 보이지 않을 정도로 모래로 덮어 준다. 발아 일수는 약 40일이다. 이동안 반그늘의 서늘한 곳에 두고 흙이 마르지 않도록 관리한다. 겨울에는 그대로 프레임에서 월동시키고 4월 중순에 9cm 분에, 6월에 12cm 분에, 9월에 15cm 분에 옮

시클라멘을 오래 즐기려면

겨 심는다.

화분 용토는 반드시 소독한 것을 쓴다. 최초로 분에 옮길 무렵에는 뿌리부분에 작은 구근이 생기는데 깊게 심으면 썩으므로 노출시켜 심어 준다.

고온과 다습에는 아주 약하므로 봄, 여름에는 옥외의 선반위에 화분을 올려서 통풍이 잘 되도록 한다. 그리고 비를 맞으면 썩고 직사광선을 받으면 잎이 타므로 비닐지붕을 만들어 씌우고, 그 위에 한냉사를 덮어서 그늘을 만들어 시원하게 재배하도록 한다.

비료는 액비를 500배로 희석하여 7~10일에 한번 준다. 분에 심은 뒤에는 건조비료를 분 둘레에 1~2순갈 준다. 건조비료는 깻묵=7, 골분=3을 물에 반죽하여 10일에 1회 휘저으며 30~40일이 되면 발효된 덩어리 비료가 된다.

10월 상순에는 프레임에 넣고 가을 햇빛을 충분히 받게 한다. 겨울에는 충분히 보온하고, 야간 온도는 5℃ 이상을 유지하면 상하지 않는다. 이렇게 하면 연말부터 초봄에 걸쳐 온실 안에서 아름답게 개화한다.

번식·이용

종자번식이 일반적이다. 이밖에 2회 꽃이 피게 하는 방법도 있다. 꽃이 끝난 포기는 물을 좀 덜 주고 서늘한 곳에서 여름을 보내게 한다. 9월 중순에 새흙에 바꾸어 심고 관리하면 2년구로서 재배할 수 있다. 겨울에도 날씨가 좋으면 베란다에 내놓고 물을 충분히 주어 일광욕을 시킨다.

✽꽃말 「겸손」「수줍음」

아네모네 : Anemone

지중해 연안이 원산인 미나리아재비과 구근초화로서 겹꽃 국화와 흡사한 품종도 있다. 양지바르고 배수가 잘 되는 곳이라면 아무데서

작 형

1월	2월	3월	4월	5월	6월	7월	8월	9월	10월	11월	12월
			🌼—	—🌼					🎀—	—🎀	

초화의 높이 cm	포 기 사 이 cm	화 단	화 분	절 화	꽃　　　색		
20	15	○	○	○	白・桃・赤・紫		

나 잘 되지만 점토질과 모래땅은 좋아하지 않는다. 개화기는 4월 중순~5월 중순이며 꽃색은 백, 적, 자, 남색 등이다.

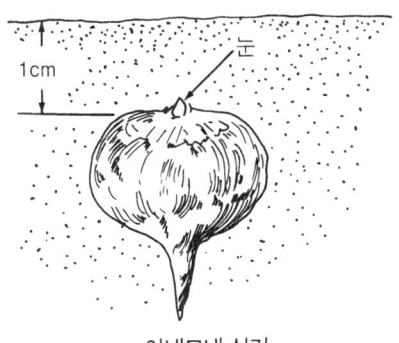

아네모네 심기

재 배

10월 상·하순에 구근을 심는다. 간격은 20cm로 3cm 정도 복토한다. 1cm 정도의 작은 구근은 15cm 간격으로 밀식하면 아름답다. 기비를 주었으면 1~2회 액비를 주는 정도로도 충분하다. 분심기는 12cm 분에 3구를 심고 분토가 마르지 않게 월동 관리한다. 개화 후 얼마 안있으면 잎이 누렇게 되므로 구근을 캐내어 잘 말리고 흙, 마른 줄기, 잎을 떼내어 통풍이 잘 되는 종이 봉지에 넣고 서늘한 곳에 매달아 둔다.

번식-이용

큰 구근은 심을 때 눈을 쪼개서 번식시킨다. 또 개화후 자연히 종자가 생기므로 춘파초화에 준하여 상자에 파종한다. 이듬해는 모두 개화하는 구근이 된다.

화단심기는 군식(群植)으로 심는 것이 좋다. 분심기는 온실이나 방 안에서 월동하므로 초봄에는 꽃을 즐길 수 있다.

✱꽃말 「기대」

라넌쿨러스 : *Ranunculus*

미나리제비과에 속하는 반내한성 추식구근으로서 원산은 남동 유럽 지방이다.

우리나라에서는 1970년대부터 일본으로부터 빅토리아계통인 거대륜 겹꽃이 수입되어 절화용 또는 화분용으로 많이 재배되고 있다.

작 형

※ 심는시기   ※ 개화시기

1월	2월	3월	4월	5월	6월	7월	8월	9월	10월	11월	12월
				※-※					※-※		

초화의 높이 cm	포기 사이 cm	화단	화분	절화	꽃 색
20~30	15	○	○	○	白·黃·桃·赤

재 배

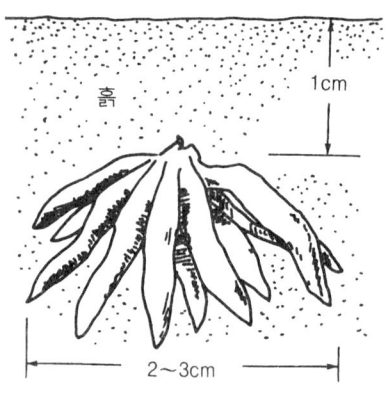

라넌쿨러스 심기

가을에 구근은 화분 또는 비닐하우스에 정식하는데 15cm 화분에 1구씩 심는다. 절화재배를 할 경우에는 25~30cm 간격으로 심고, 복토는 1~2cm 정도로 한다. 가을에 식재할 때는 구근에 급격히 수분을 흡수시키면 구근에 함유되어 있는 전분질이 팽창해져서 부패하기 때문에 모래상자에 구근을 심어서 서서히 최아시켜 식재하는 것이 안전하다. 촉성재배일 경우에는 1월부터 개화하기 시작하며 구근 1구에 꽃이 15~20 송이 핀다.

화분에 재배할 경우에는 왜화제인 비-나인(B-9)으로 처리하여 웃자라는 것을 방지해서 관상가치를 높여 주도록 한다.

번 식

번식은 실생과 분구로 한다. 구근을 6월경에 수확해서 그늘에 완전히 건조시킨 후 통풍이 잘되는 곳에 저장해 둔다. 고온다습한 곳에 두면 부패가 잘 되므로 주의해야 한다.

이 용

절화를 해서 꽃꽂이로 이용하기도 하며 화분에 심어서 봄에 꽃을 관상한다.

크로커스 : *Crocus*

지중해에서 인디아에 걸쳐 야생하는 것과 발칸반도에 야생하는 것 등 종류가 많다. 개량종은 초봄부터 피기 시작하는 봄피기 품종으로서 초장은 10cm 내외다. 초봄의 아직 추위가 가시지 않을 무렵에도 귀여운 꽃이 나온다.

재 배

초봄에 꽃이 피는 구근초화이므로 9월 상순에서 늦어도 10월 상순

작 형

심는시기							개화시기				
1월	2월	3월	4월	5월	6월	7월	8월	9월	10월	11월	12월
	❀―❀							❀―❀			

초화의 높이 cm	포기 사이 cm	화단	화분	절화	꽃　　　　　색
10	10	○	○		白・黃・紫

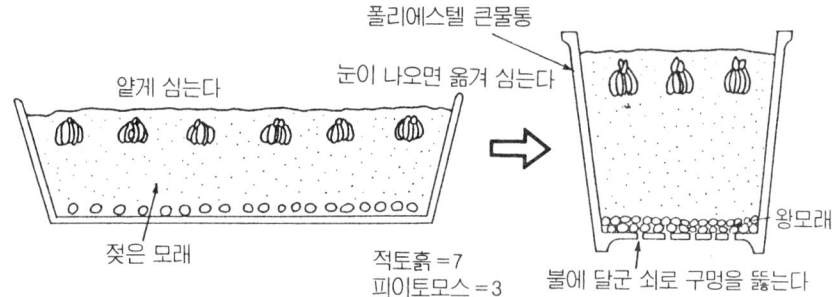

까지는 심도록 한다.

양지 바르고 배수가 잘 되는 곳을 좋아하며 토양은 사질토가 좋다.

글라디올러스에 준하여 기비를 주고, 구근은 간격을 약 6cm로 하며 3cm 깊이로 심는다. 약 90일이면 발아한다. 이 무렵까지 흙을 마르지 않게 하고 개화후에는 좀 건조하게 관리한다. (튜울립에 준함).

번식-이용

12cm 분에 3구 심는 것이 적당하다. 깻묵과 소량의 목회를 섞어 물에 반죽한 것을 뭉쳐서 분속에 2~3개 정도 기비로서 준다.

크로커스 심기

12월 중에는 양지쪽에 놓아 자연의 추위를 접촉시킨다. 즉 저온 처리를 한 후 온상에 넣거나 따뜻한

물병재배

방안의 창가에서 가꾸면 1월 하순에는 꽃이 피기 시작한다.

  물병재배 : 빈 병에 물재배한다. 9월 중순, 2~3cm 지름의 구근을 병에 물을 넣고 구근 하부가 물에 닿을 정도로 얹어 놓는다.

  어두운 곳에 두거나 병을 검은 종이로 싸서 10일쯤 지나면 뿌리가 난다. 점차 물을 줄여서 뿌리의 절반 정도가 나올 정도로 관리한다. 물은 가끔 갈아 준다. 비료는 전혀 필요치 않으며 물만 얼지 않게 햇볕을 잘 쬐어 주면 1, 2월에는 꽃이 핀다. 최근 실내 원예로서 인기가 높은 구근초화다.

  ✱꽃말 「청춘의 즐거움」

튜울립 : Tulip

  터어키 원산의 나리과 구근초화로서 유럽에 들어가서 품종 개량이 됨으로써 지금과 같은 아름다운 초화로 되었다. 초장은 20cm 정도의 왜성종으로부터 50cm나 되는 고성종, 홑꽃종, 겹꽃종, 만생종, 조생종 등으로 종류가 풍부하고 꽃색도 여러 가지가 있다. 화단, 분심기, 절화 등, 어떤 용도에도 적합하다. 봄을 알리는 꽃으로 봄화단의 여왕이다.

작 형

심는시기 개화시기

1월	2월	3월	4월	5월	6월	7월	8월	9월	10월	11월	12월
			개화	—	개화				심기 — 심기		
초화의 높이 cm			포기 사이 cm			화단	화분	절화	꽃 색		
20~40			15			○	○	○	白·黃·桃·赤·紫		

재 배

  구근을 심는 시기는 10월 상순~하순이다. 그러나 11월 하순까지만 심으면 개화가 된다. 화단재배의 경우는 글라디올러스와 같이 1㎡당 퇴비 1~2kg, 깻묵 180g, 목회 150g, 과린 산석회 100g을 기비로 살포하고 30cm 깊이로 갈아 놓는다. 개화까지와 꽃이 지고 난 다음 1회 액비를 준다. 심는 간격은 15cm, 깊이는 6~7cm 정도 흙을 덮는다.

발아는 2월 상순이다. 싹이 나와 있지 않아도 흙속에서 발근하여 활동이 시작된다. 겨울동안 흙을 건조시키는 것은 가장 나쁘다. 마를 때마다 물을 줌과 동시에 짚을 깔아 주어 건조를 막아 준다.

겨울 동안에 1회, 개화후에 1회 액비를 준다. 구근초화는 모두 개화 후에 1~2회 액비를 주지 않으면 새로운 구근이 커지지 않는다.

꽃이 끝나면 꽃대에 붙은 열매를 따버린다. 5월 하순~6월 상순에는 잎이 갑자기 누렇게 변하므로 이때 구근을 캐낸다. 캐낸 구근은 1주일 쯤 그늘에서 말린다. 흙이나 묵은 뿌리, 줄기나 잎을 제거하고 왕겨와 함께 상자에 넣고 가을을 기다린다.

번식-이용

생육이 잘 되면 캐낼 때는 묵은 구근은 없어지고 새로운 큰 구근이 2~3개 생겨난다. 이것을 가을까지 보관했다가 심으면 된다. 바이러스병에 주의하고 가끔 살충제를 살포해 준다.

분심기의 경우에는 15cm 분에 1~3구 심는다. 분토는 밭흙=5, 부숙퇴비=3, 모래=2에 깻묵,목회가 소량 섞인 것을 쓴다. 구근 윗부분이 보일 정도로 얕게 심는다.

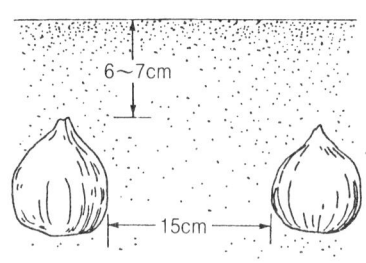

튜울립의 화단심기

튜울립의 분심기

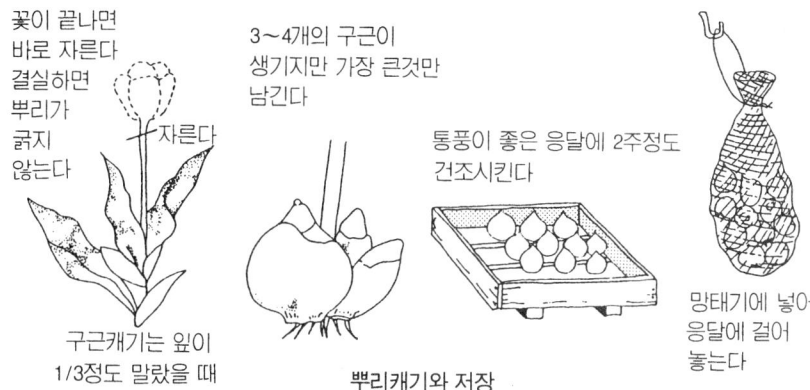

 겨울 동안은 분토를 건조시키지 말고 양지바른 곳에 두어 강한 추위에는 가급적 접촉하지 않도록 한다. 1월에 줄곧 자연의 추위를 맞은 것을 2월 이후, 온상이나 햇볕이 잘 드는 창가에 두어 따뜻하게 하면 보통 개화보다도 20일쯤 빨리 개화시킬 수가 있다.
 화단에서 즐기려면 집단적으로 심는 것이 좋다. 잔디의 녹색과 조화가 되어 매우 아름답다. 테라스 부근에 색깔별로 군식하는 것도 봄화단을 아름답게 하는 가장 중요한 방법이다.
 ✱꽃말 「사랑의 고백」「당신을 사랑함」

히아신스 : *Hyacinth*

 원산지인 이란, 시리아 지방에서 16세기경에 네덜란드 상인에 의해 유럽에 들어와서 프랑스, 네덜란드에서 품종 개량된 나리과의 구근 초화다. 튜울립과 함께 봄의 꽃으로서 애호되고, 향기와 색채는 누구나가 좋아한다. 화단, 분심기 및 물병재배에 애용되는 꽃이다. 배수가 잘 되는 다소 사질 양토에 잘 자라며 너무 건조한 땅은 좋지 않다. 개화기는 4월 상순~중순이다.

작 형

1월	2월	3월	4월	5월	6월	7월	8월	9월	10월	11월	12월
			🌼	🌼					🎀 🎀		
초화의 높이 cm			포기 사이 cm			화단분화	절화	꽃 색			
20			15			○	○	白·桃·紫			

재 배

　구근을 심는 시기는 10월 상중순이다. 화단이나 분심기로 할 경우는 구근 둘레가 15cm 정도의 구근을 심지 않으면 작은 구근은 꽃이 피지 않는다.

　화단에는 1㎡당 석회 100g을 살포하고 기비로서 퇴비=2kg, 복합비료=30~40g, 깻묵=100g의 비율로 섞고 30cm 깊이로 갈아 넣는다.

　기비의 위로 15cm 정도 흙을 덮고 구근을 심는다.

　구근위에는 6~7cm의 흙을 덮는다. 집단으로 많이 심을 때는 구근 간격을 1cm 정도로 한다.

　연내에는 발아하지 않지만 흙속에서는 뿌리가 자라서 활동하고 있으므로 깻묵썩인 액비를 15배로 희석하여 월1회의 비율로 시비한다. 이따금 1㎡당 목회(木灰)를 100cm 정도 살포하여 질소비료에 치우치지 않도록 한다. 개화되기까지는 화단을 건조시켜서는 안 된다. 겨울에도 마를 때는 물을 주어야 한다.

번 식

　히아신스는 자연 상태에서는 그다지 구근의 번식이 잘 되지 않으므로 다음과 같이 인공적으로 번식시키는 방법이 있다.

　〔노 칭 법〕 구근 둘레 15cm 이상의 구근을 캐내어 잘 말린 다음(7월경), 바닥쪽에 깊이 절반 정도로 ＋자로 칼자국을 넣는다. 구근

이 큰 것은 6등분으로 칼자국을 넣는다. 상처를 위쪽으로 해서 어두운 건조한 곳에 두면 상처난 곳에 작은 구근이 여러개 달리므로 가을에 심어서 양성한다.

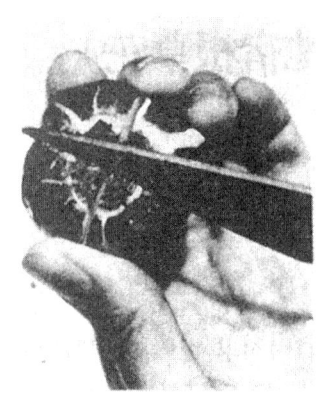

히아신스의 노칭법

히아신스의
스쿠핑법과
발생한 소구근

[스쿠핑 법] 구근의 바닥을 도려내어 생장점을 제거해 버린다. 노칭법에 준해서 어두운 곳에 두면 구근에 상처가 많이 생긴다.

이 용

분심기로 즐기는 방법이 있다. 우선 15cm 분에 1구 심고 이때 구근의 끝이 보일 정도로 얕게 심는다. 겨울에는 햇볕이 잘 드는 곳에서 관리하여 화분용토가 마르지 않게 한다.

또 크로커스의 물병재배와 같은 방법으로 재배할 수 있다. 물병 재배의 구근은 둘레 15cm 이상의 것을 고른다. 빨리 피게 하려고 해서 처음부터 따뜻한 곳에 두거나 방안에 설치하는 것은 좋지 않다. 물이 얼지 않는 정도의 추위에서 1개월쯤 어두운 곳에 보관한다. 이때 저온 처리는 8~13℃가 알맞다. 이렇게 저온 처리한 후 뿌리가 충분히 났을 때 양지바른 창문가에 두면 1월경에 꽃이 핀다.

*꽃말 「그대 사랑은 내가슴에 스민다」

5 노지숙근초화(露地宿根草花)

꽃잔디 : Moss phlox

북미 원산으로 줄기는 지면을 포복하며 퍼지고 잎이 밀생하여 잔디처럼 된다. 배수가 잘 되고 볕이 드는 곳이라면 어디서나 자란다. 개화기는 5월 상순~하순이며, 꽃색은 백색, 도색이다.

작 형

심는시기						개화시기					
1월	2월	3월	4월	5월	6월	7월	8월	9월	10월	11월	12월
				🌼🌼				✂━━✂			

초화의 높이 cm	포기사이 cm	화단	화분	절화	꽃 색
10	20	○	○		白·濃桃

재 배

6월 하순에 새눈이 자랄 무렵, 지면을 포복하고 있는 줄기에서 발근한다. 3~5대의 줄기를 어미포기에서 끊어서 가른다(뿌리가 없어도 된다). 가른 줄기는 뿌리목을 모아서 모판에 꽂고 듬뿍 물을 준다.

발근이 되면 거의 손질이 필요없다. 9월 하순까지 목적하는 곳에 정식한다.

꽃잔디의 포기나누기

줄기를 말아서 감아심기

번식-이용

포기나누기에 의하는 외에 지면을 포복하고 있는 줄기를 끊어서 눈꽃이를 한다. 백색과 도색을 색깔별로 잔디속에 심고 모양을 그리면 아름다운 융단화단이 된다. 베란다나 현관 입구에 심어도 훌륭하게 꽃이 핀다.

꽃창포 : Iris

한국에 자생하는 붓꽃과 다년초로서 습지나 늪가, 때로는 건조지에서도 자생한다. 지하경에 의해 번식하며 5월 중순이 개화기가 된다.

작 형

🌸 심는시기   🌼 개화시기

1월	2월	3월	4월	5월	6월	7월	8월	9월	10월	11월	12월
				🌼							
초화의 높이 cm			포 기 사 이 cm			화단	화분	절화	꽃 색		
70			30			○	○	○	白·紫		

재 배

5월 중순~6월 중순이 개화기이며 꽃이 끝난 직후 포기나누기를 해서 심는 것이 가장 좋다. 이 시기를 놓치면 2월 하순~ 3월 상순발

꽃창포의 포기나누기

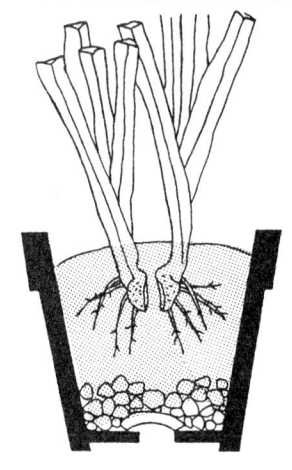

분에 심기

아하기 직전에 행한다. 재배지는 습지가 아니라도 건조하지 않은 양지바른 점질 토양을 좋아하고 모래땅이나 음지를 제외하면 어디서나 자란다. 뒤에 나오는 아가판서스에 준해서 가꾼다.

(번식-이용)

가정원예에서는 포기나누기를 한다. 시기는 꽃이 끝난 직후, 잎을 절반으로 자르고 새눈을 2개 이상 붙여 갈라서 즉시 심는다. 파종으로도 되며 꽃이 필 때 물을 넣고 풍정을 즐긴다.

＊꽃말 「나의 호의」

국화 : Chrysanthemum

한국을 비롯한 동양에는 국화의 품종이 많이 야생하고 있다. 오늘날의 국화는 이것들을 기초로 해서 가꾸어진 것으로서 재배의 역사가 오래된 초화다. 이와 같은 동양의 국화를 동양국화라고 하며 동양 국화가 외국에 가서 품종개량이 된 것을 서양국화라고 한다. 국화는 10월

~11월, 분재배로 해서 관상하거나 연중 절화재배로서 세계에서 가장 인기가 높은 꽃이다.

작 형

🎀 심는시기   🌼 개화시기

1월	2월	3월	4월	5월	6월	7월	8월	9월	10월	11월	12월
				🎀	🌼				🎀	🌼	🌼

초화의 높이 cm	포기 사이 cm	화단	분화	절화	꽃 색
60	30	○	○	○	白·黃·桃·赤

재 배

모종: 월동한 어미포기는 3월상순 새싹이 터서 5월상순에는 30cm 전후로 자란다. 이 시기에 마디 사이가 짧은 충실한 줄기를 골라서 눈꽃이를 한다. 5월 하순에는 발근한 국화모가 되므로 분심기로 옮긴다.

용토만들기: 국화만들기는 흙만들기라고 할 정도로 국화를 잘 만들

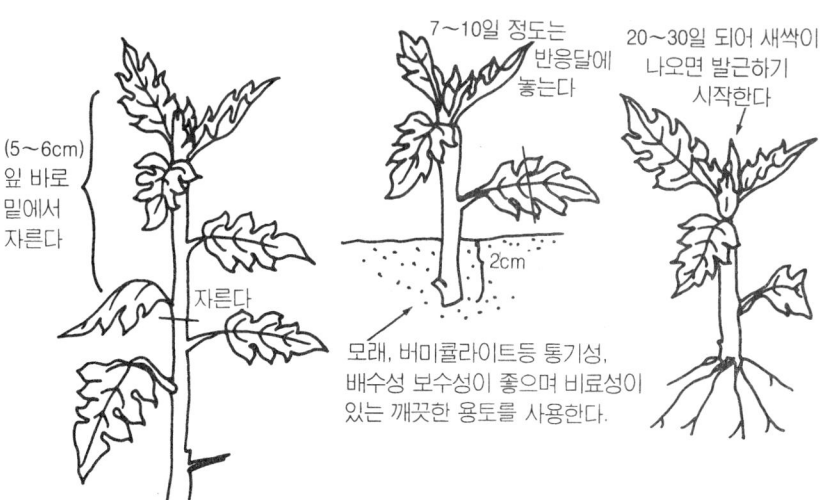

국화의 눈꽂이

❶ 삽수

❷ 꽂이방법

❸ 발근상태

기 위해서는 용토만들기가 중요하며, 용토 만들기를 예로 들면 부엽토=5(떡갈나무, 모밀잣밤나무, 상수리나무 등의 낙엽에 밭흙을 섞어 겨울 동안에 퇴적하고 2~3회 뒤집어 엎고 썩인 것), 밭흙=3, 강모래=1(상류의 강모래로서 모가 난 점토분이 없는 것) 훈탄=소량(왕겨를 연소시킨 것) 등을 잘 혼합하여 사용한다.

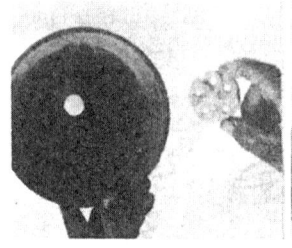
❶ 분바닥에 깨진쪽을 놓는다

❷ 잔자갈을 넣는다

❸ 용토를 넣는다

분심기의 요령

❹ 묘를 심는다

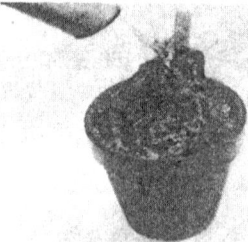
❺ 물이끼를 덮는다

분에 심기: 12cm 분의 바닥 구멍을 막고 자갈을 약간 넣어 배수가 잘 되

게 하고 혼합토를 약 절반쯤 넣은 후에 뿌리를 펼쳐 놓고 둘레부터 흙을 보충해 넣는다. 화분 가장자리에 흙을 채워 넣고 툭툭 가볍게 4~5회 두들기면 분토 전체가 약간 내려가서 모종을 안정시킨다.

그런 뒤 물을 듬뿍 주고, 2일쯤 그늘에 두었다가 햇볕에 내놓는다.

이　식 : 모종이 12~13cm로 자랐을 때 18cm 분에 이식한다. 이때 원래의 분토를 허물지 않게 이식하도록 한다.

3대가꾸기일 경우 순 따주기 : 18cm 분에 이식했을 무렵, 분토면에 12cm 쯤에서 모종의 생장점을 따준다. 그리고 곁눈이 나오기 쉽게 액비를 10일에 1회의 비율로
준다.

❶ 3대 만들기의 정지　　❷ 지주(支柱)를 세운다　　❸ 개화상태

정　식 : 7월 중순, 곁눈이 12~13cm로 자랐을 무렵 27cm 분에 정식한다. 이때까지 생긴 곁눈 중에서 발육이 잘 된 것을 3방향으로 남기고 나머지 눈은 따버려서 대체적인 모양을 만들어 둔다. 정식과 동시에 분 둘레 3개소에 건조비료를 큰 숟갈 하나씩 준다.

건조(고형)비료 만들기 : 깻묵=7, 골분=2, 목회=1의 비율로 섞고 여기에 같은 양의 흙을 섞는다. 여기에 물을 약간 뿌려 축축할 정도로 해서 뚜껑 있는 나무상자에 넣고 발효시킨다. 2주일쯤 지나서 다시 한

번 물을 주어서 충분히 발효시킨 뒤에 건조시킨다.

　정식 후의 손질 : 3대의 줄기는 바르게 3방향으로 펴서 자라남에 따라서 지주(支柱)에 묶어 준다. 가지를 펼 경우, 갈라진 곳에서 쪼개지는 수가 흔히 있으므로 약간 시들게 하여 지주에 끈을 매어 주도록 한다.

　3대의 가지에서 곁눈이 왕성하게 나오므로 일찍 따버린다. 분토가 마르지 않도록 수태, 깔짚 등을 표면에 깔아 준다. 생육에 따라서 건조비료를 2~3회 주지만 8월 하순 이후에는 비료를 주지 않는다. 또 하엽이 말려서 올라가는 녹병의 예방으로 다이센을 이따금 살포하여 준다.

● **현애(縣崖)가꾸기**

　재배　소국(小菊)을 이용해서 바위 위에서 나온 국화가 드리워져서 개화하는 상태를 원예적으로 만들어내는 방법이다.

　모종만들기 : 큰 현애국재배는 11월 하순경 어미포기에서 멀리 떨어진 곳에 나온 겨울눈을 잘라서 모종을 분심기로 하여 프레임 또는 온실에서 관리한다. 30~40cm의 작은 현애는 4월 중하순에 눈꽂이를 한 모종으로도 된다. 발근이 되면 12cm 분에 옮긴다. 용토 및 비료는 3대 가꾸기와 같다.

　가꾸는 법 : 분에 심은 모종이 15cm 정도로 자랐을 무렵 생장점을 따버린다(제1회 적심). 한동안 지나면 곁가지가 많이 생기므로 그중에서 가장 크게 자란 것을 주가지로 해서 기른다. 나머지 가지는 4~5매의 잎을 남기고 생장점을 따버린다(제2회 적심).

　6월 중순~하순에 18cm 분에 옮겨심고 얕은 선반에 올려놓아 정지용(整枝用) 대나무 또는 굵은 철사로 틀을 부착시킨다. 이윽고 3회째 적심인데 2회 때와 같은 요령으로 1대를 똑바로 자라게 하고 나머지 가지는 모두 4~5매의 잎을 남기고 순을 딴다.

　이렇게 적심을 거듭하면서 틈이 없도록 가지를 적당히 배치하여 정지틀에 부착시킨다. 9월 10일 전후에는 적심을 그만 둔다. 선단일 수록 봉오리가 빨리 나오고 개화도 빨라지므로 최후의 적심을 할 때는 가운데쯤에서 선단에 걸쳐 7~10일 늦게 하면 개화를 고르게 할 수 있다.

마지막 손질 : 10월 상순, 봉오리가 모두 갖추어지면 45도로 경사를 지게 하여 부착시켰던 정지틀에서 떼어 놓고, 주가지와 평행하게 철사를 뿌리목에 꽂아 넣고 조용히 가지를 드리워지게 한다. 4~5일 지나면 모양이 굳어져서 보기 좋게 윗부분이 밑으로 떨어지게 한다.

이 용

분가꾸기로 해서 관상하거나 온실, 비닐하우스 및 노지 화단에 심어서 절화로 이용한다.

쿠션멈은 5월 하순 눈꽃이를 하면 거의 방임해 버려도 아름답게 화단에서 꽃이 피며, 외국에서는 포트멈 재배를 해서 4계절 국화를 관상하고 있다.

✱꽃말 노랑꽃 「깨어진 사랑」 흰꽃 「성실」 「고결」

도라지꽃 : *Platycodon*

한국, 중국, 일본 등지에 야생하고 있는 초롱꽃과 다년초로서 오래 전부터 우리의 정원에서 재배되고 있다.

작 형

🌼 심는시기   🌸 개화시기

1월	2월	3월	4월	5월	6월	7월	8월	9월	10월	11월	12월
			🌼-🌼		🌸	—	—	🌸			

초화의 높이 cm	포기사이 cm	화단분	화절분	꽃 색	
50	15	○	○	白・紫	

재 배

다년초지만 종자를 뿌려서 모종을 만든다. 4월 상순, 모판에 파종한다. 10일쯤이면 발아하므로 빽빽한 곳은 솎아 내어 본잎이 3~5매일 무렵에 15cm 정도의 간격으로 정식하면 9월에는 꽃이 핀다. 그대로 포기를 월동하면 이듬해 6월 하순에는 재차 꽃이 달린다. 그 후 3~5년 동안은 그대로 가꾸어 간다.

번식-이용

꽃이 끝나면 자연히 열매를 맺어 종자가 익으므로 이 종자를 파종하면 얼마든지 번식이 된다. 또 3년 이상의 묵은 포기는 봄이나 가을에 포기나눔으로 번식시킬 수도 있다.

한국적인 꽃이므로 자연풍인 정원에 심어 놓는다. 그늘에서도 잘 핀다. 뿌리는 식용으로도 많이 이용되며, 도라지꽃의 모습은 순결과 소박을 즐기는 우리 겨레의 생활 감정을 나타내고 있다.

✱꽃말 「변하지 않는 마음」 「상냥한 애정」

독일꽃창포 : *German Iris*

지중해 연안이 원산인 붓꽃과의 다년초화다. 창포 모양의 지하경을 땅속에 펴고 3월 중순부터 각 마디에서 주걱 모양의 잎이 몇매 나온다. 중심에서 꽃줄기가 나와서 5월 중·하순에 4~5송이의 꽃이 달린다. 초장은 60~100cm이다. 꽃색은 백색, 황색, 분홍색, 갈색, 자색,

작 형

🌱 심는시기						🌸 개화시기					
1월	2월	3월	4월	5월	6월	7월	8월	9월	10월	11월	12월
					🌸🌱						

초화의 높이 cm	포기 사이 cm	화단	화분	절화	꽃 색		
60	30	○			白·紫·黃		

적자색으로 다양하다. 햇볕과 배수가 잘 되는 점토질이 있는 비옥한 땅에서 잘 자란다. 추위와 여름의 건조에도 강하다.

재 배

포기를 심는 시기는 꽃이 끝난 뒤 곧 심는데 반드시 흙이 말라야 한다. 작약에 준하여 기비를 주고 30cm 간격으로 지하경이 가리워질 정도로 얕게 심는다.

번식-이용

파종으로도 되지만 포기나눔으로 번식시키는 것이 보통이다. 건조한 땅을 좋아하므로 볕이 잘드는 화단에 군식해도 좋고 담장 밑도 좋다.

✱꽃말 「결혼」

리아트리스 : Liatris

북아메리카 원산의 국화과에 속하는 다년초로서 솔잎모양의 가는 잎이 나선형으로 줄기를 둘러싸고, 7월에 홍자색의 꽃이 생장점에서 점차 아래쪽으로 핀다. 성질이 매우 강하여 햇볕과 배수가 잘되면 어디서나 잘 자란다. 내한성이 있고 특별한 손질은 별로 필요없다.

작 형

1월	2월	3월	4월	5월	6월	7월	8월	9월	10월	11월	12월
					🌸	🌸			❀-❀		
초화의 높이 cm			포기 사이 cm		화단	화분	절화	꽃		색	
80			30		○		○	濃桃			

재 배

2~3년 지나면 포기가 무성하므로 이식을 겸해서 포기나눔을 한다.

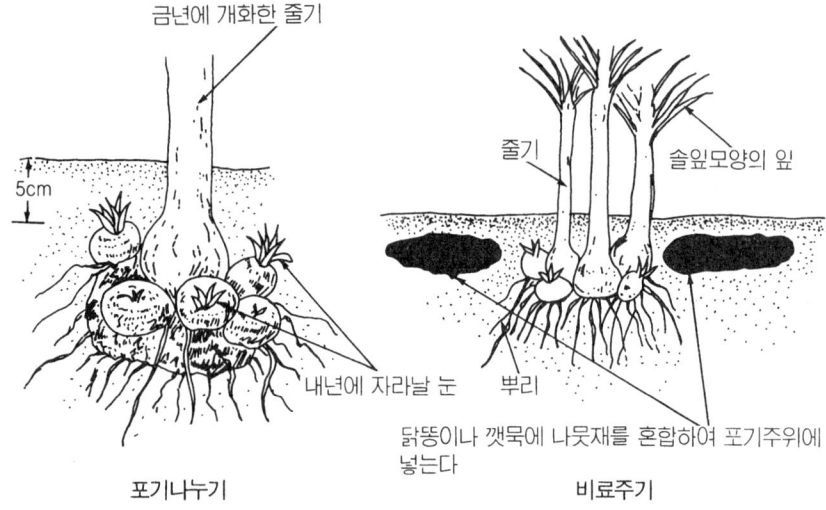

포기나누기　　　　　　　　　비료주기

10월 하순에 지상부를 잘라 버린 포기를 캐내어 3~5눈씩 가른다. 다른 다년초에 준해서 기비를 주고 15cm 간격, 5cm 깊이로 심는다.

번식-이용

포기나눔과 종자파종법이 있다. 파종 시기는 10월 상순과 4월 하순이다. 씨앗의 털은 비벼서 턴다. 초장이 1m 전후나 되므로 생육 도중 적심하면 낮아진다. 다른 초화와 혼식하는 것이 좋다. 절화재배를 할 경우에는 비닐하우스를 이용한다.

✱꽃말 「고집쟁이」 「고결」

샤스타데이지 : *Shasta Daisy*

추위에 강한 국화과의 다년초로서 한번 포기를 심으면 매년 6월 중순~7월 중순에 흰 국화와 같은 꽃이 핀다. 볕이 잘들고 배수가 잘 되는 곳이라면 어디서나 잘 자란다.

작형

	심는시기				개화시기						
1월	2월	3월	4월	5월	6월	7월	8월	9월	10월	11월	12월

초화의 높이 cm	포기사이 cm	화단	화분	절화	꽃 색		
60	30	○		○	白		

재배

10월 상순에 지상부를 잘라 버리고 뿌리를 캐내어 3~4눈씩 붙여서 짜개어 가른다. 기비를 준 땅에 30cm 간격으로 심는다.

뿌리가 내리기까지 물주기를 잘 해주면 별로 손질할 것도 없이 재배가 잘 된다.

번식·이용

포기나눔 외에 채종이 되므로 가을에 파종하면 이듬해 6~7월에는 꽃이 핀다. 이 무렵 꽃줄기 밑 부위에 꽃눈이 없는 어린 눈을 5cm 길이로 잘라서 모래에 눈꽂이할 수도 있다.

화단이나 담장 밑에 심어 놓으면 손질하지 않아도 매년 꽃을 볼 수 있다.

*꽃말「모든 일에 인내한다」

숙근플록스 (宿根) : Phlox

북미 원산의 꽃고비과 다년초로서 월동한 포기에서 몇 대의 눈이 일어나서 이윽고 1~1.5m로 신장하여 7~8월에는 수국과와 흡사한 집단꽃이 핀다. 꽃색에는 홍색, 도색, 분홍색, 자홍색, 백색 등이 있다. 성질이 튼튼하여 햇볕과 배수가 잘 되는 곳이라면 어디서나 자란다.

작형

🌸 심는시기　　🌸 개화시기

1월	2월	3월	4월	5월	6월	7월	8월	9월	10월	11월	12월
						🌸─	─🌸	🌸─	─🌸		

초화의 높이 cm	포기사이 cm	화단	화분	절화	꽃 색	
100	30	○		○	白·桃	

재배

3～4년 되면 포기가 약해지므로 9월 하순～10월 상순에 캐내어 5～6포기씩 포기나눔을 한다.

기비를 준 땅에 25～30cm 간격으로 심는다. 3월 중순에도 포기나눔이 된다. 액비를 주는 것은 다른 초화와 같다.

번식·이용

포기나눔 외에 4～5월에 새눈을 5～6cm로 잘라서 모래에 꽂아도 번식된다. 뿌리도 이와 같으나 그 대신 개화는 2년 후라야 된다. 담장 밑이나 창밑 화단에 심든지 정원의 가장자리에 심어도 좋다.

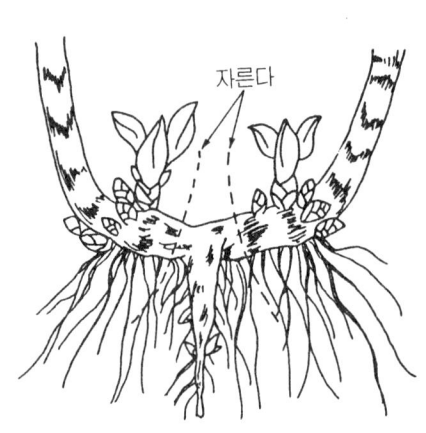

숙근 플록스의 포기나누기

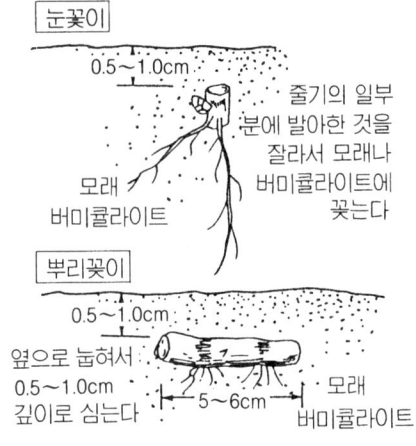

숙근 플록스의 번식

아가판서스 : *Agapanthus*

남아프리카 원산인 백합과의 다년초로서 추위에 강하고 적당한 습기가 있는 약간 점토질 토양에 알맞다. 주걱 모양의 긴 잎을 좌우로 내고 그 중심에서 50~80cm의 꽃대가 나와 6월 하순~7월, 청자색의 꽃무릇(절간풀)과 흡사한 꽃이 달린다.

작 형

1월	2월	3월	4월	5월	6월	7월	8월	9월	10월	11월	12월
					개화	개화		심는시기	심는시기		

초화의 높이 cm	포기 사이 cm	화단	화분	절화	꽃 색
70	30	○		○	青

재 배

뿌리 포기를 심는 시기는 9월 하순~10월 상순이다.

한번 심으면 2~3년은 그대로 두는 것이 좋다. 기비는 1㎡당 썩은 퇴비를 1~2kg, 깻묵이나 어박(魚粕) 100g에 20~30%의 목회를 섞어 퇴비와 함께 흙속에 갈아 넣는다.

뿌리를 펴서 똑바로 심고 듬뿍 물을 주고 이때 포기가 흔들리지 않을 정도로만 얕게 심

아가판서스의 포기나누기

는다. 추워지면 잎끝이 누렇게 마른다. 내한성이 강하지만 짚을 깔아주어 월동시설을 한다. 봄에 싹트기 전 1회, 꽃이 끝난 뒤에 3회, 복합비료를 1㎡당 30g 정도의 비율로 살포한다.

번식-이용

3년 이상 지나면 포기도 커지고 그후는 점차 꽃붙임도 나빠지므로 9월 하순~10월 상순에 포기나누기를 한다. 뿌리를 캐면 혹 모양의 지하경에 많은 눈이 붙어 있다. 이 눈을 3~5개 붙여서 가위로 가른다. 양지쪽 화단에 데이지, 거베라 등과 혼식하면 매우 아름답다.

✱꽃말 「사랑의 전달」

아르메리아 : Armeria

유럽 중부, 북아메리카, 칠레에 야생하는 다년생초화이다. 솔잎 모양의 가느다란 잎이 군생하고 5월에는 분홍색의 작은 꽃이 둥근 모양으로 모여서 1포기에 10여 개의 꽃이 핀다. 추위에 강하며 배수가 잘되고 양지 바른 곳이라면 어디서나 자란다. 초장은 20cm 정도다.

작 형

심는시기			개화시기								
1월	2월	3월	4월	5월	6월	7월	8월	9월	10월	11월	12월
			✿—✿					✿—✿			
초화의 높이 cm			포기 사이 cm		화단	화분	절화	꽃		색	
20			10		○	○		桃			

재 배

포기가 너무 무성하면 뭉클어져 썩는 수가 있으므로 9월 하순~10월 상순에 포기를 캐내어 3~5포기로 가른다. 1개의 굵은 직근에 많

 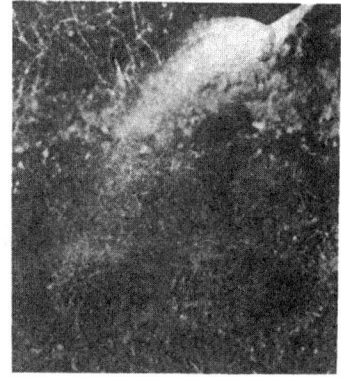

아르메리아의 포기나누기   아르메리아심기

은 눈이 붙어 있으므로 직근을 세로로 짜개면서 여기에 눈을 붙여서 가른다. 포기나눔이 끝나면 기비를 살포한 모판에 10cm 간격으로 심는다.

추위에 강하지만 늦가을에는 모판에 짚을 깔아 주어 추위와 건조를 막아 준다. 비료는 가을에 1회와 초봄에 1회, $1㎡$당 깻묵에 20%의 짚재를 섞어 100g 살포하여 흙속에 가볍게 갈아 넣는다.

(번식-이용)

종자로도 번식되지만 일반적으로 대부분 포기 나눔으로 번식시킨다. 가을 외에 꽃이 끝난 직후에도 나눌 수 있다.

모판에서 월동한 포기를 3월 중하순, 화단에 군식하여 5월에 꽃을 관상한다.

✽꽃말 「가련」「고운 마음씨」

은방울꽃 : Canvallaria

유럽에 야생하던 나리과 구근초화로서 초장은 20cm 내외, 지면에서 2~3매의 잎이 나오고 그 중심에서 꽃대가 나와 14~15송이의 방향 있는 작은 꽃이 5월에 핀다.

작 형

🌱 심는시기　　🌸 개화시기

1월	2월	3월	4월	5월	6월	7월	8월	9월	10월	11월	12월
				🌸-🌸					🌱-🌱		
초 화 의 높 이 cm			포 기 사 이 cm		화단	화분	질화	꽃		색	
20			10		○	○		白			

재 배

야생하고 있는 장소는 초원이나 나무숲의 반그늘이지만 재배할 때는 햇볕이 잘 드는 건조하지 않은 곳이 적합하다. 퇴비나 부엽토를 많이 함유한 약간 점토질 토양이 좋다. 10월~11월 상순에 지상부가 마르면 포기를 캐내어 구근을 10cm 정도씩 갈라서 새로 심어 놓는다.

깊이는 1~1.5cm 정도로 얕게 심는 쪽이 꽃붙임이 좋다. 포기간격은 10cm 정도로 한다.

번식-이용

번식은 주로 분주법에 의한다. 은방울꽃은 반그늘 습지에 잘 자라므로 지피식물로도 많이 이용되고 있으며, 정원의 담밑에 심어서 잎과 꽃을 같이 관상하도록 한다.

　＊꽃말「순진한 소녀의 마음에도 행복이 깃듭니다」

자란 (紫蘭) : *Bletilla*

한국을 비롯한 동양에 야생하는 난과식물로서 추위에 강하여 어디서나 잘 자란다. 초장은 30cm 내외. 5~6월경에 하나의 꽃대에 5~6송이의 꽃이 달린다. 홍자색 꽃이 일반적이지만 백색꽃도 있다.

작 형

1월	2월	3월	4월	5월	6월	7월	8월	9월	10월	11월	12월
				개화시기				심는시기			

초화의 높이 cm	포기 사이 cm	화단 분화	화분	꽃 색	
30	20	○	○	濃桃·白	

재 배

10월 상순에 포기를 심는다. 유기질이 있는 약간 습기 있는 곳에서 잘 자라고 햇볕이 잘 드는 곳을 좋아한다. 20cm 간격으로 심어두면 3~4년은 그대로도 된다.

생육 도중 2~3회 복합비료를 주고 여름에는 짚을 깔아 주도록 한다.

번식-이용

10월 상순이나 3월 상순에 포기나눔을 해서 번식한다. 초장이 낮으므로 저목류의 나무둘레 심기용으로 하거나 테라스 주변에 심는다.

12월 상순에 캐내어 분에 심어서 프레임에 넣고 따뜻하게 관리하면 초봄에 꽃을 즐길 수 있다.

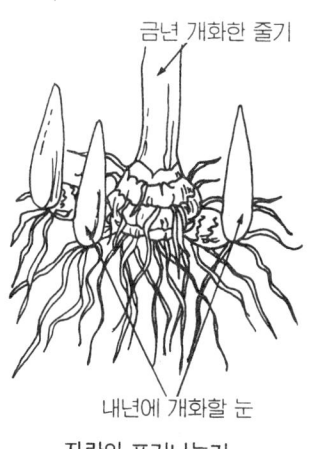

금년 개화한 줄기
내년에 개화할 눈
자란의 포기나누기

작약 : *Paeony*

중국 원산의 작약과 다년초로서 우엉과 같은 굵은 뿌리가 땅속에서 월동했다가 춘분 무렵 눈이 나와 5월 하순~6월 중순에 걸쳐 꽃이 핀다. 햇볕이 잘들고 배수가 좋은 비옥한 땅이 좋다. 배수가 나쁘면 포기가 썩고 건조하면 꽃붙임이 나쁘고 약하게 된다.

작 형

1월	2월	3월	4월	5월	6월	7월	8월	9월	10월	11월	12월
				🌸—🌸				✂—✂			
초화의 높이 cm			포기사이 cm			화단	화분	절화	꽃 색		
60			40			○	○		白·桃紅		

(심는시기 / 개화시기)

재 배

10월 상순에 포기를 심는다. 심을 화단은 깊게 갈고 1㎡당 석회질소 150g을 살포하여 토양속의 해충(네마토다)을 구제한다. 작약은 네모토다에 약하기 때문이다. 그후 2주일 후에 기비로서 1㎡당 퇴비 3kg, 계분 600g, 골분 100g, 목회 300g을 잘 섞어서 30cm의 깊이로 갈아 넣는다. 포기사이 40cm, 깊이 10cm로 심는다. 이로써 3~4년은 이식할 필요가 없다. 다음 연도부터는 지상부가 마른 겨울 동안에 기비를

작약의 포기나누기

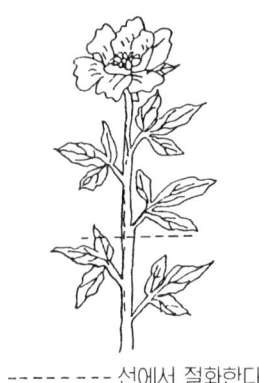

------ 선에서 절화한다

작약의 절화위치

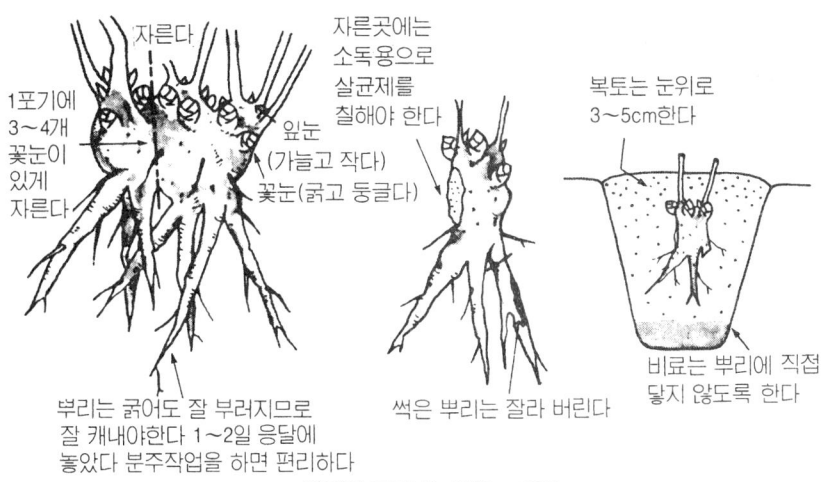

작약의 포기나누기(9~10월)

포기 사이에 준다. 비료 부족이 되면 꽃이 피지 않는다. 월동에는 따로 방한시설이 필요치 않으나 흙이 마르지 않게 짚을 깐다. 이것은 여름의 건조를 막기 위해서도 필요하다. 봄에 발아한 뒤와 꽃이 끝났을 때는 반드시 액체 비료나 복합비료를 1㎡당 100g을 주어야 이듬해 개화가 잘 된다. 월1회 보르도액을 살포하여 붉은 녹병을 예방하고 절화할 때는 꽃줄기에 2~3매의 잎을 남기고 자른다.

번식·이용

 4~5년 되면 포기가 커져 점차 약해지므로 잎이 푸르더라도 10월 상순에 3~5 눈을 붙여서 캐내어 포기나눔을 하여 뿌리가 너무 마르기 전에 다시 심는다. 봄의 포기나눔은 개화에 영향을 주어 피지않는 경우도 있으며 생육이 부진하다.

 배수와 햇볕이 가장 중요하므로 화단은 반드시 흙을 돋구어야 한다. 정원에 가꾸어 관상하기도 하고, 큰 화분에 심어서도 재배가 용이하므로 아파트 재배도 가능하다.

 ★꽃말 「수줍음」 「수치」

톱날꽃 : *Achilea*

북반구에 널리 자생하며 한국에도 야생한다. 잎이 톱날 같은 모양을 하고 있기 때문에 이 이름이 붙여졌다. 튼튼한 국화과 다년초로서 볕만 잘 들면 어디서나 자란다. 초장은 60cm 내외며 흔히 홍자색, 흰색이 많다.

톱날꽃의 심기

작 형

심는시기　　개화시기

1월	2월	3월	4월	5월	6월	7월	8월	9월	10월	11월	12월
						🌸――🌸		✿			

초화의 높이 cm	포기사이 cm	화단	화분	절화	꽃　　　색		
60	30	○			白・濃桃		

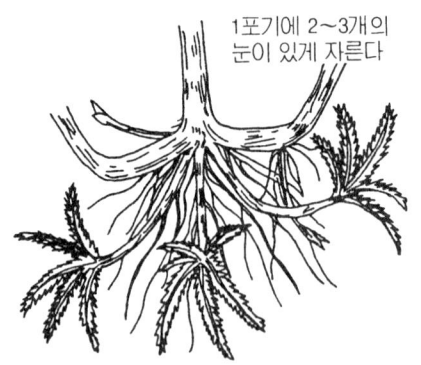

톱날꽃의 포기나누기

1포기에 2~3개의 눈이 있게 자른다

재 배

10월 상・중순, 지상부를 잘라버리고 포기를 캐내어 즉시 뿌리나누기를 하면 얼마든지 번식된다. 포기 사이 30~35cm, 깊이 5cm로 심는다. 한번 심으면 2~3년은 그대로 자란다. 다른 다년초와 마찬가지로 기비를 준다.

번식-이용

4월 상순 파종으로도 되지만 가을과 3월 상순의 발아 전에 포기나 누기로 번식시키는 것이 보통이다.

9월 중순 포기 중간쯤에서 아래쪽으로 어린 눈이 나오므로 이것을 10cm 정도로 잘라서 꽂아도 발근된다. 여름 화단에 많이 재배되고 있다.

✽꽃말 「충실」「숨은 공적」

트리토마 : *Tritoma*

남아프리카의 케에프 지방이 원산인 다년초로서 가늘고 긴 잎이 군생하고 7~10월 하순까지 등황색 꽃이 달린다. 꽃 모양은 병을 씻는 솔과 같다. 내한성이 강하고 성질도 매우 튼튼하므로 햇볕만 잘 들면 어디서나 잘 자란다.

작 형

🌱 심는시기   🌸 개화시기

1월	2월	3월	4월	5월	6월	7월	8월	9월	10월	11월	12월
						🌸		🌸	🌱		

초화의 높이 cm	포기사이 cm	화단	화분	절화	꽃 색	
100	40	○		○	黃·橙	

재 배

심는 시기는 보통 10월 중순~하순이지만 3월 상순에도 심는다. 추운 곳은 봄이 좋다. 심는 방법과 관리는 아가판서스와 같다.

번식-이용

주로 포기나누기로 번식시키며 아가판서스에 준해서 한다. 특수한 꽃이라서 절화에 잘 쓰인다. 정원의 군데군데 심어서 이국적인 꽃을 즐긴다. 포기가 크면 꽃도 많이 나오며 가을꽃은 한결 아름답다. 심어서 3~4년은 그대로 재배하도록 한다.

✱꽃말「그것은 믿을 수 없다」

피소스테지아 : *Phisostegia*

북미 원산의 꿀풀과의 다년초로서 줄기가 사각이다. 초장은 60cm 정도며, 7~8월에 걸쳐 연한 적자색 꽃이 밑에서 차례로 위로 피어 오른다. 성질이 아주 강해 햇볕이 잘들면 습지에서도 자라며 절화로 잘라 내어도 재차 꽃대가 나와서 가을에 다시 한번 꽃이 달린다.

작 형

❀ 심는시기   ❀ 개화시기

1월	2월	3월	4월	5월	6월	7월	8월	9월	10월	11월	12월
						❀	❀	❀~❀			

초화의 높이 cm	포기사이 cm	화단	화분	절화	꽃 색		
60	30	○		○	赤紫		

재 배

손질이 거의 필요 없으나 건조에 약하므로 말리지 않도록 한다.

2~3년에 1회 포기나누기를 해서 심는다. 기타의 관리법은 다른 초화와 마찬가지다.

번식·이용

샤스타데이지와 같은 요령으로 포기나누기, 눈꽂이, 종자번식으로 번식시킨다.

햇볕만 잘 들면 배수가 나쁜 곳에서도 잘 자란다. 여름 꽃이므로 불화(佛花)로 화단에 심어서 관상하거나 꽃꽂이에 알맞다.

꽃도라지 : *Eustoma rassellianum*

미국이 원산이며 용담과에 속하는 1~2년 초화로서 절화의 인기가 높다. 우리나라에서는 1980년대 이후 일본에 종자가 수입되어 절화재배를 하고 있다.

작 형

※ 심는시기   ※ 개화시기

1	2	3	4	5	6	7	8	9	10	11	12
		※	—	※		※	※				
초화의 높이 cm			포기사이 cm		화단,화분,절화			꽃	색		
60 ~ 80			15		○ ○ ○			보라, 자, 분홍, 라벤다			

재 배

종자가 미세하여 1㎖당 1,000립 이상이지만 정식시의 손실이 많기 때문에 1a당 2㎖를 파종한다. 파종용토는 소독을 하고 피트(peat)를 얇게 깔고 파종한다. 종자는 호광성 종자(好光性)이므로 복토를 하지 않는다.

발아할 때까지 건조가 되지 않도록 저면흡수를 하도록 하고 발아온도는 25℃전후 발아후는 20℃ 정도를 유지하면서 환기에도 주의를 해야한다. 본잎 2~3매시 이식하고 본잎 4~5매 정도에서 정식을 한다.

정식시에는 1개월전에 잘 썩은 퇴비를 10a당 2000㎏ 넣고 화학비료로 N.P.K 각 10㎏ 수준으로 사용한다. 정식간격은 12~15㎝ 또는 15~20㎝ 간격으로 한다. 겨울철 온도관리는 가온 촉성의 경우 최저 10℃로 하고 출하 3개월 전부터는 15~18℃로 높여준다.

전기조명을 하면 2주간 정도 개화를 빠르게 할 수 있고 6~7월 출하의 경우 겨울철 온도는 4~5℃로 해준다. 파종을 9~10월에 하면 개화는 5~6월경에 하고 1~2월경에 파종하면 6~7월경에 개화한다.

이 용

절화는 2~3개의 꽃이 개화된 때에 1회 절화는 3~4마디 상당에서 하고 2번 절화일 경우에는 가지가 돋아난 부위에 절단해서 시들지 않도록 물올림을 하고 10본을 1단으로 묶어 출하한다. 최근에는 분화용으로 왜성 품종이 개발되었으며 가장 인기있는 여름철 꽃이다.

✽꽃말 「우미(優美) 희망」

용담 : *Gentiana*

전세계에 자생하는 고산식물로 평지보다 고냉지 재배에 적합한 숙근화훼로 용담과에 속한다. 저온성화훼로 5℃정도면 자라기 시작하고 처음부터 저온하에서 자란 것은 0℃의 저온에서도 잘 견딘다. 생육적온은 15℃정도이며 30℃ 이상의 고온에서는 잎끝이 타고 생육이 부진해진다.

화색은 자주색 및 분홍색이 있으며 물빨아 올림이 좋아서 여름철의 절화 및 화단용에 인기가 높다.

작 형

❀ 심는시기   ❀ 개화시기

1	2	3	4	5	6	7	8	9	10	11	12
			❀-❀				❀	❀			
초화의 높이 cm			포기사이 cm		화단,화분,절화			꽃 색			
80 ~ 100			30		○	○		자색, 분홍		

재 배

용담은 미세한 종자로서 1㎖의 종자수는 7,000입 정도이고 종자의 휴면타파는 0℃에 30~45일 처리 또는 지베렐린 50ppm에 3일 처리 후 비닐포트 또는 육묘산에 파종하는데 발아적온은 20℃이며 5~7일 걸린다.

종자는 3~4월 파종해서 1차 육묘를 한뒤 10월 또는 이듬해 4월에 정식하여 8~9월에 개화한다. 토양산도는 ph5.0~6.0 정도가 좋으며 퇴비는 10a당 3,000kg를 하고 복합비료를 50kg를 추비로 준다. 정식간격은 1m 이랑에 주간 20㎝ 간격으로 3줄 정식이 좋다.

이 용

절화, 분화, 화단용으로 이용하고 있으며 절화할 경우에는 꽃봉오리가 화색이 날때 채화한다. 10대를 1단으로 묶어 물을 올린후에 출하한다.

✽꽃말 「애수 슬픔에 잠길 때 당신이 제일 좋아요」

6 온실숙근초화(温室宿根草花)

거베라 : Gerbera

 남아프리카 원산의 국화과 다년초다. 잎과 꽃은 대형의 민들레 모양으로 피고 꽃색도 백, 황, 도, 적색 등이며 홑꽃종과 겹꽃종이 있다. 추위에는 다소 약하므로 간단한 방한 시설로 뿌리포기를 월동시킨다. 4계절 개화 하지만 7~8월은 고온과 건조 때문에 개화는 일시 중단하고 초가을부터 늦가을까지 계속 핀다. 비옥한 사질 토양으로서 햇볕이 잘 들고 배수가 잘 되는 곳에 재배가 잘 된다.

작 형

1월	2월	3월	4월	5월	6월	7월	8월	9월	10월	11월	12월

초화의 높이 cm	포기 사이 cm	화단	화분	절화	꽃 색		
40	25	○	○	○	白·黃·桃·赤		

재 배

 3월 중하순에 포기나눔과 동시에 기비를 주고 포기를 심는다. 뿌리가 길어서 심기 어려울 경우는 절반쯤 자르고 20~30cm 간격으로 눈이 가리워질 정도의 깊이로 심는다.

 심은 뒤 20일쯤 지나면 액비를 주어 포기의 양성을 꾀한다. 월1회는

포기나누기

포기주위를 가볍게 호미로 매어 주고 1㎡당 30g의 복합비료를 준다. 포기가 무성해지면 하엽을 따내어 뿌리와 줄기 부분에 햇볕과 통풍이 잘 되게 해야 꽃이 잘 핀다.

(번식·이용)

종자외에 포기나눔으로 번식시킨다. 2~3년 된 큰 포기를 3월 중하순에 캐내어 솜털로 싸여 있는 눈 5~6개를 붙여서 가른다. 홑 꽃은 꽃붙음이 좋으므로 화단용으로 즐긴다.

거베라는 꽃꽂이용으로 인기가 높으며, 최근에는 왜성종을 화분에 재배하는 경우도 많다. 따라서 화분이나 플랜터에 심어서 베란다나 창가에 다른 꽃과 같이 배열하면 좋다.

✱꽃말「풀수없는 수수께끼」

군자란 : *Clivia*

남아프리카의 나탈지방 원산으로 온실 또는 비닐하우스에 재배되는 다년생초화. 아마릴리스와 흡사한 주걱 잎이 좌우로 나오고 그 중심에서 1~5월에 적등색의 꽃이 핀다. 묵은 포기는 뿌리부분에 눈이 많

(작 형)

❀ 심는시기   ❀ 개화시기

1월	2월	3월	4월	5월	6월	7월	8월	9월	10월	11월	12월
❀	—	—	—	❀❀❀							
초화의 높이 cm			포기사이 cm			화단	화분	절화	꽃 색		
70			7호분1				○		赤橙		

이 나와 큰 포기가 되어 매년 꽃이 핀다. 뿌리는 다육질로서 생장이 왕성하여 분이 작으면 터지는 수도 있다.

재 배

　분가꾸기의 초화인데 큰 포기가 되지 않으면 꽃도 피지 않는다. 예쁜 꽃을 즐기려면 24～30cm 분에 심는다. 다년초로서 한번 개화한 포기는 매년 꽃이 핀다. 분에 뿌리가 차면 포기나눔을 겸해서 분을 바꾼다. 그 시기는 꽃이 끝난 직후로서 5～6월경이 좋다.

　분토는 굵은 모래에 30～40%의 부엽토나 썩은 퇴비를 섞은 것을 쓰며 표면에 수태를 깔아 건조를 막는다.

　비료는 깻묵=7 골분=3을 물에 반죽하여 경단처럼 만들어 분 둘레에 2～3개씩 계속 준다.

　10월 상순～3월 하순까지 프레임이나 따뜻한 방안에서 관리하고 분토가 마르면 물을 준다. 건조와 그늘에는 잘 견디므로 겨울에는 방안에 방치해 두어도 된다. 5～9월 동안은 옥외의 발 밑에서 가꾸며 직사광선을 받으면 잎이 타므로 반드시 반그늘에 둔다.

분갈이 할때

번식-이용

　어미포기의 주위에 새눈이 생기고 잎이 5～6매로 되었을 때 포기나눔을 한다. 이식을 겸해서 하기 때문에 시기는 5～6월경이 좋다. 이밖에 종자로도 번식한다. 개화했을 때, 암술 끝에 꽃가루를 묻히면 결실이 잘 된다. 가루받이 후 8～10월이면 붉게 익은 열매가 생기므로 속에 있는 희고 큰 씨앗을 모래에 꽂으면 1개월이면 싹이 튼다. 관엽

군자란의 발아　　　1년　2년　3년의 상태

식물처럼 잎을 즐길 수도 있다.
* 꽃말 「당신은 고결하다」

극락조화 : Strelitzia

남아프리카 원산으로 파초과에 속하는 온실 숙근초로서 꽃은 마치 새가 날개를 활짝 벌린 것과 같은 형태를 가지고 있다. 등색의 잎편과 자남색의 화편의 대조는 뉴기니아에 서식하고 있는 극락조를 연상시킬 만큼 아름답다고 해서 극락조화라는 이름이 붙여졌으며, 영어명으로는 「Bird of Paradise Flower」라고 한다.

작 형

심는시기　　　개화시기

1월	2월	3월	4월	5월	6월	7월	8월	9월	10월	11월	12월

초화의 높이 cm	포기 사이 cm	화단	화분	절화	꽃　　　　색		
100	30	○	○	○	橙・紫		

재 배

순열대성의 식물이므로 연중 온실 내에서 재배한다.

　일반적으로 분재배를 하고 있으나, 원래 키가 1m 내외 자라는 식물인 만큼 큰 화분에 심어서 재배하는 경우와 직접 온실 안에 심어서 키우는 경우가 있다. 월동 온도는 8~12℃ 정도를 유지해야 한다.

　토양은 밭흙, 부엽토, 퇴비, 모래 등을 혼합해서 사용하고 다육질의 뿌리를 가지고 있으므로 건조에 대해서는 비교적 강하나 배수 상태가 좋지 못하면 뿌리가 부패하기 쉬우므로 여름철에는 비교적 물을 많이 주고 겨울에는 약간 말리도록 하는 것이 안전하다. 온실에 직접 심을 때는 둑을 만들어 한 평에 6~8 포기씩 심도록 한다.

　비료는 퇴비를 배양토에 혼합해 주고 추비로서 잘 썩은 깻묵물을 연하게 타서 1개월에 한 번씩 준다.

번 식

　번식은 실생과 분주로서, 포기가 크면 잘 드는 칼로 나누어 준다. 실생은 종자를 3~4월에 파종해서 재배하고 있으나, 지금은 2년이지나면 개화하는 신품종 「뉴하이브리드」의 인기가 높다.

이 용

　화분에 심어서 재배하거나 농가에서는 절화생산을 해서 판매하는 것이 유리하다. 가정에는 큰 화분에 1포기씩 심어서 재배하면 계속적으로 개화하기 때문에 가을부터 봄까지는 훌륭한 꽃을 감상할 수 있다.

　★꽃말 「영구불변」

마아거리트 : *Marguerite*

　카나리아 군도 원산인 국화과 초화로서 초장은 60cm 내외다. 옥외에서 재배하면 반 저목 같이 자라며 추위에는 약하다. 가지벌기가 잘되고 홑꽃 국화와 흡사한 희고 작은 꽃이 4~6월까지 계속 핀다. 햇볕들기와 배수가 좋으면 잘 자란다.

작 형

🎀 심는시기   🌼 개화시기

1월	2월	3월	4월	5월	6월	7월	8월	9월	10월	11월	12월
			🌼		🌼			🎀	🎀		

초화의 높이 cm	포기사이 cm	화단	화분	절화	꽃		색	
60	20	○	○	○	白			

재 배

눈꽃이로 번식시킨 모종은 화분에 심어 재배한다. 재배법은 제라늄과 같다.

번식-이용

원예용으로는 눈꽃이로 번식시킨다. 7~9월까지는 꽃이 피지 않는다. 이 시기에 굵은 어린 눈이 많이 나오므로 9월 하순~10월 상순에 굵은 눈을 10cm 정도에서 잘라 하엽 몇 매를 따내고 나머지 잎도 절반쯤 잎끝을 따버리고 줄기의 벤자리를 1시간쯤 물에 담가서 물 올리기를 한다. 이렇게 한 꺾꽂이감을 모래에 꽂는다.

마아거리트의 삽수꽂이

반그늘에서 마르지 않을 정도로 관리하면 약 3주일이면 발근한다. 이를 제라늄처럼 분에 심고 프레임에서 관리하면 초봄부터 꽃이 달린다. 분가꾸기로 해서 프레임에서 꽃을 피게 하는 외에 화단에 군식하면 깨끗한 흰꽃들이 많이 피어서 아름답다.

✽꽃말 「사랑을 점친다」

사철채송화 : *Mesembryanthemum*

 남아프리카 원산의 번행과 다년초로서 기부는 목질화하고 가지벌기가 된 줄기가 지면을 기어서 생육하며 육질이 많은 잎이 채송화와 같다. 5월 중순~6월 중순 국화와 흡사한 홍자색의 광택 있는 꽃이 포기 전면에서 핀다. 추위에는 약간 약하고 햇볕과 배수가 좋으면 어디서나 잘 자란다.

작 형

심는시기　　개화시기

1월	2월	3월	4월	5월	6월	7월	8월	9월	10월	11월	12월
				❀	❀			✿	✿		

초화의 높이 cm	포기사이 cm	화단분	절화	꽃　　　색
15	10	○	○	黃·濃桃·紅

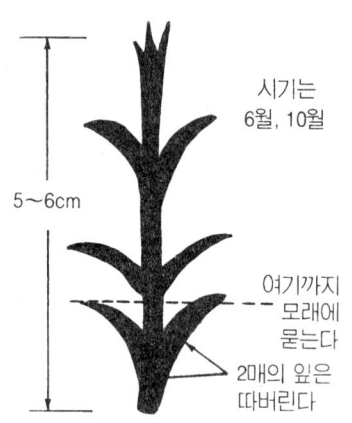

사철채송화의 눈꽂이

재 배

 9월 중·하순에 줄기를 5~6cm로 잘라서 모래에 눈꽂이를 하면 발근한다.

 발근한 것을 12cm분에 3주 심고 겨울에는 프레임에 관리하면 3월 상순에 개화한다.

 화단심기를 할 때는 개화 후 곧 눈꽂이를 한다. 가을까지는 화단용의 모종이 되므로 10월 상순에 정식하여 꽃을 기다린다.

번식-이용

눈꽂이로 번식이 잘 된다. 색깔별로 화단에 군식하면 눈이 부실듯한 화단이 된다.

아프리칸 바이오렛 : Saintpaulia

아프리카 동부가 원산인 내한성이 약한 숙근초이며 분화초로서 많이 재배하고 있다. 꽃이 연중 피고 꽃색도 적색, 분홍색, 자색, 백색 및 혼합색 등 여러 가지이며 실내 식물로서 인기가 높다.

작형

심는시기   개화시기

1월	2월	3월	4월	5월	6월	7월	8월	9월	10월	11월	12월

초화의 높이 cm	포기사이 cm	화단분	화절화	꽃 색
15	20	○		白·紅·赤·紫

재배

반음지 식물로서 직사광선을 싫어하며 꽃이 개화할 경우에는 6,000~10,000Lux의 광량이 필요하다. 특히 직사광선을 강하게 쬐면 잎이 황갈색으로 타기 때문에 주의해야 한다. 생육 적온은 15~28℃로서 이 온도가 유지되면 연중 개화한다. 관수는 토양 용토가 건조하지 않도록 주의하고, 1개월에 2~3회 정도 잎을 깨끗이 씻어 주도록 한다.

특히 잎에는 먼지가 잘 앉기 때문에 이 점을 고려해서 관리하도록 한다.

아프리카바이오렛 잎의 온도와 물온도가 10℃ 이상의 차이가 나지 않도록 하며, 가끔 찬물을 주게 되면 잎이 엷은 황색으로 변하기 때문에 주의해야 한다. 실내 습도는 60~70%가 가장 이상적이나, 겨울철에는 건조하기 쉬우므로 가끔 잎에 수분을 공급해 주는 경우도 있다. 실내에서는 주로 남향의 유리창옆에 재배하기 때문에 가끔 창문을 열어 환기를 시켜 주도록 한다.

화분 용토는 부엽토, 버미큘라이트, 피트모스, 강모래, 퍼얼라이트 등을 잘 혼합해서 사용하도록 한다. 비료는 하이포넥스 1,000 배액을 1개월에 2회 정도 관수할 때 물에 혼합해서 사용한다.

번식-이용

번식은 실생, 엽삽, 분주 등으로 하고 있다. 실생은 파종 용토(버미큘라이트 80%, 강모래 20%)에 파종하여, 복토를 하지 않고 충분히 분무해 주도록 한다. 25℃ 정도로 유지해 주면 15일 후에는 발아한다. 발아 후 잎이 2~3개 나오면 이식하고 생육 중에 하이포넥스 2,000배액을 살포한다.

엽삽은 온실에서 연중 할 수 있으며 충실한 잎자루를 가진 잎을 채취해서 모래, 버미큘라이트에 하든지 물컵에 수삽(水揷)을 해도 잘된다. 엽삽은 반음지에서 25℃ 내외가 좋고 건조하지 않으면 2개월 후에는 발근 발아한다. 분주는 잎과 뿌리를 붙여서 잘 드는 칼로 한다.

국내에서는 현재 200여 품종이 재배되고 있으며, 실내 식물로서 가장 인기를 모으고 있다.

제라늄 : *Geranium*

남아프리카 원산의 초화로서 분심기로 해서 프레임 또는 온실에 재

작 형

심는시기 　 개화시기

1월	2월	3월	4월	5월	6월	7월	8월	9월	10월	11월	12월
			≪━━━━━━━━━						✿		

초화의 높이 cm	포기 사이 cm	화단	화분	절화	꽃　　　색	
20	30	○	○		白・桃・赤	

배한다. 잎, 줄기에서 약간 특유한 냄새가 나며 잎과 꽃이 아름답고 건조에 잘 견딘다. 4계절 개화하므로 가정원예에는 권장할 만한 초화다.

재 배

화단이나 분재배로 하는데 겹꽃종은 화단에 알맞지 않고 홑꽃종을 화단에 심는다.

제라늄은 어떤 종류라도 눈꽂이로 번식한다. 발근한 모종은 12cm 분에 심고 초장이 10cm 정도 되었을 때 적심하여 3~4대의 가지를 내게 한다. 이 가지가 10cm 정도 되면 꽃이 열리기 시작한다. 포기가 커지면 15cm 분에 옮겨 심는다.

비료는 액비를 월 2회의 비율로 400~500배로 희석하여 주고 건조비료를 월 1회씩 차순갈로 1~2순갈을 준다. 고온 다습한 환경에서는 생육이 약해져서 하엽이 말라 죽으므로 여름에는 통풍이 잘 되는 옥외의 선반에서 발을 치고 재배한다.

겨울에는 프레임, 온실 및 따뜻한 창가에서 재배한다. 겨울에도 햇볕을 충분히 받게 하고 무난방의 방안에서 월동시킬 경우는 물을 줄이고 비료도 주지 않는다.

제라늄의 분갈이

번식-이용

순을 따면(摘心), 곁가지가 나오므로 10cm 정도로 자란 꽃눈이 없는 어린 가지를 따서 눈꽂이를 한다. 이 가지에는 4~5매의 잎이 붙어 있으므로 하엽 2매를 붙여서 잘라내고 이 부분을 모래에 꽂는다. 눈꽂이용 줄기는 2일쯤 그늘에서 말렸다가 꽂으면 썩지 않는다.

줄기의 1/2이 되도록 마디위에서 자른다

밑에 있는 묵은 뿌리는 자른다
제라늄의 전정법

잎의 1/2을 자른다
마디
잎을 따고 마디의 밑에서 줄기를 자른다
제라늄의 눈꽂이

18~20℃의 온도가 되면 언제라도 눈꽂이가 되지만 7~8월은 고온다습하기 때문에 이 시기는 피한다. 발근에는 약 1개월을 요한다. 그동안 모래는 다습하지 않도록 유의한다. 눈꽂이 외에 종자가 생기므로 파종번식도 된다. 한여름과 한겨울만을 빼고는 파종이 되고 파종후 약 3개월이면 개화된다.

홑꽃종은 화단에 심고 초여름부터 가을까지 즐긴다. 처음부터 라면 직사 광선하에서도 잘 자란다. 걸이화분이나 창가원예 분식물로서 인기가 높으며, 특히 아파트원예로서는 재배해 볼 만한 꽃이다.

✱꽃말「뜻하지 않는 만남」

카네이션 : Carnation

유럽 남부가 원산인 패랭이꽃과의 다년초로서 재배의 역사가 오래고 장미와 함께 세계적인 꽃이 되고 있다. 지금 카아네이션은 온실이 아니면 안 피는 것으로 알려져 있지만, 화단이나 밭에서도 간단히 필수 있다. 햇볕이 잘 들고 약간 점질토인 비옥한 토양이 적합하다. 추위에 강하고 관리만 잘하면 6월부터 서리가 올 때까지 개화한다. 꽃색에는 백색, 분홍색, 황색, 적색, 적자색 등이 있고 특유의 향기가 나며 화단은 물론 절화로서도 온실 카아네이션에 못지 않다.

작 형

1월	2월	3월	4월	5월	6월	7월	8월	9월	10월	11월	12월
					❀━━━━━━━❀			✿━━━✿			
초화의 높이 cm			포기 사이 cm			화단	화분	절화	꽃 색		
40			20			○	○	○	白·桃·赤·紅		

재 배

다년초이지만 종자를 뿌려서 번식시킨다. 파종시기는 10월 상순이며 추파 1년초에 준해서 뿌리고 분이나 얕은 상자에 파종한다. 10일쯤이면 발아한다. 본잎이 3~5매 되었을 때, 다시 한번 상자속에 3~4cm 간격으로 이식한다. 이 무렵부터는 기온이 내려가 그다지 자라지 않으므로 따뜻한 곳에 두어 월동시킨다. 또 본잎이 3~5매인 모종을 모판에 심어서 월동시킬 수도 있다. 모판은 1㎡당 퇴비 1~2kg, 깻묵 100g, 골분 50g, 목회 100g을 섞어서 20~30cm 깊이로 갈아 넣어 둔다. 여기에 10cm 간격으로 심고 추워지면 서리막음을 해서 월동하면 모종을 상하게 하지 않고 봄을 맞이할 수 있다. 3월 중순에는 곁

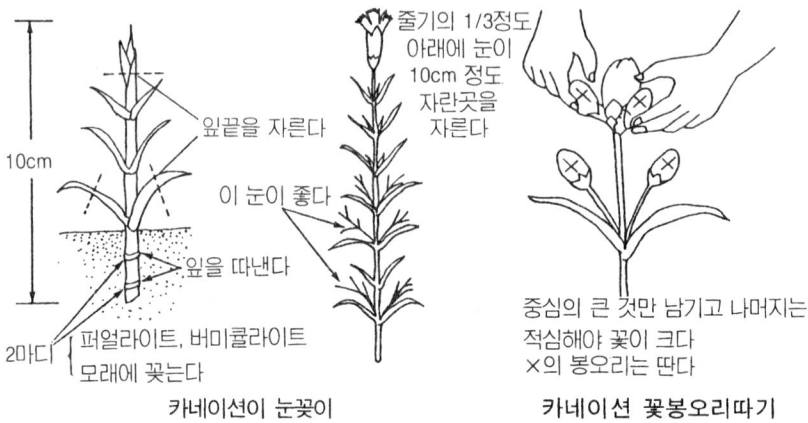

카네이션이 눈꽂이 　　　카네이션 꽃봉오리따기

순이 많이 나오고 좋은 모종이 되므로 20cm 간격으로 목적하는 곳에 정식한다. 화단심기나 분심기나, 어느 경우에든 월1회 비료를 주면 초여름부터 온실 카아네이션 못지 않은 꽃이 핀다.

번식-이용

종자로 번식시키는 외에 눈꽂이로도 번식시킨다. 꽃대밑 3분의 1 정도에서 굵은 눈이 나와서 10cm 정도로 된 것을 칼로 잘라낸다. 그리고 아랫잎 3~4매를 제거하고 끝이 일어선 잎 절반을 잘라내어 모래에 꽂는다. 9월 하순~10월 상순에 눈꽂이를 하면 1개월쯤이면 발근하므로 그 뒤는 파종시의 모종재배의 요령으로 가꾼다. 이밖에 다년초이므로 꽃이 끝난 묵은 포기는 간단한 방한조치를 해서 월동하면 이듬해 다시 꽃이 핀다.

화단심기, 분심기, 절화를 겸해서 재배한다. 꽃대 끝에 4~5개 봉오리가 생기므로 중심 봉오리만 남기고 따버리면 큰 꽃이 핀다.

★꽃말「사랑·감사·여자의 애정」

프리뮬러 마라코이데스: *Primula malacoides*

중국 운남성에 자생하는 초화로서 크리스마스에서 초봄까지의 화분

꽃이다. 연한 도색 및 홍색의 작은 꽃이 송이모양으로 피고 앵초과의 대표종으로 되어 있다.

작 형

	심는시기				개화시기						
1월	2월	3월	4월	5월	6월	7월	8월	9월	10월	11월	12월
		※		※―※							※

초 화 의 높 이 cm	포 기 사 이 cm	화단분화	화절화	꽃 색	
30	20	○	○	白·桃·赤	

재 배

적색, 분홍색, 백색 등 여러가지 화색을 가지며 파종하는 시기는 6월 중순이다. 얕은 나무상자나 파종용 평분(平盆)에 파종토를 넣고 충분히 물을 주어 흙에 흡수시킨 후 파종한다. 종자가 너무 작아서 흙을 덮으면 발아하지 않는 호광성 종자이므로 복토하지 말고 파종한다. 통풍이 잘되는 반그늘진 서늘한 곳에 두며 흙이 마르지 않게 관리하면 10일쯤이면 발아한다.

자엽이 완전히 벌어졌을 무렵, 평분에 파종했을 때와 마찬가지로 상토를 넣고 3cm 간격으로 심는다. 반그늘에서 10일에 1회 액비의 500배액을 시비한다. 8월 중하순, 9cm 분에 이식하고, 9월 하순, 12cm 분에 마지막 정식을 한다. 10월 상순에는 프레임에 넣고 주간은 20℃,

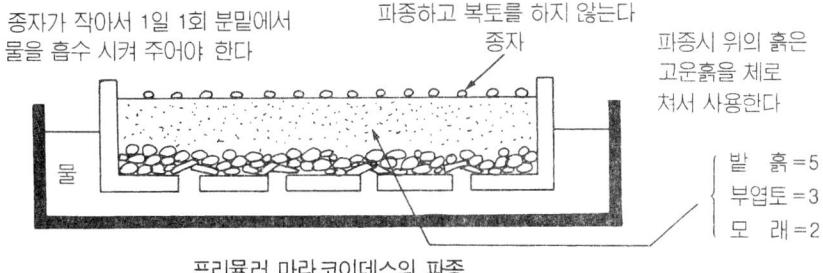

프리뮬러 마라코이데스의 파종

야간은 5℃를 내려가지 않도록 주의한다. 분토의 건조도를 보아서 물의 양을 적게 하여 11월까지는 1일 1회, 그 후는 1일 또는 2일 간격으로 물을 준다.

번식-이용

번식은 씨앗으로 한다. 꽃에 물을 뿌리지 않으면 씨를 많이 채종할 수 있다. 1포기씩 분에 심거나 꽃상자에 심어 관상한다.

✱꽃말 「희망」 「번영」

프리물러 폴리안사 : *Primula Poliantha*

서양앵초(櫻草)의 이름으로 애호되며 유럽, 서남아시아, 아프리카 북부가 원산인 앵초(취란화)에서 개량된 품종이다. 다년초로서 주걱같이 쭈그러든 잎이 몇매 군생한 중심에서 꽃대가 나와서 3~4월에 개화한다. 추위에 강하여 옥외에서 월동하지만 여름의 고온과 건조에 약하므로 주의한다. 햇볕과 배수가 좋고 퇴비나 부엽토 등을 많이 함유한 토양이 좋다.

작형

1월	2월	3월	4월	5월	6월	7월	8월	9월	10월	11월	12월
		심는시기		개화시기				심는시기			

초화의 높이 cm	포기사이 cm	화단	화분	절화	꽃 색		
15	15	○	○		白・黄・赤・紫		

재배

온도만 적당하면 언제나 파종해서 모종을 만들 수가 있다. 발아온도는 20℃ 전후이고 고온에서는 발아하지 않는다. 4월 하순~5월 상순에 파종하면 안전하다. 여름에는 발을 쳐서 통풍이 잘되는 곳에 둔다.
프레임이나 온실에 넣으면 1월~2월에는 개화한다. 간단한 서리막이로 월동하면 3월 상·중순에 개화한다.

프리뮬러 폴리안사의 포기나누기

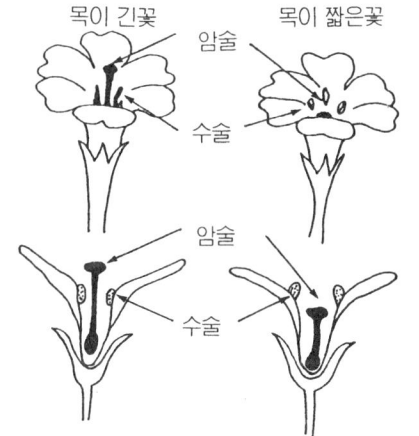
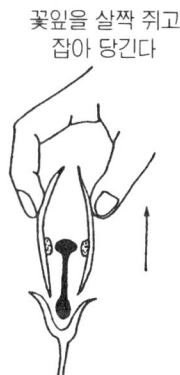

프리뮬러의 꽃구조와 수분(受粉)

번식-이용

종자로 번식하는 외에 포기나누기로 번식시킬 수 있다. 꽃이 끝난 포기를 1눈씩 갈라서 모판에 심는다. 봄까지는 꽃이 피지 않으므로 그늘의 서늘한 곳에 모판을 만들어 모종을 양성하고 10월 중순, 개화포기가 된 것을 화단에 정식한다.
　분재배는 매일 햇볕을 쪼이고 1주일에 1회 액비를 잎에 묻지 않도록 준다. 겨울철의 실내재배에 알맞은 꽃이다.

헬리오트로프 : *Heliotrope*

　남미의 페루, 에쿠아도르 원산의 소저목(小低木)인데 분재배로 해서 향기 있는 담자색의 꽃을 즐긴다. 개화기는 초여름부터 가을이며, 추위에 약하므로 프레임 또는 온실에서 월동한다.

작 형

심는시기 　개화시기

1월	2월	3월	4월	5월	6월	7월	8월	9월	10월	11월	12월
		❀	❀	❀					❀		

초화의 높이 cm	포기 사이 cm	화단	화분	절화	꽃　　　　색		
60	30		○		淡紫		

재 배

　눈꽂이로 모종을 만들어서 발근한 것은 12cm 분에 심는다.
　여름에는 옥외의 선반가꾸기로 발을 쳐서 관리한다. 생육에 알맞은 온도는 15~20℃이며, 겨울에는 5℃ 이하로 되지 않도록 주의한다. 모종이 10cm 정도일 때 적심하면 3대 정도의 가지가 생긴다. 묵은 포기는 봄에 흙을 바꾸어 심는다.

번식-이용

　눈꽂이로 간단히 번식할 수 있다. 5~6cm로 자란 새눈을 따서 하엽 2매를 잘라내어 모래에 꽂으면 3주일이면 발근한다. 5월경이 좋으며 9~10월의 눈꽂이는 월동시키면 봄에 꽃이 핀다. 그늘에 두면 자라지 않는다. 분심기로 향기를 즐기는데 양과자의 향기와 같다.

7 관엽식물(觀葉植物)

고무나무 : Ficus

인디아, 말레이지아에 걸쳐 자생하고 있는 상록고목(常綠高木)으로서 열대지방에서는 20~25m나 되어 조원수목이 된다. 고무액을 채취하는 나무는 아니며, 30~35℃의 고온과 다습을 좋아하지만 저온에도 잘 견디어 10℃ 정도에서도 잘 월동한다.

작 형

3(℃)	4	5	6	7	8	9	10	11	12	13	20	21	22	23	24	25	26	27	28	29	30
						🌸	🌸				🌸					🌸					

광선	삽목	포누기기	휘물이	실생	번식시기(월)		🌸 최저온도	○ 양달
○	●		●		5 ~ 6		🌸 최적온도	◐ 반응달 ● 응달

재 배

가정에서는 30~40cm의 묘목을 분심기로 해서 재배한다. 용토는 밭흙=4, 모래=4, 부엽토=2의 비율이다. 6월 상순 ~10월 중순까지는 옥외에 내놓아 양지바른 반그늘 밑에서 재배한다. 이 기간의 물주기는 1일 2회, 아침과 저녁, 분바닥에서 물이 새어 나올 정도로 듬뿍 준다.

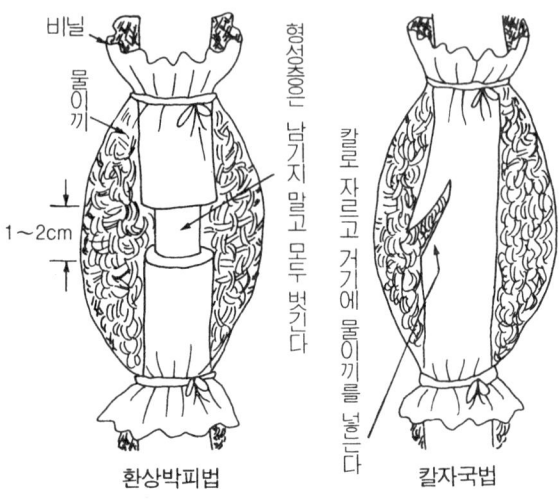

환상박피법 / 칼자국법

비료는 깻묵과 골분을 반반 섞어서 물에 이겨 구슬 모양으로 만들어 달걀 크기의 것을 2개 분 둘레에 놓는다. 겨울에는 따뜻한 방안에서 관리하는데 날씨가 따뜻한 날에는 밖에 내놓고 물을 듬뿍 준다. 분토가 건조하면 잎이 늘어지거나 하엽이 말라서 보기 흉하게 된다. 또 광선 부족이 되어도 이와 같은 현상이 나타난다. 툇마루나 창가에 두고 일

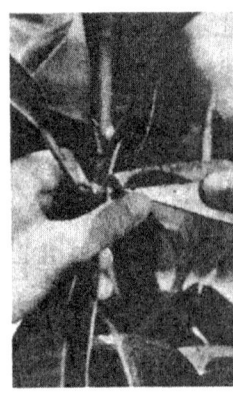
❶ 마디 밑의 껍질을 벗긴다

❷ 물이끼를 감는다

❸ 비닐로 싸고 묶는다

광욕을 시키는 것이 겨울 관리의 요령이다.

번 식

높이 떼기법(高取法) 5월 중순~6월 하순에, 작년부터 금년에 걸쳐 신장한 어린 고무나무의 줄기를 폭 1cm 정도로 껍질을 벗긴다. 이것은 잎이 붙어있는 마디의 바로 밑에서 행한다.

흰 수액이 흘러나오지만 2~3회 닦아내고 물로 씻어 적신 수태를 한 주먹 정도 단단히 감아 놓는다. 수태가 떨어지지 않도록 비닐을 감아주고, 수태가 마르지 않을 정도로 물을 주면 30~40일 뒤에는 흰뿌리가 수태속으로 내린다. 이것을 잘라서 분에 심어 주는데, 이때 비닐을 벗기고 비료분이 적은 모래에 1개월 가량 심어준 후 다시 배양토에 심는다.

삽 목 법

잎이 붙어 있는 마디를 중심으로 4~5cm에서 줄기를 자르고 곧 물에 넣어서 수액을 씻어낸다. 1시간쯤 물을 잘 흡수시킨 뒤, 줄기 전체를 수태로 단단히 감고 고무밴드를 3~4회 빙빙 돌려서 감아준다. 이렇게 해서 준비한 꺾꽂이감(插穂)을 9cm 분에 모래나 수태를 써서 심는다. 가급적 온도와 습도가 높은 반그늘에 두면 약 40~50일이면 발근한다.

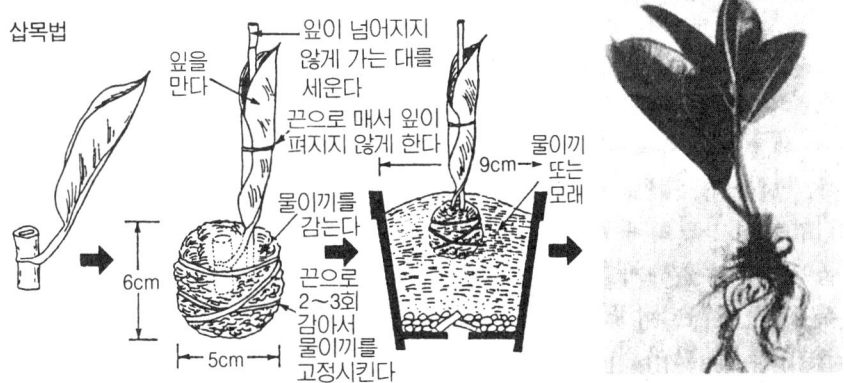

❶ 1마디씩 자른다 ❷ 물이끼로 감는다 ❸ 분에 심는다 ❹ 발근 상태

이 용

　11월~5월 중순까지는 햇볕이 잘드는 실내에서 관상하지만 기온이 높아지면 옥외에서 기르는 것이 잘 자란다. 점차 직사광선에 길들으면 한여름에 화단이나 마당에 심어서 이국적인 정원만들기도 한다. 다른 식물과 함께 심으면 훨씬 분위기를 아름답게 하여 실내식물로서 인기가 높다.

드라세나 : *Dracaena*

　열대아시아, 아프리카에 야생하고 있는 잎이 아름다운 관엽식물이다.

작 형

3 (℃)	4	5	6	7	8	9	10	11	12	13	20	21	22	23	24	25	26	27	28	29	30
							☺	☺		☺					☺						

광선	삽목	포기나누기	휘묻이	실생	번식시기(월)		☺ 최저온도	○ 양달
▶	●	●			5~6		☺ 최적온도	▶ 반응달 ● 응달

재 배

　드라세나와 코르딜리네(Cordyline;붉은드라세나)는 같은 관엽식물로서 생육 적온은 20~25℃인데 열대지방 원산의 식물이므로 고온을 좋아한다. 5월 중순~9월 하순까지는 옥외에서 발을 쳐서 직사광선을 피한다. 특히 얼룩 무늬 드라세나는 잎이 타므로 주의하도록 한다. 물은 아침이나 저녁에 1~2회 주고, 줄 때는 잎위로 듬뿍 준다. 겨울에는 따뜻한 방에서 햇볕을 잘 받게 하고, 물은 3~4일에 1회 듬뿍 준다. 5월 중순~9월 중순까지 건조비료를 2~3개 묻어 주고, 액비를 물에 타서 10~15일에 1회 주면 잘 자란다. 10월 상순~ 4월 상순까지는 비료를 주지 않는다.

 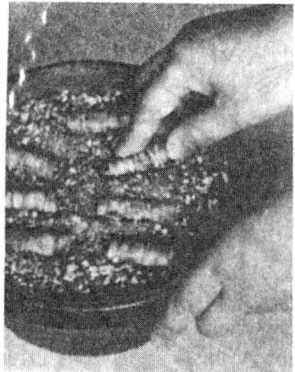 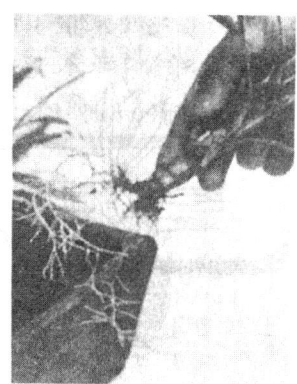

❶ 줄기를 자른다   ❷ 옆으로 눕힌다   ❸ 발근 상태

 5월 하순~6월 하순에 포기가 커졌으면 큰 분에 옮긴다(여름·가을은 나쁘다). 분토는 배수가 잘 되는 혼합토를 사용하고, 작은 모종은 수태에 심어도 된다.

번 식

 파종법과 꺾꽂이, 휘묻이, 뿌리꽂이 등 4가지가 있다. 꺾꽂이, 휘묻이는 일반적으로 사용하나 뿌리꽂이는 붉은 드라세나에 한다.

 꺾꽂이: 드라세나는 생육함에 따라서 하엽이 말라 들어가기 때문에 보기가 흉하게 되므로 잎이 없는 줄기를 4~5cm에서 몇 개로 자른다. 얕은 나무상자나 분에 모래, 퍼얼라이트, 버미큘라이트 등을 10cm쯤 담아서 삽수가 가려질 정도로 덮어준다. 표면에는 수태를 얇게 깔아 둔다. 모래가 마르지 않을 정도로 물을 주어 관리하면 약 30~40일이면 발아한다. 5월 하순~6월 중순이 꺾꽂이 적기이고 발근하면 작은 분에 옮겨심는다.

 휘묻이: 그림과 같은 요령으로 생장점에서 20cm 정도 내려간 곳에 상처를 내고 수태를 붙여서 관리하면 약 1개월이면 발근한다. 이것을 잘라내어 분심기를 한다. 휘묻이 시기는 6~7월이 좋다. 잘라낸 뿌리는 발근해서 재생한다.

 뿌리꽂이: 뿌리의 흙을 털면 덩어리 모양의 뿌리줄기(根莖)가 있다. 이것을 꺾꽂이 요령으로 잘라서 모래에 꽂으면 발아하여 쉽게 번

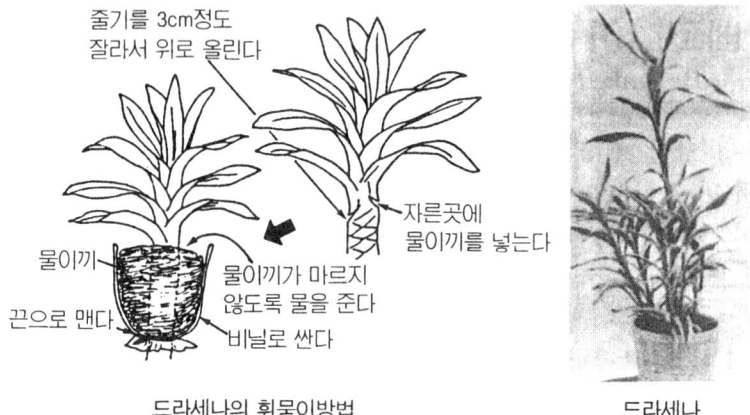

드라세나의 휘묻이방법   드라세나

식된다.

이 용

드라세나류는 고급종을 제외하고는 5월 하순~9월 하순까지는 뜰이나 화단에 직접 심어서 관상한다. 물과 비료를 충분히 주면 왕성하게 자라며 직사광선에도 익숙해져서 이국적인 정원을 만들어 관상할 수가 있으며, 가을에는 캐서 얼지 않도록 온실이나 실내에 두도록 한다.

몬스테라 : *Monstera*

중앙아메리카 원산의 덩굴성 식물로서 줄기에서 왕성한 기근(氣根)이 나와 다른 것에 붙어서 생육한다.

잎은 타원형이고 잎줄기 사이에 구멍이 있는 특유한 형태를 나타낸다. 재배 및 관리법은 필로덴드론과 같다.

몬스테라

작 형

3(℃)	4	5	6	7	8	9	10	11	12	13	20	21	22	23	24	25	26	27	28	29	30

광선	삽목	포기나누기	휘묻이	실생	번식시기(월)		최저온도		양달
◐	●		●		5 ~ 6		적당온도		◐ 반응달 ● 응달

베고니아 렉스 : *Begonia rex*

인도의 안삼 원산으로 고사리 모양의 줄기가 지면을 타고 십자형의 다육질 잎이 12~13매 착생한다. 잎은 녹색 바탕에 은백색 무늬가 있고 뒷면은 적자색이 된다.

작 형

3(℃)	4	5	6	7	8	9	10	11	12	13	20	21	22	23	24	25	26	27	28	29	30

광선	삽목	포기나누기	휘묻이	실생	번식시기(월)		최저온도		양달
◐		●			6 ~ 7		최적온도		◐ 반응달 ● 응달

재 배

생육 적온은 20~25℃이다. 6월 중순~9월 하순까지는 옥외의 반그늘 밑에서 재배를 한다. 1일 1회 물을 듬뿍 주고 주 1회는 액비나 화학비료를 물에 희석하여 잎에 묻지 않도록 물대신 준다. 습기가 많으면 잎이 예뻐지지 않으므로 생육기에는 1일 1~2회 물안개를 뿌려줄 필요가 있다. 겨울에는 실내나 프레임 안에서 햇볕을 잘 쪼이면서 월동시킨다. 분심기에는 수태에 심는 것이 좋으나 혼합토도 좋다.

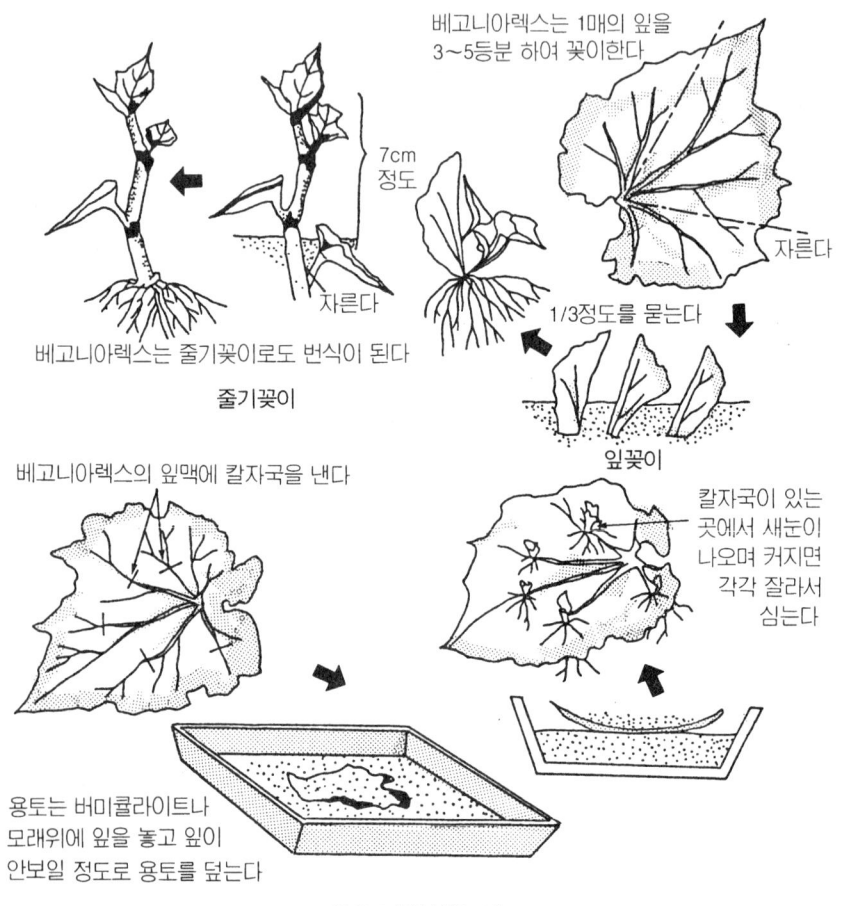

잎으로 번식하는 법

분토 위에는 수태를 깔아 건조를 막는다.

번식-이용

포기나누기 : 포기가 커지면 줄기는 분에서 밖으로 나오게 된다. 25℃ 전후의 기온이 되면 포기나누기를 하는데 6월 중순~7월 상순까지라면 실패가 없다. 포기를 뽑아서 3~4포기로 가른 다음 수태심기를 한다. 10~15일 지나면 뿌리가 활착하므로 보통재배로 되돌려서 시비하면 된다.

  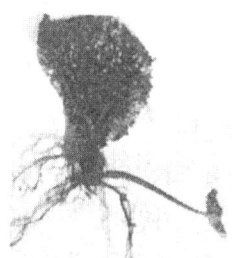

❶ 잎을 자른다   ❷ 잎을 꽂는다   ❸ 발근과 발아

잎꽂이 : 베고니아렉스는 잎꽂이로 번식시키는 대표적인 식물이다. 완전히 생장된 심장형 잎의 중심, 즉 잎맥이 모아져 있는 곳을 중심으로 해서 3~4개로 잎을 자른다. 잎끝은 3분의 1정도 자른다. 이것을 퍼얼라이트나 버미큘라이트에 약 2분의 1쯤 비스듬히 꽂는다. 흙에 들어가는 부분은 잎줄기가 모아져 있는 곳이며, 움직이지 않을 정도로 극히 얕게 꽂도록 한다. 고온다습한 계절에는 썩기가 쉽다. 40~50일이면 발근 및 발아하므로 분심기로 해서 관상하며, 실내식물로서 각광을 받고 있다.

산세비에리아 : *Sansevieria*

열대 미국 원산의 다년초로서 잎 전체가 푸른 잎을 가진 품종과 잎

작 형

3(℃)	4	5	6	7	8	9	10	11	12	13	20	21	22	23	24	25	26	27	28	29	30
			심는시기						개화시기												
							✿	✿				✿	—	—	✿						
광선	삽목	포기나누기	휘묻이	실생	번식시기(월)						최저온도 ✿ / 최적온도 ✿			○ 양달 / ◐ 반응달 / ● 응달							
○	●				6 ~ 7																

가장자리에 황색의 얼룩무늬가 들어 있는 품종이 있다. 고온을 즐기며 5℃ 이하의 저온에서는 포기가 썩는다.

재 배

생육 적온은 25℃ 전후이다. 6~9월 하순까지는 옥외의 선반 가꾸기에서 잘 자란다. 직사광선하에 가꾸는 것이 튼튼하게 자라지만 7~8월의 강한 햇볕을 받으면 잎이 더러워지므로 발을 쳐서 반그늘을 만들어 준다. 생육기에는 1일 1회 물주기를 한다. 비료는 건조(고형) 비료를 주고 화학비료를 이따금 시비한다.

배수가 잘 되는 것이 재배의 요령이며 분토는 혼합토를 쓰고 분토의 표면에는 수태를 1cm 정도 깔고 건조를 막는다. 10월 상순~중순부터 점차 물을 덜주고 비료도 주지 않도록 하며, 겨울의 실내 월동은 다른 식물과 같이 얼지 않도록 보온한다.

번 식

포기 나누기 : 6~7월, 기온이 25℃ 전후일 때 포기나눔으로 번식한다. 분에서 뽑아내어 분토를 털고 1눈씩 가른다. 포기나눔이 끝나면 분 바닥에는 분조각이나 자갈을 넣어 배수를 좋게 하고 모래를 주로한 용토에 1포기씩 심는다.

잎꽂이 : 영양이 좋은 잎을 10cm 정도의 길이로 잘라, 상하를 틀리

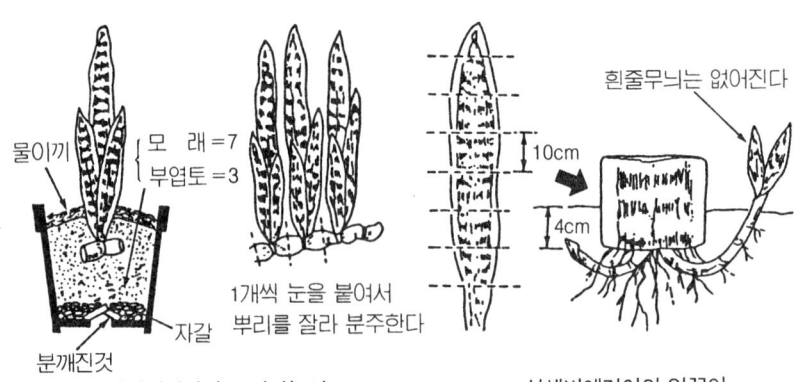

산세비에리아의 포기나누기   산세비에리아의 잎꽂이

지 않게 해서 퍼얼라이트나 버미큘라이트에 4~5cm 깊이로 꽂는다. 분주시기와 같은 무렵에 하는데 한여름과 가을은 피하도록 한다. 잎꽂이로 번식할 경우는 잎가의 무늬가 사라져서 녹색잎이 되므로 관상가치가 떨어진다.

이 용

건조에 잘 견디고 햇볕을 받지 않아도 밝은 방안이라면 잘 자란다. 분심기로 즐기는 외에 화단에 직접 심고 가을초까지 옥외에서 가꾼다.

스킨답서스 : *Scindapsus*

솔로몬 군도 원산인 덩굴식물로서 잎은 심장형이고 녹색 바탕에 대리석 모양의 황색 무늬가 있다. 백색 무늬가 있는 것은 더욱 아름다워 관상가치도 높다.

스킨답서스

재 배

고온, 다습, 반그늘의 환경에서 잘 자란다. 6월 상순~9월 하순까지는 옥외의 반그늘 밑에서 재배하면 잎색도 좋아지고 왕성한 생육을 한다. 분심기로 해서 수태로 재배한다.

작 형

3 (℃)	4	5	6	7	8	9	10	11	12	13	20	21	22	23	24	25	26	27	28	29	30
						🌼	🌼					🌼	—	—	—	—	—	🌼			
광선	삽목	모기	나누기	휘묻이	실생	번식시기(월)						최저온도			○ 양달						
▶	●					6						최적온도			◐ 반응달 ● 응달						

❶ 삽수를 자른다   ❷ 물이끼를 감는다   ❸ 분에 심는다

여름에는 1일 1회 수태의 건조도를 보고 아침이나 저녁에 물을 주고 겨울에는 따뜻한 방안에서 관리하므로 3~4일에 1회 물을 줄 정도이다. 비료는 여름에 주고 겨울에는 주지 않는다. 깻묵은 부숙액을 15로 희석하여 1주일에 1회 물 대신 주면 잘 자란다. 질소비료가 너무 많으면 무늬 모양이 없어지므로 주의한다. 생육 적온은 25℃ 전후이며 5℃ 이하에서는 낙엽이 된다.

번식-이용

가는 덩굴성 줄기에 잎이 엇갈리게 나고, 잎이 나오는 곳에서는 많은 공기뿌리(氣根)가 나와 다른 것에 붙어서 자라고 있다. 잎을 하나 붙여서 줄기를 잘라 수태 한줌 정도를 단단히 줄기에 붙여서 고무밴드로 감아준다. 이렇게 한 것을 작은 분에 수태심기로 해두면 발근되어 이윽고 잎의 기부에서 눈이 나온다. 6월 중순~하순경에 행하면 확실하게 번식된다.

덩굴성식물이므로 중심에 가는 막대기를 세우고 여기에 공기뿌리를 부착시켜서 올라가게 한다. 15cm분에 3대의 모종을 심어서 무성하게 오르게 하는 것이 좋다.

그늘에도 잘 견디므로 밝은 방안이라면 특별히 햇볕에 내놓지 않아도 잘 자란다. 걸이 화분으로 해서 관상할 수도 있다.

아나나스 : *Ananas*

중남미, 특히 브라질에 자생하는 꽃 또는 관엽식물로서 큰 나무의 줄기나 가지에 착생하는 식물이다. 짧은 줄기에 주걱 모양의 잎이 20여매 사방으로 나와 중심의 생장 부위가 대롱 모양이 되어 물을 저장하는 구조로 되어 있으므로 건조에 잘 견딘다. 아나나스가 자연 상태에서 야생할 때는 빗물에 녹는 약간의 질소화합물 등을 대롱 속의 물에서 흡수한다.

아나나스가 관엽식물로서 인기가 있는 것은 건조에 잘 견디어 관

아나나스의 여러 품종

리가 편하고 광선부족 속에서도 잘 자라기 때문이다. 아나나스과에 속하는 식물은 잎과 꽃이 아름다운 것이 많으므로 누구나가 좋아한다.

작 형

3 (℃)	4	5	6	7	8	9	10	11	12	13	20	21	22	23	24	25	26	27	28	29	30
			☺	☺							☺					☺					
광선	삽목	포기나기	휘묻이	실생	번식시기(월)								☺ 최저온도				○ 양달				
◐	●				5 ~ 6								☺ 최적온도				◐ 반응달 ● 응달				

재 배

큰 나무의 줄기나 가지에 착생하는 식물이므로 분심기의 경우는 수태로 심는다. 생육 적온은 낮에는 25℃, 밤에는 15℃가 일반적이므로 5월 하순~10월 중순까지는 옥외의 그늘 밑에서 선반가꾸기로 다. 기타의 시기는 온실이나 따뜻한 창가에서 관리한다.

6~10월은 생육이 왕성하므로 1일 1회 물을 주어, 생장점 속에는 항상 물이 고이도록 한다. 이무렵 비료부족이 되지 않도록 액비를 표준량으로 희석하여 1주 1회 시비한다. 다만 물주기를 겸해서 잎 위로 뿌

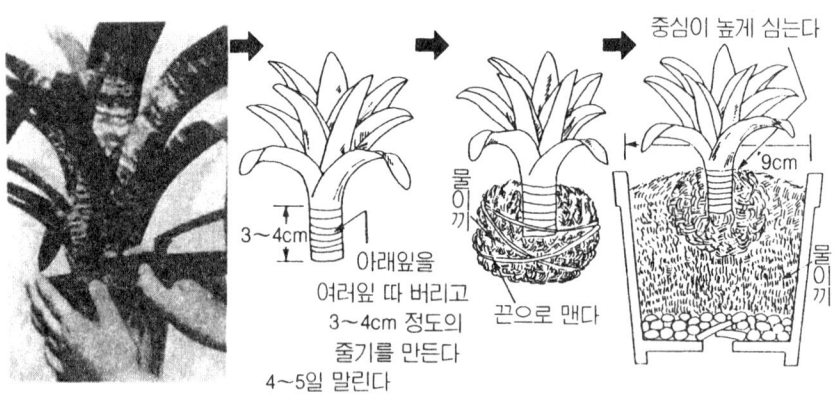

분주 꽃이의 방법

릴 경우는 너무 진하면 순이 썩는 수가 있으므로 이럴 때는 표준량보다 더 희석하는 것이 안전하다. 겨울에는 물주기 횟수도 줄어 들어 1주에 1회 정도로만 하고 비료를 주지 않도록 한다.

번식-이용

꽃이 핀 어미포기의 지면 부위에서 새끼포기가 생겨난다. 6월경에 칼로 잘라 내어 하엽을 몇 매 따내고 벤자리를 4~5일 그늘에서 말린다. 물에 씻은 수태를 단단히 짜서 벤 자리에 감아서 모래에 삽목을 하든지 그렇지 않으면 9cm 분에 수태로 모종을 심는데 분속에 모종이 약간 올라오도록 심고 건조하지 않도록 충분히 물을 준다. 따뜻한 반그늘에 두면 약 1개월이면 발근하므로 그 뒤로는 표준재배법으로 가꾼다.

저온에 강한 것이 많으므로 마르지 않을 정도라면 밤에 2~3℃의 방안에서도 월동이 된다. 이때는 물을 적게 주어도 된다. 실내 관엽식물로서 인기가 높다.

아스파라거스 : *Asparagus*

덩굴성 혹은 직립성의 반저목상(半低木狀)의 것 등이 있어 어느 것이나 추위에 강한 편이므로 일반 가정에서 잘 가꾸어지고 있다.

작 형

3(℃)	4	5	6	7	8	9	10	11	12	13	20	21	22	23	24	25	26	27	28	29	30
				✿	✿						✿	—	—	—	—	✿					
광선	삽목	포기나누기	휘묻이	실생		번식시기(월)						✿ 최저온도			○ 양달					
▶	●		●				5					✿ 최적온도			▶ 반응달 ● 응달					

아스파라거스의 여러 품종

분가꾸기로 가정에서 잘 가꾸어지며 5~10월까지는 옥외에서 재배하여 일광을 쪼여준다. 건물 남쪽 같은 양지쪽에서는 월동을 하는 정도로 저온에는 강한 식물이다.

분토는 배수가 잘되는 유기질을 함유하는 흙이면 된다. 물 주는 것을 잊고 분토를 건조시키면 잎이 떨어지게 되므로 주의해야 한다.

(번식-이용)

보통 포기나누기로 번식시킨다. 5월 중순 분에서 꺼내어 묵은 흙을 털고 3~5포기로 분주한다. 종자가 생기면 채종해서 모래에 파종한다. 약 30~40일이면 발아하는데 발아 온도는 20~30℃가 좋다.

덩굴성의 종류는 걸이화분으로 관상하고 대부분 절엽(切葉)을 해서 신부의 꽃다발에 많이 이용한다.

안스리움 : *Anthurium*

중남미 원산으로 꽃이 아름다우며 잎을 관상한다.

재 배

12cm 분에 수태로 심는다. 수가 나쁘면 뿌리가 썩으므로 분바닥에 3분의 1 정도 분조각이나 자갈을 넣어 배수를 좋게 한다.

생육 적온은 20℃ 전후, 6~9월까지 옥외의 반그늘 밑에서 선반가꾸기를 한다. 10월부터 이듬해 5월 상순까지 직사광선을 쪼여 주어 실내에서 따뜻하게 보호한다.

적온 계절에는 1일 1~2회 물을 준다. 액비는 1개월에 1~2숟갈 준다.

안스리움

작 형

3 (℃)	4	5	6	7	8	9	10	11	12	13	20	21	22	23	24	25	26	27	28	29	30
									최저	최저						최적					최저

광선	삽목	포기나누기	휘물이	실생	번식시기(월)
▶		●	●	●	5 ~ 6

최저온도   ○ 양달
최적온도   ▶ 반응달
　　　　　● 응달

번식-이용

포기나누기와 종자번식이 있다. 가정에서는 포기나누기로 하고 방법은 베고니아와 같다. 특히 안스리움은 남국적인 꽃을 관상하는 것이 특징이며, 꽃의 수명도 길어서 1개월 정도로 관상할 수 있으며 고급 꽃꽂이용으로 이용되기도 한다.

야자류 (椰子類) : *Palms*

야자라고 하면 열대를 연상할 만큼 열대식물의 왕자이며, 열대를 대표하는 수목이 되고 있다. 야자과 식물은 130여속 1500종 이상이 세계의 열대에서 온대에 걸쳐 분포하고 있으며, 대표적인 종류로는 페닉스, 켄티아, 종려, 와신토니아, 아레카, 관음죽, 종려죽, 테이블 야자 등이 많이 재배되고 있다. 관엽식물로서 분가꾸기외에 남부 지방에서는 정원수나 조원수목으로서 중요한 역할을 하고 있다. 성질이 튼튼하여 거의 손질이 필요없다.

작 형

(℃)	3	4	5	6	7	8	9	10	11	12	13	20	21	22	23	24	25	26	27	28	29	30

광선	삽목	포기나누기	휘묻이	실생	번식시기(월)		최저온도	○ 양달
○			●		5 ~ 6		최적온도	◐ 반응달 ● 응달

재 배

가정원예에서는 추위에 강한 야자를 가꾸도록 한다. 배수가 잘 되는 비옥한 흙을 쓴다. 밭흙=5, 부엽토 혹은 부숙퇴비=3, 모래=2의 혼합토가 좋다. 연1회 옮겨 심기를 하는데 5월 하순~6월 하순이 가장 적기이다. 분에서 뽑아낸 다갈색의 묵은 뿌리를 제거하고 좀더 큰 분에 옮겨 심는다. 그리고 물을 충분히 주어 뿌리와 흙을 잘 밀착 시킨다.

아레카야자   켄챠   훼닉스

깻묵과 골분을 반반 섞어서 물에 반죽하여 경단 모양으로 둥글게 해서 분속에 2~3개 묻어준다. 분토의 표면에는 수태를 깔아 분토가 마르지 않게 한다. 일일 관리로서는 물주기가 있다. 5월 중순~10월 중순까지는 옥외의 반그늘에서 가꾸는 것이 좋다. 물은 아침이나 저녁에 주는데 반드시 분 바닥으로 흘러나오도록 듬뿍 주는 것이 중요하다.

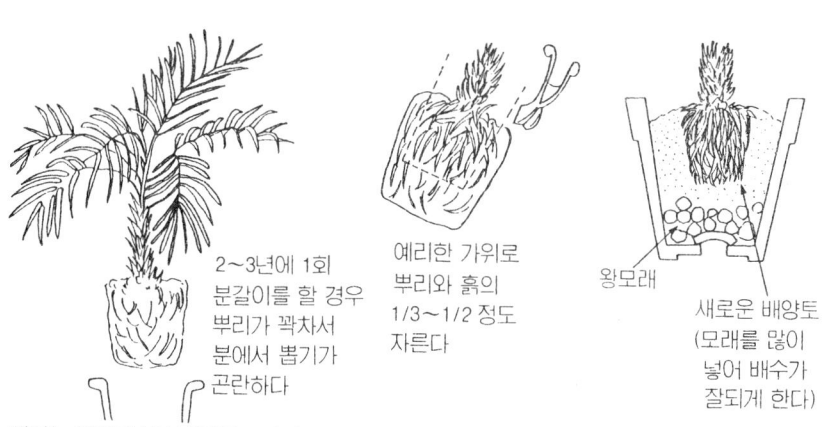

야자의 분갈이 5~7월

테이블야자 　　　정원에 있는 야자의 방한 　　　야자류의 파종

분토에 깻묵 등의 기비가 들어 있더라도 여름 동안에는 10일에 1회 정도 액비를 주어서 생육을 촉진시킨다. 비료가 부족하면 잎색도 나빠지고 신장하지 않으나 겨울에는 비료를 주지 않는 것이 좋다.

(번 식)

야자는 종자가 생기므로 종자와 포기나누기로 번식한다. 파종 시기는 5~6월에 온도가 20℃ 이상이 되었을 때 모래에 뿌린다. 발아 일수는 약 30~40일이다. 종자가 여물면 채종 즉시 파종하는 것이 가장 좋은데, 발아에 고온을 요하므로 그런 설비가 없으면 봄에 파종하는 수밖에 없다. 포기나누기는 땅속에서 눈이 자꾸 나오는 종류(관음죽, 종려죽 따위)에 하며, 그 시기는 5~6월이다.

(이 용)

주로 분심기로 해서 실내에서 즐기지만 5월 중순부터는 뜰에 내놓고 즐긴다.

칼라데아 : Calathea

열대 미국이 원산인 다년초로서 계란형이나 긴 계란형의 잎이 군생한다. 잎 모양이 아름다우므로 분심기로 해서 관상한다. 종류가 매우 많고 어느 것이나 25~30℃의 고온다습하고 반그늘인 곳을 좋아한다. 겨울에는 10℃ 정도의 따뜻한 온실이나 프레임 등에서 월동한다.

(작 형)

3(℃)	4	5	6	7	8	9	10	11	12	13	20	21	22	23	24	25	26	27	28	29	30

광선	삽목	포기나누기	휘물이	실생	번식시기(월)					☺ 최저온도		○ 양달
◗	●				6 ~ 7					☺ 최적온도		◗ 반응달 ● 응달

(재 배)

가정원예에서는 수태 재배가 가장 안전하다. 6~9월 하순까지는 옥외의 반그늘(발을 친다)에서 가꾸지만 기타의 시기는 프레임 또는 따뜻한 방안에서 보호한다. 여름에는 1일 1회 수태가 마르지 않을 정도로 물을 주어 과습되지 않도록 주의하고, 주 1회 액비를 희석하여 물 대신 준다. 겨울에는 물의 양을 줄이고, 비료도 주지 않는다. 건조한 방에 두면 잎이 상하므로 분 전체에 비닐덮개를 씌워서 습도를 유지한다.

칼라테아

칼라테아의 간단한 월동

 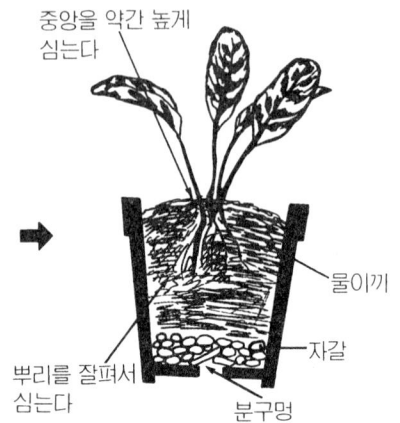

칼라테아의 포기나누기

(번식·이용)

　포기나누기에 의해 번식한다. 20℃ 이상의 온도에서는 언제라도 되지만 한여름과 가을의 포기나누기는 좋지 않으므로 6월 상순~ 7월 상순에 실시하도록 한다. 포기나누기를 한 것은 뿌리 사이에 새로운 수태를 끼워 넣고 분에 심는다. 이처럼 수태 심기로 해 두면 깨끗하고 관리가 쉬우므로 어디에서도 즐길 수 있다.

필로덴드론 : *Philodendron*

　많은 종류가 중남미에 야생하고 있으며, 덩굴성이라서 기근(氣根)

(작 형)

3(℃)	4	5	6	7	8	9	10	11	12	13	20	21	22	23	24	25	26	27	28	29	30
					😊	😊								😊				😊			
광선	삽목		포기나누기	휘묻이	실생		번식시기(월)							😊 최저온도			○ 양달 ◐ 반응달				
◐	●			●			6 ~ 7							😊 최적온도			● 응달				

필로덴드론의 여러 품종

이 나와서 다른 식물에 엉켜 붙는 종류와 짧은 줄기에 잎을 사방으로 전개하는 종류가 있다. 어느 것이나 고온 다습하고 반그늘인 환경을 즐긴다. 잎 모양과 색채에 변화가 많고 성질이 매우 튼튼하므로 실내 관엽식물로서 가장 적합한 식물이다.

(재 배)

종류가 달라도 배양토는 수태를 쓴다. 5월 중순~10월 상순까지는 옥외의 발밑에서 선반가꾸기를 하는 것이 좋다. 이 기간에는 1일 1회, 7~8월에는 2회 물을 주며 잎에도 물을 뿌린다. 비료는 건조(고형) 비료를 2~3개 화분 속에 묻어 준다. 40~50일이면 이 건조비료는 없어지므로 그때마다 시비하여 비료 부족이 되지 않도록 관리한다. 생육 적온은 25℃ 전후이므로 기온이 10℃ 이하가 되면 따뜻한 실내에서 베고니아 등과 같은 요령으로 월동시킨다.

(번식-이용)

생육적온인 6월 중순~7월 상순에 꺾꽂이해서 번식한다. 덩굴성의 종류는 포도스와 같은 방법으로 번식한다.

덩굴성의 종류는 화분 중앙에 막대를 세워서 여기에 줄기를 휘감기게 해서 관상하며, 실내식물로서 인기가 높고 이국적인 정취를 주는 관엽식물이다.

헤데라 : *Hedera*

유럽, 북아메리카 원산인 덩굴성 식물로서 녹색 바탕에 흰무늬가 있어 햇볕이 강하면 붉은 기를 띠고 복잡한 색채를 나타낸다.

작 형

3(℃)	4	5	6	7	8	9	10	11	12	13	20	21	22	23	24	25	26	27	28	29	30
☺												☺	---	---	---	☺					
광선	삽목	포기나누기	화분갈이	실생		번식시기(월) 5~6							최저온도 최적온도				○ 양달 ◐ 반응달 ● 응달				

재 배

생육 적온은 20~25℃이며 5월 상순~10월 하순까지는 옥외에서 재배하고 기타의 시기는 따뜻한 방안에서 월동시킨다. 내한성이 꽤 강하여 생울타리 가꾸거나 지면을 타고 있는 덩굴재배 및 걸이화분 식물로서 인기가 높다.

내한성은 강하며 서울 지방에서 월동하고 번식은 주로 줄기 삽목을 해서 쉽게 번식한다.

번식-이용

번식된 모종은 수태로 분심기를 하고, 분의 중심에 가는 막대를 세워 두면 자연히 부착하여 뻗어 나간다. 12cm 분에 4~5개의 모종을 심으면 여름 동안에 완전히 휘감겨 오른다. 뻗어나는 덩굴을 내버려 두면 덩굴이 드리워져서 테라스 등에서 걸이화분으로 해서 즐기고, 또한 지피식물(Cover plant)로 지면을 덮어 관상하기도 한다.

실내에서 헤데라의 관리

호야 : *Hoya*

중국, 오스트레일리아 원산인 덩굴성식물이다. 타원형이고 다육질 잎이 가는 덩굴에 엇갈리게 발생한다. 포기가 커지면 희고 작은 별 모양의 꽃이 공 모양으로 모여서 개화한다. 보통 녹색잎인데 원예종에는 잎 중심에 흰 무늬가 든 것, 잎 가장자리가 흰 것 등이 있다. 어느 것이나 건조에 강하고 음지에서도 재배가 잘 되므로 방안에서 분심기로 해서 관상한다.

무늬잎의 호야

재 배

수태재배에서 특히 환경은 가리지 않는다. 6월 상순~9월 하순까지는 옥외의 반그늘에서 키운다. 추위에는 강하지만 10월~4월경까지는

작 형

3(℃)	4	5	6	7	8	9	10	11	12	13	20	21	22	23	24	25	26	27	28	29	30
광선 삽목 포기나누기 휘묻이 실생		☺	☺				번식시기(월)				☺					☺					
○	●		●				5 ~ 6						최저온도 최적온도				○ 양달 ◐ 반응달 ● 응달				

따뜻한 방에서 관리하여 5℃ 이하로 내려가지 않도록 한다. 저온을 맞으면 잎이 더러워진다. 여름에는 매일 물을 주고 액비를 주는 것 등은 다른 것과 같으나, 다소 건조한 것이 좋다.

번식과 이용은 스킨답서스와 같다.

파키라 : *Pachira*

열대 아메리카에 자생하며 20m 정도까지 자란다. 원래 식용으로 재배되고 있었지만 손바닥모양의 잎이 아름다워 70년대 후반부터 관엽식물로 이용되고 있다.

재 배

생육적온은 20~30℃이며 5~6℃에서 월동할 수 있다. 햇볕이 잘 들고 통풍이 잘 되는 곳에서 기른다. 생육기에는 화분의 표면이 마르면 즉시 물을 주고 겨울에는 3~5일 후에 관수한다.

겨울철에는 실내가 건조하므로 1주일에 2~3회 정도 스프레이 해준다. 생육기에는 2개월에 1회 정도 비료를 주며 겨울에는 주지 않는다.

번 식

굵은 줄기를 삽목해도 뿌리를 잘 내리며 실생으로도 번식할 수 있다. 종자로 번식한 것은 밑둥이 부풀어 술병보양이 되나 삽목한 것은 부풀지 않는다.

이 용

생장이 빠르므로 모양이 나빠지기 쉽다. 지나치게 자라면 원줄기를 중간부위에서 절단하고 잔가지는 기부 5㎝정도를 남기고 자르거나 원줄기의 모양을 생각하여 적당히 잘라낸다. 여름에는 실외에 두어도 잘자란다.

실내에 둔 것도 가끔 햇볕 또는 반그늘에 두면 좋고 겨울에는 밝고 따뜻한 곳에 둔다.

쉐프렐라 : *Schefflera*

열대 아시아, 오스트레일리아, 뉴질랜드, 하와이제도 등에 자생한다. 소엽 7~10매의 손바닥 모양인 농녹색의 잎을 가진 목본성 식물이며 원산지에서는 30m 이상 자란다. 실내식물로서 가장 많이 보급되어 있는 종류에 속한다.

재 배

생육적온은 20~30℃이며 7~8℃ 정도의 온도에서 관상가치를 유지할 수 있다. 양토, 피트, 모래 등의 혼합배양토 또는 퍼라이트와 양토를 혼합한 용토를 사용한다. 반그늘에서 잘 자라며 광도가 낮으면 생육이 좋지않다. 생육기에는 비료를 한달에 한 번 준다. 화분의 표면이 마르면 잎과 용토가 충분히 젖도록 관수한다.

번 식

실생으로 번식할 수 있지만 취미원예에서는 취목이나 줄기삽목을 하는 것이 쉽다. 줄기삽목을 할 때는 잎을 1매 붙여 5~7㎝의 길이로 잘라 삽목상에 꽂는다.

이 용

쉐프렐라는 성질이 강건하고 폭이 넓지 않아서 실내의 어느 장소에나 둘 수가 있다. 줄기가 약하므로 지주를 세워 줄기가 휘는 것을 막는다. 키가 너무 커지면 잘라내어 삽목한다.

8 선인장(仙人掌)

보통 선인장이라고 하는 것은 식물학적으로 선인장과에 속하는 것을 말하며, 다육식물은 용설란과(龍舌蘭科), 돌나물과, 번행초과, 국화과, 꿩의 비름과, 등대풀과 등의 다육식물 모두를 지칭한다. 선인장 애호가에 있어서는 어느 것이나 매력적인 분재 식물이다.

선인장과(仙人掌科)

선인장의 분류는 슈우만 씨는 23속 3,000여 종이라고 하였으며, 생태와 형태의 변화가 대단히 많다. 선인장은 나뭇잎선인장, 기둥선인장, 둥근선인장, 공작선인장으로 대별되며 원산지는 캘리포니아, 멕시

  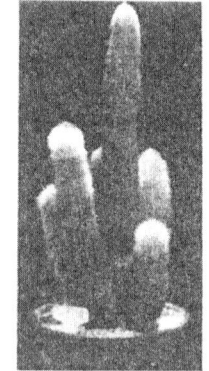

선인장과의 여러 품종

코, 페루, 칠레, 아르헨티나, 브라질, 에쿠아도르 등, 남북아메리카 서남부의 건조지대이다. 평지점에서 때로는 표고 3000m에 이르는 고지에도 많이 자생하므로 열대 식물이 아니라 사반나(Savanna ; 사막주변)의 초원식물로 다루어지고 있다.

백합과(나리과)

알로에가 대표되며 아프리카, 아라비아, 멕시코, 지중해 연안, 북미 서부 건조 지대에 많이 야생하고 있다.
예로는 알로에 아브레센스, 알로에 사포나리아, 천대전금 등이 있다.

백합과의 여러 품종

번행과(蕃杏科)

밀(蠟) 세공품이나 과자에서도 상상되는 메센에 의해 대표되며, 남

 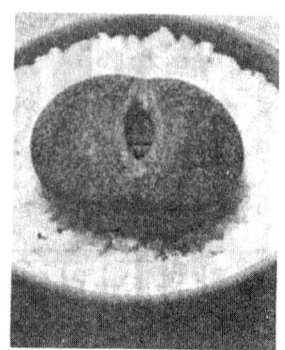

번행과의 두품종

아프리카 서남부가 원산지이다. 자생지는 거의 비가 내리지 않는 고온이 계속되는 모래자갈 땅이다. 예로는 사해파, 석파, 곡옥, 보록 등 여러 가지 종류가 많다.

용설란과 (龍舌蘭科, 수선화과)

용설란에 의해 대표되며 멕시코, 파나마, 쿠바, 중미가 주된 원산지로 되어 있다.
예로는 용설란, 청용설란, 세설, 난설 등이 있다.

용설란

꿩의 비름과

전 세계에 널리 분포하며 월토이(月兎耳), 금접(錦蝶), 월영(月影) 등이 여기에 속하며, 추위에 강하여 옥외에서 재배되는 것도 많다.

꿩의비름과 품종

등대풀과(燈臺草科)

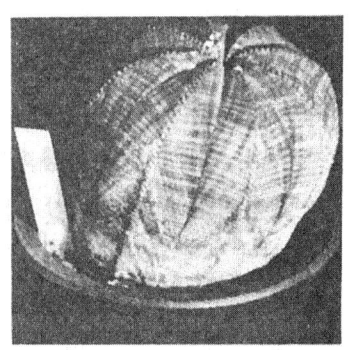

목화(木化)된 줄기에 잎이 달리는 것과, 선인장과 같이 줄기가 구형(球形)으로 되어 있는 것 등이 있다.

남아프리카의 건조 지대에 많은 야생종이 있다.

등대풀과 품종

박주가리과

곤봉 모양의 줄기에 적다갈색의 불가사리와 같은 꽃이 달리는 코뿔소뿔에 의해 대표되며, 남아프리카의 건조 지대에 야생한다.

재 배

박주가리과 품종

용 토: 선인장(사보덴)의 자생지는 바윗돌이 풍화한 모래 자갈땅이며, 더구나 강우량이 적은 지역이기 때문에 배수가 잘 되고 통기성이 좋은 흙을 써야 한다.

분토로서 다음과 같은 것을 다음의 비율로 혼합해서 쓴다.

강모래=6 ……상류의 모래로서 모가 나고 점토분이나 미분(微粉)이 없는 것이 좋다. 바다모래나, 강하류의 모래는 좋지 않다.

면실박(綿實粕)을 썩인 것=2 ……기비로서 강모래에 섞어 넣는다. 면실박에 소량의 쌀겨와 탄산칼슘을 섞고 습기를 줄 정도의 물을 부어 뚜껑 있는 용기에 넣고 충분히 썩여 발효시킨다. 깻묵(油粕)썩인 것은 산(酸)이 많으므로 쓰지 않는다.

훈 탄=1 ……왕겨를 불완전 연소시킨 것으로서 흰 재로 태운 것은 안된다. 흙의 산도를 중화하는 역할과 칼리비료로서 효과가 있다.

조개껍질이나 달걀껍질 깨뜨린 것=1 ……선인장은 석회분이 많은 토양에 자생하므로 이런 것을 섞어서 산성을 중화한다.

화 분: 토분이 가장 좋다. 장식분(칠을 한 것)은 예쁘기는 하지만 재배에는 적합하지 않다. 크기는 선인장의 지름보다 약간 큰 것을 쓴다. 너무 큰 것은 공기의 유통이 좋지 않아 배수불량이 되므로 사용하지 않는다.

옮겨심기의 적기: 선인장은 재식 용토에 기비를 줄 뿐으로서 다른 초화와 같이 생육 도중에 덧거름을 주지 않는다. 이런 관계로 1년간 재배하면 흙속에 양분이 없어지고 흙도 굳어지므로 매년 1~2회 옮겨 심는다. 1회째는 3월 하순~4월 상순, 2회째는 9월 하순에 한다.

심는 법: 재배용토를 조제하였으면 가볍게 물에 적신다. 용토를 가볍게 쥐었다가 펴면 2~3개의 덩어리로 부서질 정도의 습도가 좋다.

새로운 분일 때는 물에 담가서 쓰고 묵은 분은 반드시 씻는다. 분바닥에는 굵은 자갈을 깔고 분의 3분의 1까지 조제한 용토를 산모양으로 부어 넣는다. 뽑아낸 선인장의 뿌리를 잘 살펴 보아, 이상이 없으면 그 위에 뿌리를 펼치고 주위의 둘레부터 흙을 넣는다. 흔들리지 않을 정도로 가급적 얕게 심는다. 분 테두리 가득히 흙을 채우고 분을 들어올려 가볍게 툭툭 치면 분토는 전체적으로 안정이 된다. 심은 것은 물안개를 뿌릴 정도로만 물을 적게 주고 2~3일은 그늘에 둔다.

물주기의 요령 : 선인장 재배에서 가장 중요한 일이다. 너무 많으면 썩고 적으면 크지 않는다. 겨울 동안에는 저온으로 생장하지 않으므로 물을 주지 않는다. 다만 다육식물(알로에, 메센류)은 겨울에도 생육하는 것이 있으므로 15일에 1회, 따뜻한 날의 오전 중에 물을 준다.

3월 상순부터 활동기에 들어가므로 10일에 1회, 3월 하순경에는 4~5일 간격으로, 4월에 들어서면 2일 간격으로 물을 주고 추운 날에는 주지 않는다. 옮겨 심기가 끝난 4월 하순에는 기온도 꽤 상승하므로 1일 간격으로 준다. 우천일 때는 쉰다.

메센류는 6월에 들어서면 물을 점점 줄이기 시작하여 7~8월에는 완전히 물을 끊는다. 장마철에도 약간 물을 줄이는 것이 안전하다. 9~10월은 가장 잘 자랄 때이므로 1~2일 간격으로 매일 주다시피한다.

메센류는 9월에 옮겨 심고 점차 물주는 횟수를 늘려 간다. 10월 하순에는 3~4일에 1회, 11월 중순이 지나면 기온도 꽤 내려가므로 1주일 간격으로 주며, 12월 중·하순에는 물을 끊고 휴면시키도록 한다.

이상은 일반가정에서 극히 간단한 설비일 경우의 표준이다.

분의 건조도에 따라서 다소 다르지만 초화의 분재배의 경우와 마찬가지로 물을 줄 때는 분 바

선인장의 여러 종류

닥에서 물이 흘러나올 정도로 듬뿍 주도록 한다.

온도와 광선 : 선인장은 열대식물이 아니므로 겨울에는 프레임이 있으면 충분하다. 햇볕이 드는 창가에서도 충분히 월동이 된다(베고니아의 월동에 준한다).

오히려 여름에 고온이 되지 않도록 5~10월까지는 통풍을 좋게 하고, 프레임 유리에는 석회를 바르거나 발을 쳐서 서늘하게 하여 광선을 제한한다. 겨울에는 햇볕을 잘 쪼여준다.

번 식 **새끼채취, 포기나눔, 눈꽂이, 꺾꽂이** : 금접(錦蝶)이나 호엽의무 등은 잎 가장자리에 새끼알(子球)이 많이 생겨나서 이것이 떨어져서 얼마든지 번식된다. 알로에는 포기가 커지면 주위에 새끼포기가 많이 생기므로 포기나눔을 해서 번식시킨다.

또 화은룡(花銀龍) 등은 국화의 눈꽂이에 준해서 줄기를 모래에 꽂으면 많은 모종을 만들 수 있다.

구슬선인장은 어미포기의 주위에 새끼알이 생기므로 떼내어 번식시킨다.

공작선인장, 계발선인장은 수태에 삽목한다. 꿩의 비름의 족속(月兎耳, 月影)은 잎꽂이로 번식한다.

① 줄기를 자른다

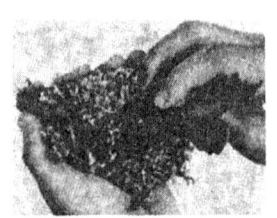
② 물이끼로 감는다
계발선인장의 번식

③ 작은 분에 심는다

접 목(接木) : 가꾸기 힘든 종류거나 빨리 크게 하고 싶은 것은 튼튼한 대목에 접목한다. 대목에는 용신목(龍神木), 삼각주, 황대문자(黃大文字), 목기린 등을 쓴다.

접목, 꺾꽂이, 잎꽂이, 포기나눔 등의 번식 시기는 3~4월이다. 장마

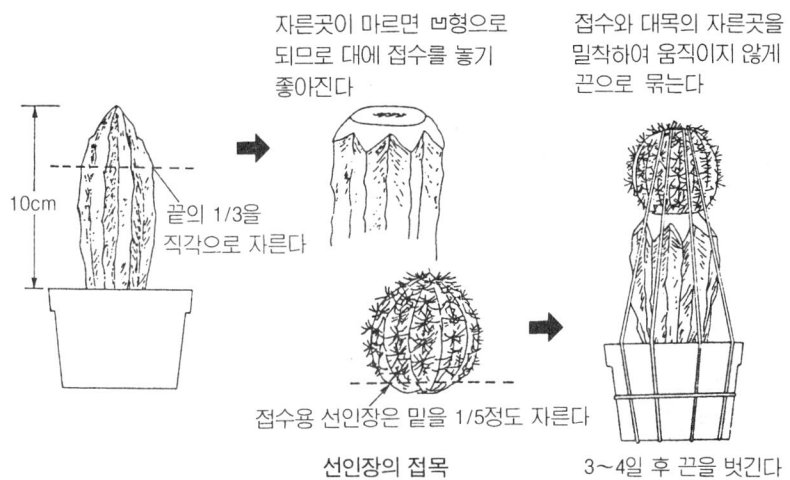

선인장의 접목

철이나 한여름은 피한다. 9월 중순~10월 상순에도 하지만 점차 기온이 내려가는 시기이므로 기온에 주의해야 한다.

  실 생(實生) : 강모래에 10~20%의 부엽토를 섞어 초화의 파종에 준해서 상자파종이나 분파종을 한다. 파종 후는 흙을 덮지 않는다. 위에는 불투명 유리나 투명 유리에 흰 종이를 붙여서 덮는다. 통기를 꾀하기 위해 2~3mm의 틈을 열어 놓는다. 분토는 말리지 않는 것이 중요하다. 발아온도는 25~35℃이다.

이 용

열대식물은 아니므로 월동은 물주기를 그만두고 건조상태로 하면 수월하게 넘길 수 있다. 종류가 많아지면 평분에 당겨심기를 해서보는 것도 즐겁다.

은세계 등의 부채선인장은 추위에 강하므로 잔디뜰에 심어서 이국적인 정서를 즐기도록 한다. 또한 공작선인장이나 계발선인장 같은 것은 걸이분이나 고리를 만들어서 이용하면 훌륭한 작품이 된다.

따라서 선인장은 꽃과는 달라서 잘 가꾸면 오랜 시간을 즐길 수 있으며 이따금 장소나 환경을 바꾸는 것도 좋다.

9 난류(蘭類)

　난류는 단자엽식물 중의 난과에 속하는 다년생 초본식물(多年生 草本植物)을 총칭하며 전세계에 분포하는 자생종의 수는 500~800속에 24,000여종을 헤아리고 그 85%가 열대 및 아열대에 자생한다. 난과식물 중에서 동양란은 서양란에 대하여 불리워지는 것으로 동양란의 속은 대부분 심비디움속(Cymbidium)이고 동양란 중에서 춘란의 일경일화성(一莖一花性)에 대하여 일경다화성(一莖多花性)인 것은 관용상 혜란(慧蘭)이라고 부른다. 동양란의 대표적인 품종은 춘란(春蘭), 금릉변(金稜邊), 건란(建蘭), 소심란(素心蘭), 보세란(報歲蘭), 대명란(大明蘭), 대만란 등이 대표적이고 서양란(西洋蘭, 洋蘭)은 캐틀레야(Cattleya), 덴드로비움(Dendrobium), 심비디움(Cymbidium), 파피오페달리움(Paphiopedilum) 반다(Vanda), 팔레놉시스(Phalaenopsis), 밀토니아(Miltonia), 온시디움(Oncidium), 셀로지네(Coelogyne), 오돈토글라슘(Odantoglossum), 에피덴드럼(Epidendrum), 스탄호페아(Stanhopea), 에리데스(Arides), 안그레컴(Angraecum) 등이 있다.

　난은 생육습성에 따라 지생란(地生蘭), 착생란(着生蘭), 부생란(腐生蘭)의 세 가지로 구분한다.

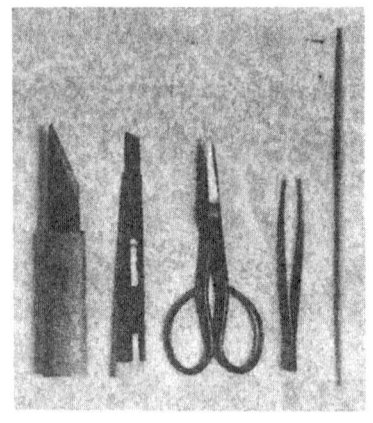

여러가지 용구

동 양 란

재 배

용토의 준비 : 용토는 어떠한 것을 쓰든 반드시 새로운 것을 쓰는 것이 중요하다. 한번 다른 것을 심었던 묵은 흙은 비료분이 섞여 있거나 잡균이 침입되어 있는 경우가 많아 뿌리썩음이나 병해의 근원이 되므로 피하도록 한다. 또 가령 새로운 흙을 쓸 경우에도 한번 철저하게 물에 씻어서 먼지나 흙을 깨끗이 제거하도록 한다.

그리고 흙의 입자(粒子)를 엄지손가락 크기의 정도에서 콩알 크기, 녹두알 크기, 쌀알 크기의 4단계로 나누어 체로 쳐서 분류함과 동시에 각종의 용토를 적당히 혼합해 두고 또 뽕나무숯이나 목탄이 있으면 준비해서 이용토록 한다.

수태(水苔)는 연한 녹색을 띤 아름다운 것으로서 가급적 줄기가 길게 이어지고 가볍고 푹신푹신하여 탄력성이 있는 것이 바람직하다. 줄기가 짧고 다갈색으로 변색한 것이거나, 물에 담그면 흩어져 버리는

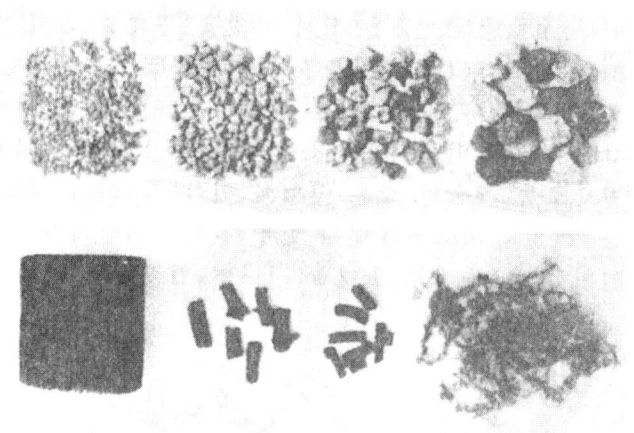

용토는 물에 잘 씻어서 먼지를 제거하고 4단계로 체질해서 분류한다.

좌로부터 목탄, 숯(大) 숯(小), 수태

용토의 준비

424

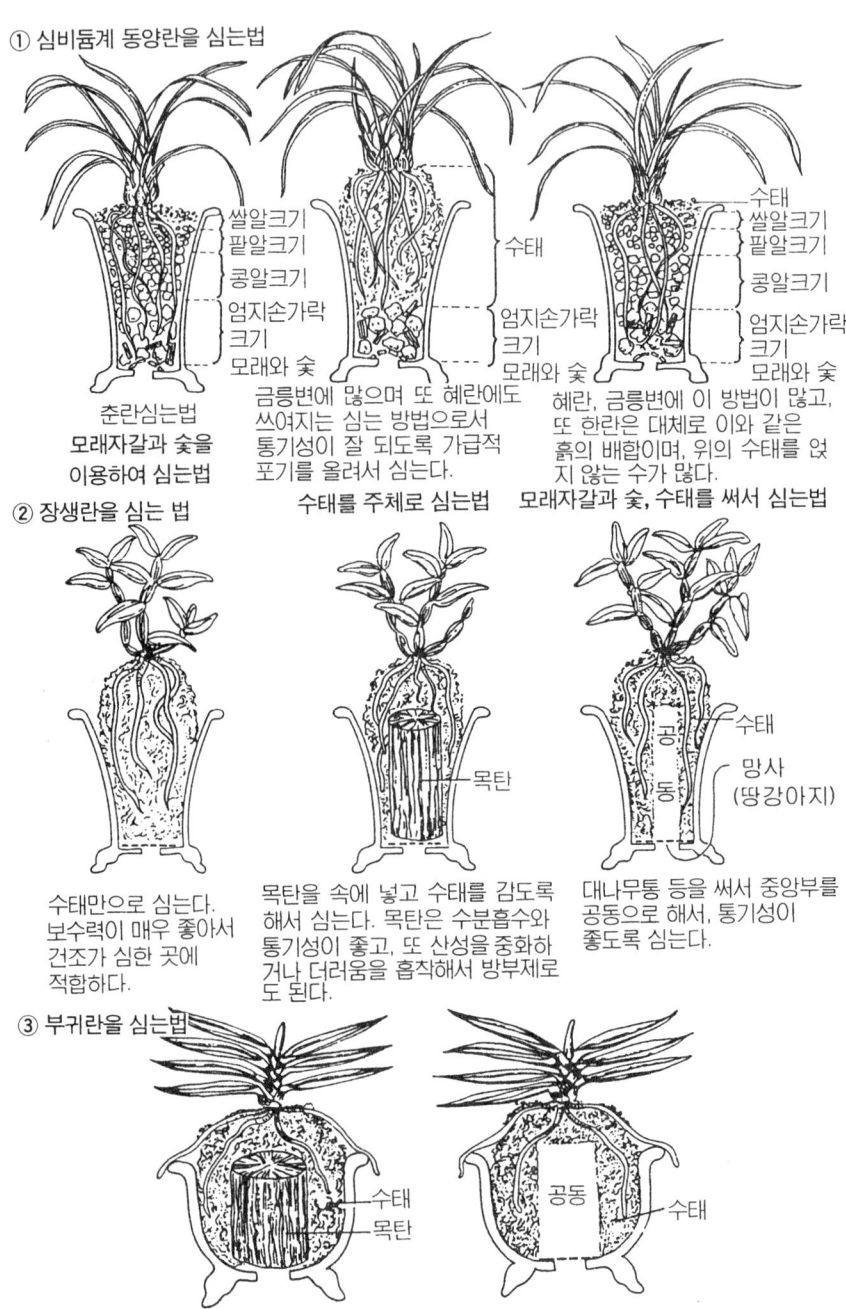

것은 질이 나빠서 부적당하다. 수태도 미리 물에 잘 씻어서 먼지 등을 제거한다.

　심는 법 : 심비듐계의 춘란(春蘭), 한란(寒蘭), 혜란(惠蘭), 금릉변란(金稜邊蘭) 등은 모래 자갈을 주체로 해서 쓰고, 착생종(着生種)인

| 분위에 높이 솟아 오르게 해서 심는다. | 대나무통을 뽑아낸다. | 장생란의 뿌리를 펴서 위에 얹고 수태를 얇게 감아 놓는다. | 대나무통에 수태를 감아놓는다. |

공동식으로 심는법

 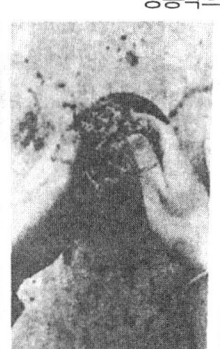  

| 화문과 목탄, 수태를 준비한다. | 목탄에 수태를 감아 놓는다. | 부귀란의 뿌리를 펴서 위에 얹는다. 뿌리는 너무 수태속으로 묻어 놓지 않도록 한다. | 분위로 높이 솟아오르게 해서 심는다. |

목탄을 토대로 심는법

　장생란(長生蘭), 부귀란(富貴蘭) 등은 수태(물이끼)를 주체로 해서

쓴다. 심는 법은 이렇다는 일정한 정형이 없고, 용토의 배합이나 혼합 비율 등 사람에 따라서 각각 다르지만, 기본적인 심는 법으로는 다음과 같은 방법이 있다. 그러나 실제에 있어서 동양란은 1년 내지 2~3년에 한번씩은 옮겨심기가 필요하다. 특히 수태심기의 난은 수태는 1년쯤 지나면 변질하므로 가능하면 매년 한번씩 옮겨 심도록 한다.

이때 포기나누기(株分)를 하면 좋다. 옮겨심는 적기는 겨울과 한여름의 고온기를 제외한 봄과 가을인데 특히 춘분·추분 전후가 가장 좋다.

관 리

5월부터 10월까지(여름) : 동양란은 4월 초경부터 생육기에 접어들어, 겨울 동안 꼼짝 않고 조용히 어미포기 옆에 숨어있던 새눈도 별안간에 움직임이 활발해져서 새잎이 움터나오게 된다. 4월의 마지막 무렵에는 춘분 전후에 옮겨심기나 포기나눔을 한 것도 충분히 활착하게 된다. 그리고 5월에 접어들면, 전혀 서리의 위험이 없어지게 되는데 이 무렵부터 동양란은 옥외에 내놓고 배양하도록 한다.

난분을 놓아둘 곳은 가급적 양지 바른 곳으로서 아침햇살이 충분히

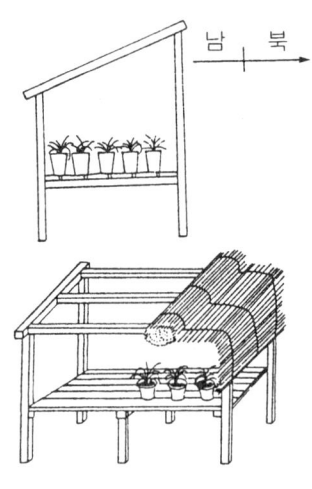

난선반의 그림

여름에는 베란다를 이용한다.

매다는 식으로 하면 좋다.

발 넘어의 부드러운 햇볕을 받고 한여름에 피는 소심(素心)의 「설월화(雪月花)」

드는 곳이 바람직하다. 더구나 통풍이 잘 되고 언제나 미풍이 끊임없는 여름에 서늘한 곳이 이상적이다.

  여름의 차광(遮光) : 동양란은 그 자생지의 상태에서도 알 수 있듯이 양지 바른 곳을 좋아한다. 그러나 강한 햇빛의 직사는 싫어한다. 특히 여름의 직사광선은 위험하여 잎이(葉燒) 타기가 쉽고 어린 포기의 신장을 정지시켜 버리는 등의 장해를 초래한다. 그래서 적당히 해가림, 즉 차광을 해 주어야 한다.

  차광률은 난에 따라서 다르다. 금릉변은 동양란 중에서도 꽤 강한 햇볕을 좋아하므로 30∼40% 차광을 해주도록 한다. 그리고 춘란의 1경 1화, 혜란, 장생란, 부귀란 등은 거의 비슷하게 50∼60% 정도의 차광을 하고 한란은 가장 약한 광선을 좋아하기 때문에 60∼70%의 차광을 해 주는 것이 좋다.

  그러나 여러 가지 품종을 같이 배양할 때는 대체로 같은 차광률이라도 된다. 차광재로서는 한여름의 낮을 기준으로 한다면 갈대발 하나 정도의 차광이 가장 적당하다. 그리고 같은 장소라도 햇볕을 받는 정도가 다르므로 금릉변 등은 동남쪽의 양지바른 곳에 이어서 춘란, 혜란, 마지막으로 한란은 가장 뒤쪽에 배치하면 좋다.

그리고 발은 가급적 말아올리는 식으로 해 두고, 5~6월경까지는 아침햇볕을 10시경까지, 한여름이라도 8~9시경까지만 쪼이도록 해 주면 난초의 생육이 매우 활발하게 된다.

또 놓는 장소로서 난초를 직접 지면에 놓는 것은 바람직하지 않으며, 적당한 높이의 선반을 만들어 그위에 간격을 두고 분을 늘어놓는 것이 통풍이나 물주기 등의 관리나 손질, 또는 관상면에서도 잘 볼 수가 있어서 좋다.

한편, 차광재와 함께 선반 위에 비닐 등으로 비가리개를 마련하는 것이 안전하다. 약간의 비는 난초에도 좋지만 장마철 등의 많은 비는 뿌리 썩음의 원인이 되므로 가급적 피하도록 한다.

11월부터 4월(겨울) : 여름동안 옥외에서 재배하고 있던 동양란은 10월 말이 되면, 생육상태가 점점 휴면기에 들어간다. 그리고 11월쯤 되면 서리가 내리기 시작하므로 이 무렵부터 동양란은 추위를 피해서 따뜻한 옥내에 들여놓도록 한다.

물론 동양란은 매우 강한 식물이라서 추위에도 강하여 그대로 옥외에 방치해 놓아도 서리만 피해주면 상하거나 말라 죽는 일은 없다. 그러나 용토와 함께 얼게 되면 곧 말라죽고 만다. 그러나 서서히 저온 상태에 놓으면 0℃ 이하라도 괜찮지만 가급적 따뜻한 곳이 더 잘 자란다. 그러나 그렇다고 해서 가온장치 등으로 15~20℃까지 올려 줄 필요는 없다. 다만, 겨울에 생육이나 번식시키지 않고 휴면시킬 생각이라면 혜란은 최저 5~10℃ 정도로, 혜란이라도 가는 잎 계통이나 춘란, 금릉변, 부귀란, 장생란 등은 밤에 화분이나 뿌리가 얼지 않을 정도로, 그리고 찬바람이 들지 않도록 보호하는 정도가 좋다. 상당히 추운 지방이 아닌 한, 본격적인 가온 난방장치는 필요하지 않다.

보통 겨울에 두는 장소로는 난분의 수가 적다면 방안의 햇볕이 잘 드는 창가 등에 놓아 두면 관리면에서나 관상하는 데도 유리하다. 그러나 분의 수가 늘어나면 옥외 또는 베란다 등의 남향의 양지쪽에 프레임을 만들어 얼지 않을 정도로 관리한다.

그리고 난분의 수가 많아지면 전용의 난실(蘭室)이 필요하게 되는데 설치는 가급적 양지바른 건물의 동남쪽을 선택한다. 실내는 가급적 밝게 채광을 충분히 하고, 그런 뒤에 적당한 차광을 한다. 또 지붕이나 둘레는 유리나 플라스틱판, 간단한 것으로는 비닐 등을 둘러치게 되는데, 가급적 이중으로 치면 보온효과가 좋으므로 이것만으로도 분이 어는 것쯤은 충분히 막을 수가 있다.

특히 주의해야 하는 것은 급격한 온도변화와 낮의 환기, 즉 통풍이다. 특히 작은 프레임의 경우, 주야간의 온도격차가 매우 커서, 낮에는 날씨만 좋다면 한겨울이라도 30℃를 넘거나, 그리고 밤에는 0℃ 이하로 떨어지는 수도 있다. 이러한 온도 격차는 동양란의 생을 불량하게 한다. 또 낮의 이상고온과 무풍 상태는 난초가 가장 싫어하는 조건이므로 뿌리 썩음이나 여러 가지 병의 근원이 되기도 한다. 그래서 이와 같은 일이 없도록 낮에는 프레임의 문이나 창을 열어서 환기와 통풍을 하여 기온의 급상승을 방지함과 함께 밤에는 프레임 위에 발이나 두꺼운 비닐을 한 장 더 씌워서 기온의 급강하를 막는 것이 겨울의 가장 중요한 관리작업이다. 그런데 설비가 커지면 발 같은 것으로 일일이 덮을 수가 없으므로 특히 추운 밤에만 작동하는 보온난방장치와 낮에는 자동적으로 환기나 통풍이 잘 되는 환풍기를 설치하고 창이나 문도 가급적 크게 개방이 될 수 있게 연구할 필요가 있다.

겨울의 차광 : 겨울의 햇볕은 여름에 비해 굉장히 약하다. 따라서 동양란도 차광의 정도를 늦추어 주어 가급적이면 햇볕을 잘 받도록 한다. 호광성(好光性)의 금릉변란 등은 겨울 동안은 거의 차광이 필요하지 않다.

● **물주기** 동양란의 재배에 있어서 물주기는 가장 주의를 요하는 작업이다. 물을 너무 많이 주어서 상하게 할 경우가 많으므로 주의해

야 한다.

 난의 뿌리는 다른 식물의 뿌리와는 다소 구조가 달라서 뿌리의 내부가 이중으로 되어 있다. 즉 뿌리의 속에 가느다란 줄기와 같은 세포조직(中心柱)이 있고, 그 주위를 두꺼운 스폰지 모양의 세포조직(저수조직)이 에워싸고 있다. 이 저수조직은 흡수뿐만 아니라 저수조(貯水槽)의 역할을 하므로 물을 장기간 저장해 두고 필요에 따라서는 중심주를 통해서 공급하는 구조로 되어 있다. 그래서 난초는 건조에 매우 강하다. 난의 뿌리는 매우 호기성(好氣性)이라서 공기의 유통을 좋아한다. 특히 착생종인 부귀란이나 장생란 등은 기근(氣根)이 발달하여 있으며 단순한 호흡작용뿐만 아니라 공기 속에서 생활을 위해 필요한 수분이나 비료 등을 흡수하고 있을 정도라서 뿌리의 주위에는 항상 신선한 공기의 유통을 필요로 한다.

 따라서 물주기가 지나쳐서 뿌리의 주위가 과습하게 되면 고인 물이 썩어서 뿌리썩음을 유인함과 동시에 뿌리의 호흡작용도 저해해서 이른바 질식상태에 빠지게 되며, 이런 상태가 거듭하게 되면 즉시 뿌리

〈각종 동양란의 계절별 관수횟수〉

겨울(12~2월)	가을(9~11월)	여름(6~8월)	봄 (3~5월)	종 류
1주일에서 10일에 1회	2~3일에 1회	1일 1회	2~3일에 1회	춘 란
1주일에서 10일에 1회	2~3일에 1회	1일 1회	2~3일에 1회	한 란
3~5 일에 1회	2일에 1회	1일에 1~2회	2일에 1회	혜 란
1주일에서 10일에 1회	2~3일에 1회	1일에 1~2회	2~3일에 1회	금 릉 변 란
5~7 일에 1회	2~3일에 1회	1일에 1회	2~3일에 1회	장 생 란
5~7일 1회 약간 습기를	2~3일에 1회	1일에 1회	2~3일에 1회	부 귀 란

 이 표는 여름배양(5~10월)은 옥외, 겨울배양(11~4월)은 옥내에서 무가온의 것을 기준으로한 물주기의 횟수표인데, 용토의 종류, 분의 종류 및 크기, 두는 장소의 조건, 다시 그 해의 기후에 의해 상당한 차이가 있다.

 이 표를 일단의 기준으로 해서 분의 건조도에 따라서 횟수를 증감하도록 한다.

를 상하게 된다.
　이것을 잘 이해하지 못하고 덮어 놓고 물을 주면 난을 상하게 하는데, 물주기뿐만 아니라 그 전제조건으로서 가급적 통기성이 좋은 거친 배양토를 사용하여 물주기를 하면 불필요한 수분이 분속에 고이는 일이 없으므로 배수가 잘 된다.
　관수의 횟수와 관수방법 : 물주기의 기준은 분의 표토, 혹은 위에 덮은 수태가 희게 마르게 되면 주는 요령으로 한다. 물주기의 비결은 어느 정도의 건(乾)과 습(濕)의 차를 주는 것으로서 분의 표토에 아직 충분한 습기가 남아 있는데도 그위에 물을 주는 것은 오히려 위험하다. 난초의 성질상 항상 약간 건조한 듯한 것이 뿌리의 발육도 좋아진다.
　1회의 관수량은 잎 위에서 뿌린 물이 분의 바닥구멍에서 듬뿍 흘러나올 정도로 주는 것으로서 난초에 물을 주는 것이 아니라 분속을 새 물로 씻어낸다는 기분으로 주도록 한다.
　또한 물은 수돗물이든 우물물이든 간에 온도차이로 상하기 쉬우므로 장시간 떠두었다가 기온과 별 차가 없을 때 주도록 한다. 또 그렇게 하는 것이 수돗물일 경우 염소(鹽素)가 빠져서 좋다.
　●**비료**　물주기와 함께 동양란의 배양에서 주의하지 않으면 안되는 것이 시비(施肥), 즉 비료주기이다. 과다한 시비의 피해로서 과습 피해보다도 더 큰 장해를 주어 죽게 되는 수가 많으므로 상당한 주의가 필요하다.
　동양란은 비료를 주지 않더라도 충분히 배양이 가능하므로 비료를 그다지 필요로 하지 않는다. 그것은 동양란 자생지의 상태를 보아도 알 수 있는데, 자연에 있어서는 주위 수목의 낙엽이 서서히 분해되어 영양분으로 흡수되어서 살고 있으며, 그것만으로도 원기있게 생육도 하고 꽃도 피우며 번식도 하고 있다.
　착생종인 부귀란이나 장생란 등은 더욱 생육조건이 나쁜 수목이나 바위표면에 부착하고 있어서 비료분 따위는 거의 없으며, 고작 수피를 따라 흐르는 빗물에 약간 녹아 있는 영양분밖에 섭취할 수 없는 상태에 놓여져 있다. 그래도 아무런 지장없이 생육을 계속하고 있는 것은, 난초가 그와 같은 환경조건에서 생육할 수 있는 능력을 가지고 있기 때문이며, 또한 그와 같은 환경조건을 좋아하기 때문이다.

그것은 난초의 생육에 필요로 하는 양분은 다른 식물보다 훨씬 적어도 된다는 뜻이다. 따라서 난초에는 다른 원예식물과 같은 비료를 주면 뿌리를 상하게 하고 나아가서는 포기 전체를 고사시키는 결과를 초래하게 된다.

그러나 우리들이 동양란을 배양할 경우 심는 재료, 즉 용토에는 처음부터 비료분이 전혀 없는 모래 자갈이나 수태를 이용하므로 자연의 조건보다도 더욱 영양분이 적다. 그러므로 가능하면 인위적인 비료로서 영양분을 보급하는 것이 바람직하며 생육도 훨씬 좋아진다.

그러나 시비량이 가장 문제가 된다. 즉 적당량으로 적게 주는 것이 비료주기의 요령이 된다. 그래서 초심자의 경우는 가능하면 무비료로 난초가꾸기를 하는 것이 좋다.

비료의 종류와 주는 법: 비료로서는 고형비료를 분가에 놓는 방법과 물비료로서 물에 풀어 주는 방법이 있다. 고형비료는 깻묵을 잘 썩인 것을 반죽하여 팥알 크기의 경단으로 해서 건조시켜 두었다가 이것을 한 분에 2~3개씩 생육기에 1~2회 놓는다.

물비료로서는 역시 깻묵을 물에 풀어서 잘 썩인 것이나 또는 복합비료 등을 생육기인 3~9월까지의 사이에 매월 1회 정도의 비율로 주도록 한다. 액비를 물 10배 이상으로 희석해서 평소의 물주기의 물과 거의 다르지 않을 정도로 묽게 탄 것을 관수한다. 그리고 시비후 몇 시간이 지나면 물주기를 잘 하여 비료분을 뽑아버리도록 한다.

● 병충해의 방제

■ 병해 – 생리적인 병해

근부병(根腐病): 물을 너무 주거나 비료의 과다시비에 의해 뿌리가 썩어서 마지막에는 포기가 말라 죽는다.

잎 뎀(葉燒) : 한여름에 강한 광선에 쪼이면 잎색이 바래지며 더욱 심해지면 다갈색으로 탄다. 또 잎끝이 타게 되는 것은 뿌리에 결함이 생겼을 때라든가 극단적인 수분부족에 의해서이다.

뭉클어짐 : 동양란은 고온다습을 싫어하고 더구나 공기의 유통을 좋아하는데, 여름철에 통풍이 나쁘거나, 겨울이라도 프레임 등에 넣고 환기가 좋지 않으면 고온다습이 되어 뭉클어져서 고사한다.

동해 : 겨울에 추위 때문에 뿌리가 얼게 되면 점점 잎이 녹색을 지닌 채 시들면서 말라 죽는다.

■ 병해 — 세균에 의한 병해

흑점병(黑点病) : 잎의 일부에 나타난 작은 흑점이 점점 퍼져서 마지막에는 잎에서 포기까지도 고사시킨다.

갈반병(褐斑病) : 잎의 군데군데에 작은 다갈색의 무수한 반점이 덩어리로 되어서 퍼지는 병으로서 전염성이 강하여 포기를 약화시켜 고사시킨다.

연부병 : 새잎이 붙은 부분이 흑갈색으로 변색 부패해서 쑥 빠지는 병이며, 가을에 잘 나타난다.

백견병(白涓病) : 난초의 뿌리목에 흰 거미집과 흡사한 곰팡이가 생겨서 퍼지며, 더욱 진행되면 포기가 갈색 혹은 흑갈색으로 되어 썩기 시작한다.

■ 충 해

개각충(介殼虫) : 잎의 표면이나 뒷면에 기생하며 잎에 구멍을 뚫고 즙액을 빨아 먹어 난초를 쇠약하게 만든다.

진딧물 : 꽃눈과 연한 새눈에 기생해서 상해를 입힌다.

붉은 응애 : 잎응애의 일종으로 잎뒤에 기생하며 즙액을 빨아먹어 쇠약시킨다.

총채벌레 : 진딧물과 마찬가지로 꽃봉오리에 기생하여 즙액을 빨아먹으므로 꽃이 완전히 피지 못하거나 떨어지고 만다.

땅강아지 : 꽃눈이나 연한 새잎, 뿌리 등을 먹어 버린다.

■ 방제법

생리적인 병해의 경우는 놓는 장소나 일상관리 작업에 주의하면 충분히 막을 수가 있다. 세균에 의한 병해는 다른 데의 전염에 의하는 것

분갈이와 포기나누기

춘란   혜란

① 분갈이 전   ② 분의 옆을 쿵쿵쳐서 뿌리를 턴다.   ① 분갈이전   ② 분의 옆을 쿵쿵쳐서 뿌리를 턴다.

③ 분에서 잘 뽑는다.   ④ 먼지나 썩은 뿌리는 잘라버린다.   ⑤ 자를곳을 찾는다.   ⑥ 줄기나 뿌리가 상하지 않게 자른다.

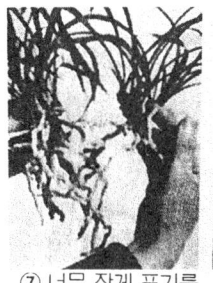   

⑦ 너무 작게 포기를 가르면 생육에 나쁘므로 약간 굵게 포기를 나눈다.

⑧ 분밑에 분깨진 것을 넣는다.

⑨ 다음 밑에 잔돌을 넣는다.

⑩ 난을 분에 심는다.

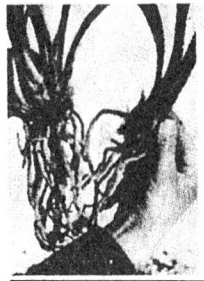 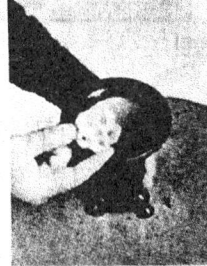 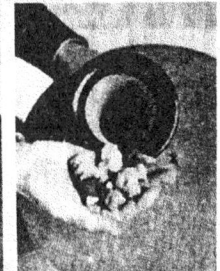 

 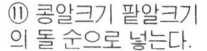   

⑪ 콩알크기 팥알크기의 돌 순으로 넣는다.

⑫ 쌀알크기의 왕모래를 위에 놓는다.

⑬ 물이 있는 물통에 분을 넣어 밑에서부터 천천히 물을 흡수하도록 하여 모래가 자리잡도록 한다.

⑭ 포기나누기 완료

⑪ 최후로 쌀알 크기의 왕모래를 넣는다.

⑫ 물이 있는 물통에 분을 넣어 밑에서부터 천천히 물을 흡수하도록 하여 모래가 자리잡도록 한다.

⑬ 물이끼를 모래가 안 보일 정도로 얇게 깐다.

중국춘란

이며, 전염경로로는 공기전염이나 토양전염, 기구, 또는 유전적인 것도 있다. 한번 걸려 버리면 완전한 치료가 어려운 경우가 많으므로 평소부터 충분한 방제를 할 필요가 있다.

방제약으로는 다이센, 캡틴, 석회유황합제, 보르도액, 벤레이트 등이 있다. 충해에는 에카친, 메타시스톡스, 마라티온유제, 켈센유제 등이 있다. 이들 약제를 생육기의 4~9월까지는 적어도 월1~2회, 휴면기에도 10~3월 사이에 2~3회 정기적으로 살포한다.

서 양 란

재 배

온　도 : 양란의 대부분은 열대, 아열대산이기 때문에 겨울에는 따뜻하게 하고 최저온도를 10℃~15℃ 정도로 유지한다면 전세계의 어떤 양란이라도 재배할 수가 있다. 그러나 10~15℃의 온도는 일부 양란의 산지에서 볼 때 아직도 춥기 때문에 겨울에 물을 듬뿍 주면 뿌리가 썩어서 말라 죽게 된다. 온도가 낮을 때는 가급적 건조시켜서 생육을 억제하여 겨울을 넘기도록 한다. 20℃ 이상이 되면 물을 충분히 주어도 된다. 밤에는 10~15℃를 유지하기 위해 가온함과 동시에 온도를 보존하도록 해야 한다.

  광 선 : 양란은 적당한 광선을 받게 할 필요가 있다. 우리나라의 여름 광선은 그대로는 양란에 너무 강하므로 대발이나 한냉사(寒冷紗)로써 광선을 차단한다. 겨울에는 광선이 약하므로 해가리개를 제거하고 직사광선을 받게 하는 것이 보통이다. 봄가을에는 이 중간, 즉 낮에는 약간 해를 가리고 아침저녁은 직사광선을 받도록 하며 최근에는 태양광선이 조금도 들지 않는 지하실에서 인공 광선만으로 훌륭히 양란을 재배하고 있는 기사를 외국잡지에서 흔히 볼 수 있다. 그러나 역시 열대와 같이 태양이 비치는 곳에서 재배하는 것이 좋다.

  심는 재료 : 양란은 여러가지 심는 재료로 키울 수가 있는데 분의 조각(벽돌조각이나 기와조각이라도 좋다)과 수태를 사용하는 것이 가장 간단하다. 이밖에 자갈, 나무껍질(전나무, 솔송나무) 따위도 수태와 마찬가지로 잘 자란다.

  어떤 재료이든 분의 바닥에서 3분의 1 내지는 2분의 1은 분조각을 넣도록 한다. 분조각이 적은 것보다 많은 쪽이 뿌리의 건조가 빠르고 실패도 적다.

  분은 유약을 바르지 않고 그냥 구운 토분이 가장 좋다. 특별히 주문한 바닥구멍이 큰 분이나 둘레에 구멍이 뚫린 분을 즐겨 쓰는 사람도 있다.

  물주기 : 식물에 물을 주는 것은 누가 주거나 마찬가지라고 생각하기 쉬우나, 이것은 여간 어려운 것이 아니다. 물주기의 방법 여하로 난이 말라죽거나 제대로 꽃이 피는 것이 결정된다. 난초에 물을 주는 법은 한 마디로 말하면 "마르면 충분히 주라"로 끝나는데 분이 젖어 있는 기간을 가급적 짧게 하도록 한다.

  양란은 물을 원할 때, 즉 새눈이 돋아나서 점점 성장하고 있을 때는 마르면 즉시 물을 듬뿍 주고, 생육이 정지되고 있는 겨울에는 말라도 즉시 주지 않고 하루이틀 마르는 것을 지켜 보는 기분으로 주도록 한다.

이것은 카틀레아를 기준으로 한 관수법(灌水法)이지만 심비디움, 시프리페디움, 덴드로비움은 이보다 물을 많이 주어 여름에는 매일 물을 듬뿍 주고, 겨울에는 마르면 곧 주는 정도로 한다.

통　　풍 : 양란도 의외로 통풍이 필요하다. 특히 물을 준 후에는 분 속은 물론, 새눈이나 꽃봉오리에 묻은 물을 빨리 건조시키기 위해 충분한 통풍이 필요하다. 겨울에는 또 환기가 나쁘면 카틀레아의 꽃이 충분히 피지 않고 시들어 버린다. 이밖에 석유나 가스를 써서 가온하거나 굴뚝의 연기가 잘 빠지지 못할 때, 혹은 페인트 냄새가 나는 경우 등에는 꽃이 잘 피지 않는다. 그러므로 겨울에도 낮에 약간 동안이라도 통풍을 시키면 양란은 튼튼하게 자람과 동시에 꽃의 수명이 오래 간다.

● 비료주기(施肥)

동양란의 경우와 마찬가지로 양란도 비료를 주지 않았을 때보다 주었기 때문에 망가뜨린 예가 숱하게 많다. 그러므로 비료를 연하게 타서 주는 것이 좋다. 비료주기는 동양란의 경우를 참작해서 주도록 한다.

● 병충해

양란에는 모자이크병이 있는데 특히 심비디움에 많다. 조금만 무관심하게 재배하면 곧 잎에 녹색 농담의 얼룩이 생긴다. 특별한 치료법은 없으며 뽑아 버리는 수밖에 없다.

이밖에 잎에 다갈색, 홍색 등의 반점이 생기는 병해도 있는데 병반부를 절제함과 동시에 다이센을 살포한다.

개각충, 총채벌레, 붉은 응애 등의 해충은 강한 유기인제(有機燐劑)가 좋겠지만 가족의 건강을 위해 마라티온이 안전하다. 열심히 약을 살포하는 동안에 개각충이 줄어든다고 해서 방심해서는 안된다.

● 이식 · 관리

이식시기 : (가)캐틀레아는 3~4월에 새눈이 움트기 시작할 때와, 8

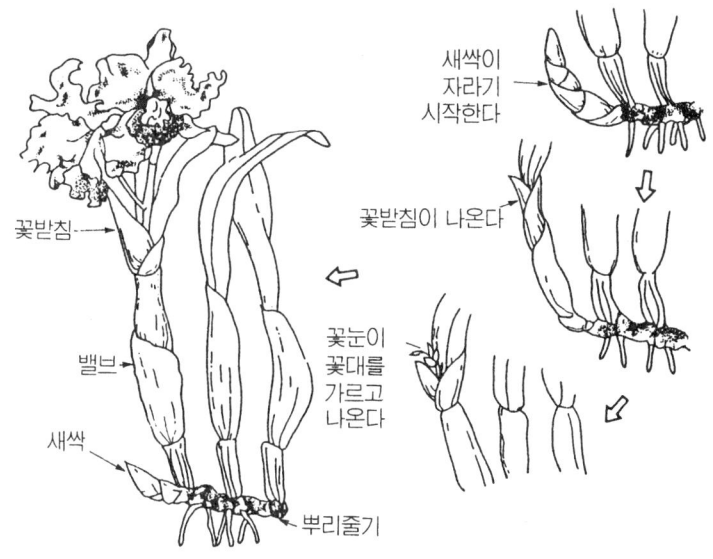

캐틀레아의 개화

월 하순~9월 상순에 새눈이 자라나서 뿌리가 나올 때가 가장 좋다. 다음에는 꽃이 끝난 뒤에도 좋다.

(나) 심비디움은 꽃이 끝난 직후가 가장 좋으며 적기는 12~3월까지이다. 반엽종(斑葉種)은 뿌리가 굵지 않으므로 뿌리를 상하지 않도록 이식할 때 주의한다.

(다) 심비디움이 개화되지 않는 것은 9월 상순~가을 동안에 끝내도록 한다. 즉 새눈이 완성되기 전이 좋다. 꽃봉오리가 있는 것은 꽃이 핀후에 이식한다. 따라서 이식은 4월경이 되는데 이렇게 되면 이듬해 생육이 늦어지는 경우가 많다.

(라) 덴드로비움은 새눈이 10cm 정도로 자라서 기부에서 뿌리가 내리는 5월경이 좋다.

(마) 반다와 팔레놉시스는 추위에 약하므로 6월 중하순, 뿌리가 나오기 시작할 때 하는 쪽이 안전하다. 7월에 이식해도 약해지지 않지만 4, 5월은 아직 추우므로 아무리 주의해서 이식해도 역시 성적은 좋지

않다.

(바)밀토니아는 더위에 약하기 때문에 아침저녁의 서늘해진 9월 중순부터 하순 사이에 이식한다. 10월에 들어서면 새눈에서 새로운 뿌리가 내리므로 적어도 10월 상순에 끝내도록 한다. 봄에는 여름의 더위에 상하기 때문에 좋지 않다.

(사)카란세는 다른 종류와 전혀 달라서 매년 묵은 뿌리는 전부 썩고, 새뿌리가 4월경부터 나오기 시작하므로 그때 포기나누기를 해서 이식한다.

(아)기타의 종류는 새눈이 절반이나 전부 완성되어서 새눈에서 뿌리가 나오는 시기로 하면 대체로 무난하다.

이식후의 관리 : 양란은 이식 직후에는 일반적으로 물을 주지 않는다. 캐틀레아는 약 1개월, 기타의 종류는 약 2주일 동안 물주기를 그만둔다. 즉 이식 때 상처난 뿌리가 아물고, 새뿌리가 나오기까지 물을 끊는 것이 보통이다. 다만 시페리페듐은 1주일쯤이면 충분하다.

물이 끊고 있는 동안은 반그늘에 두고 통풍도 삼가도록 한다. 그리고 더운 시기는 1일 4회 정도, 겨울에도 2회 이상 잎에 안개를 뿌려서 수분의 증발을 보충한다. 이와 같이 물을 끊이면서 양란을 가급적 약화시키지 않도록 하는 것이 요령이다.

● **기타의 주의**

뿌리를 소중하게 할 것 : 양란은 대체로 생육이 늦은 것인데 특히 뿌리를 상했을 때는 그 회복이 매우 곤란하다. 따라서 심을 때는 배수를 생각해서 특히 분의 중심부가 잘 마르도록 조각을 넣거나 구멍이 뚫린 분을 엎어 넣기도 한다. 또 수태를 단단히 채워 넣고, 모세관현상으로 중심까지 빨리 마르도록 해 둔다.

양란은 연중 계속 자라지 않는다 : 생육기와 휴면기가 있으므로 이것을 잘 분별하는 일이 필요하다. 열대에서는 생육기가 우기이고, 휴면기는 건기(乾期)이므로 여기에 맞출 필요가 있다. 즉 휴면기에는 물을 삼가고 시비도 하지 않도록 관리한다.

습도와 안개 : 양란의 재배실은 습기가 어느 정도는 필요하지만 자연의 습기가 너무 많으면 생육이 좋지 않은 수가 있다. 시프리페듐이 그 대표적인 것이다. 높은 산에서 항상 구름안개가(雲霧) 양란을 감싸고 있는 곳에서 생육하고 있기 때문에 온실에서도 이따금 안개를 줄 필요가 있다. 특히 가온하면 더욱 안개를 주는 횟수를 늘리도록 한다.

나쁜 공기를 흡수하지 않게 할 것 : 가온할 경우, 석유난로나 가스난로를 쓰면 아주 간단한데, 연통이 없으면 약해지는 양란도 있다. 아무리 완전연소 혹은 냄새가 안난다고 씌어 있어도 석유나 가스가 탄 뒤에는 나쁜 가스가 나오므로 절대적으로 연통을 달 필요가 있다. 절화(切花)에 있어서도 가스나 석유 난로 방에서는 금방 꽃이 상하므로 거듭 주의가 필요하다.

● **연중 관리**

5월 : 옥외는 이미 녹색 잎으로 덮이는 계절이 되어 온실의 가온도 멈추어 1년 중에서도 가장 수월한 달이다. 또 양란을 재배하기 시작하는 데도 가장 좋은 달이다. 중순부터는 심비디움은 온실에서 옥외로 내놓는다. 심비디움, 캐틀레아, 덴드로비움, 시프리페디움 등에 연한 비료를 준다. 이제부터 병충해 방지, 물주기, 비료주기에 역점을 두는 시기이다. 캐틀레아의 이식이 늦은 것을 계속 이식하여 더워지기 전에 끝마치도록 한다.

6월 : 점점 더워지므로 양란이 저녁해를 받고 괴로워하지 않도록 주의한다. 상순부터 장마에 접어드는데 심비디움은 물론, 캐틀레아 반다도 옥외에 내놓아 비를 맞히되록 한다. 여름에는 오히려 잘 자라서 튼튼하게 된다. 다만 장마중이라도 기회를 보아 2회 정도는 다이센을 살포하여 병해를 예방한다. 반다, 팔레놉시스 등 고온을 좋아하는 양란은 이식한다.

7월 : 해가림을 해도 낮에는 견딜 수 없이 더우므로 낮에는 2~3회 실내 전체에 안개를 뿌려서 온도를 낮추어 주고 통풍도 잘 되게 한다. 병해충은 발견하는 대로 즉시 살균제인 다이센과 살충제인 마라티온과 같이 혼용해서 살포한다.

8월 : 더위가 여전히 심하므로 계속해서 실내에 안개를 뿌려서 방의 더위를 누그러뜨린다. 통풍, 해가림이 잘 되게 옥외의 서늘한 곳에 두면 캐틀레아나 심비디움은 개화가 촉진된다.

9월 : 물주기는 양을 서서히 줄여서 분을 조금씩 마르도록 한다. 하순에는 기온도 매우 내려가므로 특히 캐틀레아는 분의 중심까지 충분히 마르는 것을 본 뒤에 물을 준다. 여름철에 해가림을 한 발이나 한냉사는 벗겨 버린다.

10월 : 밖은 완전히 가을이 되어 양란도 덴드로비움과 심비디움의 일부를 제외하고는 모두 온실 안에 들여 놓고, 보온준비를 한다.

하순경에는 밤온도가 10℃로 내려가면 본격적으로 가온 준비를 하고 낮에는 엽창문을 열어 통풍을 시킨다.

11월 : 지난 반년 동안의 노력의 대가를 받는 달이다. 화려한 캐틀레아는 전달에 이어서 계속 피고, 여기에 약간 차분한 소형 심비디움과 시프리페듐이 개화하기 시작한다. 이들 꽃은 기온이 낮아지기 때문에 꽃의 수명이 매우 오래간다.

개화중인 양란에 너무 강한 광선을 쪼이면 꽃 유지가 나빠진다. 조금이라도 따뜻한 날에는 창문을 열어 환기를 시켜준다.

물주기는 분 속의 상태를 충분히 살펴보아 가면서 습하지 않도록 한다.

해가림을 거두어 낸 후의 10월, 11월의 쾌청한 날에는 유리창에 가까운 캐틀레아의 잎이 타기 쉬우므로 물을 잎에 뿌려 주거나 또는 약간의 볕가림을 해주고 환기를 충분히 한다.

가온은 10월 하순(추운해는 10월 중순)부터 하고 이 무렵에는 조금만 가온해도 20℃가 되므로 가급적 20℃ 이상은 되지 않도록 한다.

12월 : 추위가 심해지므로 10~15℃의 온도를 유지시키며 한다. 우선 가온보다도 보온에 힘쓰도록 한다. 밤에는 유리창 위에 거적을 삼중으로 덮으면 매우 효과적이다. 또 실내의 유리면 가까이에 비닐을 치면 보온에 좋다. 창문의 틈을 막아주고 밤의 찬바람이 유리에 직접 닿지 않도록 보온덮개를 덮어 주면 5℃ 정도로 연료를 절약할 수가 있다.

1월 : 가장 추운 시기이므로 전적으로 온실의 가온과 보온에 신경을 쓴다. 큰 온실은 관리가 쉽지만 보온상자나 프레임은 햇볕을 받으면 곧 온도가 너무 오르고, 또 해가 지면 극단적으로 온도차가 심해진다. 낮에는 환기를 하고 온도차를 줄이도록 노력한다.

상자의 열원은 대개 전기인데 이것은 비교적 힘이 약하므로 밤에는 상자에 모포를 씌워 준다. 또 프레임도 그 주위는 물론, 창문 위에도 거적을 씌운다.

분의 건조도를 보아서 물주기를 한다.

2월 : 점점 추위가 풀려가지만 이따금 낮에도 추울 때는 가온하도록 한다.

3월 : 점점 광선이 강해져서 외기의 온도도 서서히 올라가는데 밤에는 온도가 내려가므로 방심할 수가 없다.

캐틀레아는 이미 꽃이 끝나서 쉬고 있는 포기가 새눈을 움트게 하므로 이 시기를 잊지 말고, 묵은 구근을 분속에서 떼어 넣는다. 이때 소독을 위해 쪼갠 자리에 유황(硫黃)가루를 발라 준다. 묵은 그루의 숨은 눈이 움트기 시작해서 새눈이 나오므로 간단히 포기를 늘릴 수 있다.

파피오페달리움 및 심비디움도 이달 중에 이식을 끝낸다.

4월 : 이달부터 광선은 상당히 강해지므로 해가림이 필요하다.

맑은 날에는 캐틀레아의 잎이 타는 수가 있으므로 주의를 요한다.

캐틀레아의 이식시기이므로 실생(實生)이나 개화주로서 눈이 부풀어진 포기나 뿌리가 나오기 시작한 포기부터 시작한다.

창문은 낮에는 가급적 열어서 온도의 급상승을 억제하는데, 밤에는 아직 추우므로 빨리 창문을 닫는다. 상순에는 매일 가온하고 하순이라도 추운 날에는 온도를 높여 주면 양란은 잘 자라서 예상외로 포기가 커지고 생육이 왕성해진다.
 서양란의 포기나누기 두 종류만을 소개한다.

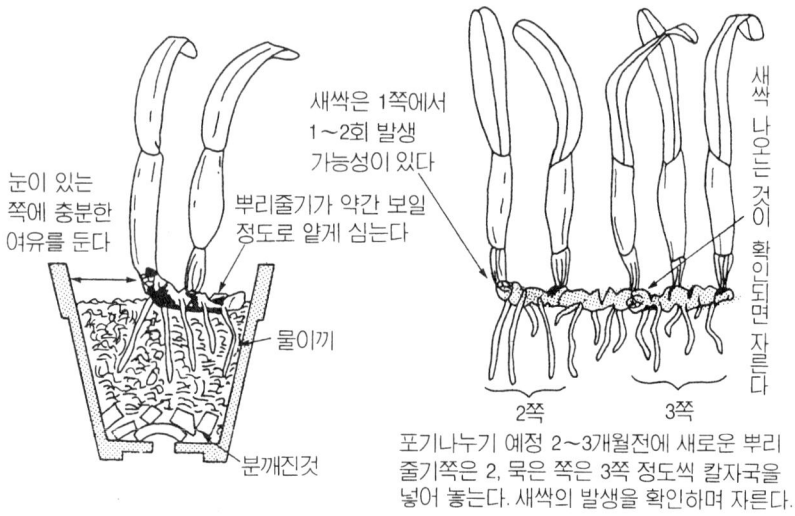

캐틀레아의 포기나누기 6~8월

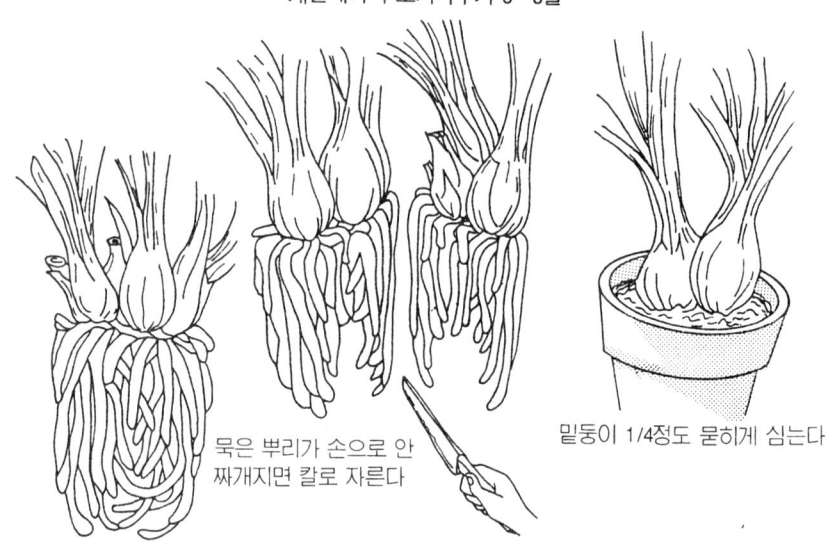

심비디움의 포기나누기 6~8월

10 잔디가꾸기

우리 나라에 야생하고 있는 잔디로서 한국의 기후, 풍토에 잘 적응하여 햇볕과 배수가 잘 되는 곳이라면 어디서나 잘 자란다. 번식력이 강하며 병해를 입는 일도 없고 다소 밟아 놓아도 끄떡없으므로, 옥외실(屋外室)의 녹색 융단으로서 크게 이용된다. 결점은 겨울이 되면 잎이 마른다는 것과 응달이나 배수가 나쁜 습지에서는 자라지 않는다는 것이다.

서양잔디: 원래의 목초이다. 내버려 두면 잠깐만에 30~100cm나 자라버리므로 항상 명심해서 깎아 내지 않으면 안된다. 종자번식을 하는데 고온 다습한 기후에서는 병해의 발생이 많아서 일반 가정에서는 그다지 좋아하지 않는다. 그러나 겨울에도 잎이 마르지 않으므로 푸르름을 즐길 수 있다. 골프장의 그린은 벤트그라스를 사용한다.

잔디는 크게 나누어서 금잔디(동양잔디)와 서양잔디의 2가지가 있다.

금잔디의 종류는 다음과 같다.

일반 잔디: 잎이나 줄기가 거칠고 생육이 아주 왕성하여 공원, 운동장, 제방, 도로, 정원 등에 이용되고 있다.

고려 잔디: 잔디보다 잎이 가늘고 줄기가 조밀하며 성질이 부드럽기 때문에 일반가정에서 이 종류가 쓰여진다. 다소의 변종이 있고 지방에 따라서 호칭도 달라진다.

서양 잔디의 종류는 다음과 같다.

벤트그라스류(Bentgrass): 코로니얼 벤트그라스, 그리핑 벤트그라스, 하일란드 벤트그라스, 펜크로스 벤트그라스 등.

블루그라스류(Bluegrass) : 켄터키 블루그라스(Kentucky Bluegrass).

버뮤다그라스류(Burmudagrass) : 티프톤 버뮤다그라스(Tifton Burmudagrass).

잔디 구입시 유의사항 : 고려잔디는 장방형(38×15cm)으로 자른 잔디 뒤에 2cm 정도의 흙을 붙여서 20장을 1묶음으로 하여 이것을 2묶음 새끼로 묶어서 1평(3.3㎡)당으로 시판한다. 잔디가 밀집해 있고 잡초가 섞이지 않은 것을 고른다. 겹쳐져 있어 때로는 뭉클어져 썩어 있는 수가 있으므로 주의한다.

6척×6척을 1평이라고 하며 실제로 간격을 띄우고 깔기 때문에 1평에 깔게 되어 있다.

잔디는 45×18cm의 장방형으로 자른 것 20장을 1묶음으로 하고 2묶음으로 해서 1평이 된다. 간격을 띄우지 않고 1평의 면적에 깔 수가 있다.

잔디를 식재하는 법 : 잔디를 까는 가장 좋은 시기는 3월 중순~5월 중순이다. 가을까지는 훌륭한 녹색 융단이 된다. 9월 상순~10월 상순

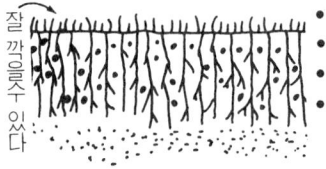
잔디심기 좋은 환경
- 볕받이가 좋다
- 지표가 고르다
- 흙이 곱다
- 배수가 좋다

잔디심기 나쁜 환경
- 볕받이가 나쁘다
- 지표가 고르지 않다
- 흙속에 돌이 있다
- 배수가 나쁘다

잔디를 깐다

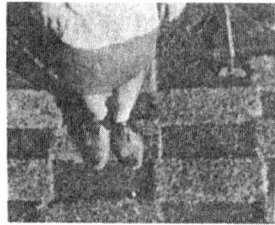
밟아서 흙에 붙게 한다

흙을 체로 쳐서 뿌린다

이라도 되지만 생육하는 것은 이듬해 봄이 된다.

예정지에는 기비로서 퇴비, 깻묵, 계분, 목회 등을 화단가꾸기의 경우에 준해서 주고 20~30cm 깊이로 잘 갈아 넣는다. 그런 다음 흙을 평평히 고르고 바닥면을 가볍게 밟아서 흙을 안정시킨다. 다시 한번 잘보고 울퉁불퉁하지 않도록 갈퀴로 잘 고른다.

구입해 온 잔디는 깔기 전에 잘 검사해서 잡초가 있으면 뽑아내고 사진과 같이 깐다. 잔디와 잔디의 간격은 3~5cm 정도로 틈을 만든다.

모두 깔고나서 평평한 판자에 자루를 붙인 것으로 평평 표면을 두들기거나 발로 밟아서 상토와 잔디가 충분히 붙도록 한다. 이렇게 한 후 산모래를 체로 치면서 틈과 잔디가 평평해질 때까지 모래나 흙을 쳐넣고 표면을 다시 한번 고르면 끝난다. 그리고 충분히 물주기를 한다. 1개월쯤 지나면 발아하여 푸른 잔디원을 만든다.

서양잔디의 파종법 : 파종 시기는 금잔디를 까는 시기와 같다. 파종상을 만들어 고르게 파종한 후, 씨앗이 가리워질 정도로 모래를 뿌려 주면 7~10일 후에는 발아한다. 1개월쯤 되면 잔디깎기를 시작한다.

잔디 깎기 : 작은 면적이면 잔디깎기 가위로, 넓은 면적이면 잔디깎기 기계를 이용한다. 잔디가 7cm 정도로 자랐을 때 깎도록 한다. 서양

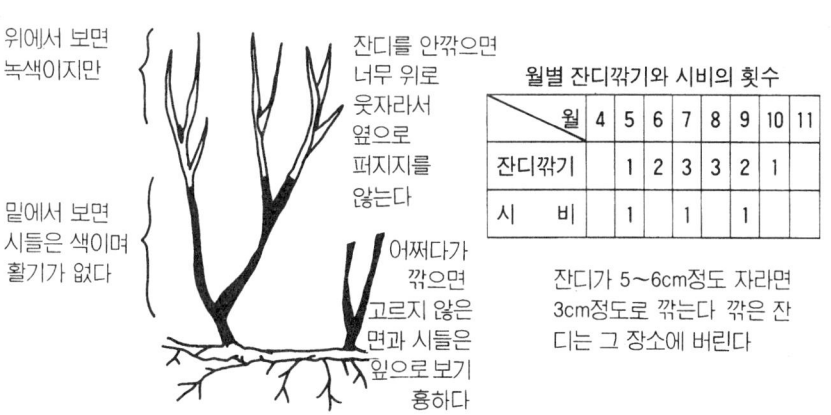

월	4	5	6	7	8	9	10	11
잔디깎기		1	2	3	3	2	1	
시 비		1		1		1		

잔디가 5~6cm정도 자라면 3cm정도로 깎는다 깎은 잔디는 그 장소에 버린다

잔디는 5월~10월 중순까지의 사이에 10~13회 깎아주며, 금잔디는 5월부터 9월 사이에 2~3회 깎아 준다.

잔디 비료 : 비료가 부족하면 잎색이 누렇게 된다. 3월 하순 기비로서 1㎡당 깻묵 50~100g을 모래와 섞어서 체에 쳐서 잔디밭 위에 고르게 뿌려준다. 생육이 시작되면 5월과 9월에 잎깎기를 한다. 1㎡당 복합비료 20~30g을 주면 좋다.

병충해의 방제와 잡초의 제거 : 잔디에도 병이 있는데, 잎에 황갈색 반점이 생기는 것을 녹병(銹病)이라고 하며, 다이센을 살포하여 방지한다. 또 해충의 예방으로서 풍뎅이의 유충, 야도충은 살충제를 뿌려서 방제한다.

잡초를 막으려면 일찍 뿌리째 뽑아내야 되는데, 이밖에 잔디의 싹이 나기 직전 제초제(시마진)를 살포해 두는 방법도 있다. 제초제에는 여러 가지 종류가 있으며, 설명서를 충분히 읽고 사용한다.

11 화목류(花木類)

개나리 : *Forsythia*

중국이 원산지인 낙엽저목으로 높이는 1.5~3m이며, 나무 가지가 처지고 봄에 노랑꽃으로 일시에 만개하는 것이 특징이다.

작 형

1월	2월	3월	4월	5월	6월	7월	8월	9월	10월	11월	12월
삽목	포기나누기	휘묻이	실생	접목							
○											

이식시기
번식시기

재 배

배수가 잘 되는 사질양토가 좋지만 우리 가정 주위에서는 어디에서나 잘 자라며 번식도 잘 된다. 양지 바른 곳이 좋으며 비료를 주면 꽃도 많이 달리고 생육도 좋다. 또한 잘 자라는 나무이므로 심을 때 특별한 주의를 할 필요가 없다. 따라서 정식 후 완전히 활착이 되면 물주기도 필요치 않으며 심한 가뭄에는 뿌리에 낙엽이나 짚을 깔면 된다. 추위에도 강하므로 방한에 신경을 안써도 좋다.

번 식

삽목으로 번식하며, 삽목도 극히 간단해서 봄에 전년가지를

15~20cm 정도로 잘라서 화단이나 또는 정원의 필요한 곳에 꽂으면 활착한다. 장마철에는 금년도 꽃이 진 새가지에서 전년도 가지의 일부를 넣어 잘라서 꽂으면 20일 전후해서 활착한다.

이 용

넓은 정원일 경우 잔디의 악센트로서, 또는 통로에 군식이나 열식으로 심든가 나무 사이나 앞쪽에 잘 배식하면 봄의 노랑꽃과 여름의 싱싱한 녹음을 관상할 수 있다.

✱꽃말 「희망」

동백 : Camellia

한국 남부, 일본, 중국 원산의 상록 교목으로서 예로부터 정원수로 많이 재배되어 왔다. 강한 광선이 드는 건조지보다도 반그늘에서 잘 자라며 현재는 많은 품종이 있어 꽃색, 꽃모양, 성질이 각각 다르다.

작 형

1월	2월	3월	4월	5월	6월	7월	8월	9월	10월	11월	12월
		※─	─※		※─	─※					
삽목	포기나누기	휘묻이	실생	접목							
○											

※ 이식시기
※ 번식시기

재 배

다소 습기가 있는 곳에 심는다. 심는 시기는 5~6월이며, 심는 구덩이에는 퇴비, 목회, 깻묵을 준다. 심은 뒤에 짚을 깔고 건조를 막는다.

큰 나무의 옮겨심기도 이 시기에 한다. 정원수일 경우는 겨울에 기

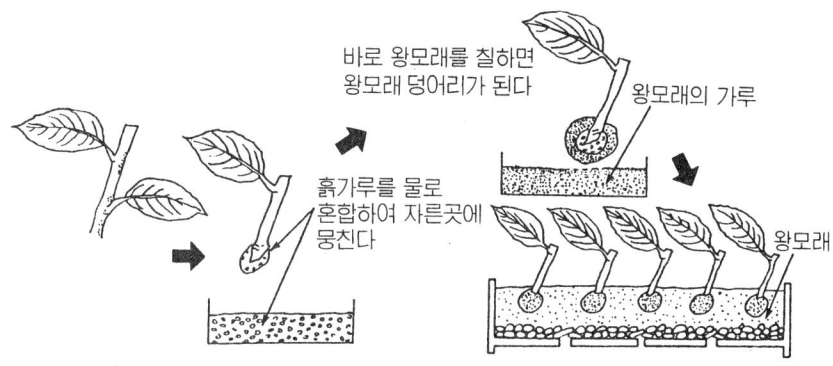

동백의 삽목

비로서 깻묵, 골분 등의 유기질 비료에 화학비료를 가하여 뿌리 주위에 둥글게 파서 준다.

번 식

가정원예에서는 꺾꽂이에 의한 방법이 가장 간단하다. 봄부터 자란 새눈이 7월에는 딱딱하게 충실하므로 잎을 2매 붙여서 가지를 잘라 하엽을 따고 마디밑을 칼로 비스듬히 자르고 여기에 흙의 경단을 붙인다. 얕은 상자에 흙을 넣고 경단을 붙인 삽수를 여기에 꽂아 넣는다. 마르지 않게 관수해 주며, 발 밑에서 관리하면 2개월 정도면 발근한다.

추워지면 따뜻한 곳이나 프레임에서 햇볕을 잘 받도록 관리하며 이듬해 봄에 옮겨심어 준다.

이 용

겨울부터 초봄의 꽃이 적은 시기에 개화하므로 다른 수목과 혼식하면 더욱 꽃이 아름답게 보인다. 남부 지방에서는 어디에서나 잘 자라지만, 서울 지방에서는 화분에 심어서 관상하며 겨울철에는 온실 또는 실내에서 재배해야 한다.

＊꽃말 「자랑」「겸손한 마음」

명자나무 : *Chaenomeles*

중국 원산의 낙엽 화목(花木)으로서 키는 1m 전후이다. 3월경에 개화하고 볕들기와 배수가 좋으면 어디서나 자란다. 습지나 음지에서는 개화하지 않는다. 꽃색은 백색, 분홍색, 적색 및 혼합색 등 품종에 따라서 다르다. 처녀꽃 또는 애기씨 꽃나무라고도 한다.

작 형

1월	2월	3월	4월	5월	6월	7월	8월	9월	10월	11월	12월
삽목	포기나누기	휘묻이	실생	접목							
○	○										

이식시기
번식시기

재 배

묘목을 심는 시기는 9월 중순~10월 중순이다. 화단에 심을 경우는 목련의 경우와 같이 양지바른 곳에 심는다.

분재배의 경우는 밭흙=4, 모래=4, 부엽토=2의 비율로 섞은 흙을 사용한다. 심은 뒤에 표면에 수태를 깔고 흙의 건조를 막는다. 추위에 강하므로 방한의 필요는 없다.

정원심기, 분심기를 불문하고 2월과 9월에 깻묵을 준다. 비료가 부족하거나 여름에 건조시키면 꽃붙임이 나빠지므로 주의해야 한다.

번 식

꺾꽂이, 휘묻이, 그루나누기에 의해 번식한다. 삽목은 봄꽂이(3월 상순~중순)와 가을꽂이(9월 중순~10월 중순)를 할 수 있다. 어느 경우에도 지름 1cm 정도의 굵은 가지를 쓴다. 봄꽂이는 전년이나 전전년의 가지를 10cm로 잘라서 논흙에 반쯤 꽂아 놓는다.

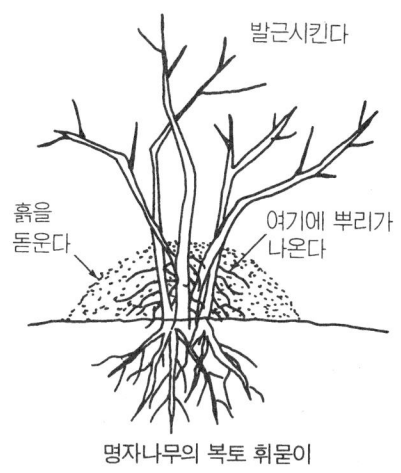

발근시킨다
흙을 돋운다
여기에 뿌리가 나온다

명자나무의 복토 휘묻이

가을꽂이는 이해의 가지를 마찬가지로 잘라서 꽂는다.

휘묻이는 봄에 뿌리 부분에 흙을 돋구어 주면 흙속에 묻힌 가지에서 발근이 되므로 이듬해 잘라내어 묘목으로 쓴다. 그루나누기는 묵은 포기가 되면 가지가 땅 부위에서 많이 나오므로 그루를 캐내어 뿌리를 붙이면서 갈라 놓는다.

(이 용)

가시가 있으므로 때로는 생 울타리로 이용할 수 있다.

분심기를 할 때는 전정을 해서 분재가꾸기로 즐긴다. 이른봄 줄기에 빨간꽃이 피므로 정원이나 분재로서 인기가 높다.

또한 정원의 다른 꽃나무와 배색하는 것도 좋지만 나무 밑에 춘파 1~2년 초화나 구근류를 곁들여서 계절적인 꽃의 운치를 감상하는 것도 좋을 것이다.

★꽃말 「신뢰·평범」

모란 : Tree Paeony

중국 원산의 낙엽 화목으로서 예로부터 우리와는 친근해서 현재까지 많은 품종을 재배하고 있다. 4월에 발아하여 몇매의 잎이 나온 새눈이 자라서 그 끝에 대륜꽃(지름 20~25cm)이 5월에 핀다. 꽃색이 풍부하며 부귀영화라는 꽃말을 가지고 있다.

(재 배)

볕들기와 배수가 좋고 모래를 약간 포함한 가벼운 흙을 좋아한다. 점토질 토양이나 물이 고이는 곳에 심으면 반드시 뿌리가 부패해서

454

작 형

1월	2월	3월	4월	5월	6월	7월	8월	9월	10월	11월	12월
	❀-	❀					❀	❀❀	❀❀		
삽목	포기나누기	휘묻이	실생	접목							
		○		○							

❀ 이식시기
❀ 번식시기

고사한다. 심는 시기는 9월 하순~10월 하순까지이다.

 시판되는 묘목에는 모란 대목에 접목한 것과 작약 뿌리에 모란을 접목한 것이 있다. 화단심기의 경우는 모란 대목 쪽이 좋다. 작약대목은 분심기용이다. 모란대목의 묘목을 화단에 심을 경우는 장미에 준해서 심는다. 포기와의 간격은 1.2~1.5m이다. 작약대목의 모란을 분에 심을 경우는 30cm 분에 1주 심는다. 용토는 논흙이나 밭흙=5, 부숙퇴비=3, 모래=2의 비율로 섞고 소량의 골분과 목회를 혼합해서 사용한다.

 분재배, 화단재배를 불문하고 발아 전과 개화 후에는 반드시 깻묵썩은 액비를 10~15배의 물에 희석한 것이나 시판하는 원예비료를 희석

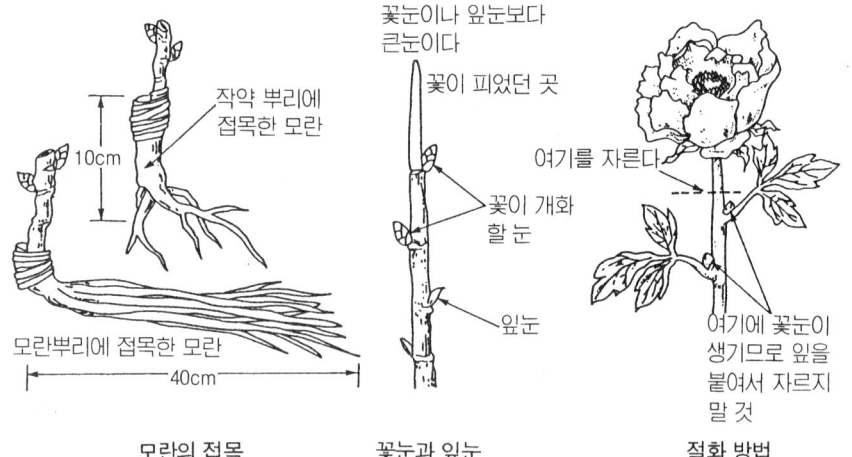

모란의 접목   꽃눈과 잎눈   절화 방법

해서 준다. 꽃봉오리가 나오면 대나무를 세워서 줄기에 매고 꽃의 무게로 줄기가 구부러지지 않도록 지주를 세워 주도록 한다.

개화 후부터 급히 기온이 상승해서 병해가 발생하기 쉬우므로 보르도액이나 다이센을 월 1~2회 살포한다. 여름에는 흙이 마르지 않도록 짚을 깔아 주는 외에 물주기도 잊지 않도록 한다.

이렇게 해서 가을이 되면 낙엽이 된다. 매년 신장한 가지에는 7월 하순부터 내년의 꽃눈이 형성되어 9월에 완성되어서 그대로 월동한다 보통 가지끝에 1~3눈이 붙는다. 겨울 동안에 불필요한 가지(마른 가지)는 따버린다. 심은 이듬해 겨울부터는 목련에 준해서 나무 주위를 약간 파서 겨울비료를 준다. 대목에서 눈이 나와 있을 때는 따버린다.

번 식

모란의 묘목은 거의가 접목에 의해 만들어진다. 접목 시기는 9월 상순~하순이며 장미의 절접에 준한다.

이 용

분재배가 가능하므로 테라스 등의 좁은 곳에서도 즐길 수 있으며 절화로 할 때는 줄기를 길게 자르지 않아야 한다. 일반적으로 화단에 심어서 꽃을 관상한다.

★꽃말「부귀」

목련 : *Magnolia*

중국 원산의 낙엽고목(落葉高木)으로서 초봄의 잎이 나기 전에 순백색으로 개화한다. 꽃이 끝나면 잎이 나오기 시작하여 여름 동안에는 푸른 잎을 관상하고, 가을에는 낙엽의 아름다움을 볼 수 있다. 토질은 비옥하고 배수가 잘 되는 모래를 포함한 가벼운 흙을 좋아한다. 점토질이나 배수가 나쁜 곳에서는 잘 자라지 않는다.

재 배

묘목을 심는 시기는 낙엽직후(11월)나 이른봄 순이 나기 전 3월 하순이 좋다. 1m 정도의 묘목이라면 지름 50cm, 깊이 40cm의 구덩이를

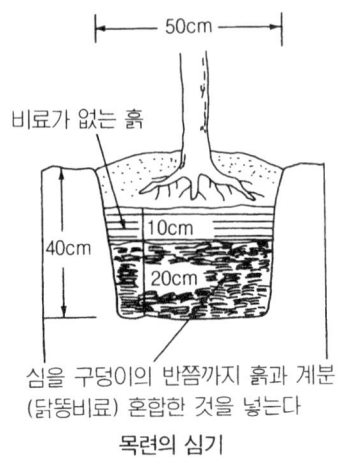
목련의 심기

비료주기

작 형

1월	2월	3월	4월	5월	6월	7월	8월	9월	10월	11월	12월
삽목	포기나기	휘묻이	실생	접목							
			○								

이식시기
번식시기

파고 계분 또는 퇴비와 파낸 흙 절반을 섞어 넣고 그위에 비료가 없는 흙을 10cm 넣는다. 뿌리를 잘 펴서 구덩이 중심에 놓고 파냈던 흙을 둘레부터 조금씩 도로 넣는다. 도중에 한번 양동이 그득히 물을 붓고 흙이 가라 앉게 한다. 지주를 세워서 바람에 흔들리지 않게 해준다. 심은 후 추비는 1년에 1회 낙엽기에 비료를 준다. 동백에 준해서 뿌리 부분에서 조금 떨어진 곳에 약간 파서 계분이라면 반 양동이를 깻묵=7, 골분=3, 목회 소량을 섞은 것이라면 20~30g 뿌리고 흙을 덮어 둔다.

이것은 반드시 겨울 동안에 하도록 하며 못했을 경우는 봄에 발아 전에 복합비료 20g을 그루 주위에 뿌려 주고 가볍게 갈아 엎는다.

번 식

접목에 의해 번식된다. 대목은 고부시로서 가을에 눈접을 해서 번식한다.

이 용

낙엽수이므로 여름에는 녹음을 만들고 겨울에는 잎이 떨어져서 햇볕을 잘 받는다. 정원의 악센트로 빠뜨릴 수 없는 나무로서, 우리 나라의 정원에 가장 많이 심어지고 있는 화목이다. 1970년도에는 우리 나라의 진주 지방에서 수출 화목으로서도 각광을 받았다.

★꽃말 「존경」「숭고한 정신」

무궁화 : *Hibiscus*

무궁화는 우리 나라의 나라꽃으로서 중국 및 인도 지방이 원산이다. 내한성 낙엽저목으로서 1~2m 정도로 자라며, 정원수 또는 생울타리로 식재되는 이외에 종이 원료로 이용되기도 한다. 7월 하순부터 10월 초까지 무더운 여름철에 개화한다. 꽃색은 담홍색, 백색, 적도색, 혼합색 등 다양하다.

작 형

1월	2월	3월	4월	5월	6월	7월	8월	9월	10월	11월	12월
삽목	포 나 누 기	휘 묻 이	실 생	접 목							
○		○									

이식시기
번식시기

재 배

내한성이 강한 화목으로 토질은 별로 가리지 않고 비옥한 점질 양토가 적합하며, 배수가 잘 되는 곳을 좋아한다. 무궁화는 진딧물이 많이 붙어서 잎과 줄기를 해치므로 재배 기간중 살충제를 뿌려서 구제하도록 한다.

번식-이용

번식법에는 실생과 꺾꽂이의 두 가지 방법이 있으며, 일반종은 종자로도 가능하나 겹꽃종은 삽목으로 번식한다. 삽목은 한 가지를 15cm 내외로 잘라 밭에 10cm 정도의 간격으로 삽목하면 발근한

무궁화는 여름철의 화목으로 인기가 높으며, 꽃은 하루 정도로서 시들어 버리기 때문에 가지를 자르지 않도록 자연수형을 만들도록 한다.

공원이나 정원에 독립수로 심고 또한 생울타리로 심어서 관상하기도 한다.

또 하와이 무궁화는 내한성이 약하기 때문에 겨울에는 온실에서 재배해야 한다. 잎은 윤기가 나며 꽃도 크고 화려해서 화분에 심어서 관상하기도 한다.

✱꽃말 「일편단심」「한마음 한뜻」

수국 : Hydrangea

가장 많이 재배되는 꽃나무로 자연히 가지벌기가 되어서 1~2m 가량 자라는 관목이며 6~7월에 개화한다. 반그늘의 습기있는 곳에서 잘 자란다.

작 형

1월	2월	3월	4월	5월	6월	7월	8월	9월	10월	11월	12월
삽목	포기나누기	휘묻이	실생	접목							
○	○	○									

✿ 이식시기
✾ 번식시기

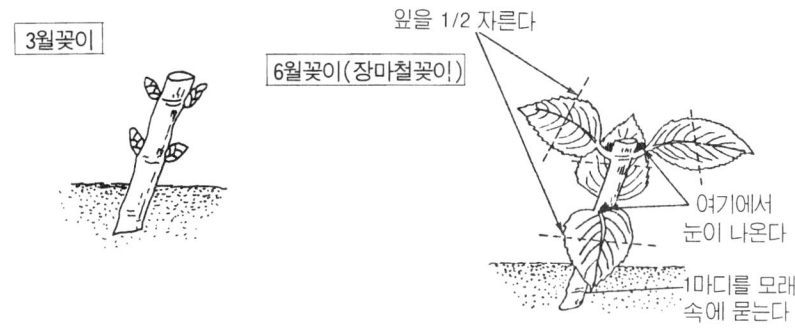

수국 꺾꽂이

재 배

묘목을 심는 시기는 3~4월과 9~10월이다. 구덩이에 퇴비와 깻묵을 넣고 뿌리를 펴서 심으면 간단히 활착된다. 개화 후 가볍게 가지치기를 하여 모양을 가꾸어 놓는다. 3월 하순 그루의 주위를 얕게 파서 퇴비, 깻묵, 생선비료 혹은 화학비료를 준다.

번식-이용

포기가 커지면 봄의 발아 전에 캐내어 포기나누기로 번식시킨다. 이밖에 3월 상순에 발아하기 전의 가지를 10cm 정도로 잘라 삽목할 수도 있고 또 6월 하순에 약간 굳어진 새가지를 삽목해서 늘릴 수도 있다. 그늘에 견디는 성질이 있는 정원의 밑나무로서 정원수 둘레에 심어서 즐긴다.

✱꽃말 「성남」「변하기 쉬운 마음」「냉정」

유도화 (협죽도) : *Nerium*

인디아 원산의 꽃나무로서 햇볕이 잘 드는 곳은 어디서나 잘 자란다. 목백일홍, 능소화(凌霄花), 무궁화, 부드레아, 아베리아, 자귀나무 등과 함께 여름에 꽃이 핀다. 일반적으로 가로수나 공원 수목으로 이용되는 외에, 가정에서는 흰꽃, 빨간꽃, 주황색꽃 등의 품종이 정원수로서 쓰여지거나 화분에 심어서 재배되고 있다.

작 형

1월	2월	3월	4월	5월	6월	7월	8월	9월	10월	11월	12월
삽목	포기나누기	휘묻이	실생	접목							
○											

※ 이식시기
※ 번식시기

재 배

꺾꽂이 한 묘목을 옮겨 심거나 큰 포기를 옮겨 심는 것은 4월 중순에 한다. 특별히 손질할 것은 없으나 겨울에 기비(화학비료)를 주고, 초여름에는 가지를 솎아서 통풍이 잘 되게 한다. 온실이나 실내에서 얼지 않도록 관리한다.

번 식

삽목으로 주로 번식한다. 3월 하순~4월 하순에 어린 가지를 15cm 내외로 잘라서 아랫잎 몇 매를 떨어뜨리고 이부분을 모래에 꽂는다. 7월에는 발근이 되므로 모판에 옮겨서 가꾸면 1년이면 묘목이 된다. 이밖에 휘묻이를 할 수도 있고, 수삽(水揷)도 가능하다.

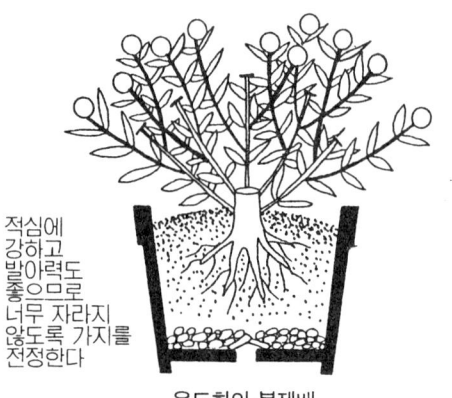

유도화의 분재배

이 용

보통의 유도화는 짙은 분홍색꽃이지만 백색, 적색 등의 색다른 것은 분심기로 해서 여름꽃으로 즐길 수가 있으며 향기가 대단히 좋다.
또 한 추위에 약하므로 겨울에는 온실이나 방에서 가꾸면 된다.

장미 : *Rose*

재배 역사가 오랜 꽃나무로서 현재 재배되고 있는 사계절 피기 대륜 겹꽃종은 지중해 연안에 야생하고 있는 장미와 중국에 야생하고 있는 장미를 교배하여 오랜 세월을 두고 원예종으로 개량한 것이다.

작형

1월	2월	3월	4월	5월	6월	7월	8월	9월	10월	11월	12월
삽목	포기나누기	휘묻이	실생	접목							
○		○	○								

이식시기
번식시기

재배

심어 놓는 장소는 햇볕과 배수가 잘 되어야 하며 비옥한 유기질을 함유한 점토질 토양을 좋아한다. 심는 데 있어 우선 구덩이를 파고 지름, 깊이 모두 40~50cm로 한다. 파올린 흙에 같은 양의 퇴비와 소량의 석회를 넣고 구덩이에 80% 정도 혼합한 흙을 다시 넣는다. 이 표면에 골분, 깻묵, 과린산석회를 각각 꽃삽 하나씩 살포하고 깊이 휘저어 섞는다. 그런 뒤 비료가 없는 흙을 가볍게 넣고 약간의 목회를 뿌려서 흙과 잘 섞는다.

여기에 뿌리를 잘 펴서 심도록 한다. 심는 깊이는 묘목의 접목 위치가 가려질 정도로 하고 흙이 약간 높게 올라오는 정도가 좋다.

식재한 후에는 충분히 물을 주고 짚을 깔아 둔다. 4~5일간 발을 쳐 두면 좋다. 그루사이는 70~90cm, 덩굴장미도 같은 요령이지만 간격은 1.2m로 한다.

심은 후의 관리 : 주 1회 물 대신 액비를 희석해서 준다. 4월 이후는 항상 흑점병, 흰가루병, 장미줄기나방, 진딧물 등의 피해를 받으므로 일찍 약제를 살포하여 예방한다.

① 구덩이를 파고 묘목을 놓는다

② 묻고 물을 준다

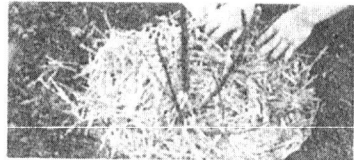
③ 짚을 깔아 준다

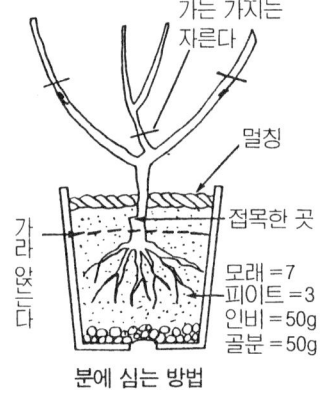
분에 심는 방법

전정법 : 전정(剪定 ; 가지를 쳐서 수형을 가다듬는 작업)은 매년 행한다. 시기는 봄의 발아 직전으로서 2월 상순~중순이 된다. 우선 마른 가지, 교차가지, 가는 가지를 잘라내고 나면 부위에서 나와 있는 굵은 가지 4~5대를 주가지로 고르는데 1개소에 치우치지 않도록 하는 것이 중요하다.

선정한 주가지는 45cm 정도에서 잘라낸다. 이것도 품종이나 가지의 굵기에 따라 여러 가지로 다르다. 자르는 위치는 밖을 향하고 있는 튼튼한 눈위로 한다. 전정이 끝나면 석회유황합제의 10배액을 살포하고, 개각충과 병해의 예방을 하고 발아를 기다린다. 늦가을에는 반드시 기비를 준다.

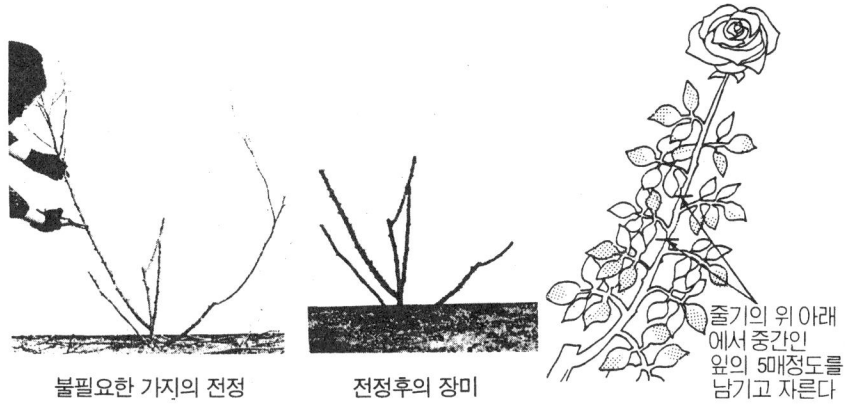

불필요한 가지의 전정   전정후의 장미   줄기의 위 아래에서 중간인 잎의 5매정도를 남기고 자른다

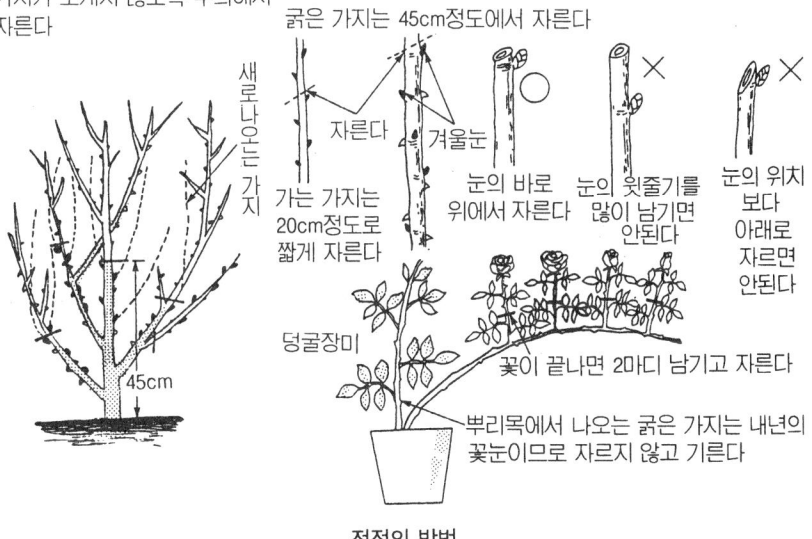

전정의 방법

이 식

장미의 심는 시기는 묘목일 경우는 4월 중순~5월 상순이고, 큰 묘목일 경우는 3월 상하순이다. 큰 묘목이란 새 묘목을 배양해서 크게 가꾸어 3~4대의 굵은 가지를 짧게 잘라 시판하는 것이다.

번 식

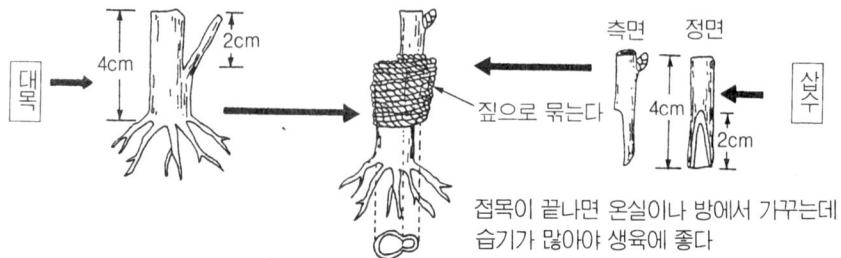

장미의 접목

접목과 꺾꽂이로 번식시킨다. 시판하는 묘목은 접목묘로서 2월 상순~하순에 찔레를 대목으로 해서 절접을 하거나 또는 8~9월에 눈접을 해서 묘목을 만들어 번식한다. 가정에서는 삽목을 하기도 하는데 발아하기 전 3월경에 10cm 정도로 가지를 잘라 모래나 논흙에 꽂는다. 또 6월경에 당년에 나온 가지를 꽂아도 되나, 꺾꽂이는 수명이 짧기 때문에 별로 이용되지 않는다.

(이 용)

장미는 다른 초화와는 그다지 조화되지 않으므로 단독의 장미화단을 만들어서 즐긴다. 스탠다드 가꾸기의 장미는 잔디뜰을 아름답게 돋보이게 하며 창가의 장미심기도 로맨틱해서 아름답다. 화분에 심어 가꾸어도 충분히 꽃을 관상할 수 있으며, 도시에서는 베란다나 옥상에서도 재배할 수 있다.

*꽃말 「애정」「행복한 사랑」

천리향 : *Daphne*

중국 원산의 꽃나무로서 향기가 짙게 나며 꽃은 초봄에 핀다. 반그늘의 그다지 건조하지 않은 곳을 즐긴다. 흰꽃이나 무늬잎이 있는 것을 특히 많이 재배한다.

(작 형)

1월	2월	3월	4월	5월	6월	7월	8월	9월	10월	11월	12월
			🌿		🌿🌿			🌿	🌿		
삽목	포기나누기	휘묻이	실생	접목							
○		○									

🌿 이식시기
🌿 번식시기

재 배

묘목을 심는 것은 9월 중순~10월 중순, 또는 3월 중순~4월 중순이다. 기비(퇴비, 계분, 깻묵 등)를 주고 건조하지 않도록 주의하면 뿌리가 잘 활착한다. 여름에 묘목 사이의 건조를 막기 위해 뿌리부분에 짚을 깔아 준다. 식물이 자라면 자연히 측지가 나와서 수북하게 반원형으로 무성하게 된다. 거의 손질이 필요하지 않지만 그 사이에 기비(퇴비, 화학비료)를 주어 생육을 촉진한다.

번 식

개화 후 새눈이 자라나며 6월에는 신장이 멎고 가지가 충실해진다. 이 시기에 10cm 정도로 가지를 잘라 하엽 3분의 1을 따버리고 이 부분을 버미큘라이트나 논흙에 꽂는다. 반그늘의 곳에서 관리하면 약 2월이면 발근한다. 이듬해 모판에 옮겨 심고 가꾼다.

이 용

직사광선을 좋아하지 않으므로 정원수의 밑나무나 암석에 곁들여서 심도록 한다.

✱꽃말 「편애」

철쭉 : Rhododendron

우리 나라의 계곡 바위 위에서 자생한다. 분심기나 정원에 심어지며 그늘에서 잘 자란다. 오래전부터 재배되었으며 꽃색에 따라 많은 품종이 있다.

작 형

1월	2월	3월	4월	5월	6월	7월	8월	9월	10월	11월	12월
				🌱	🌱						
삽목	포기나누기	휘묻이	실생	접목				🌱 이식시기			
○								🌱 번식시기			

재 배

묘목을 심거나 옮겨 심기를 할 때는 5월의 꽃이 끝난 직후에 한다.

분재배의 경우는 논흙에 40~50%의 수태를 잘게 만들어 혼합해서 사용한다. 뿌리가 얕고 배수가 좋은 것이 조건이 되므로 분은 얕은 분이 좋다. 뿌리가 잘고 조밀하게 나오므로 뿌리 사이에 틈이 나지 않도록 심는 도중 2~3회 물에 담그면서 심는다.

햇볕이 잘 드는 곳에서는 선반가꾸기도 한다. 수분을 즐기므로 건조시키면 낙엽이 된다. 그러므로 여름에는 1일 2회, 겨울에는 2~3일에 1회 정도로 물을 준다. 비료는 깻묵=7, 골분=3을 경단으로 해서 썩인 것을 분속에 2~3개 묻어 준다.

7월 상중순에는 이듬해 개화할 꽃눈이 생기므로 가지를 잘라서 모양을 가꾸고자 할 때는 그전에 끝내도록 한다.

번 식

개화후 새눈이 자라고 그후에는 충실하게 자란다. 이 시

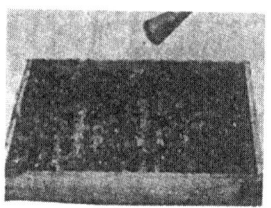
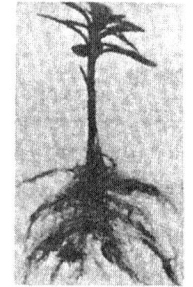

철쭉의 눈꽂이에서 발근까지

기(6월)에 가지를 잘라 하엽을 4~5매 잘라버리고 가지를 흙에 꽂는다. 반 그늘에 두고 마르지 않도록 주의하면 약 40일이면 발근한다. 6월 하순에 꽂은 것은 이듬해 4월에 9cm 분에 심는다. 1~3년까지의 묘목은 논흙=5, 수태=5의 비율로 혼합하여 사용하는 것이 좋다.

이 용

정원수로서는 집단으로 잔디뜰에 심는다. 그늘에도 견디므로 수목의 밑나무로 잘 심어지며, 분심기 또는 분재가꾸기로도 인기가 높다.

✽꽃말 「사랑의 즐거움」

치자나무 (꽃치자) : Gardenia

중국과 우리 나라 남부에 야생하는 꽃나무로서 6월에 순백한 향기가 나는 꽃이 핀다. 반그늘의 건조하지 않은 곳을 좋아한다. 보통의 것은 겹꽃종이지만 극히 왜성의 소륜꽃이 나오는 애기치자, 잎에 무늬가 있는 무늬치자 등이 있다.

작 형

1월	2월	3월	4월	5월	6월	7월	8월	9월	10월	11월	12월
삽목	포기나누기	휘묻이	실생	접목							
○	○										

이식시기
번식시기

재 배

서울 지방에서는 화분에 재배하여 겨울에는 실내에서, 봄과 가을까지는 실외에서 재배한다. 가끔 잎을 깨끗한 물로 씻어 주고, 액비를 1개월에 1회씩 관수하도록 한다. 재배 토양은 산성토가 좋다.

이 용

우리 나라에서는 주로 정원수로 이용되며, 천리향과 같은 요령으로 재배되고 애기치자는 분재만들기로 해서 즐긴다.

외국에서는 가아데니아(Gardenia)라 불려지며, 향기가 있어서 화분꽃으로 많이 재배되고 있으며 우리 나라에서도 화분식물로서 많이 재배되고 있다.

✱꽃말 「청결·순결」

포인세티아 : Poinsettia

멕시코 및 중앙 아메리카의 열대 지방이 원산지이며, 반관목성으로 단일성 화목이다. 내한성이 약한 화목으로 겨울에는 온실에서 관리하며 꽃은 크리스마스 전후에 잎이 빨갛게 변해서 관상 가치를 나타내므로 크리스마스 트리(X-mas tree)라고 불려지고 있다.

작 형

1월	2월	3월	4월	5월	6월	7월	8월	9월	10월	11월	12월
			🌱 🌱	🌱	🌱						
삽목	포기나누기	휘물이	실생	접목							
○											

🌱 이식시기
🌱 번식시기

재 배

포인세티아는 주로 꺾꽂이 번식을 하고 있으며, 4월경에 줄기를 8~10cm 정도로 잘라서 자른 부분에서 나오는 유액을 깨끗이 씻고 삽목한다. 삽목 후에는 반그늘을 하여 주고, 온도는 20℃ 전후가 좋다.

발근은 약 1개월 지나면 되는데 이때 9cm 분에 먼저 옮겨 주고 점

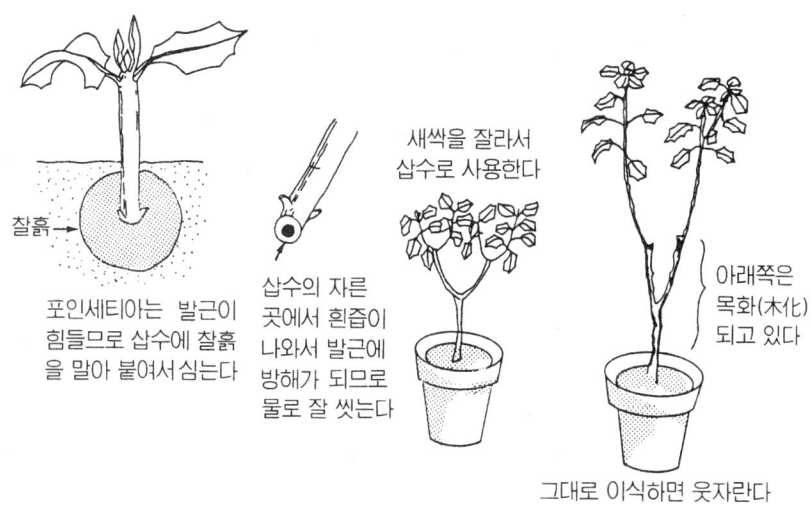

포인세티아의 눈꽂이

차로 15cm 분에 옮겨 주도록 한다.

화분 용토는 부엽이 충분히 들어간 점질 양토를 사용하며 잘 썩은 깻묵 비료를 가끔 주도록 한다. 재배 온도는 15℃ 이상으로 유지시켜 주고 9월 하순부터 10월 하순까지 1개월 동안 9시간 정도로 단일처리를 해주면 12월 초순에는 개화하게 된다.

이 용

연말 연시에 실내의 화분용 꽃으로서 가장 인기가 높다. 화분에서 관상하는 경우와 절지(切枝)를 해서 화병에 꽂아 관상하는 경우가 있다.

★꽃말 「축복」「축하」「행복」

후크시아 : *Fuchsia*

미국의 남부나 남미의 고원에 야생하던 저목(低木)으로서 추위에 약하여 온실이나 온상(프레임)에서 가꾸어지는 분재배용의 비늘꽃과 초화이다. 석류와 흡사한 꽃이 늘어져서 핀다. 생육 적온은 20℃며, 한여름과 한겨울을 제하고는 꽃을 즐길 수 있다.

작형

1월	2월	3월	4월	5월	6월	7월	8월	9월	10월	11월	12월
			✿—✿		❀·······························❀						

초화의 높이 cm	포기 사이 cm	화단	화분	절화	꽃 색	
60	50	○	○		赤紫	

※ ✿ 심는시기 ❀ 개화시기

재배

내한성이 없으므로 겨울에는 5℃ 이하로 되지 않도록 프레임이나 따뜻한 창가에서 햇볕을 잘 받게 한다. 분토의 표면이 희게 마르면 듬뿍 물을 주고 비료는 주지 않도록 한다. 5℃ 이하가 되면 낙엽이 되고 기온이 더 떨어지면 고사하게 된다.

4월 중순경에는 생육을 시작하므로 혼합토에 바꾸어 심고 가지치기를 해서 모양을 정리한다.

새눈이 자라나기 시작할 무렵부터 액

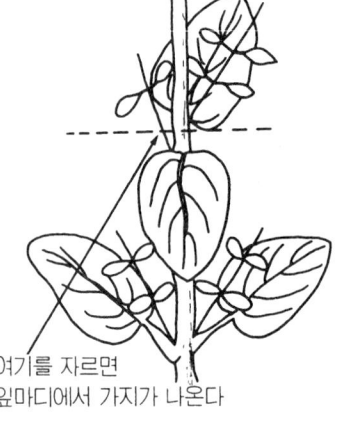

여기를 자르면 잎마디에서 가지가 나온다

후크시아의 정지(整枝)

비의 부숙액을 15배로 희석하여 매주 1회 정도 주면 6월에는 개화를 시작한다. 더위에 약하므로 여름에는 통풍이 잘되는 반그늘에서 관리한다.

번식·이용

5월이나 10월에 5~6cm 정도로 자란 새눈을 잘라 내어 하엽 2~3매를 따고 절단 부위를 잘드는 칼로 자른 후 이 부분을 모래에 꽂는다.
  한여름과 한겨울을 제외하고 햇볕이 좋으면 생육하면서 꽃이 핀다. 걸이꽃으로 이용하는 것이 가장 효과적이다.

수국의 종류

원예품종의 수국

꽃이 잘못 피지않나 하고 오해하기 쉬우나 원래 액자 모양으로 주위에서만 개화한다.

봉오리

봉오리가 공모양으로 둥근 것이 특색이다.

수국의 꽃구조

꽃잎으로 보이는 것은 꽃받침이다. 대부분의 꽃잎은 꽃받침 속에 작게 개화 한다.

수술 (약10개)
꽃잎(작다)
암술 (2~3개가 갈라져 있다)
꽃받침 (꽃잎 모양보인다)

수국의 개화와 전정(剪定)

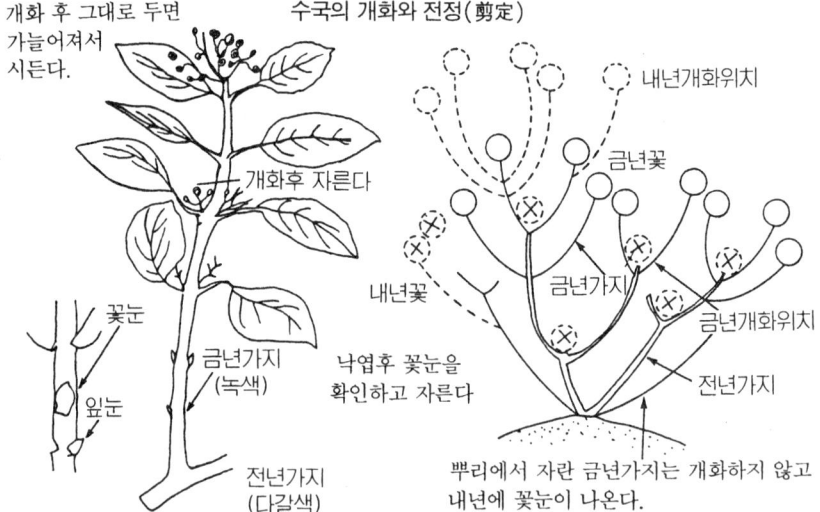

개화 후 그대로 두면 가늘어져서 시든다.

개화후 자른다

꽃눈
잎눈
금년가지 (녹색)
전년가지 (다갈색)

낙엽후 꽃눈을 확인하고 자른다

내년개화위치
금년꽃
내년꽃
금년가지
금년개화위치
전년가지

뿌리에서 자란 금년가지는 개화하지 않고 내년에 꽃눈이 나온다.

모란의 착화와 전정

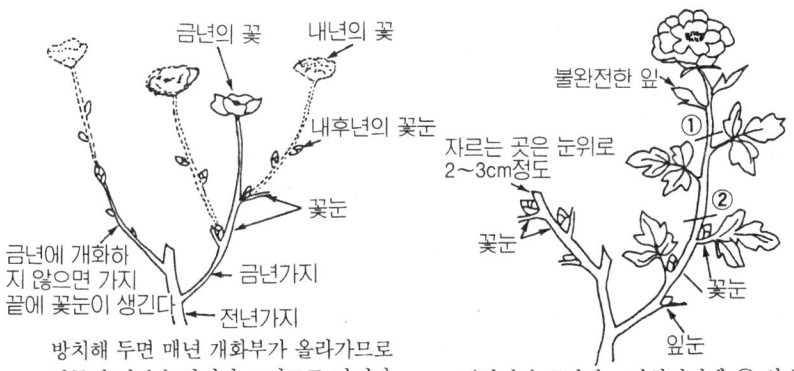

방치해 두면 매년 개화부가 올라가므로 나무의 키가 높아진다 그러므로 가지마디에 있는 꽃눈만을 남기고, 키가 작게 하기위하여 전정을 하는 것이 좋다.

개화기가 끝나면… 낙화직전에 ①의 꽃을 자른다. 겨울이 되면… 꽃눈의 위치를 확인 하여 2~3개만을 남기고 자르면 좋은 꽃이 달린다(②의 위치)

작약대목에 모란의 발근방법

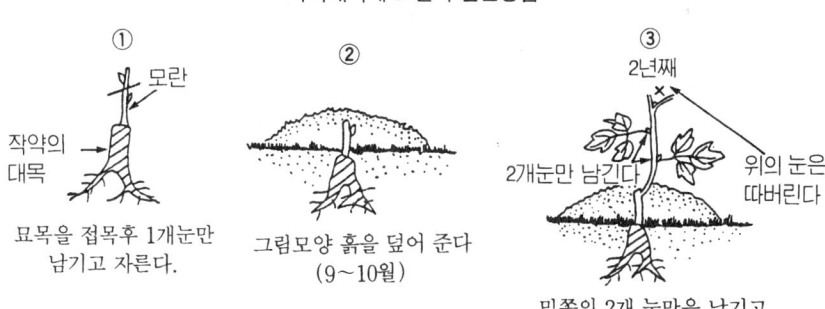

① 묘목을 접목후 1개눈만 남기고 자른다.

② 그림모양 흙을 덮어 준다 (9~10월)

③ 2년째 2개눈만 남긴다 / 위의 눈은 따버린다 / 밑쪽의 2개 눈만을 남기고 그 위의 눈은 따버린다

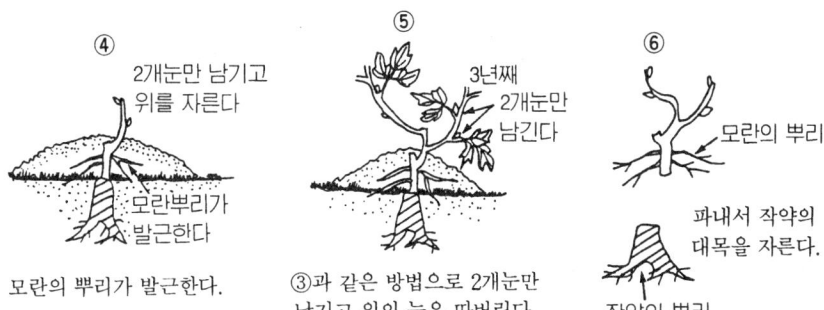

④ 2개눈만 남기고 위를 자른다 / 모란뿌리가 발근한다 / 모란의 뿌리가 발근한다.

⑤ 3년째 2개눈만 남긴다 / ③과 같은 방법으로 2개눈만 남기고 위의 눈은 따버린다.

⑥ 모란의 뿌리 / 파내서 작약의 대목을 자른다. / 작약의 뿌리

장미의 전정

꼭 잘라야 할 가지…
시들은 가지, 병든 가지, 가늘고 힘이 없는 가지.

약한 전정
여름의 전정은 가볍게 가지를 정리하는 정도로 한다.

중간 전정

강한 전정
겨울의 전정은 약간 강할 정도로 자른다.

전정의 목적…
불필요한 가지를 잘라서 통풍과 햇볕받이를 좋게 하며 신선하고 충실하게 가꾼다.

좋은 눈과 나쁜눈

좋은 눈 (둥글다)

나쁜 눈 (눈이 작고 더 자라지 않는 것)

자르는 곳

안쪽눈
바깥눈

바깥쪽 눈위에서 자른다.
안쪽 순위에서 자르면 가지가 안으로 휜다.

눈에 따른 겨울 전정과 시기

눈이 딱딱한 겨울철
전정을 하는데 따라서 눈이 활동하므로 추울 때 하면 고사한다.

눈이 부풀기 시작한다
추위가 풀리고 눈이 약간 부풀었을 때가 좋은 시기이다.

눈이 자라기 시작한다
이렇게 자랐을 때 자르면 늦다. 자른곳으로 부터 위로 흐르는 영양분을 잃는다.

A, 눈의 위쪽 1cm정도를 눈의 방향으로 자른다.
B·D, 눈과 역향하게 자르면 눈의 반대쪽 부터 시들어진다.
C, 자르는 위치와 눈의 사이가 너무 떨어지면 끝이 시들어진다.
E, 자르는 위치가 눈과 너무 가까우면 눈을 상하게 한다.

A좋다
B나쁘다
C너무 떨어져서 나쁘다
D나쁘다
E나쁘다

장미 가꾸기의 형태

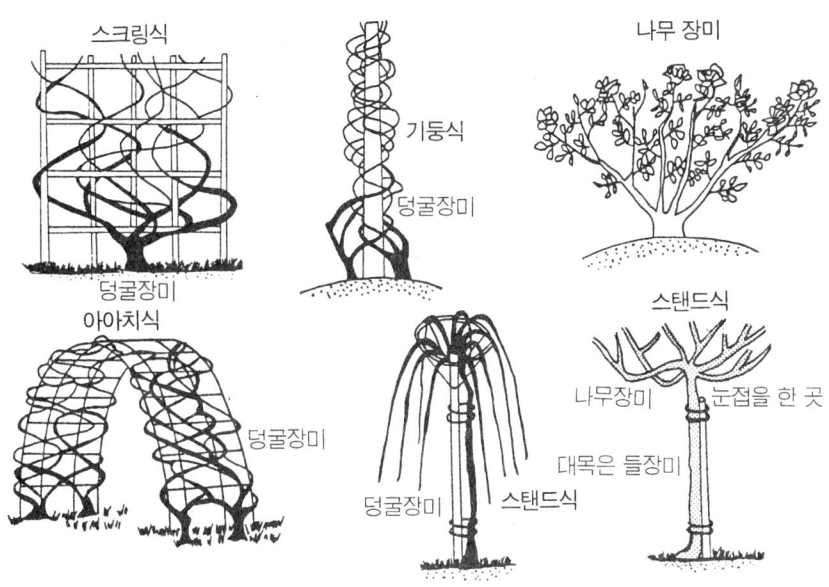

덩굴장미의 유인

- 덩굴을 곧게 올리면 위에서만 꽃이 핀다.
- 덩굴을 활모양 유인하면 중앙의 높은 곳에서만 꽃이 핀다.
- 덩굴을 수평으로 유인하면 가지 전체에 많은 꽃이 피므로 아름다워진다.

덩굴장미의 전정

새롭게 뻗는 가지는 다음 해부터 착화하므로 매년 가지를 바꾸는 것이 좋다.
1. 노화된 가지는 밑둥부터 자른다.
2. 시들은 가지, 병든 가지, 가는 가지는 자른다.
3. 꽃이 피었던 가지는 2~3개의 눈을 남기고 자른다.

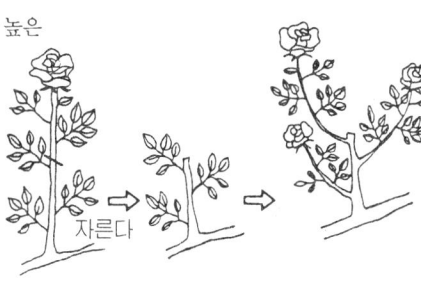

철쭉, 진달래의 개화

개화후 자라는 새가지끝에 6월~9월 사이를 걸쳐서 내년의 꽃눈이 생긴다.

내년에 개화할 위치

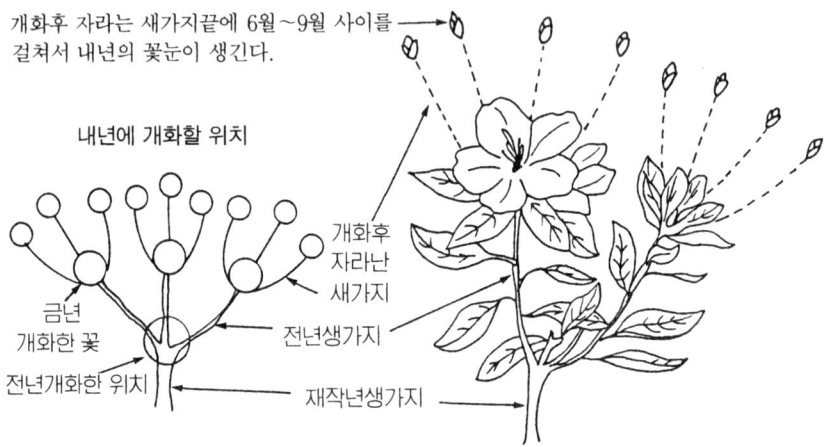

금년 개화한 꽃
전년개화한 위치
개화후 자라난 새가지
전년생가지
재작년생가지

철쭉, 진달래는 꽃이 끝난후 자라는 가지끝에 빠르면 6월부터 늦은 종류라도 9월까지는 내년의 꽃눈이 생기므로 그 가지를 자르면 내년의 꽃은 못본다.

철쭉분재의 정지법

가지를 자라게 할 때 **가지를 안 자라게할 때** **새싹(개화후 정지전의 상태)**

수평의 눈 2개와 잎 2매를 남기다.

힘이 좋은 싹을 1개 남긴다

1개 눈과
2개 잎을 남겨서 쌍가지를 만든다

가지를 번창하게할 때 **수형을 보전할 때**

3개 눈과 2개 잎을 남긴다   2개 눈과 3개 잎을 남긴다

새싹의 밑둥부터 모두 따버린다.

어느 것을 택하느냐는 가지의 위치에 따라서 정한다.

철쭉의 개화와 전정

개화후 새로이 나온 가지끝에 7~8월경 꽃눈이 생긴다.

꽃자국

수형(樹形)을 작게 하고 싶은 경우, 개화후 2~3개 눈을 남기고 자른다.

철쭉, 진달래의 눈

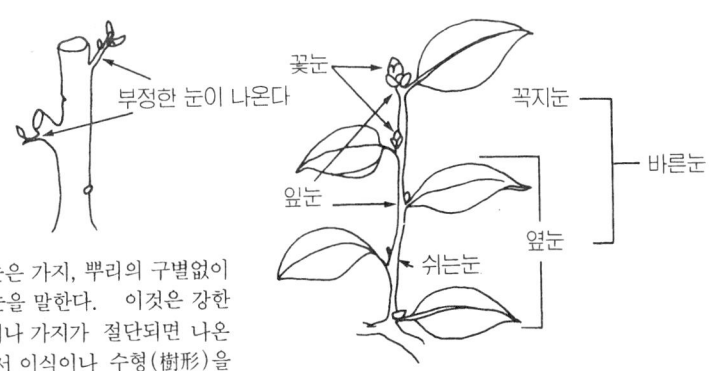

부정한 눈이 나온다

꽃눈
잎눈
쉬는눈
꼭지눈
옆눈
바른눈

부정한 눈은 가지, 뿌리의 구별없이 나오는 눈을 말한다. 이것은 강한 볕을 받거나 가지가 절단되면 나온다. 따라서 이식이나 수형(樹形)을 바꿀 경우 이용한다.

철쭉, 진달래의 꽃눈은 가지끝에 7~8월경 분화한다. 휴면 중의 눈은 보통 발육하지 않으나 꼭지눈이나 옆눈에 손상이 있을때 자란다.

매화의 꽃눈과 잎눈

- 꽃눈
- 잎눈(가늘고 작다)
- 자른다
- 금년생가지(길이 $\frac{1}{2} \sim \frac{1}{3}$ 자른다)
- 전년생가지

매화의 개화와 전정

- 금년개화가지
- 내년의 개화가지
- 자른다
- 자른다
- 재작년가지
- 전년개화한 가지

짧은 가지에 착화가 잘되므로 개화후 아래쪽 2~3개의 눈만을 남기고 자른다.

전정을 안할 경우

- 화방
- 금년생가지
- 전년생가지
- 재작년가지

전정을 안하고 방치하면 잔가지가 밀생하여 꽃의 수는 많지만 빈약한 꽃이 된다.

백일홍의 개화와 전정

백일홍의 개화

봄부터 자라는 가지끝에는 가지가 자람과 동시에 꽃눈이 형성되며, 7월부터 점차 개화한다. 또한 발아력이 강하여 수년전의 가지에서도 부정눈이 나와서 개화한다.

- 약한가지는 자른다
- 재작년생가지
- 금년생가지

강한 전정

- 금년생가지
- 전년생가지
- 재작년생가지

가벼운 전정

꽃아그베나무의 개화와 전정

등나무의 꽃눈분화(分化)와 덩굴의 전정

치자나무의 꽃

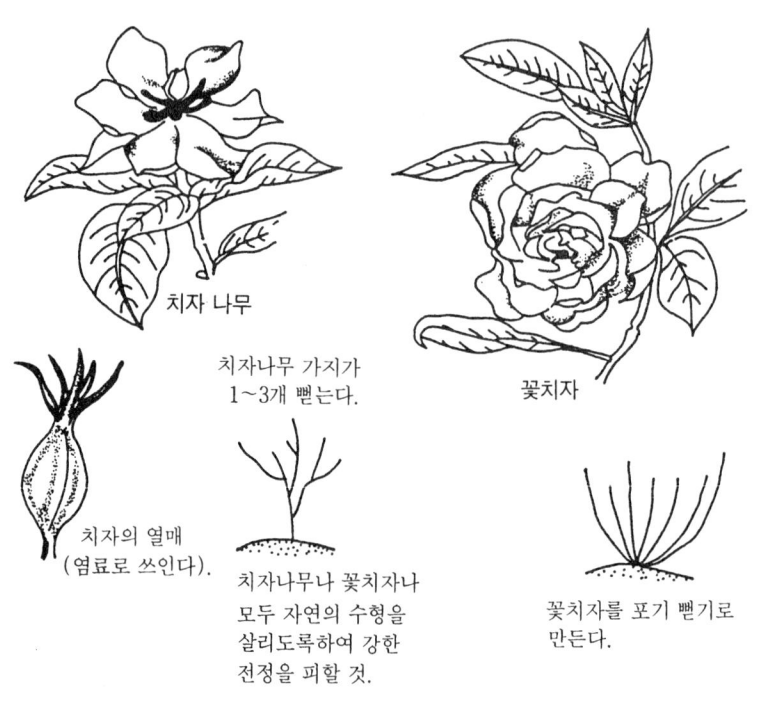

꽃치자의 개화와 전정

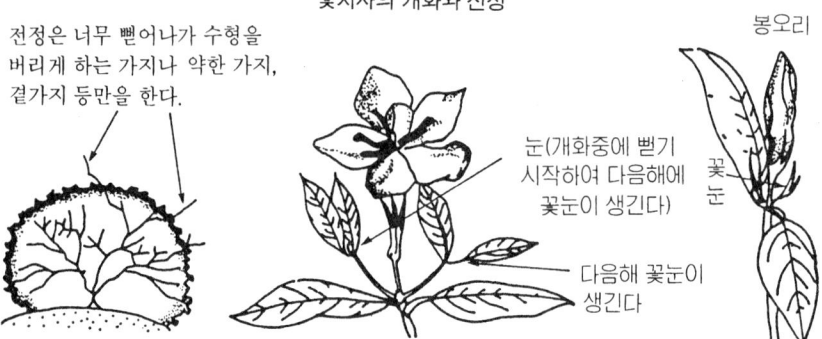

개화 중에 꽃밑둥부터 새가지가 뻗어서 7월에는 가지끝에 다음해의 꽃눈이 분화한다.
개화중에 가지를 자르면 다음해 꽃을 볼 수 없다.

♣ 꽃말

화 명	꽃 말
개 나 리	희망
개 양 귀 비	약한 사랑, 덧없는 사랑
갯 버 들	친절, 자유, 포근한 사랑
거 베 라	풀을 수 없는 수수께끼
고 데 치 아	순수한 사랑
고 무 나 무	변함없는 사랑
고 사 리	기적, 유혹
과 꽃	변화, 추억
꽈 리	약함, 수줍음
색 양 배 추	이익, 유익
구 기 자	희생
국 화	성실, 정조, 고귀, 진실
군 자 란	고귀, 우아
굴 거 리 나 무	내사랑 나의 품에
귤 나 무	친애, 깨끗한 사랑
극 락 조 화	신비(영생불락)
글 라 디 올 러 스	견고한 마음, 승리
글 록 시 니 아	화려한 모습, 욕망
금 사 철	변화 없음
금 송(金松)	보호
금 잔 화	질투, 나쁜 마음
금 어 초	오만, 탐욕
금 잔 화	실망, 비탄, 비애
기 린 초	소녀의 사랑
긴 잎 아 카 시 아	우정
나 리	순결, 깨끗한 마음
나 팔 꽃	기쁨, 결속
낙 엽 송	대담, 용기
난 초	청초한 아름다움
남 천	전화위복
너 도 밤 나 무	번영
네 잎 크 로 버	행운
네 프 로 네 피 스	매혹
느 릅 나 무	위엄
느 티 나 무	운명
다 래 넝 쿨	깊은 사랑
다 알 리 아	화려, 감사
단 풍 나 무	사양, 무언
달 맞 이 꽃	말없는 사랑. 소원
담 쟁 이 덩 쿨	아름다운 매력
당 종 려	승리
딸 기	예견, 행복한 가정
떡 갈 나 무	공명정대, 강건
대 나 무	지조, 인내, 절개

화 명	꽃 말
대 왕 송	부귀
댑 싸 리	겸허, 청조
데 이 지	평화, 순진, 미인
도 라 지	기품, 따뜻한 애정
동 백 꽃	자랑, 겸손한 마음
둥 글 래	고귀한 봉사
드 라 세 나	장고한 행운
들 국 화	장애물 상쾌
들 장 미	주의깊다. 고독
등 나 무	사랑에 취함
라 일 락	친구의 사랑, 우애
락 스 퍼	정의, 자유
레 몬	열의, 성실한 사랑
렉 스 베 고 니 아	부조화, 짝사랑
로 단 세	영속
로 벨 리 아	불신, 정교, 원망
루 드 베 키 아	정의
루 피 너 스	모성애, 행복
마 가 목	신중
마 란 타	우정
마 로 니 에	친분, 천재
마 가 렛	자유, 사랑을 점친다.
매 실	고결, 끝내 꽃을 피우다
매 화	고결, 결백, 정조, 충실
맨 드 라 미	건강, 타오르는 사랑
머 루 (포 도)	기쁨, 박애, 자선
메 꽃	속박, 충성, 수줍음
명 자 나 무	평범, 조숙, 단조, 겸손
모 과	괴짜, 조숙
모 란	부귀, 왕자의 품격
목 련	숭고한 정신, 우애
목 화	어머니의 사랑
몬 스 테 라	괴기
무 궁 화	일편단심, 한마음 한뜻
무 우	계절이 주는 풍요
무 화 과	풍부함, 열심, 풍요
문 주 란	청순함
물 망 초	나를 잊지 말아다오
미 나 리	성의, 고결
미 모 사	민감, 섬세, 부끄러움
민 들 레	사랑의 신, 무분별
밀 감	친애
밀 집 꽃	슬픔은 없다
밀 토 니 아	슬픔은 없다

화 명	꽃 말
바이오렛	영원한 우정, 사랑
박쥐란	교묘함, 괴이함
박달나무	견고
박하	순진한 마음
밤나무	포근한 사랑, 정의
배추꽃	쾌활
백양나무	시간
백일초	떠나간 님을 그리다
백합	순결
버드나무	태평세월, 자유
버섯	유혹
버베나	단란한 일가
범부채	정성어린 사랑
벚꽃나무	결박, 정신의 아름다움
베고니아	부조화, 친절, 정중
보리	번영, 보편
보리수나무	해탈
복숭아	매력, 유혹, 용서, 희망
봉숭아(봉선화)	나를 다치지 말라, 정결
뽕나무	지혜, 못이룬 사랑
부들	용기
부바르디아	정열
부처꽃	비연, 슬픈 사랑
분꽃	수줍음, 소심, 겁장이
꽃창포	신비한 사랑
불로초	믿고 따릅니다
비파	온화, 현명
사과나무	유혹, 성공
사철나무	변화없다
사프란	즐거움, 지나간 행복
산나리	순결
산당화	겸손, 단조
산세베리아	관용
산수유	호의에 기대한다
산앵두	오로지 한사랑
살구나무	처녀의 부끄러움, 의혹
셀비아	타는 마음, 정력, 정조
삼지닥나무	당신께 부를 드림
상수리나무	번영
싸리나무	상념, 사색
샤스타데이지	만사는 인내
서향나무	불멸, 명예, 꿈속의 사랑
석류	전성, 원숙한 아름다움
석죽	평정, 무욕
선인장	정열, 열정, 무장
설유화	애교, 명쾌한 승리
소나무	장수(불노장수), 굳셈
소철	강한 사랑
수국	성남, 변덕스러움
수레국화	미모, 가냘픔
수련	깨끗한 마음, 청순한 마음
수선화	신비, 자존심, 고결
수양버들	슬픔, 평화
수수꽃다리	회상, 기쁨, 우애,
숙근안개초	고운마음
쑥	평안
쑥부쟁이	인내
삼나무	곧은 마음
스노우드롭	희망, 위안, 인내
스노우플레이크	처녀의 사랑
스윗트피이	사랑의 기쁨, 사랑스러움
스타티스	영구불멸, 변치 않는 사랑
스토케시아	깨끗한 소녀
스토크	영원한 아름다움
시네라리아	쾌활, 항상 즐겁다
시클라멘	겸손, 수줍음
신비디움	화려한 삶
아가판더스	사랑의 전달
아나나스	만족, 미래를 즐긴다
아네모네	허무한 사랑, 단념, 고독
아디언텀	애교있는 사람
아르메리아	동정, 가련, 온순
아마릴리스	침묵, 겁장이, 허영심
아스파라거스	한결같은 마음, 불변
아이리스	기쁜 소식
아이비	행운이 함께 하는 사람
아잘래아	첫사랑
아주까리	단정한 사랑
아카시아	희기한 연애, 숨겨진 사랑
아킬레아	투쟁한다. 충실한다
안스리움	번뇌
알리움	끝없는 사랑
앵두	수줍음
앵초	어린시절의 슬픔
야자수	부활, 승리
양골담초	겸손
양귀비	위안 잠(백색)
	허영(홍색)
억새	친절, 세력, 활력
엉겅퀴	독립, 고독한 사람, 근엄
에델바이스	귀중한 추억, 인내, 용기
에리카	고독, 쓸쓸함
연지꽃	차별, 구별
연꽃	순결, 군자, 신성, 청정
연산홍	첫사랑
연지수선	자기애

화 명	꽃 말	화 명	꽃 말
엽란	거역, 거절	천 일 홍	불변, 매혹
오 동 나 무	고상	철 쭉	사랑의 즐거움
오 엽 송	강건	초 롱 꽃	진실, 정의, 열성에 감복
옥 잠 화	침착, 조용한 사람	측 백 나 무	건강, 기도하리
온 시 디 움	순박한 마음	치 자 나 무	숨결, 행복, 청결
올 리 브	평화	칡	사랑의 한숨
용 담 초	애수, 당신이 제일 좋아요	카 네 이 션	자비로움
용 설 란	강한 의지, 용기	(분 홍 색)	부인의 애정
우 엉	인격자, 나에게 손대지 마오	(적 색)	열렬한 사랑
원 추 리	지성, 生男	(백 색)	나의 사랑, 존재
월 계 수	승리, 영광, 명예, 변함없음	(황 색)	당신을 경멸합니다
월 도	우의	카 틀 레 아	우아한 여성, 당신은 미인
유 도 화	주의	칸 나	행복한 종말, 존경
유 자 나 무	기쁜소식	칼 라	열정, 환희
은 사 철	슬기로운 생각	칼 라 디 움	즐거움
은 행 나 무	장수, 정숙, 장엄, 진혼	캄 파 뉼 라	변함없다. 인신한다
잎 세 란	참신하다	코 스 모 스	순정, 애정, 조화
인도고무나무	남성적	쿠 페 아	세심한 사랑
자 운 영	그대의 관대한 사랑	크 레 마 티 스	마음의 아름다움
자 작 나 무	당신을 기다립니다	크 레 오 메	불안정, 인연을 맺음
작 살 나 무	총명	크 로 커 스	불안한 청춘의 기쁨
작 약	수줍음, 수치	크 로 톤	요절(요염하고 절색)
장 미	사랑, 애정, 행복한 사랑	크 리 스 마 스	근심을 풀어주세요
(백 색)	변하지 않는 사랑	로 우 즈	
(적 색)	열렬한 사랑	태 산 목	위엄, 장엄, 자연의 애정
(백 색)	사랑의 한숨, 실연	톱 날 꽃	충실, 숨은 공적
(황 색)	질투, 부정	튜 베 로 우 즈	위험한 쾌락
(분 홍 색)	사랑의 맹세	튜 울 립	사랑의 고백, 매혹
(진 홍 색)	수줍음	(적 색)	짝사랑의 고백
전 나 무	숭고, 정직, 승진	(황 색)	헛된 사랑
접 시 꽃	풍요, 야망, 평안	(백 색)	실연
제 라 늄	친구의 정, 결심	(자 색)	영원한 사랑
조 팝 나 무	노련하다	트 리 토 마	이제, 그것은 믿을 수 없다
종 려	승리	파 초	기다림
주 목 나 무	비애, 죽음	파 피 루 스	정직한 사랑
주 머 니 꽃	당신에게 나의 재산을 바칩니다	파피오페달룸	변하기 쉬운 사랑
		팔 손 이 나 무	비밀, 기만, 분별
쥐 똥 나 무	강인한 마음	팜 파 스 그 라 스	사랑스럽다, 웅대
진 달 래	절제, 청렴, 사랑의 즐거움	패 랭 이 꽃	순애, 조심, 대담
진 백	영구불변	팬 지	사색, 사고, 사랑의 추억
진 저	당신을 믿습니다	페 튜 니 아	사랑의 방해
찔 레	주의깊다, 고독	펜 스 테 몬	은혜에 감사해요
차 나 무	추억	편 백	변하지 않는 사랑
창 포	경의, 신비한 사랑	포 도	기쁨, 박애, 자선
채 송 화	가련, 순진	포 인 세 티 아	행복, 추억, 축하
천 리 향	편애	포 플 러	용기, 비탄, 애석
천 인 국	단결, 협력	풍 란	참다운 매력, 신념

화 명	꽃 말
프리지아	순결, 깨끗한 향기
플라타나스	휴식, 용서
피라칸사	알알이 영근 사랑
하늘나리	변치않는 귀여움
한 란	귀부인, 미인
할미꽃	충성, 슬픈 추억
함박꽃	수줍음
해당화	문화, 미인의 잠결
해바라기	동경, 숭배, 의지, 신앙
해오라기 난초	꿈에도 만나고 싶다
향나무	영원한 향기

화 명	꽃 말
호 도	지성
호랑가시나무	가정의 행복, 평화
호 박	해독
호접란	당신을 사랑합니다
황매화	기다려주오
회양목	인내
후프럭스	동의, 온화
후박나무	모정
훼닉스	뜨거운 사랑, 불사조
흑송	불로장수
히야신스	겸양한 사랑, 유희

♣각국의 나라꽃

國 名	나라꽃
대한민국	무궁화
남아프리카연방공화국	프로테아
노르웨이	전나무
네덜란드	튤울립
네팔	붉은만병초
뉴질랜드	회화나무
덴마크	붉은클로버
독일	수레국화
라오스	벼
루마니아	백장미
말레이지아	코코스야자
멕시코	다알리아
모나코	카네이션
모스웨덴	은방울꽃
스위스	에델바이스
스페인	오렌지
시리아	아네모네
아르메니아 공화국	아네모네
아프카니스탄	튜울립(적색)
영국	장미
예멘민주공화국	커피나무
오스트리아	에델바이스
이디오피아	칼라
이란	튤울립
이스라엘	올리브
이집트	수데이지
이탈리아	도양귀비
인도	보루네오쟈스민
인도네시아	왕벚꽃화
일본	매화
중국대만	매단풍
캐나다	사탕단풍

國 名	나라꽃
캄보디아	수련
콜롬비아	카틀레야
쿠바	진저
말레이지아	무궁화
싱가폴	양란(반다)
미국 (주화로 되어 있음)	
-인디아나주	튜울립
-캘리포니아주	캘리포니아 포피
-버지니아주	미국산 딸나무
-하와이주	하이비스커스
-미주리주	산사나무
벨기에	아잘레아
볼리비아	꽃고비(준국화)
불가리아	장미
브라질	카틀레야자
사우디아라비아	대추야자
소련	해바라기
스리랑카	연꽃련
태국	수련
터키	튜울선
파키스탄	수선화
페루	해바라기
포르투칼	라벤둘리라스
프랑스	아이리스꽃
핀란드	은방울민
필리핀	쟈스민
호주	아카시아
화란	아간스
파라과이	쟈옥스아이데이
폴란드	튜울립
헝가리	장미
온두라스	

판권본사소유

가정원예

2017년 12월 5일 1판 3쇄 발행

편저자 : 최 주 견
발행인 : 김 중 영
발행처 : 오성출판사

서울시 영등포구 영등포동 6가 147-7
TEL : (02) 2635-5667~8
FAX : (02) 835-5550

출판등록 : 1973년 3월 2일 제13-27호
www.osungbook.com

ISBN 978-89-7336-311-7

※ 파본은 교환해 드립니다
※ 독창적인 내용의 무단 전재, 복제를 절대 금합니다.